पारसी थियेटर : उद्भव और विकास

पारसी थियेटर : उद्भव और विकास

डॉ. सोमनाथ गुप्त
भूतपूर्व हिन्दी विभागाध्यक्ष
राजस्थान विश्वविद्यालय, जयपुर

लोकभारती प्रकाशन

लोकभारती प्रकाशन
पहली मंजिल, दरबारी बिल्डिंग, महात्मा गांधी मार्ग
प्रयागराज-211 001

वेबसाइट : www.lokbhartiprakashan.com
ईमेल : info@lokbhartiprakashan.com

शाखाएँ : 1-बी, नेताजी सुभाष मार्ग, दरियागंज
नई दिल्ली-110 002

अशोक राजपथ, साइंस कॉलेज के सामने
पटना-800 006

1, अनमोल सोराबजी संतुक लेन, धोबी तलाव,
मरीन लाइंस, मुम्बई-400 002

द्वितीय संस्करण : 2015

This book is printed on **Print on Demand**
Technology : 2024

PARSI THEATER : UDBHAV EVAM VIKASH
by Somnath Gupta

ISBN : 978-81-8031-990-7

मूल्य : ₹995

समर्पण

जिन्होंने नाटक मण्डलियाँ बनाकर नाट्य-कला का प्रचार किया,
जिन्होंने नाट्यशालाएँ बनवाकर अभिनय को प्रोत्साहन दिया,
जिन्होंने अभिनेता बनकर अभिनय-कला को लोकप्रिय बनाया,
जिन लेखकों ने गुजराती, हिन्दी और उर्दू में अनेकों नाटक रचे,
जिन्होंने गानों को संगीतबद्ध कर शास्त्रीय संगीत की रक्षा की,
जिन्होंने पारसी रंगमंच और तत्सम्बन्धी विवरण लिखे—
उन सभी, पारसियों, गैर-पारसियों, हिन्दुओं, मुसलमानों और ईसाइयों
की पुण्य-स्मृति में यह ग्रन्थ कृतज्ञतापूर्वक समर्पित है।

जयपुर
सन् 1969

—सोमनाथ गुप्त

दो शब्द

सन् 1947 में मैंने 'हिन्दी नाटक साहित्य का इतिहास' लिखा था। उसमें एक अध्याय 'रंगमंच और रंगमंचीय नाटक' भी था। इस अध्याय में जो सामग्री मुझे उस समय तक उपलब्ध हो सकी उसका विवरण दे दिया गया था। मेरी पुस्तक के बाद कई शोधप्रबन्ध हिन्दी नाटक साहित्य के विषय में लिखे गये परन्तु किसी ने भी इस अछूते प्रसंग पर अधिक प्रकाश नहीं डाला। एक शोधप्रबन्ध डॉ. पवनकुमार मिश्र ने 'पारसी रंगमंच : उसके नाटक और नाटककारों का आलोचनात्मक अध्ययन' अपनी पी-एच. डी. की उपाधि के लिए लिखा जो अभी तक अप्रकाशित है। यद्यपि डॉ. मिश्र ने अपने प्रबन्ध को नितान्त मौलिक बताया है परन्तु उसका मूल आधार गुजराती में लिखा हुआ डॉ. धनजी भाई नशरवानजी पटेल का 'पारसी नाटक तख्तानी तवारीख' है। दूसरी बात यह है कि उन्होंने केवल तीन नाटककारों को ही अपने अध्ययन का विषय बनाया है— राधेश्याम कथावाचक, नारायणप्रसाद 'बेताब' और आगा 'हश्र'। पारसी रंगमंच के अन्य भी नाटककार थे और उक्त तीनों नाटककारों से काफ़ी पहले के थे। परन्तु उन्होंने हिन्दी के रंगमंच और रंगमंचीय नाटकों को पारसी रंगमंच से पहले खोजने का प्रयास नहीं किया। न यही देखा कि उनके चुने हुए तीन नाटककारों की अपेक्षा और भी कोई नाटककार थे या नहीं।

श्री बलवन्त गारगेयी ने अपनी रचना 'थियेटर इन इण्डिया' में हिन्दी के आदि रंगमंच पर कोई नया प्रकाश नहीं डाला। उन्होंने तो कई इतिहासपरक भूलें भी की हैं, यथा सन् 1870 में 'पारसी रंगमंच की स्थापना' अथवा सन् 1865 में कैखुशरू कावराजी द्वारा थियेट्रिकल कम्पनी की स्थापना। उनके अग्रज डॉ. याजनीक ने अवश्य अपने 'इण्डियन थियेटर' में सन् 1770 में वर्तमान एक नाट्यशाला का उल्लेख किया है जिसका नाम बम्बई थियेटर था।

वास्तव में सर्वप्रथम तथ्य श्री डॉ. नामी ने अपने कुछ लेखों तथा पुस्तक 'उर्दू-थियेटर' में वर्णित किये थे। परन्तु उनकी सबसे विवादास्पद धारणा यह है कि उन्होंने प्रत्येक हिन्दी एवं हिन्दुस्तानी में लिखे नाटक को 'उर्दू नाटक' मान लिया है।

भावेकृत 'गोपीचन्द' नाटक को उन्होंने उर्दू का नाटक माना है जो नितान्त असत्य है। सम्भवतः उन्होंने उस नाटक को देखा ही नहीं। केवल कल्पना से एक निष्कर्ष निकाला अथवा सम्भव है उसके अभिनय के विज्ञापन में जो 'इन हिन्दुस्तानी' शब्द छपे थे उससे उन्होंने मान लिया कि नाटक उर्दू में था।

प्रस्तुत पुस्तक में यह प्रयास किया गया है कि प्रामाणिक सामग्री के आधार पर आधुनिक नाट्यशाला और हिन्दी के रंगमंच का बुनियादी विवरण प्रस्तुत किया जाय। जहाँ से भी जिस सूत्र की सूचना प्राप्त हुई है वहाँ का उल्लेख उचित स्थान पर कर दिया गया है। पाठकों की सुविधा के लिए आवश्यक उद्धरण भी दे दिये गये हैं। जिन-जिन से मुझे सहायता मिली है मैं उन सभी लेखकों के प्रति आभार प्रकट करता हूँ।

मुझे विश्वास है कि प्रस्तुत सामग्री हिन्दी रंगमंच के अध्येताओं को उपयोगी सिद्ध होगी। रजवाड़ों में पारसी थियेटर का प्रारम्भ स्वयं एक अध्ययन का विषय है वह दूसरे खण्ड में प्रकाशित किया जायेगा।

जयपुर
सन् 1969

—सोमनाथ गुप्त

आमुख

यह धारणा कि किसी ने कभी भी पारसी थियेटर पर नहीं लिखा, सही नहीं है। निस्सन्देह इस सम्बन्ध में सर्वप्रथम लिखनेवाले पारसी लेखक ही थे। परन्तु उन्होंने जो कुछ भी लिखा वह अपर्याप्त भी है, कहीं-कहीं ग़लत भी है और कहीं-कहीं समस्याओं को सुलझाने की अपेक्षा उलझा देनेवाला है।

प्रस्तुत रचना में यथास्थान यह बताया गया है कि विक्टोरिया थियेट्रिकल मण्डली की स्थापना से पहले भी पारसियों और गैर-पारसियों की मण्डलियाँ नाटक किया करती थीं परन्तु बड़े और सुदृढ़ स्तर पर नाट्य-कला को प्रतिष्ठित करने का श्रेय विक्टोरिया, एलफिन्स्टन और ज़ोरास्ट्रियन नाटक मण्डलियों को ही था। अतएव थोड़ी-बहुत जानकारी इनके सम्बन्ध में गुजराती के साप्ताहिक पत्र 'रास्तगोफ़्तार' से मिलती है। इसके सम्पादक कैखुशरू कावराजी थे जो स्वयं नाटककार, निर्देशक और अभिनेता थे। उनके पत्र की पुरानी फ़ाइलों में कुछ स्थानों पर नाटक विषयक विभिन्न चर्चाएँ मिलती हैं जिनसे तत्कालीन परिस्थितियों का पता चलता है। 'रास्तगोफ़्तार' में छपे विवाद अनेक पहलुओं पर प्रकाश डालते हैं। यद्यपि उनमें कोई क्रमिक इतिहास नहीं है परन्तु फिर भी उन्हें भुलाया नहीं जा सकता। वे महत्त्वपूर्ण हैं।

अँगरेज़ी के 'बाम्बे टाइम्स' और 'बाम्बे टेलीग्राफ़ एण्ड कोरियर' की पुरानी फ़ाइलें अनेकों सूचनाओं से भरी पड़ी हैं। दुःख की बात यही है कि पूरी फ़ाइलें सुरक्षित रूप में एक स्थान पर उपलब्ध नहीं होतीं। महाराष्ट्र सरकार के 'आलेख और पुरातत्त्व विभाग' में जो सामग्री मिलती है वह बड़ी ही जीर्ण और शीर्ण अवस्था में है। कभी-कभी तो उसे हाथ लगाने में भी डर लगता है। अँगुली लगते ही काग़ज़ फट जाता है। कहीं पन्ने परस्पर चिपक गये हैं कि उन्हें पृथक् करने के लिए किसी कोमल कलाकार की अँगुलियों की आवश्यकता प्रतीत होती है।

समाचार-पत्रों की दृष्टि से सबसे अधिक महत्त्वपूर्ण गुजराती साप्ताहिक 'क़ैसरे-हिन्द' है। इसी पत्र में धनजी भाई नशरवानजी पटेल के पारसी नाटक सम्बन्धी अनेकों लेख निरन्तर रूप से प्रकाशित हुए थे। इन लेखों में से 27 से लेकर 94 तक संख्यापरक लेखों का संग्रह 'पारसी तख़्तानी तवारीख भाग 2' के नाम से सन् 1931 में 'क़ैसरे-हिन्द प्रेस' से ही प्रकाशित हुआ था। इन लेखों में अधिकांशतः पारसी अभिनेताओं की चर्चा है। यथास्थान कुछ नाटक मण्डलियों, उनके मालिकों और निर्देशकों का विवरण भी आ गया है। अतएव यह पुस्तक जो अब अप्राप्य है, पारसी थियेटर के अध्ययन के लिए

बड़ी उपयोगी और महत्त्वपूर्ण है। जैसा लेखक ने लिखा है, उसके विवरण लगभग 50 वर्ष की स्मृति पर अवलम्बित हैं, अतएव उनमें कई जगह कुछ तारतम्य मिलता नहीं परन्तु फिर भी अन्य स्रोतों से प्राप्त होनेवाली सामग्री के सन्दर्भ पर, धनजी भाई पटेल की तवारीख, मील का एक पत्थर है, जिसे भुलाया नहीं जा सकता। निस्सन्देह पारसी थियेटर पर मौलिक रूप से लिखने के दावेदारों ने धनजी भाई की रचना का उपयोग निस्संकोच किया है और उसके आभार को स्वीकारा नहीं है।

उक्त लेखमाला के प्रथम 26 लेख भी क़ैसरे-हिन्द में निरन्तर निकले थे। उनमें पर्याप्त लाभप्रद सामग्री दी हुई है परन्तु प्रतीत होता है पारसी रंगमंच पर लिखनेवालों ने उनको पढ़ने और ढूँढ़ निकालने का कष्ट नहीं उठाया। मुझे सौभाग्य से, 'क़ैसरे-हिन्द' के वर्तमान सम्पादक श्री हीरजी वोहिदीन की कृपा से, उन फ़ाइलों को देखने का अवसर मिल गया। फ़ाइलें गली, सड़ी, दीमक-चाटी और अस्त-व्यस्त पन्नों की थीं परन्तु फिर भी उपयोगी थीं। धनजी भाई पटेल के लिखे और छपे ये दोनों भाग प्रस्तुत ग्रन्थ रचना में बड़े उपयोगी और महत्त्वपूर्ण प्रमाणित हुए। वास्तव में इसकी अधिकांश सामग्री धनजी भाई की ही सामग्री है। मैंने उसे हिन्दी में अपने रूप से और अपनी आवश्यकता के अनुसार ले लिया है और अन्य सामग्री के साथ उसका नाता जोड़ दिया है। जहाँगीर खम्बाता की रचना 'मारो नाटकी अनुभव' भी बड़ी उपयोगी सिद्ध हुई है। धनजी भाई की पुस्तक में दी हुई घटनाओं के अनेक संकेत जहाँगीर की पुस्तक से स्पष्ट हो गये हैं। नाटक के सम्बन्ध में जहाँगीर के विचारों का संग्रह तो उसमें है ही परन्तु और भी महत्त्वपूर्ण प्रसंग उसमें यथास्थान आये हैं। सभी नाटक मण्डलियाँ जहाँगीर की अभिनय-कला और निर्देशन शक्ति का लोहा मानती थीं। दुर्भाग्य यही था कि जहाँगीर को किसी बात में स्थिरता प्राप्त नहीं हुई जिसके कारण वह 'भमता भूत' की उपाधि से अलंकृत हो गये थे।

'पारसी-प्रकाश' में प्रायः सभी प्रतिष्ठित पारसियों के कृत्यों का वर्णन है। परन्तु नाटक के इतिहास की दृष्टि से उसका सबसे बड़ा उपयोग यह जानने में है कि कौन-सा नाटक किस समय प्रकाशित हुआ। पारसी नाटककारों की रचनाओं की तिथियाँ कभी-कभी बड़ी आवश्यक प्रमाणित हुई हैं। उसमें विक्टोरिया नाटक मण्डली का भी संक्षिप्त इतिहास है। कुछ पारसी अभिनेताओं और मण्डली-मालिकों के भी जीवन-संस्मरण हैं।

सबसे अधिक उपयोगी और प्रमाणित वे दीबाचे (भूमिकाएँ) हैं जो किसी-किसी नाटक के आदि में मिलते हैं। ये दीबाचे कुछ मूल नाटकों में हैं और कुछ कहीं-कहीं नाटक के गानों की पुस्तक में हैं। इन दीबाचों से यह पता चलता है कि नाटक किसने लिखा? किस नाटक मण्डली के लिए लिखा? कब उसका प्रकाशन हुआ? तथा नाटककार का नाटक-विशेष के लिए क्या दृष्टिकोण है? कैखुशरू कावराजी एवं रुस्तम जी नाना भाई तणीना की भूमिकाएँ विशेष ज्ञानवर्द्धक और प्रकाश डालनेवाली हैं।

दुःख की बात यह है कि अधिकृत रूप से प्रकाशित प्राप्य नाटकों की संख्या बहुत कम है। ये प्रमाणित नाटक प्रायः गुजराती अक्षरों में छपे हैं। इनमें सबसे अधिक नाटकों के प्रकाशक 'विक्टोरिया गिरोह' के मालिक हैं और उनमें भी खुरशेदजी बालीवाला प्रमुख हैं। दूसरे प्रकाशकों ने, जैसे जे. सन्तसिंह एण्ड सन्स लाहौर या उपन्यास बहार आफ़िस, बनारस, या जमनादास मेहता बम्बई या भाई दयालसिंह, लाहौर—जो नाटक छापे हैं उनमें अनेकों अशुद्धियाँ हैं। यह कहना भी कठिन है कि पाठ प्रमाणित है भी या नहीं। कॉपीराइट के फन्दे से निकलने के लिए मूल नाटक के पाठ में थोड़ा-बहुत परिवर्तन कर देना एक साधारण-सी बात थी।

प्रस्तुत कृति में सभी प्राप्य और दुष्प्राप्य सामग्री का उपयोग किया गया है। जहाँ तक मेरा विचार है प्रस्तुत प्रबन्ध रचना के अतिरिक्त कोई अन्य ऐसा ग्रन्थ हिन्दी में पारसी थियेटर पर नहीं लिखा गया जिसमें मूलभूत स्रोतों पर अवलम्बित इतनी अधिक सामग्री आयी हो। निबन्ध में दिये गये अनेकों नाटककारों के नाटकों के विवरण, उनकी रचना के अध्ययन के आधार पर, प्रस्तुत हैं और प्रायः वे हैं जिन्हें डॉ. नामी ने अपने 'उर्दू-थियेटर' में नहीं दिया है या बहुत ही संक्षिप्त रूप से देकर छोड़ दिया है। अतएव प्रबन्ध में पिष्ट-पेषण से बचने का यथासाध्य प्रयत्न है।

श्रीमती कुमुद अरविन्द मेहता एम. ए., पी-एच. डी. ने 'ड्रामा इन बाम्बे ड्यूरिंग द लास्ट एटीन्थ सेंच्युरी एण्ड नाइन्टीन्थ सेंच्युरी' शीर्षक शोध प्रबन्ध में (अप्रकाशित) बम्बई थियेटर का इतिहास बड़ी खोज और परिश्रम से लिखा है। पारसी थियेटर की यह अग्रिम भूमिका है। डॉ. मेहता की कृपा और सौजन्य से कुछ तत्सम्बन्धी चित्र भी मुझे प्राप्त हुए हैं जिनका उपयोग यथास्थान किया गया है। मैं उनकी सहायता और शोध प्रबन्ध के आवश्यक अंशों का उपयोग करने के लिए दी हुई उनकी मौखिक आज्ञा के लिए आभारी हूँ। इस प्रबन्ध से स्पष्ट है कि पारसी थियेटर पारसियों के मस्तिष्क की उपज नहीं थी। थियेटर को व्यवसायी रूप देने तथा अँगरेज़ी से उसे उर्दू-हिन्दी में लाने का श्रेय अवश्य उन्हें तथा शंकर शेठ एवं माऊदा जी लाड आदि को था।

डॉ. अब्दुल अलीम 'नामी' ने 'उर्दू-थियेटर' के नाम से तीन भाग प्रकाशित किये हैं। मैं उनके नामकरण से मतभेद रखता हूँ। पहली बात तो यह है कि 'उर्दू-थियेटर' नाम देने से पता चलता है कि थियेटर केवल उर्दू भाषा का था जो तथ्य की दृष्टि से असत्य है। पारसियों ने भी थियेटर का आरम्भ गुजराती नाटकों से किया था। उर्दू-हिन्दी नाटक उनके द्वारा बाद में अभिनीत हुए। अतएव उसे गुजराती थियेटर ही क्यों न कहा जाय? दूसरी बात यह है कि डॉ. नामी जिसे उर्दू-थियेटर कहते हैं उस पर गुजराती, मराठी, हिन्दी और हिन्दुस्तानी भाषा के भी नाटक खेले गये अतएव ऐसी अवस्था में पारसी थियेटर को उर्दू-थियेटर कहना संकुचितता और साम्प्रदायिकता का द्योतक है। तीसरा कारण यह है कि डॉ. नामी ने यह तो कहा है कि समस्त गुजराती नाटकों का अनुवाद उर्दू में हुआ और वे रंगमंच पर अभिनीत हुए। सम्भवतः इसी कारण उन्होंने पारसी

नाटककारों को अपने प्रबन्ध में सम्मिलित कर लिया है। परन्तु इस निर्णय या कथन का कोई प्रमाण उन्होंने नहीं दिया। आज उनमें से कोई भी अनुवाद उपलब्ध तक नहीं है। इससे यही निष्कर्ष निकलता है कि ऐसे पारसी नाटककारों को उर्दू-थियेटर की पंक्ति में सम्मिलित करना उचित नहीं है। केवल 'आराम' ही ऐसे पारसी नाटककार थे जिनके विषय में पता चलता है कि उन्होंने कुछ मौलिक रूप से उर्दू में लिखा था और कुछ नाटक पारसी लेखकों के उर्दू में अनूदित किये थे। यह सर्वविदित है कि उर्दू में सबसे पहला नाटक 'पाक नाज़नीन उर्फ़ ज़र खरीद खुरशेद' था जिसे एदलजी खोरी के गुजराती नाटक 'सोनेना मूलनीं खुरशेद' से रूपान्तरित किया गया था। अधिकतर उर्दू में लिखे नाटकों का आधार गुजराती नाटक ही थे। वे गुजराती नाटकों का अनुवाद नहीं थे।

चौथा कारण यह है कि 'तालिब' और 'रौनक' जैसे आरम्भिक उर्दू नाटककारों ने जहाँ उर्दू नाटक लिखे हैं वहाँ हिन्दी नाटक भी लिखे हैं। उनके ऊपर लिखा है 'बज़बाने हिन्दी, बहर्फ़े गुजराती' तथा तालिब का हरिश्चन्द्र। अतएव नाटककार अपनी भाषा के विषय में सचेत था।

इन सब कारणों से डॉ. नामी का उर्दू-थियेटर नामकरण अवांछित है, असत्य है और भ्रामक है। मैं मान सकता हूँ कि पारसी थियेटर के अधिकांश नाटक उर्दू भाषा में लिखे गये थे परन्तु उनमें हिन्दी का स्थान नगण्य नहीं था, और आगे चलकर आग़ा 'हश्र', 'बेताब' और राधेश्याम आदि ने—जो पारसी स्टेज के माने हुए नाटककार थे—अपने नाटकों को हिन्दी में भी लिखना आरम्भ कर दिया था। उनका यह कार्य 'तालिब' के 'हरिश्चन्द्र' और 'गोपीचन्द्र' या 'रामलीला' की शैली का ही अनुकरण था।

अतएव पारसी नाटककारों को जितना श्रेय नाट्य-कला के विकास के लिए दिया जा सकता है उससे कम श्रेय गैर-पारसी नाटककारों को नहीं दिया जा सकता। गुजराती नाटकों के पश्चात् तो पारसी नाटक मण्डलियाँ हिन्दी-उर्दू के नाटकों का ही अभिनय करती थीं। मादन के कोरन्थियन थियेटर तक यही परम्परा चलती रही। इसका अन्त तो सवाक् चल-चित्रों के आगमन पर हुआ। यहाँ तक कि पहला सवाक् चल-चित्र 'आलमआरा' उर्दू नाटक का ही चित्रपटी रूप था। 'ख़ूने-नाहक़' भी 'अहसन' के नाटक का हू-ब-हू चित्रपटी रूप था।

आभार प्रदर्शन

मैं हृदय से निम्नलिखित महानुभावों एवं संस्थाओं के प्रति उनकी अमूल्य सहायता तथा सहयोग के लिए, अपना कृतज्ञतापूर्ण आभार प्रकट करता हूँ—

1. श्री के. टी. देशमुख, मराठी थियेटर रिसर्च सेण्टर, बम्बई।
2. श्रीमती डॉ. कुमुदनी मेहता एम.ए., पी-एच. डी. कुम्भाला हिल, बम्बई।
3. श्री हीरजी वोहिदीन—सम्पादक क़ैसरे-हिन्द, बम्बई, (क़ैसरे-हिन्द की सम्पूर्ण फ़ाइलों के लिए)।
4. पुरातत्त्व एवं—आलेख अधिकारी—महाराष्ट्र सरकार, बम्बई।
5. विश्वविद्यालय अनुदान आयोग, दिल्ली।
6. डॉ. सत्येन्द्र, अध्यक्ष, हिन्दी विभाग, राजस्थान विश्वविद्यालय, जयपुर।
7. श्री सोहराब मोदी—अभिनेता—बम्बई।
8. श्री मानशाह के. बलसारा—मालिक, न्यू अल्फ्रेड नाटक मण्डली, बम्बई।
9. धनजी भाई पटेल—लेखक, पारसी तख़्तानी, तवारीख।
10. श्री गणपत लाल डाँगी—आकाशवाणी, जयपुर।
11. श्री जहाँगीर खम्बाता—लेखक 'मारो नाटकी अनुभव'।
12. सर्वश्री मालिकान, लोकभारती प्रकाशन, इलाहाबाद।

अनुक्रम

1
पारसी थियेटर से पूर्व

यदि यह सत्य है कि वर्तमान अतीत का परिणाम है और भविष्य वर्तमान का परिणाम होगा, तो मानना पड़ेगा कि पारसी थियेटर का उद्भव मौलिक रूप में न होकर उसके पहले अस्तित्व में रहनेवाले किसी अन्य थियेटर का परिणाम होना चाहिए और यह धारणा सत्य है। पारसी थियेटर से पूर्व बम्बई में 'बम्बई थियेटर' के नाम से एक थियेटर के अस्तित्व का प्रमाण सन् 1776 ई. में प्राप्त होता है।

बम्बई थियेटर के अस्तित्व का सबसे पहला प्रमाण श्री जॉन फ़ोर्बस का एक उल्लेख है, जिसमें उनका कहना है, "जब मैंने बम्बई छोड़ी, उस समय लोक-भवन सामान्यतया सुन्दर की अपेक्षा उपयोगी अधिक थे। इन भवनों में प्रधान रूप से सम्मिलित हैं—राजभवन, कस्टम-भवन, मेरीन-भवन, फ़ौजी बारिकें, टकसाल, कोष-भवन, थियेटर तथा कारागार।"[1]

श्री फ़ोर्बस ईस्ट इण्डिया कम्पनी में नौकर थे और सन् 1784 में उन्होंने विश्राम लिया, अतएव उनके विवरण से सन् 1776 में बम्बई थियेटर का अस्तित्व असन्दिग्ध है।

एक अन्य प्रमाण श्री मिलबर्न का भी है। उन्होंने भी अपने संस्मरणों में बम्बई थियेटर के अस्तित्व का उल्लेख किया है। उनका कथन है, "ग्रीन के चारों ओर अनेक सुनिर्मित एवं विशाल सुन्दर गृह हैं—राजभवन एवं गिरजाघर जो अत्यधिक स्वच्छ, बड़ा और हवादार घर हैं। गिरजाघर के द्वार के बायीं ओर यह एक-दूसरे के अति निकट हैं। गिरजे के द्वार के दाहिनी ओर बाज़ार है जिसमें बड़ी भीड़ रहती है और जो अति लोकप्रिय है तथा जहाँ पर प्रधानतया देशी व्यापारी निवास करते हैं। इसी के प्रवेश पर ही थियेटर स्थित है, जो एक स्वच्छ एवं सुन्दर भवन है।" मिलबर्न महाशय कौन थे, इसका तो पता नहीं चलता, परन्तु उनकी पुस्तक का मुद्रण फ़ोर्बस की पुस्तक के वर्ष में ही हुआ था।[2] अतः मिलबर्न के कथन से भी फ़ोर्बस के उल्लेख की पुष्टि होती है।

सन् 1776 से पहले बम्बई थियेटर के अनस्तित्व के प्रमाणों में एक उल्लेख श्री पार्सन्स की पुस्तक का दिया जा सकता है। यह पुस्तक उन्होंने सन् 1818 में

---

1. "When I left Bombay, the generality of public buildings were more useful than elegant, the Government House, Customs House, Marine House, Barracks, Mint, Treasury, Theatre and Prison includes the chief of these structures."
   —John Forbes : Oriental Memoirs 4 Vols., London, 1813; Vol, I, Page 152.

2. Oriental Commerce, 2 vols., London, 1813, vol. I, page 170.

छपायी थी अर्थात् सन् 1776 से केवल 42 वर्ष पश्चात्। इसका नाम था "Travels in Asia and Africa, London, 1818"। यह महाशय सन् 1775 में बम्बई आये थे परन्तु इनके विवरण में कहीं भी बम्बई थियेटर का नाम नहीं आया। यदि उनके समय में थियेटर का अस्तित्व होता तो वह अवश्य उसका उल्लेख करते। दूसरा प्रमाण श्री जे. एच. ग्रास की पुस्तक है। उन्होंने 'ग्रीन' नामक स्थान का वर्णन करते हुए लिखा है, ''ग्रीन एक विस्तृत क्षेत्र है जिसका आरम्भ क़िले से होता है। वह वृक्षों से युक्त चारदीवारी के अन्दर मनोरंजक रूप से बनाया गया है। उसके चारों ओर अधिकतर अँगरेज़ों के निवास-स्थान हैं।''[1] इसमें भी बम्बई थियेटर का कोई उल्लेख नहीं है।

बम्बई थियेटर में कौन-से नाटक खेले गये और कब-कब उनका अभिनय हुआ, इसका कोई विवरण प्राप्त नहीं है। ऐसा प्रतीत होता है कि आर्थिक दृष्टि से इस थियेटर में घाटा होता रहा, क्योंकि सन् 1833 में इसको बेच डालने के निर्णय पर यह जाँच की गयी कि बम्बई थियेटर का वास्तविक इतिहास क्या है? अतएव तत्कालीन सरकार के सचिव श्री जॉन बेक्स (John Bax) ने 2 अगस्त, सन् 1833 को बम्बई ज़िलाधीश के नाम एक पत्र लिखा, जिसमें पूछा गया था कि ''बम्बई थियेटर का निर्माण किन मूल शर्तों पर हुआ था और उस समय से वह किन शर्तों पर (वर्तमान प्रबन्धकों) के पास है?''[2]

ज़िलाधीश ने इसके उत्तर में लिखा, ''...राजस्व कर निरीक्षक के रेखाचित्र एवं निरीक्षण में यह बताया गया है कि (आलेख्य) भवन माननीय कम्पनी की सम्पत्ति है, तथा परिणामस्वरूप सरकार ने न तो कभी उसका किराया वसूल किया और न उसकी प्राप्ति का कोई उल्लेख है।''[3]

"...It is stated in the plan and survey of the Revenue Surveyor to belong to the Hon'ble Company, and neither rent nor acknowledgement has consequently ever been received by the Government."

इसी प्रसंग में वह पत्र भी बड़ा महत्त्वपूर्ण है जो विलियम न्यूहम ने राज्यपाल क्लेयर को लिखा था। उनका कथन है—

''बीस वर्षों से अधिक प्रबन्धक के रूप में इस थियेटर से मेरा सम्बन्ध रहा है। मैं समझता हूँ कि इसका निर्माण, सन् 1776 में, चन्दे से हुआ था। इस स्थान पर पहले अपावन जल का एक जलाशय था। बाद में, मेरे समय में भी, सन् 1817 में समाज

---

1. "Green is a spacious area that continues from the fort thereto, and is pleasantly laid out in walls planted with trees around which are mostly the houses of English inhabitants."

—J.H. Gross : Voyage to the East Indies, 2 vols, 2nd Edition, London 1761, vol. I, Page 52.

2. "...The terms on which the Bombay Theatre was originally constructed and has since been held..."

—General Department, vol. 38-A/370A for 1836, pages 13-14.

3. वही, पृष्ठ 15।

द्वारा इसका पुनर्निर्माण किया गया। उस समय भी इसका वर्तमान विस्तृत आकार था और तत्कालीन बनावट के आधार पर ही इसका आज इतना मूल्य आँका जाता है, जो पहले नहीं समझा जाता था। यह उचित होगा कि अभी यह बता दिया जाय कि जिस समय प्रेसिडेन्सी (Presidency) के समाज द्वारा इसका नक़्शा बनाया गया था, उस समय उन दिनों के प्रबन्धकों को यह बिलकुल पता नहीं था कि थियेटर की भूमि (या पूर्व कथनानुसार दलदल) मूलरूप से सरकार की सम्पत्ति थी अथवा किन्हीं निजी व्यक्तियों की। उन्हें यह भी ज्ञात नहीं था कि भवन पर क़ब्ज़ा करने की शर्तें क्या हैं। कई वर्षों बाद सरकार के मुख्य सचिव पद पर कार्य करते हुए, आलेखों की जाँच-पड़ताल करते समय मुझे पता चला—सन् 1789 की कार्रवाई रिपोर्टों से—कि थियेटर का क़ब्ज़ा मूल में राज्यपाल हार्नबी (Hornby) की सम्मति से (प्रबन्धकों द्वारा) लिया गया था और राज्यपाल मीडोज़ (Meadows) ने उस पर क़ब्ज़ा करने की आज्ञा दी थी, परन्तु सरकार की मर्ज़ी पर।"[1]

इसी आलेख में एक संकेत यह भी है कि सन् 1776 से आरम्भ होकर लिखी जानेवाली कार्रवाई का पूरा लेखा-जोखा एक पुस्तक में है, जो इस समय मिल नहीं रही है।[2]

यद्यपि श्री न्यूहम का सेवाकाल 30 वर्ष का दीर्घ समय था, परन्तु इस बीच में वह स्वयं कभी बम्बई थियेटर के रंगमंच पर नहीं आये। परन्तु वह बड़े कर्मठ प्रबन्धक थे और डायरियों में प्रबन्धकों की बैठकों की कार्रवाई बड़ी सावधानी एवं तत्परता से लिखते थे। आवश्यकता पड़ने पर वह चन्दे के लिए अपील भी निकालते थे, अभिनेताओं के लिए वेश-भूषा भी तैयार कराते तथा उनके खाने-पीने की व्यवस्था भी वही करते थे। वास्तव में थियेटर जैसे उन्हीं की घरेलू वस्तु बन गयी थी।[3]

अतएव बम्बई थियेटर का अस्तित्व सन् 1776 में निर्विवाद स्थापित हो जाता है। परिशिष्ट में तत्कालीन बम्बई थियेटर का एक चित्र अवलोकनार्थ दे दिया गया है।

---

1. "I have been associated with this Theatre for more than 20 years as a manager. It was built, I understand, by subscription so far back as 1776, where a tank of impure water existed, and was re-built in my time, at the expense of the community in 1817, on its present extensive scale; and the outlay on that occasion has given it a value it did not previously possess. It may be proper here to state that at the time this great outlay was made by the community of the Presidency, nothing was known to the manager of that period whether the ground (or swamp as before alluded to) was originally the property of the Government, or of private individuals, or of any condition being attached to its occupancy, and that it was not till many years after, when filling the office of Chief Secretary to the Government, that, on tracing the records, I discovered from proceedings in 1789, that it had been originally occupied with the sanction of Governor Hornby, and its continuance then sanctioned by Governor Meadows but subject to the pleasure of Government."

   —General Deptt., vol. 38-A/370-A for 1836, pp. 16—18.

2. वही। यदि यह पुस्तक मिल जाती तो अनेकों श्रम दूर हो जाते।
3. Bombay Theatre Diaries No. 601, pages 4 & 126.

सत्य तो यह है कि यूरोप की विभिन्न जातियाँ भारत से व्यापार करने के लिए आयी जिनमें से कुछ व्यापारी समय-समय पर बम्बई में रह गये। उन दिनों का बम्बई आज का बम्बई नहीं था। वह तीन द्वीपों में बँटा हुआ था। प्रत्येक का अपना-अपना महत्त्व था। परन्तु स्पेन, पुर्तगाल, फ्रान्स और अँगरेज़ों में से अन्त में अँगरेज़ ही इन द्वीपों पर ठहरने में सफल हुए। 'बेलेसिस परिवार' के पत्रों और आलेखों से पता चलता है कि आरम्भ में अँगरेज़ी समाज एक छोटा-सा सैनिक समाज था, जिसके मनोरंजन के साधन सीमित थे। वे घर में ताश खेलते थे, 'मलाबार हिल' पर ख़रगोशों का शिकार किया करते थे अथवा 'थाना' तक घुड़दौड़ में भाग लेते थे। कुछ लोगों ने मिलकर बम्बई थियेटर का निर्माण भी मनोरंजन के लिए ही किया होगा। उस थियेटर के विकास का इतिहास कई सरणियों में बँटा हुआ है। प्रथम सरणी सन् 1776 से लेकर सन् 1819 तक मानी जाती है। 43 वर्षों के दीर्घ काल में बम्बई थियेटर के सूक्ष्म विवरण प्राप्त नहीं होते। उसके सम्बन्ध का सम्भवतः सर्वप्रथम विज्ञापन 27 जुलाई, सन् 1793 के 'बाम्बे कोरियर' में प्रकाशित हुआ था। उस विज्ञापन से पता चलता है कि थियेटर के प्रबन्धक अँगरेज़ नाटककार शेरीडन के नाटक The School for Scandal का अभिनय करना चाहते थे, परन्तु वह पुस्तक उन्हें मिल नहीं रही थी। अतएव विज्ञापन द्वारा उन्होंने यह प्रयत्न किया कि किसी व्यक्ति से यदि वह प्राप्त हो जाय तो उसे खेला जाय। नाटक के नाम से पता चलता है कि किस प्रकार के नाटक बम्बई थियेटर में अभिनीत होते थे। उक्त विज्ञापन का एक चित्र परिशिष्ट में दे दिया गया है।

बम्बई थियेटर की दूसरी सरणी का समय सन् 1819-35 है। सन् 1818 में थियेटर मरम्मत के लिए बन्द कर दिया गया था। प्रथम जनवरी सन् 1819 से मरम्मत-शुदा थियेटर का आरम्भ हुआ। इस सम्बन्ध में 'बम्बई गज़ट' ने अपने 6 जनवरी, सन् 1819 के अंक में लिखा था—"होलक्राफ़्ट (Holcraft) के नाटक 'The Road to Ruin' का अभिनय देखने के लिए हमारा समस्त समाज एकत्रित हुआ था। केवल वे लोग उसमें अनुपस्थित थे, जो अस्वस्थ होने के कारण अथवा किसी अति आवश्यक कार्य की वजह से नहीं आ पाये।"[1]

16 वर्ष के इस लघु काल में बम्बई थियेटर को बम्बई के राज्यपाल माउण्टस्टुआर्ड एलफ़िन्स्टन (Mountstuard Elphinstone) (1 नवम्बर, सन् 1819 से नवम्बर, सन् 1827 तक) से बड़ी सहायता और प्रोत्साहन मिला। उन्होंने थियेटर को उपहारस्वरूप अनेक कामेडियाँ और प्रहसन प्रदान किये। वह स्वयं भी अभिनय देखने आते और थियेटर की आर्थिक सहायता करते। अपने इन संरक्षक की विदाई के समय थियेटर ने The Rivals का अभिनय किया था।

1. (Holcraft's) 'The Road to Ruin' was put on boards of the renovated theatre. The audience consisted of the whole of our society that were not prevented from attending by ill health or very urgent business."

एलफ़िन्स्टन बम्बई के निर्माताओं में माने जाते हैं। यही कारण है कि उनके नाम के साथ बम्बई का एक कॉलेज, मिल, पुल और सड़क आदि संलग्न हैं। एलफ़िन्स्टन के प्रस्थान के पश्चात् बम्बई थियेटर के ऊपर विस्मृति और अकर्मण्यता के गहरे बादल छा गये। परन्तु उस समय के पत्रों और पत्रिकाओं से पता चलता है कि थियेटर के ये 16 वर्ष बड़ी चहल-पहल में बीते। साथ ही थियेटर पर ऋण का भार बढ़ता गया और अन्त में यह निश्चय हुआ कि थियेटर भवन बेच दिया जाय और अक्टूबर, सन् 1835 में जमसेत जी जीजीभाई ने 50,000 रुपये में उसे ख़रीद लिया। थियेटर पर उस समय ऋण की राशि निकालकर 27,379 रुपये शेष रहे, जो सरकारी कोष में जमा करा दिये गये। 10 वर्ष तक थियेटर बन्द रहा। इस अवधि के पश्चात् फिर बम्बई के लोगों को अपने मनोरंजन के लिए नये थियेटर की आवश्यकता प्रतीत हुई। जनता ने आवाज़ उठायी और बम्बई के प्रसिद्ध पत्र-पत्रिकाओं ने इस आन्दोलन को जी खोलकर अग्रसर किया। परिणाम यह रहा कि पिछले थियेटर की बिक्री की शेष राशि नये थियेटर के निर्माण के लिए देने का वायदा सरकार ने कर लिया। प्रश्न स्थान का रहा। बम्बई के एक सम्भ्रान्त श्रेष्ठी श्री जगन्नाथ शंकर शेठ ने वर्तमान ग्राण्ट रोड पर एक भूखण्ड थियेटर के लिए अपनी इच्छा से दान कर दिया। स्थान का प्रश्न भी हल हो गया और नये थियेटर का निर्माण आरम्भ हो गया। इस कार्य के लिए निर्मित समिति ने भरपूर प्रयत्न से थियेटर को शीघ्र-से-शीघ्र समाप्त करने का बीड़ा उठाया। थियेट्रिकल समिति के सभापति श्री एच. फ़ासेट (H. Fawcett) की ओर से थियेटर के लिए एक ड्रापसीन का पर्दा उपहार में दिया गया जिसे इंग्लैण्ड में तैयार कराया गया था।

आख़िर 10 फ़रवरी, सन् 1846 को नये थियेटर का उद्घाटन हुआ। नाम 'ग्राण्ट रोड थियेटर' रखा गया। यहीं से तीसरी सरणी आरम्भ होती है। इसमें आरम्भ में अँगरेज़ी नाटक भी होते थे यद्यपि 'बाम्बे ग्रीन' और 'फ़ोर्ट क्षेत्र' से यह स्थान बड़ा दूर पड़ता था और आने-जाने में अनेकों संकटों का सामना करना पड़ता था, फिर भी अँगरेज़ जनता अपने मनोरंजन के लिए यहाँ आती थी।

सन् 1846 का यही 'ग्राण्ट रोड थियेटर' वह नाट्यगृह था, जिसमें पारसियों और हिन्दू एवं ईरानियों ने अपने-अपने नाटक खेलकर जनता का मनोरंजन किया।

बम्बई थियेटर की निजी विशेषताएँ : (i) बम्बई थियेटर भवन के निर्माण में दो आदर्श रखे गये थे। अँगरेज़ी ढंग पर उसका निर्माण हुआ ही था। परन्तु भवन के अन्तर्भाग में Drury Lane Theatre का विशेष प्रभाव था। उसके ड्रेस बाक्सों के चारों ओर विस्तृत दीर्घा थी। ड्रेस बाक्सों में 72 व्यक्तियों के बैठने का स्थान था। 'पिट' में 65 दर्शक बैठ सकते थे और 'गैलरी' में दो सौ।[1] इस प्रकार प्रेक्षागृह में 337 दर्शक सुगमता से बैठ सकते थे। मण्डप में ध्वनि-प्रबन्ध ऐसा था कि प्रत्येक दर्शक प्रत्येक

1. बा. को., 10 मई, सन् 1842 तथा बा. को. 9 मई, 1845।

कोण से रंगमंच पर होनेवाले संवाद और गानों को सुगमता से सुन सकता था।[1] सन् 1847 में लेडी फ़ाकलेण्ड ने थियेटर के सम्बन्ध में लिखा था कि 'वह बहुत सुन्दर' है, परन्तु दुःख की बात यह है कि वह बहुत कम काम में आता है और कभी-कभी ही पूरा भरता है।[2]

(ii) दृश्यपट—अधिक नहीं थे। भवन निर्माण में इतनी राशि व्यय हो चुकी थी कि दृश्यपट बनवाने के लिए पैसा रह ही नहीं गया था, परन्तु फिर भी श्रीमती डीकिल (Mrs. Deacle) ने इंग्लैण्ड से बहुत-सी नयी सीन-सीनरी बनवाकर मँगायी थी।[3] और इसी समाचार-पत्र ने उसकी सुन्दर एवं रुचिपूर्ण होने की प्रशंसा की थी। परन्तु कभी-कभी इस दिशा में पत्रों की भर्त्सना भी सुनायी पड़ जाती थी। एक बार जब प्रशिया के राजकुमार वाल्डेमार (Prince Waldemar of Prussia) अपने साथियों के साथ थियेटर में बैठे थे तो ऐसा हुआ कि ड्रापसीन जैसे ही तालियों की गड़गड़ाहट में ऊपर को उठा और रंगमंच पर Monsieur Deschappelles के सजे हुए कमरे का दृश्य दर्शक मण्डली के सामने दिखायी दिया, पर्दे की रस्सी टूट गयी और सारा दृश्य भूमि पर गिर पड़ा।[4] दर्शक बड़े बिगड़े और पत्रों में भी इसकी पर्याप्त चर्चा रही। परन्तु ये अभाव नितान्त मिटे नहीं।

(iii) वेश-भूषा—थियेटर में इस भाग के अन्तर्गत भी बहुत कमी थी। नाटक के अनुकूल पात्रों की वेश-भूषा की कल्पना करना अनुचित था। पत्रों में कहीं भी यह विवरण नहीं मिलता कि पात्रों की वेशभूषा नाटक के अनुकूल थी। एक वर्णन आता है। श्री हैमिल्टन जैकब ने थियेटर का उद्घाटन श्री डब्ल्यू. एच. विल्स के नाटक The Law Board Fin or The Cornish Wrecker से किया। उन्होंने यह विज्ञापन दिया था कि नाटक में 'नितान्त नये दृश्यपट, वेश-भूषा और साज-सज्जा' के दर्शन होंगे। साथ ही इनके बनानेवालों के नाम भी दिये थे। परन्तु नाटक के अभिनय के समय वेश-भूषा की बहुतायत एवं अनुकूलहीनता देखकर दर्शक मण्डली ने बड़ा शोर मचाया। Cornish Wrecker ने रक्तवर्ण ब्रीचेज़, सफ़ेद पेटीकोट जिन पर लाल टफ़ेटा की गोट लगी हुई थी, पहन रखे थे।[5] आलोचकों ने भी प्रबन्धकों पर गाली पर गाली की बौछारें कीं। उन्होंने बताया कि Cornish नाविक हैं, मोटा चौड़ा कपड़ा पहनते हैं और पेटीकोटों से घृणा करते हैं। यद्यपि तीव्र आलोचना होते हुए भी रवैया बदला नहीं, परन्तु यह आलोचना अन्ततोगत्वा लाभदायक ही रही। कम-से-कम निर्देशकों को यह पता तो रहा कि दर्शक भोंदू नहीं हैं। वे भी कुछ नाट्य रुचि रखते हैं। इसी का परिणाम था कि इंग्लैण्ड में विकासोन्मुखी मंच-सज्जा का भारत में आगमन होता रहा और बम्बई में उसका प्रभाव दिखायी देने लगा।

---

1. पिल्ले कृत—श्रीमन्त नामदार जगन्नाथ शंकर शेठ उर्फ़ नाना शंकर शेठ ह्यांचे चरित्र, पृ. 316।
2. बा. टे. एण्ड को., 5 फरवरी, 1847।
3. ब्रिटिश इण्डियन जेण्टेलमेन्स गज़ेट, 30 मई 1846।
4. ब्रिटिश इण्डियन जेण्टेलमेन्स गज़ेट, 1 मई, 1846।
5. बा. टा., 30 जुलाई, 1851।

(iv) प्रकाश—आरम्भ में थियेटर का प्रकाशन तेल के दीपों और मोमबत्तियों द्वारा होता था, परन्तु गैस-लम्प के आविष्कार से गैस ही काम में आने लगी। किसी-किसी अवसर पर गैस-लाइट का पूरा-पूरा उपयोग किया जाता था। सन् 1847 में बम्बई के राज्यपाल की पत्नी श्रीमती रीड (Reid) के स्वागत के लिए थियेटर को गैस-लाइट से जगमगा दिया गया था। परन्तु इस आविष्कार का भी पूरा-पूरा उपयोग सदैव नहीं उठाया जाता था। सम्भवतः प्रबन्धक उसके प्रयोग से पूर्णतया अवगत नहीं थे। एक बार बाम्बे गज़ट (अप्रैल 1854) ने प्रकाश योजना की बड़ी सराहना की, परन्तु उसी वर्ष दिसम्बर के अंक में 'बाम्बे टेलीग्राफ़ एण्ड कोरियर' ने प्रबन्ध को 'निकम्मा' बताकर उसकी भरपूर निन्दा की और सलाह दी कि यह कार्य किसी अन्य पार्टी को सौंपा जाय।

(v) प्रबन्ध—ग्राण्ट रोड थियेटर आरम्भ से ही श्रीमती डीकिल को किराये पर दे दिया गया था। आरम्भ में तो यह किराया कुछ भी नहीं था। वैसे प्रबन्ध के लिए एक कमिटी थी जिसमें Le Geyt जो तत्कालीन रेवन्यू जज एवं सीनियर पुलिस मजिस्ट्रेट थे, उसके सभापति थे। जगन्नाथ शंकर शेठ और करसेतजी जमसेतजी दो हिन्दुस्तानी सदस्य थे। परन्तु यह कमिटी नाटक में दिलचस्पी लेनेवाली नहीं थी। न तो ये कोई अभिनेता थे और न थियेटर में इनकी कोई व्यावसायिक लाभ-हानि थी। अतएव सरकार में भी इनकी इतनी पूछ नहीं थी जितनी कि बाम्बे थियेटरवाले अफ़सरों की थी। परिणाम यह हुआ कि कमिटी केवल यह चाहती थी कि थियेटर चलता रहे, बन्द न हो। कुछ दिनों बाद श्रीमती डीकिल और कमिटी में मतभेद भी हो गया और तीन बरस के लिए थियेटर किराये पर दे दिया गया। इस अन्तराल में थियेटर के प्रबन्ध में बड़ी गड़बड़ी रही। किराये की रकम भी वसूल न हो पायी। अन्ततोगत्वा कमिटी ने प्रबन्ध अपने हाथ में ले लिया। ऋण कुछ कम हो गया, परन्तु अनुभव हुआ कि अव्यावसायिक कर्त्ताओं पर निर्भर नहीं रहा जा सकता। अतएव ऋण उतारने के लिए सरकार से सहायता माँगी गयी जो सरकार ने नहीं दी। और कमिटी को विवश होकर यह सूचना निकालनी पड़ी कि 29 अगस्त, 1855 के दिन 4 बजे सायं थियेटर का भवन नीलाम कर दिया जायगा।[1] आख़िर जगन्नाथ शंकर शेठ ने उसे ख़रीद लिया और ग्राण्ट रोड थियेटर उनकी निजी सम्पत्ति बन गया।[2] जगन्नाथ शंकर शेठ के पश्चात् यह थियेटर उनके उत्तराधिकारियों (विनायक शंकर शेठ) के हाथों में चला गया और बाद में उनकी विधवा श्रीमती लक्ष्मीबाई विनायक शंकर शेठ के अधिकार में आया और सन् 1885 में उन्होंने वेस्टर्न इण्डिया फ़्लोर मिल्स को बेच दिया।[3] सन् 1860 में श्रीमती डीकिल इंग्लैण्ड चली गयीं। अँगरेज़ी नाटकों की चहल-पहल समाप्त हो गयी। कुछ पहले ही भारतीय भाषाओं के नाटकों के अभिनय थियेटर में आरम्भ हो गये थे। पारसी और हिन्दू नाटककार रंगमंच पर दिखायी पड़ने लगे।

---

1. बा. टे. एण्ड को., 28 अगस्त, 1855।
2. Foras Salt Batty, vol. 8, for 1858-68; vol. 12 for 1868-78. Foras Salt Batty, vol. 7 for 1878-85.
3. Foras Transfer File, Register No. 103.

(vi) दर्शक मण्डली—जब तक राज्यपाल एवं उच्च सरकारी अधिकारियों का संरक्षण थियेटर को मिला, भले घरों के लोग थियेटर में आते रहे। ग्राण्ट रोड पर होने के कारण फ़ोर्ट और मलाबार हिल एवं कोलाबा में रहनेवालों के लिए थियेटर दूर पड़ने लगा। उन्हें असुविधा भी होने लगी। समाज तो अधिकारियों का अनुकरण करता था। जब उनका आगमन कम हुआ तो सामान्य लोगों ने भी थियेटर में जाना कम कर दिया। कुछ ईसाई प्रचारकों ने भी थियेटर को आचारहीन और धर्मविरुद्ध कहकर उसका विरोध किया। 'ओरियण्टल क्रिश्चियन स्पेक्टेटर' इन पत्रों में प्रमुख था, जो हिन्दू नाटकों के विरोध में, विशेषकर डॉ. भाऊ दा जी के ख़िलाफ़, लिखा करता था। परिणाम यह हुआ कि कुछ दिनों तक तो थियेटर में, आते-जाते जहाजों के नाविक, सिपाही और व्यापारी आदि आते रहे। बाद में निम्न श्रेणी की जनता भी आकर धूम्रपान से थियेटर को दुर्गन्धित करने लगी। अभिनय समय पर न होकर देर से शुरू होने लगे। शिष्टाचार में अवनति हुई। शराब पीकर आनेवाले नाविक, सिपाही आदि का व्यवहार महिलाओं के प्रति अभद्र होने लगा। नौजवान अधिकारी समझने लगे कि उनके आफ़िसर की अनुपस्थिति में उन पर देखरेख करनेवाला कोई नहीं है और न उन पर कोई आँच ही आयेगी। प्रबन्ध के लिए सिपाहियों की आवश्यकता का अनुभव होने लगा। कभी-कभी दर्शक तरह-तरह की आवाज़ें कसते और कभी हाथापाई भी हो जाती। एक विशेष बात यह थी कि कुछ लोग पारसियों की ऊँची टोपी पसन्द नहीं करते थे, क्योंकि पीछे बैठनेवालों के लिए वह बाधक पड़ती थी। यही दर्शक मण्डली आगे चलकर पारसी थियेटर को विरासत में मिली।

(vii) टिकट दरें—जब तक अँगरेज़ी नाटक होते रहे, थियेटर प्रवेश के टिकट की दरें इस प्रकार थीं—

ड्रेस बाक्स	8 रुपये
पिट	6 रुपये
अपर बाक्स	5 रुपये
गैलरी	3 रुपये

परन्तु समय-समय पर इनमें कमी भी होती रही। सन् 1825 में ड्रेस बाक्स का टिकट 6 रुपये में मिलता था। फिर सन् 1830 में सारी दरें क्रमशः 6 रुपये, 4 रुपये, 3 रुपये और 2 रुपये कर दी गयी थीं। एक रात की आय प्रायः 1500 रुपये से 2000 रुपये तक हो जाती थी। विशिष्ट अवसर पर 3000 रुपये भी मिल जाते थे।

नाटक रात के 12.30 बजे तक प्रायः हुआ करता था। मुफ़्त में कोई तमाशा नहीं दिखाया जाता था। दर्शक अपने मित्रों को अभिनय करते देखकर प्रसन्न होते थे। किसी अभिनेता की प्रेमपरक स्पीच सुनकर उनका अहम् यह सोचकर गद्गद हो जाता था कि वे शब्द उन्हीं के लिए कहे जा रहे हैं। सन् 1821 से भारतीय दर्शक भी थियेटर में जाने लगे थे। 3 अगस्त, 1821 को बालकृष्णनाथ शंकर शेठ ने एक टिकट ड्रेस बाक्स का

लिया था।[1] इसी प्रकार 13 दिसम्बर, सन् 1822 में होरमसजी बोमनजी और सोराबजी फ्रामजी ने नाटक देखने के लिए दो-दो टिकट खरीदे थे।[2] बम्बई विश्वविद्यालय में रखे हुए चाँदी के एक टुकड़े पर लिखा है 'Complimentary Season Ticket', यह मानकजी करसेतजी को 'बाम्बे अमेच्योर थियेटर' की ओर से भेंट किया गया था।

(viii) अभिनेता—बम्बई अमेच्योर थियेटर के अभिनेता सभी अव्यवसायी थे। वे मनोरंजन और स्व-रुचि की तुष्टि के लिए नाटक खेला करते थे। परन्तु ग्राण्ट रोड थियेटर के निर्माण के पश्चात् अभिनेता प्रायः व्यवसायी हो गये। थियेटर की किरायेदार श्रीमती डीकिल स्वयं व्यवसायी थीं। उन्हीं की एक साथिन कुमारी क्लारा एलिस थीं। दोनों एकल रूप से अपने-अपने समय अभिनय द्वारा दर्शकों का मनोरंजन करती थीं। परन्तु इससे काम चलता न देखकर श्रीमती डीकिल ने अव्यवसायी अभिनेताओं से अपनी सहायता के लिए अपील की थी।

जब कभी कोई बाहरी अभिनेता अथवा नाटक मण्डली कलकत्ता, आस्ट्रेलिया अथवा चीन की ओर जाने के लिए बम्बई से होकर जाती, तो प्रायः प्रदर्शन के लिए वहाँ ठहर जाती या ठहरा ली जाती। यह क्रम कई बरसों तक चलता रहा। बाद में विष्णुदास भावे जैसे मालिक और निर्देशक की नाटक मण्डली भी भारत के अन्य स्थानों से बम्बई आकर अपने प्रदर्शन करने लगी थी।

(ix) दर्शक-अभिरुचि—यदि थियेटर में अभिनीत नाटकों के आधार पर दर्शकों की रुचि का अनुमान लगाया जा सकता है तो पता चलता है कि उन्हें Melodramas (गीतबहुल नाटक जिनमें रूमानी दृश्य हों) तथा Farces (प्रहसन) ही अधिक पसन्द थे। यह प्रभाव अँगरेज़ी के तत्कालीन थियेटर का था। लन्दन की नाट्यशालाओं में 19वीं शताब्दी के मध्य में ऐसे ही नाटकों का अभिनय बहुतायत से हुआ करता था। साहित्यिक दृष्टि से चाहे उनमें कुछ न हो, परन्तु उनमें शक्ति थी, मनोरंजन था, प्राणवन्तता थी।[3] यह प्रभाव अँगरेज़ी में जर्मन से आया था। लेसिंग, गेटे और शीलर के नाटकों का बड़ा व्यापक प्रभाव यूरोप के नाट्य-जगत् पर पड़ा था। इन नाटकों में तर्क और विचार की अपेक्षा भावोन्माद का आधिक्य था, उनमें मध्ययुगीन विचारों की प्रधानता थी और अपेक्षाकृत अधिक मूल्यवान् नाट्य-बल था। कारण स्पष्ट है। संगीतबहुल इन भावोन्मादी नाटकों से पहले अधिकतर साहित्यिक नाटक लिखे गये जो अभिनेय होने की अपेक्षा पाठ्य अधिक थे। इन नाटकों में प्रेक्षणीयता अधिक थी। दिन भर का थका-माँदा दर्शक जीवन की रूमानियत और हँसी-ख़ुशी देखकर अपनी थकान मिटा लेता था। उसके शरीर और मस्तिष्क को राहत मिलती थी। यही नाटक

1. बाम्बे डायरीज, नं. 602, पृ. 20।
2. वही, पृ. 7-9।
3. Allardyce Nicoll : British Drama, Chapter III.

का एक प्रयोजन भी था। मारटन का Speed the Plough तथा लॉर्ड लिटन का The Lady of Lyons ग्राण्ट रोड थियेटर के प्रिय नाटकों में थे। ये ऐसे ही नाटक थे जिनमें गम्भीर कामेडी और 'मेलोड्रामा' का मिश्रण था। ग्राण्ट रोड थियेटर के उद्‌घाटन के समय श्रीमती डीकिल ने उसमें होनेवाले मनोरंजन के विषय में कहा था—

"इसमें वह पुरानी मदिरा ढाली जायगी जो युगों से प्रभावित होकर परिपक्व हो चुकी है, जो नये फलों की है, परन्तु थोड़े विलम्ब से लन्दन के रंगमंच से आयी है।"[1]

अनेक कठिनाइयों के कारण सम्पूर्ण नाटक का अभिनय, चाहे वह ट्रेजिडी हो अथवा कामेडी, असम्भव था। इसी कारण सम्भवतः शेक्सपियर अधिक प्रिय नहीं था। उसके नाटकों में से कुछ एक के थोड़े-थोड़े चुने हुए अंश ही अभिनीत होते थे। अंश भला अंशी का स्थान कैसे ग्रहण कर सकते थे? अतएव भिन्न-भिन्न दृश्यों में तारतम्य मिलाने के लिए बीच-बीच में कभी प्रहसन, कभी संगीत और कभी कुछ अन्य मनोरंजक कार्यक्रम रखना अनिवार्य हो जाता था। दर्शक इसे पसन्द करते थे। दर्शक अभिनेताओं की स्पीचों की अपेक्षा उनके क्रिया-कलाप और कार्य-व्यवहार में अधिक रुचि रखते थे। उन्हें गीतबहुलता, उत्तेजक नृत्य और भड़ौआपन अधिक पसन्द था। यह आवश्यक नहीं था कि नाटक की कथावस्तु सुव्यवस्थित हो, चरित्र-चित्रण सुरुचिपूर्ण हो और रंगमंच की साज-सज्जा नाटक के अनुकूल रहे। वे तो तड़क-भड़क चाहते थे; अलौकिक दृश्यों के पक्षपाती थे और गम्भीर नाटकों में भी कुछ-न-कुछ रूमानियत देखना चाहते थे। उन दिनों इंग्लैण्ड के थियेटरों की भी लगभग यही दशा थी। साहित्यिक सौन्दर्य का अभाव था और उनसे किसी प्रकार की मानसिक तृप्ति की आज्ञा करना निरर्थक था।

जब कभी कोई अभिनेता अपने स्वगत भाषण द्वारा तत्कालीन विषय पर कोई व्यंग्य कर देता अथवा किसी महत्त्वपूर्ण घटना या व्यक्ति पर फब्ती कस देता तो दर्शकों की ओर से हँसी का फुहारा छूट निकलता। स्थानीय घटनाओं का द्योतक यह तत्त्व नाट्य प्रदर्शन का एक आवश्यक अंग बन गया था।

उस समय के कुछ लोकप्रिय नाटक इस प्रकार थे—

1. The Lady of Lyons,
2. Speed the Plough,
3. Love, Law and Physics,
4. The School for Scandal,
5. She Stoops to Conquer,
6. The Castle Spectre,
7. The Critic,

---

1. "Old wines made mellow and improved by age. New fruits, but late from the London Stage."

—British Indian Gentleman's Gazette, Feb. 12, 1846.

8. The Honeymoon,
9. The Heir at Law,
10. Rule a Wife and Have a Wife,
11. The Mountaineers,
12. Miss in Her Teens, etc., etc., etc.

नाट्यशाला की उपर्युक्त व्यवस्था, अभिनेताओं में स्त्री पात्रों का अभाव, नाटक प्रतिकूल वेश-भूषा, घिसी-पिटी दृश्यपटावली, मध्यवर्गीय दर्शक मण्डली और उनकी रुचि आदि यही सब उपकरण पारसी थियेटर को अपनी विरासत में मिले थे। इन्हीं अभावों और उपलब्धियों पर पारसी थियेटर की नींव रखी गयी थी। अपने उत्तराधिकार के सन्दर्भ में उसने क्या किया और कैसे किया, यही आगे के अध्यायों का प्रतिपादित विषय है।

2
पारसी थियेटर

'थियेटर' शब्द अँगरेज़ी से हिन्दी में आया है। इसका प्रयोग कई अर्थों में होता है। 'नाट्यगृह' या 'प्रेक्षागृह' को भी थियेटर कहते हैं, और नाटक को भी थियेटर कहते हैं, यथा 'हम थियेटर (नाट्यशाला) जा रहे हैं' या 'हम थियेटर देखने जा रहे हैं'। थियेटर का एक और भी अधिक व्यापक प्रयोग होता है यथा 'अँगरेज़ी थियेटर' अथवा 'फ्रेंच थियेटर'। ऐसे प्रयोग में 'थियेटर' का अर्थ होता है अँगरेज़ी या फ्रेंच भाषा का थियेटर अथवा अँगरेज़ या फ्रेंच जाति का थियेटर। इस सन्दर्भ में 'थियेटर' शब्द के अन्तर्गत नाट्यगृह, नाटक, नाटककार, अभिनेता, रंगमंच और उसकी साज-सज्जा, अभिनय, निर्देशक एवं संगीत आदि सभी उपकरणों का समावेश होता है।

'पारसी थियेटर' का प्रयोग उपर्युक्त विस्तृत अर्थ में ही किया गया है। उसका अभिप्राय है पारसी जाति द्वारा चलाये और बनवाये गये नाट्यगृह, पारसी नाटककार, पारसी नाटक, पारसी नाट्यशालाओं के रंगमंच, पारसी नाटक मण्डलियाँ, पारसी अभिनेता और पारसी निर्देशक आदि आदि। केवल इतना ही नहीं, वरन् पारसी थियेटर के अन्तर्गत वे नाटक-लेखक और अभिनेता भी आते हैं जो पारसी नहीं थे परन्तु पारसी नाटक मण्डलियों में वैतनिक रूप से काम करते थे क्योंकि पारसी नाटक मण्डलियाँ प्रायः सभी व्यावसायिक थीं। पारसी थियेटर के अन्तर्गत वे नाटक मण्डलियाँ, उनके मालिक और अभिनेता आदि भी सम्मिलित हैं जो पारसी जाति के न होकर भी, बम्बई या सूरत निवासी न होने पर अपनी नाटक मण्डली के नाम के आगे 'बम्बई की' शब्द जोड़कर दूसरों के सामने पारसी थियेटर से अपना सम्बन्ध दिखाना चाहते थे, यथा 'दी जुबली इम्पीरियल थियेट्रिकल कम्पनी आफ़ बाम्बे'। इस कम्पनी का सूत्रपात वर्तमान उत्तर प्रदेश (पहले यूनाइटेड प्राविन्सेज़ आफ़ आगरा एण्ड अवध अथवा यूनाइटेड प्राविन्सेज़) में हुआ। परन्तु 'आफ़ बाम्बे' लगाकर उसके मालिकों ने उसका गठबन्धन बम्बई की पारसी कम्पनियों से इसलिए करना चाहा कि पारसी कम्पनियाँ नाट्य-कला में अपना नाम कर चुकी थीं और इस नाम से व्यवसाय में लाभ अधिक होने की सम्भावना रहती थी।

इस प्रकार पारसी थियेटर के दो रूप थे। एक रूप बम्बई और उसके आसपास अपने नाटक प्रदर्शित करता था और समय-समय पर बम्बई से बाहर अन्य प्रान्तों में भी अभिनय किया करता था। इसके कर्त्ता-धर्त्ता और मालिक केवल पारसी थे और दूसरा रूप वह था जिसके द्वारा अन्य प्रान्तीय मण्डली मालिक अपनी मण्डलियों का अभिनय

दिखाते फिरते थे। इसी दृष्टिकोण को लेकर प्रस्तुत पुस्तक लिखी गयी है।

पारसी थियेटर का उद्भव—बम्बई में अँगरेज़ी थियेटर के अस्तित्व का संक्षिप्त विवरण गत अध्याय में आ चुका है। उससे प्रतीत होता है कि ग्राण्ट रोड पर एक अँगरेज़ी ढंग की नाट्यशाला थी जिसे 'ग्राण्ट रोड थियेटर', 'शंकर शेठ की जूनी नाट्यशाला', 'बादशाही थियेटर' आदि नामों से पुकारा जाता था। इस थियेटर में आरम्भ में अँगरेज़ी नाटकों का अभिनय होता था। यह 'बम्बई थियेटर' की चालू परम्परा थी। परन्तु 1846 के बाद से ही अँगरेज़ी जनता इस नाट्यशाला में अधिक आनन्द नहीं ले पाती थी क्योंकि यह थियेटर उसके रहवासों से दूर पड़ता था और आने-जाने में अनेकों कठिनाइयाँ सामने आती थीं। धीरे-धीरे ग्राण्ट रोड थियेटर की दर्शक मण्डली में भी परिवर्तन होने लगा। पारसियों और हिन्दुओं की संख्या बढ़ने लगी। परिणाम यह हुआ कि नये दर्शकों की रुचि के अनुकूल अभिनय अपेक्षित होने लगा। सन् 1853 तक अँगरेज़ी नाटकों का बोलबाला रहा। परन्तु 1853 से इस थियेटर में मराठी, गुजराती और हिन्दी (हिन्दुस्तानी) भाषा के नाटक भी प्रदर्शित होने लगे।

'बाम्बे टेलीग्राफ़ एण्ड कोरियर' के 27 एवं 31 अक्टूबर, सन् 1853 के अंकों से पता चलता है कि बम्बई में इन्हीं दिनों एक 'पारसी ड्रामेटिक कोर' का जन्म हुआ और उसने गुजराती भाषा में एक नाटक का अभिनय ग्राण्ट रोड थियेटर में किया जिसका शीर्षक था 'रुस्तम ज़बोली और सोहराब'। जैसा नाम से स्पष्ट है इसका कथानक फ़िरदौसी के शाहनामा से लिया गया था। डॉ. नामी के अनुसार इसी 'कोर' ने 5 नवम्बर, सन् 1853 और 6 फ़रवरी, सन् 1854 को क्रमशः दो नाटकों का अभिनय और किया।[1] इनका नाम डॉ. नामी ने नहीं दिया। 'पारसी थियेटर' शीर्षक से एक अन्य नाटक के अभिनय का विज्ञापन 'बम्बई टाइम्स' में निकला।[2] इस विज्ञापन में 6 मई, सन् 1854 में खेले जानेवाले 'श्यावक्ष की पैदाइश' और एक प्रहसन 'तीखे ख़ाँ' की सूचना है। प्रहसन हिन्दुस्तानी भाषा में था। इसी का विज्ञापन 'बम्बई गज़ट' में 5 मई, सन् 1854 को प्रकाशित किया गया। यह नाटक भी शाहनामा के आधार पर लिखा गया था। प्रहसन में नवाबों के जीवन पर व्यंग्य किया गया है। इस प्रकार पारसी ड्रामेटिक कोर का यह चौथा नाटक था। पाँचवें नाटक के अभिनय की सूचना 'बम्बई टाइम्स' में 18 मई, सन् 1854 में दी गयी जिसके अनुसार 20 मई, सन् 1854 को वहीं ग्राण्ट रोड थियेटर में 'श्याबक्ष भाग 2' का अभिनय हुआ। उसके साथ जो प्रहसन दिखाया गया उसका नाम था 'हाजी मियाँ और उनके नौकर फ़ज़ल और तीखे ख़ाँ'। इस नाटक पर 23 मई, 1854 के अंक में एक टिप्पणी प्रकाशित हुई जिससे पता चलता

1. उर्दू अदब (त्रैमासिक), प्रकाशक अंजुमन तरक़्क़िये उर्दू (हिन्द), अलीगढ़, मार्च, 1955, पृ. 97 में प्रकाशित लेख 'उर्दू ड्रामा ग़दर से पहले'।
2. 2 मई, सन् 1854।

है कि यह नाटक की सफलतापूर्वक सम्पन्न हुआ।[1] अभिनय में कुछ अलौकिक घटनाओं का भी समावेश था यथा वृक्ष के तने से दाँत साफ़ करना तथा एक हाथ से 'अलबुर्ज़' नामक पहाड़ को हिलाना। 2 जून, 1854 के बम्बई टाइम्स में पुनः एक नाटक के अभिनय की सूचना निकली जिसके अनुसार एक और नाटक 3 जून, 1854 को ग्राण्ट रोड थियेटर में अभिनीत होना था। इस नाटक के साथ हाजी और तीखे ख़ाँ के प्रहसन तो दिखाये ही गये, साथ-ही-साथ किसी प्रशियन (Prussian) के खेल भी दर्शकों के मनोरंजन के लिए प्रकट किये गये।

इस प्रकार उपर्युक्त छह नाटकों से, जो एक ही सीजन में अभिनीत हुए, पारसी थियेटर का श्रीगणेश हुआ। जैसा लिखा जा चुका है, नाटक गुजराती भाषा के थे और प्रहसन हिन्दुस्तानी भाषा में लिखे गये थे। इनका अभिनय करनेवाले सभी पारसी नौजवान थे। लेखकों का नाम तो पता नहीं चलता, सम्भवतः ये नाटक और प्रहसन कभी छपे भी नहीं। सभी का अभिनय ग्राण्ट रोड थियेटर में हुआ था।

'पारसी ड्रामेटिक कोर', 'पारसी थियेट्रिकल कमिटी' अथवा 'पारसी थियेटर' शीर्षकों से तत्कालीन बम्बई के समाचार-पत्रों में पारसी नाटकों के विज्ञापन छपे थे। अतएव यह जिज्ञासा स्वतः ही उत्पन्न होती है कि ये नाम एक ही संस्था के हैं अथवा विभिन्न मण्डलियों के हैं। धनजी भाई पटेल ने सन् 1853 में 'पारसी नाटक मण्डली' की स्थापना का उल्लेख किया है।[2] इस मण्डली के संस्थापक पेस्तनजी धनजी भाई मास्टर थे और वह स्वयं इसमें एक अभिनेता थे।[3] इस मण्डली के अन्य अभिनेता थे—नाहना भाई स. राणीना, दादाभाई एलियट, मनचेरशाह बे. मेहरहोमजी, भीखाभाई ख. मुस, डॉ. कावसजी हो. बिलिमोरिया, रु. हो. हाथीराम (डॉक्टर) तथा कावसजी नशरवानजी कोहीदारू जो बाद में कावसजी गुरगीन के नाम से प्रसिद्ध हुए।

ये सभी पारसी अपने समय में प्रसिद्ध नागरिक थे। इनमें से नाहना भाई राणीना और कावसजी गुरगीन तो अपने जीवनपर्यन्त नाटक की हलचल से सम्बन्धित रहे। शेष अपने-अपने धन्धे में लग गये। इस मण्डली के मालिक का नाम था फ़रामजी गुस्तादजी दलाल जो 'फलुघुस' के नाम से प्रसिद्ध थे। मण्डली की देख-रेख करने और उचित परामर्श तथा निर्देशन के लिए एक कमिटी की स्थापना की गयी जिसमें प्रोफ़ेसर दादाभाई नवरोजजी, खुरशेदजी न. कामा, अरदेशर फ. मुस, जहाँगीर बरजोरजी वाच्छा तथा डॉ. भाऊदाजी आदि सम्मिलित थे।

'पारसी नाटक मण्डली' ही पारसियों द्वारा स्थापित पहली नाटक मण्डली थी; इसी ने पारसी नाटकों का अभिनय किया और तत्कालीन समाचार-पत्रों में जो विज्ञापन प्रकाशित हुए वे इसी मण्डली के भिन्न नामों के विभिन्न रूप थे। अतएव पारसी थियेटर

1. बम्बई टाइम्स।
2. पारसी तख़्तानी तवारीख, भाग 2, पृ. 2।
3. वही, पृ. 393।

का उद्‌भव इसी 'पारसी नाटक मण्डली' के रूप में हुआ। पारसी जाति ने इसे प्रोत्साहन दिया और सम्भवतः पहले अव्यावसायिक और बाद में व्यावसायिक रूप में इसका विकास हुआ।

पारसी नौजवानों का यह जोश ठण्डा नहीं पड़ा। 16 सितम्बर, सन् 1854 को इसी मण्डली की ओर से 'पठान सफ़रेज़ और कल्लू' तथा 'अल्लादीन और बानू जुलेख़ा' नाम के नाटक ग्राण्ट रोड थियेटर में खेले गये।

अँगरेज़ी नाटक देखने की प्रवेश दरों का उल्लेख पहले हो चुका है। पारसी नाटक मण्डली की प्रवेश दरें इस प्रकार थीं—

ड्रेस सर्किल	3 रुपये
स्टाल	2 रुपये
गैलरी	$1^1/_2$ रुपये
पिट	1 रुपया

बाद में सन् 1854 में—

बाक्स	$2^1/_2$ रुपये
स्टाल	$1^1/_2$ रुपये
गैलरी	$1^1/_4$ रुपये
पिट	1 रुपया

नाटक रात के 8 बजे आरम्भ हो जाया करता था।

सन् 1854 में खेले गये नाटकों के बाद में खेले जानेवाले किसी नाटक का समाचार नहीं मिलता। 25 फ़रवरी, सन् 1855 के 'रास्तगोफ़्तार' नामक पारसी समाचार-पत्र में एक विज्ञापन छपा था—

'पारसी नाटक'

पेट्रिआटिक फण्डना फ़ायेदा सारु

पारसी नाटक मण्डली सरवे ख़ास आमनी सेवामां अरज करेछे के तेओ पोतानो 12 मी वारनो नाटक, तारीख 27 मी फेवरबारी अनेबार भोमने दीसे, गराण्ट रोड ऊपरना तमाशाना घरमां नीचे जणावेला खेल करी वतावशे।

पादशाह फरेदूननूं दास्तान

अने साथे

उठा अगिर सुरती नामनो रमुजी फारस

टिकीटोना भाव रु. $2^1/_2$, $1^1/_2$, $1^1/_4$ पिट रु. 1

इस विज्ञापन से पता चलता है कि पारसी नाटक मण्डली समय-समय पर अपने गुजराती नाटक खेलती रही। सन् 1856 में भी उसने 'रुस्तम अने एकदस्त' का अभिनय

किया था। इस नाटक का कथा-भाग भी शाहनामा से लिया गया था। नाटक के लेखक का नाम मालूम नहीं पड़ता। परन्तु पारसी नाटक मण्डली के प्रख्यात नाटककार वमनजी न. कावसजी तथा जहाँगीर नशरवानजी पटेल थे। वमनजी कावसजी ने अनेक नाटक लिखे हैं यथा भोलीगुल, बाग़े-वहिश्त, वापना श्राप, वहेला वहेरा, नूरे नेकी, वफ़ा पर जफ़ा, देलजंग दिलेर, खुशरो अने परिचेहर और कुलयुग दोरंगी दुनिया आदि। इनमें से कौन-कौन से नाटक पा. ना. मं. में खेले गये पता नहीं चलता। इसी प्रकार जहाँगीर नशरवानजी पटेल ने हास्यरस का जो 'फ़ाकड़ो फ़ीतुरी' लिखा वह मण्डली के बड़े सफल नाटकों में गिना जाता था।

यह विवरण नहीं मिलता कि पा. ना. मं. सक्रिय रूप से कब तक काम करती रही। केवल इतना पता चलता है कि सन् 1867 में जब विक्टोरिया नाटक मण्डली की स्थापना हुई उस समय यह बन्द पड़ी थी और इसके प्रसिद्ध अभिनेता एवं जन्मदायक धनजी मास्टर विक्टोरिया मण्डली में डाइरेक्टर नियुक्त हुए थे। पा. ना. मं. का अन्त इस प्रकार हुआ कि वह इसका सारा सामान—दृश्य पटावली, वेश आदि—कलकत्ते के जे. एफ. मादन ने ख़रीद लिया और मण्डली विश्राम निद्रा में विलीन हो गयी।

पारसी नाटक मण्डली से पारसी थियेटर का आरम्भ अवश्य हुआ परन्तु उसके अन्त के साथ पारसी थियेटर का जीवन समाप्त नहीं हो गया। सन् 1867 के पहले तक पारसी थियेटर के साथ-साथ हिन्दू थियेटर भी बम्बई में अपना कार्यक्रम करता रहा। पारसी थियेटर की हलचल समझने के लिए उसकी जानकारी भी आवश्यक है क्योंकि उसने भी पारसी थियेटर को प्रोत्साहन दिया। 'दी बाम्बे टाइम्स एण्ड जर्नल आफ़ कामर्स' से पता चलता है कि सन् 1846 में 'खेतवाडी थियेटर' के नाम से एक थियेटर चला करता था।[1] इसका विज्ञापन 'थियेटर कमिटी' के नाम से निकला करता था।

"We have much pleasure in directing attention to an announcement published in another column, by The Theatrical Committee intimating that The Theatre will be opened next. Monday evening. It is rather late in the season to make a beginning but on the principle 'better late than never' we must be content with what is now offered to us, and have no doubt that the efforts of the Committee to provide amusement for the public will meet with deserved success.

"हमें (पाठकों का) ध्यान उस सूचना की ओर आकर्षित करने में बड़ा आनन्द है जो इसी पत्र के अन्य कॉलम में छपी है और जिसमें बताया गया है कि 'थियेट्रिकल कमिटी' सूचित करती है कि अगले सोमवार को सायंकाल के समय थियेटर खोला जायगा। ऋतु-काल की दृष्टि से नाटक के आरम्भ में विलम्ब हो गया है परन्तु 'कुछ न करने से देर में ही करना' वाले सिद्धान्त के आधार पर हमें उस पर सन्तोष करना चाहिए जो हमारे सामने प्रस्तुत किया जा रहा है और इसमें सन्देह नहीं करना चाहिए

1. फरवरी, सन् 1846, पृ. 316, कॉलम 1 और 2

कि जनता के लिए मनोरंजन कार्य उपस्थित करने में कमिटी के प्रयत्न वांछित सफलता प्राप्त करेंगे।''

उक्त पत्र ने जिस उल्लेख की ओर ध्यान आकर्षित करने की बात ऊपर कही है वह इस प्रकार है—

"Our readers are not generally aware that an attempt which has hitherto proved eminently successful, has lately been made to revive the legitimate Hindoo Drama in Bombay. The Theatre in Khetwaddy, where this has been attempted is as yet without movable scenes and... what is usually reckoned the hit serves the purpose of the stage. Benches all round rise tier above tier, and are occupied rightly by hundreds of respectable, well-conduced, and most attentive natives of all classes and creeds. We need not inform the readers of Herace Wilson-to those who are not such, the information may be new—that the Hindoo Drama is very of date................................The plays acted at Khetwaddy Theatre have been translated from Sanskrit by a learned Brahmin, who appeared on the stage. A buffoon or chorus first comes in, somewhat after the manner of Greeks and shortly recites the leading particulars of what is about to occur. The actors next appear gorgeously and fantastically dressed and the play proceeds—the buffoon through the whole, even in the gravest scenes intrudes his impudence or wit."

''सामान्यतया हमारे पाठक इससे अनभिज्ञ हैं कि बम्बई में थोड़े दिनों से प्रयत्न किया गया है कि 'हिन्दू ड्रामा' को पुनर्जीवित किया जाय और इसमें ख्यातिगत सफलता भी मिली है। 'खेतवाडी थियेटर' में, जहाँ यह सफलता मिली है, हटाये जानेवाले दृश्य नहीं हैं और जिसे प्रायः 'पिट' (Pit) कहते हैं वही रंगमंच का काम दे देता है। पिट के चारों ओर एक के ऊपर एक टांडों की तरह बेंचें लगा दी जाती हैं और उन्हीं पर सभी प्रकार के वर्गों एवं जातियों के सैकड़ों सम्भ्रान्त, शिष्ट और जिज्ञासु देसी निवासी बैठते हैं। जिन्होंने होरेस विल्सन (HoraceWilson) की रचनाएँ नहीं पढ़ीं उनके लिए यह सूचना नयी हो सकती है अन्यथा उनके पाठकों को यह बताने की आवश्यकता नहीं कि 'हिन्दू ड्रामा' बहुत पुरानी वस्तु है।... खेतवाडी थियेटर में अभिनीत होनेवाले नाटकों का अनुवाद एक विद्वान् ब्राह्मण द्वारा, संस्कृत से किया गया है। यह ब्राह्मण रंगमंच पर प्रकट होता है। कुछ-कुछ यूनानी परम्परा के अनुसार एक विदूषक या कोरस मंच पर आता है और नाटक की प्रधान घटनाओं के विषय में बताता है। इसके पश्चात् तड़क-भड़क और विचित्र पोशाक पहने हुए अभिनेता प्रवेश करते हैं। नाटक चालू होता है। विदूषक, समस्त नाटक में, गम्भीर दृश्यों तक में हर समय उपस्थित रहता है और कभी हास्य से कभी व्यंग्य से अपनी टाँग अड़ाये रहता है।[1]

1. वही, पृ. 316, कॉलम 3 और 4

इस विवरण से पता चलता है कि खेतवाडी थियेटर सन् 1846 में सक्रिय था और उसमें संस्कृत से अनूदित नाटक 'हिन्दू ड्रामा' के नाम से अभिनीत होते थे। यह थियेटर अँगरेज़ी ढंग के बने हुए ग्राण्ट रोड थियेटर के जैसा बना हुआ न होकर सम्भवतः खुला थियेटर था जिसमें नाटक की लोक-परम्परा के अनुसार मंच का निर्माण होता था, दर्शकों के बैठने और पात्रों के प्रवेश आदि की भी वही लोक-परम्परा थी। इस लेख में यह उल्लेख नहीं है कि नाटक किस भाषा में अनूदित होते थे। परन्तु अनुमान हो सकता है कि सम्भवतः मरहठी भाषा में होते थे। कारण यह है कि खेतवाडी क्षेत्र, आज की तरह, उस समय भी मरहठी क्षेत्र था अतएव उन्हीं के मनोरंजन के लिए उसका अस्तित्व रहा होगा। नाटक के प्रदर्शन की जिस परिपाटी का वर्णन उल्लेख में आया है—प्रथम, किसी विदूषक या संगीत मण्डली का रंगमंच पर प्रवेश, फिर उनके द्वारा दर्शकों के सामने अभिनीत होनेवाले नाटक की प्रधान घटनाओं का वर्णन तथा नाटक के आरम्भ से अन्त तक विदूषक की उपस्थिति आदि सभी, नाटक की उस परम्परा के द्योतक हैं जो मरहठी परिपाटी कही जा सकती है यद्यपि नौटंकी या स्वाँग की शैली से यह अधिक भिन्न नहीं है। ऐसा प्रतीत होता है कि 'हिन्दू ड्रामा' शब्दावली होरेस विल्सन की रचना से ही ली गयी है क्योंकि उन्होंने जो पुस्तक संस्कृत नाटकों के विषय में लिखी है उसे "The Theatre of the Hindoos' ही कहा गया है, संस्कृत थियेटर नहीं। कदाचित् इसीलिए यह नाम भी उक्त लेख में आया है। जो भी हो, यह निश्चित है कि पारसी थियेटर के उद्भव (सन् 1853) से पूर्व बम्बई में 'हिन्दू थियेटर' सक्रिय रूप से विद्यमान था और उसमें जनपदीय भाषा के लोकप्रिय नाटकों के अभिनय होते थे। इस प्रवृत्ति ने पारसियों को निश्चित रूप से प्रोत्साहन दिया होगा।

एक आश्चर्य की बात यह है कि प्रो. बनहट्टी ने अपनी रचना 'मराठी रंगभूमि चा इतिहास' में इस थियेटर और इसके नाटकों का कोई उल्लेख नहीं किया है। कुलकर्णी आदि मराठी नाटक साहित्य के इतिहासकार भी इस विषय पर मौन हैं। इससे कभी-कभी यह सन्देह होने लगता है कि कहीं ये नाटक 'हिन्दुस्तानी' में तो नहीं होते थे? अस्तु।

डॉ. धनजी भाई पटेल एवं श्याबक्ष ने सन् 1861 तक बम्बई में पायी जानेवाली थियेट्रिकल नाटक मण्डलियों और क्लबों की एक-एक सूची दी है। दोनों सूचियाँ एक-सी नहीं हैं। उनमें कुछ मतभेद है। सूचियाँ इस प्रकार हैं—

धनजी भाई पटेल की सूची—	श्याबक्ष दाराशाह शराफ़ की सूची—
1. पारसी नाटक मण्डली (फलुघुसवाली)	1. दी पारसी स्टेज प्लेअर्स
2. अमेच्योर्स ड्रामेटिक क्लब	2. जेण्टेलमेन अमेच्योर्स क्लब
3. एलफ़िन्स्टन ड्रामेटिक क्लब (नाज़रवाली)	3. ज़ोरास्ट्रियन ड्रामेटिक क्लब

4. एलफ़िन्स्टन अमेच्योर्स (नाज़रनुंतरूप)	4. ओरियण्टल ड्रामेटिक क्लब
5. पारसी स्टेज प्लेअर्स	5. परशियन क्लब
6. जेण्टेलमेन्स अमेच्योर्स (फलुघुसवाली)	6. परशियन ओरियण्टेल ड्रामेटिक क्लब
7. ज़ोरास्ट्रियन नाटक मण्डली	7. पारसी नाटक मण्डली
8. ज़ोरास्ट्रियन ड्रामेटिक सोसाइटी	8. पारसी एलफ़िन्स्टन ड्रामेटिक क्लब
9. परशियन ज़ोरास्ट्रियन नाटक मण्डली	9. बारोनेट थियेट्रिकल क्लब
10. परशियन नाटक मण्डली	10. आंगलेकर हिन्दू कम्पनी
11. ओरियण्टल नाटक मण्डली	11. ओरिजिनल ज़ोरास्ट्रियन क्लब
12. बारोनेट नाटक मण्डली	12. पारसी क्लब।[1]
13. अलबर्ट नाटक मण्डली	
14. शेक्सपियर नाटक मण्डली	
15. दी वालेण्टियर्स क्लब	
16. विक्टोरिया नाटक मण्डली	
17. ओरिजिनल विक्टोरिया क्लब	
18. हिन्दी नाटक मण्डली	
19. पारसी विक्टोरिया ओपेरा ट्रूप (नाज़रवाली) आदि आदि।[2]	

उपर्युक्त दोनों सूचियों की तुलना से कई बातें स्पष्ट भी होती हैं और कई तथ्य कुछ उलझ भी जाते हैं। पहले धनजी भाई की सूची को लीजिये। उन्हीं के लेखानुसार विक्टोरिया नाटक मण्डली (नं. 16) की स्थापना ई. सन् 1868 में हुई।[3] परशियन नाटक मण्डली (नं. 10) जिसका दूसरा नाम 'ईरानी नाटक मण्डली' था सन् 1870 में स्थापित हुई।[4] परशियन ज़ोरास्ट्रियन नाटक मण्डली भी 1870-1875 में स्थापित हुई।[5] 'ज़ोरास्ट्रियन थियेट्रिकल क्लब' सन् 1866 में बना।[6] 'ओरिजिनल विक्टोरिया मण्डली या क्लब' (नं. 17) की स्थापना दादी पटेल ने उस समय की जब वह नाज़र जी से विक्टोरिया नाटक मण्डली की भागीदारी से पृथक् हुए। अतएव यह घटना भी 1870-71 के लगभग हुई अतएव इस मण्डली को भी 1861 से पहले का नहीं माना

1. पारसी नाटक तख़्तो।
2. पारसी नाटक तख़्याती तवारीख़, पृ. 17-19
3. पा. त. त., पृ. 82
4. वही, पृ. 101, पृ. 103
5. वही, पृ. 102
6. वही, पृ. 192

जा सकता।[1] सन् 1879-80 में 'दी ज़ोरास्ट्रियन ड्रामेटिक सोसाइटी' बनी।[2] 'बारोनेट क्लब' (नं. 12) नशरवानजी फ़ारबस ने उस समय आरम्भ किया जब सन् 1871 में ज़ोरास्ट्रियन क्लब ने एदलजी खोरी का नाटक 'ख़ुदाबख़्श' अभिनीत कर लिया था और नशरवानजी फ़ारबस इस क्लब को छोड़कर चले गये थे।[3] अतएव 'बारोनेट क्लब' का अस्तित्व भी 1871 से पहले का नहीं माना जा सकता।

इन उदाहरणों से सिद्ध है कि धनजी भाई की सूची में अनेक ऐसी नाटक मण्डलियों (क्लब) के नाम सम्मिलित हैं, जो 1861 के पश्चात् अस्तित्व में आयी और उनकी सूची को प्रमाणित नहीं माना जा सकता।

श्याबक्ष दाराशाह शराफ़ की सूची भी इसी प्रकार अग्राह्य है। अतएव निष्कर्ष यह निकलता है कि सन् 1861 से पहले कई पारसी नाटक मण्डलियों का अस्तित्व था और वे शंकर शेठ की नाटकशाला में यदा-कदा अभिनय दिखाकर जनता का मनोरंजन करती थीं। इनमें से कुछ अव्यवसायी भी थीं। एलफ़िन्स्टन कॉलेज के क्लब केवल अँगरेज़ी नाटकों, विशेषकर शेक्सपियर के नाटकों, का अभिनय अँगरेज़ी भाषा और अँगरेज़ी पोशाक में किया करते थे। पोशाकें भी प्रायः अभिनेता अपने पास से ही बनवाया करते थे। यह भी स्वीकार करना पड़ेगा कि पारसी जाति की रुचि नाट्य-कला में बढ़ी-चढ़ी थी। वे उसे आरम्भ में व्यवसाय की ही दृष्टि से नहीं देखते थे, वरन् कला की दृष्टि से भी उसे आकर्षक बनाने का उद्योग करते थे। उनके नाटक निस्सन्देह अधिकतर गुजराती में होते थे परन्तु अँगरेज़ी और हिन्दुस्तानी भाषा में भी उनके नाटकों का अभिनय होता था। सन् 1858 में ज़ोरास्ट्रियन थियेट्रिकल क्लब ने 'हिन्दी और फिरंगी राज में मुक़ाबला' शीर्षक से एक नाटक का अभिनय किया था। यह हिन्दुस्तानी भाषा का नाटक था।[4] सन् 1858 के लगभग ही एक नयी नाटक मण्डली का भी जन्म हुआ जिसका नाम था 'दी इण्डियन थियेट्रिकल क्लब'। इसमें 'नाना साहब' नाम का नाटक खेला गया था। यह नाना साहब वही थे जिन्हें सन् 1857 की स्वतन्त्रता की लड़ाई का नायक माना गया है। पारसियों ने तत्कालीन अँगरेज़ी सरकार के प्रति अपनी स्वामिभक्ति प्रकट करते हुए नायक के लिए कहलवाया था—

"मूजी बच्चा नानाये, कीधां बुरा करम,
छोडी तेने आँखों मां थी नीमकनी शरम!
ओ पापी चोर चाण्डाल, ओ निर्दोषोना काल,
करतुक मीसाल थाशे तारा, बुरा बद बेहाल।"[5]

यह नाटक बड़ा लोकप्रिय हुआ था। इसके कुछ गाने पारसी घरों में गाये जाते थे।

---

1. पा. त. त., पृ. 183
2. वही, पृ. 267
3. वही, पृ. 194-195
4. पा. त. त., पृ. 191
5. वही।

यह दुर्भाग्य की बात है कि पारसी थियेटर के आरम्भिक नाटक अब कहीं भी प्राप्त नहीं होते। हो सकता है कि वे छपे ही न हों। परन्तु जो विवरण उनके विषय में इधर-उधर से मिलते हैं उनसे यह पता चलता है कि पारसियों की रुचि ईरान के इतिहास की ओर सबसे पहले गयी थी। शाहनामा की कथाओं को लेकर उन्होंने फ़ारस के पहलवानों और राजाओं को अपने नाटकों के नायक का पद दिया था। ये नाटक रंगमंच पर यथासम्भव अपने मौलिक परिवेश में अभिनीत होते थे परन्तु आरम्भ में यान्त्रिक दृश्यों का चलन नहीं हुआ था। पर्दों के चित्रकार भारतीय नहीं थे और वेश-भूषा की उपयुक्तता पर भी विशेष ध्यान नहीं दिया जाता था। यह आश्चर्य है कि पारसी अभिनेता गुजराती मातृभाषा होते हुए भी, हिन्दुस्तानी बोलते थे और रंगमंच पर उसका उच्चारण करने में उन्हें विशेष कठिनाई नहीं होती थी।

संक्षेप में पारसी थियेटर का उदय सन् 1853 से मानना चाहिए। यह पारसी प्रयत्न निरन्तर चलते रहे। आरम्भ में इनके नाटक गुजराती भाषा में होते थे। साथ-ही-साथ कभी-कभी उनके अभिनय के पश्चात् एक या दो प्रहसन भी अभिनीत होते थे जिनकी भाषा हिन्दुस्तानी होती थी और जो प्रायः पारसियों द्वारा ही लिखे जाते थे। समय-समय पर अँगरेज़ी नाटकों का अभिनय भी होता था। पारसी नाटक मण्डलियाँ व्यावसायिक भी थीं और कुछ मण्डलियाँ या क्लब अव्यावसायिक भी थे। नाटकों का अभिनय पर्याप्त रिहर्सलों के बाद किसी निर्देशक की देख-रेख में होता था और इनके लिए एक ही नाटकशाला था जो ग्राण्ट रोड पर स्थित था और जिसे 'शंकर शेठ की नाटकशाला' या 'ग्राण्ट रोड थियेटर' या 'बादशाही नाटकशाला' कहा जाता था।

बलवन्त गार्गी का यह कथन कि "जिस समय बंगाल 1870 में व्यावसायिक नाटक की नींव रख रहा था, तब कुछ पारसी बम्बई में नाटक और ललित कलाओं में रुचि लेने लगे। परिणाम यह हुआ कि पारसियों ने व्यावसायिक हिन्दी नाटक की स्थापना करने में पहल की,"[1] नितान्त असत्य है। सन् 1870-71 में तो पारसी थियेटर बहुत आगे बढ़ चुका था। कैखुसरोजी कावरा, एदलजी खोरी और नाना भाई रुस्तमजी राणीना तथा वहमनजी नवरोजी कावरा एवं नशरवानजी नौरोजी जी पारख आदि पारसी नाटककार अपनी कृतियों से पारसी रंगमंच को बहुत ऊँचा उठा चुके थे।

श्री गार्गी का यह कथन भी असत्य है कि "रुस्तमजी फ्रामजी ने ओरिजिनल थियेट्रिकल कम्पनी बनायी। इसके बाद 1877 में खुर्शीद जी बालीवाला ने दिल्ली में विक्टोरिया थियेट्रिकल कम्पनी स्थापित की।"[2] पहली बात तो यह है कि रुस्तमजी फ्रामजी नाम के किसी पारसी नाटक मण्डली स्थापक का नाम पारसी थियेटर के इतिहास में नहीं आता। दूसरी बात यह है कि सर्वप्रथम नाटक मण्डली, जैसा पहले लिखा जा चुका है, 'पारसी नाटक मण्डली' थी। अतएव 'ओरिजिनल' शब्द

1. रंगमंच, पृ. 169।

2. वही।

की आवश्यकता तो उस समय होती जब मूल मण्डली के एक से अधिक भाग हो जाते तथा जिनमें से किसी एक मण्डली का नाम, जिसमें सम्भवतः मूल मण्डली के सर्वाधिक अभिनेता सम्मिलित होते, 'ओरिजिनल' विशेषण के साथ रख लिया जाता। इसका उदाहरण विक्टोरिया नाटक मण्डली के इतिहास में मिलता है। कुँवरजी नाज़र और दादाभाई पटेल एक समय विक्टोरिया नाटक मण्डली के भागीदार थे परन्तु सन् 1870 में दोनों में मेल न रहने के कारण मण्डली के दो भाग हो गये। नाज़र की मण्डली केवल 'विक्टोरिया नाटक मण्डली' कहलायी और दादी पटेल ने अपनी मण्डली का नाम 'ओरिजिनल विक्टोरिया नाटक मण्डली' रखा। इसी प्रकार बालीवाला द्वारा सन् 1877 में विक्टोरिया नाटक मण्डली की देहली में स्थापना की बात भी सही नहीं है, जैसा आगे पता चलेगा। विक्टोरिया नाटक मण्डली की स्थापना सन् 1867 में कैखुसरो नवरोजी कावरा ने की थी। बालीवाला उसमें एक अभिनेता था। बाद में विक्टोरिया नाटक मण्डली ने कई उतार-चढ़ाव देखे। अन्त में वह बालीवाला की मालिकी में आ गयी थी। बालीवाला उसके स्थापक नहीं थे।

पारसी थियेटर का विकास वास्तव में पारसी नाटक मण्डलियों का इतिहास है जो आगे आनेवाले प्रसंगों में मिलेगा।

●

3
पारसी थियेटर का विकास

सन् 1853 में आरम्भ होकर पारसी थियेटर धीरे-धीरे विकास पथ पर अग्रसर होता रहा। यह अवश्य था कि कभी कुछ नाटक मण्डलियाँ उभरतीं परन्तु अधिक दिन तक जीवित न रहकर समाप्त हो जातीं, कुछ ऐसी भी थीं जो पुनः संजीवित हो जातीं और अपने जीवन-काल की मर्यादा में कुछ उन्नति करतीं परन्तु प्रतियोगिता में केवल वे ही टिक पाती थीं जिनके पीछे केवल रुपये-पैसे की ही एकमात्र शक्ति न होकर उनके कला-कुशल अभिनेता और गम्भीर निर्देशक रहते थे। धीरे-धीरे दर्शक मण्डली भी नाट्य-कला से अवगत हो चली थी और चलाऊ नाटकों एवं प्रहसनों के अभिनय को रुचि विरुद्ध प्रदर्शित करने लगी थी। पारसियों में इन नाटक मण्डलियों से एक उत्साह की धारा बह निकली थी और वे यथाशक्ति मनोरंजन का वातावरण उत्पन्न करना चाहते थे।

पारसी थियेटर के विकास में आरम्भ से ही जो सबसे बड़ी कठिनाई थी वह नाट्यशालाओं का अभाव था। सन् 1853 में बम्बई में केवल दो थियेटरों का अस्तित्व प्रतीत होता है। एक नाट्यशाला तो ग्राण्ट रोड पर थी ही जिसे 'ग्राण्ट रोड थियेटर' कहा जाता था और दूसरा 'खेतवाडी थियेटर' था जो सम्भवतः खुला थियेटर था और जिसमें लोकधर्मी परम्परा की शैली द्वारा नाटक अभिनीत हुआ करते थे। इसका परिणाम यह था कि नाटक मण्डलियाँ अधिक दिनों तक अपने नाटक नहीं दिखा पाती थीं। ग्राण्ट रोड थियेटर प्रति सप्ताह किसी-न-किसी मण्डली द्वारा भाड़े पर उठा रहता और उस मण्डली के अतिरिक्त दूसरी मण्डलियाँ बेकार बैठी रहतीं। व्यवसाय और आर्थिक दृष्टि से नाट्यशालाओं का अभाव विकट स्थिति उत्पन्न करनेवाली बात थी। अतएव सबसे पहले मण्डली मालिकों का ध्यान इस अभाव की पूर्ति की ओर गया। इसके उन्होंने दो मार्ग निकाले। जहाँ तक सम्भव हो मण्डलियाँ बम्बई में अभिनय करतीं परन्तु बाद में अपने अभिनेताओं और समस्त दृश्यपटों आदि सामग्री को साथ लेकर दूसरे स्थानों को चली जातीं और वहाँ अपने 'चलते-फिरते थियेटर' की स्थापना कर जितने दिन सम्भव होता अपने खेलों का प्रदर्शन करती थीं। यह प्रदर्शन देश के विभिन्न भागों में ऋतु-अनुकूल वातावरण में हुआ करते थे।

अतएव पारसी थियेटर के विकास में उनके द्वारा निर्मित नाट्यशालाओं का बड़ा महत्त्व था। ये थियेटर कब बने और उनका बाह्य एवं आन्तरिक आकार किस प्रकार

का था ये विवरण उपलब्ध नहीं हो पा रहे हैं क्योंकि आज वे प्रायः सभी नष्ट हो चुके हैं अथवा रूपान्तरित हो गये हैं। नाट्यशालाओं के क्रमशः निर्माण काल की अनुपस्थिति में जो कुछ उपलब्ध है उसे अकारादि क्रम से यहाँ प्रस्तुत किया जा रहा है।

(अ) पारसियों द्वारा निर्मित नाट्यशालाएँ

इरास थियेटर—इन थियेटर का निर्माण सन् 1937 में हुआ था। निर्माता थे श्याबक्ष खम्बाता। चर्च गेट स्टेशन के सामने यह शानदार थियेटर खड़ा किया गया था और लाखों रुपये इसके बनवाने में व्यय हुए थे। आज भी इसकी शान वैसी ही बनी हुई है और बम्बई के प्रसिद्ध थियेटरों में इसकी गणना की जाती है। आजकल यह सिनेमा के काम में आता है। श्याबक्ष ने इसकी गणना थियेटरों में की है परन्तु यह कहीं पता नहीं चलता कि इसमें कौन-से नाटक अभिनीत हुए और कौन-से नाटक मण्डली ने उन्हें रंगमंच पर खेला।[1]

एडवर्ड थियेटर—इस थियेटर का निर्माण सन् 1850-60 में माना जाता है। आज भी यह कालबा देवी रोड पर स्थित है। परन्तु अन्य थियेटरों की तरह इसकी भी कायापलट हो गयी है और सिनेमा के काम में आता है। इसमें गुजराती के नाटक खेले जाते थे।[2]

एम्पायर थियेटर—इस थियेटर का निर्माण सन् 1908 में हुआ था। इसका मालिक सिटी आफ़ बाम्बे इम्प्रूवमेण्ट ट्रस्ट लिमिटेड था और इसमें 1000 दर्शकों के बैठने का स्थान था। इस ट्रस्ट के प्राण ई. डी. सेसून कम्पनी के मि. नेथन और ताता सन्स कम्पनी के ए. जे. बिलिमोरिया थे। सन् 1930 तक इसमें नाटकों का ही अभिनय होता था परन्तु 1930 में इसमें पहला सवाक् चलचित्र दिखाया गया जिसका नाम Vagabond King था। पीछे सन् 1948 में प्रसिद्ध साहसी शेठ केशह मोदी ने नये सिरे से इसका निर्माण कराया और नवीन ढंग से बना हुआ यह सिनेमाघर अगस्त, 1948 में सिनेमा के रूप में चालू हो गया।[3]

एलफ़िन्स्टन थियेटर—बम्बई के लोकप्रिय राज्यपाल एलफ़िन्स्टन के नाम पर इस थियेटर का निर्माण लगभग 1853 में हुआ था। इसके सम्बन्ध में कोई अन्य विवरण उपलब्ध नहीं।[4]

एस्प्लेनेड थियेटर—इस थियेटर का निर्माण नाटक-उत्तेजक मण्डली द्वारा हुआ था। यह वर्तमान क्राफ़र्ड मारकेट के पास बना था और लकड़ी का था। नाटक उत्तेजक मण्डली के सभी नाटकों का अभिनय इसमें होता था। प्रसिद्ध है कि रणछोड़ भाई का हरिश्चन्द्र नामक प्रसिद्ध नाटक इसी नाट्यशाला में बहुत दिनों तक निरन्तर खेला

---

1. पारसी नाटक तख्तो : श्याबक्ष, पृ. 22-23
2. पारसी नाटक तख्तो : श्याबक्ष, पृ. 22-23
3. पारसी नाटक तख्तो : श्याबक्ष, पृ. 22-23
4. पारसी नाटक तख्तो : श्याबक्ष, पृ. 22-23

जाता रहा। जिस प्रकार उक्त नाटक मण्डली की स्थापना और कार्य-कलाप में कैखुसरो कावरा जी का हाथ था उसी प्रकार इस नाट्यशाला के निर्माण में भी उनका घनिष्ठ सहयोग था। नाटक मण्डली का कार्य-काल 35 वर्ष के लगभग माना जाता है अतएव नाट्यशाला का उपयोग भी कम-से-कम इतना ही मानना चाहिए।

ओरिजिनल थियेटर—सन् 1853 में इस थियेटर के अस्तित्व का उल्लेख श्याबक्ष ने किया है। उल्लेख के अतिरिक्त कोई अन्य विवरण प्राप्त नहीं है।[1]

गेयटी थियेटर—यह थियेटर कोर्ट के एक कोने पर बना था। इसके मालिक डाह्या भाई छोलसाजी थे परन्तु वह किसी नाटक मण्डली के अधिपति भी थे या नहीं यह पता नहीं चलता। पहले इसी स्थान पर और इसी नाम से नाज़र जी ने एक नाट्यशाला बनायी थी जिसमें प्राय अँगरेज़ी नाटक हुआ करते थे। इंग्लैण्ड आदि से आनेवाली बम्बई अथवा कलकत्ता जानेवाली अँगरेज़ी कम्पनियाँ यहाँ अपना प्रदर्शन करती थीं। विक्टोरिया और एलफ़िन्स्टन नाटक मण्डलियों से पृथक् होने के बाद नाज़र जी की जीविका का प्रधान साधन यही नाट्यशाला थी। इसी नाट्यशाला में कुँवर जी नाज़र ने बड़ी सफलता के साथ Honey Moon नाटक का अभिनय किया था और अँगरेज़ी महिला वरचनाफ़ के साथ स्वयं भी उसमें अभिनेता बनकर पार्ट लिया था।[2]

गोलपीठां की नाट्यशाला—इस नाट्यशाला का निर्माण गोलपीठां के सामने हुआ था। इसके निर्माता पेस्तनजी फ़रामजी वेलाती थे। पहले पेस्तनजी वेलाती 'परशियन क्लब' में अभिनेता थे और उसमें उन्होंने 'बरजो अने रुस्तम' नाटक का फ़ारसी भाषा में अभिनय किया था। बाद में किसी कारण उसे छोड़ दिया और एक नयी मण्डली 'दी परशियन ज़ोरास्ट्रियन क्लब' के नाम से स्थापित की। उसी के लिए इस थियेटर का निर्माण हुआ। इस नाट्यशाला में प्रसिद्ध नाटक 'पोलादबन्द' का अभिनय किया गया था और अनेक यान्त्रिक दृश्य दिखाये गये थे।[3]

टिबोली थियेटर—आज जहाँ 'टाइम्स आफ़ इण्डिया' का कार्यालय है वहाँ पर यह थियेटर बोरीबन्दर (विक्टोरिया टर्मिनस) स्टेशन के सामने बना था। इसका निर्माण कुँवरजी पाघटीवाला के लिए हुआ था। सन् 1886 में यह वर्तमान था परन्तु इसके निश्चित निर्माण-काल का पता नहीं। यह थियेटर अल्फ्रेड नाटक मण्डली के लिए बनाया गया था। नाट्यशाला कामचलाऊ नाट्यशाला थी। अल्फ्रेड नाटक मण्डली के मालिक उन दिनों नाना भाई रुस्तम जी राणीना थे। उन्होंने यह नाटक मण्डली कावसजी पालनजी खटाऊ से मोल ले ली थी।[4]

नावेल्टी थियेटर—इसका निर्माण भी बोरीबन्दर रेलवे स्टेशन के सामनेवाले मैदान में ही हुआ था। इसके निर्माता प्रसिद्ध अभिनेता और एक समय विक्टोरिया थियेट्रिकल

1. पारसी नाटक तख़्तो, पृ. 22
2. वही, पृ. 23
3. क़ैसरे हिन्द, 2री दिसम्बर, सन् 1928
4. वही, 2री दिसम्बर, सन् 1928

कम्पनी के एकमात्र मालिक खुरशेद जी बालीवाला थे। यह थियेटर बड़ा लोकप्रिय था। इसी कारण इसके पास बैठनेवाले सोडा-लेमन और बादाम-पिस्तों की थैलियाँ बेचनेवाले अच्छा लाभ उठाते थे। इसमें आरकेस्ट्रा की प्रवेश फ़ीस 1 रु. या $1^1/_2$ रुपया थी और पिट की केवल 1 आने। परन्तु नाटक देखने का आनन्द दोनों स्थानों पर बैठनेवालों को समान रूप से मिलता था। 'पारसी प्रकाश' में इसका निर्माण-काल सन् 1887 बताया गया है। आज इसी के स्थान पर 'एक्सेलशियर थियेटर' खड़ा है।

बालीवाला ने एक अन्य थियेटर ग्राण्ट रोड पर निर्मित कराया था जिसका नाम 'ग्राण्ड थियेटर' था। इसके बनवाने में बालीवाला ने बहुत धन व्यय किया था। कहा जाता है कि इसके कारण उनकी आर्थिक स्थिति भी संकट पूरित हो गयी थी परन्तु बालीवाला बड़े साहसी व्यक्ति थे। वह जैसे-तैसे अपनी नैया विपद-सागर से पार निकाल ले गये। परन्तु आपत्तियाँ अकेली नहीं आतीं। इस थियेटर में आग लग गयी और यह जलकर राख हो गया। श्याबक्ष के लेखानुसार इसका उद्‌घाटन उस समय (1907) पुलिस कमिश्नर एम. एम. एडवर्ड्स ने किया था।

नेशनल थियेटर—इसके निर्माता द्वारकादास लल्लूभाई थे। यद्यपि यह थियेटर पारसियों के द्वारा निर्मित नहीं हुआ था परन्तु यहाँ इसका उल्लेख कर दिया गया है। इसके विषय में अधिक ज्ञात नहीं है।[1]

रायल ओपेरा हाउस—यह शानदार थियेटर जांगीरजी फ़ारदून जी कड़ाका ने साढ़े सात लाख रुपया लगाकर बनवाया था। इसके बनवाने में बैण्डमैन कम्पनी के मैरिस बैण्डमैन ने अपनी सलाह देकर उसमें सहायता प्रदान की थी। इसके निर्माण का कार्य सन् 1925 में पूरा हुआ और उसके दस वर्ष बाद ही इसे सिनेमा हाउस में परिवर्तित कर दिया गया।

रिपन थियेटर—इसके विषय में कुछ ज्ञात नहीं होता।

विक्टोरिया थियेटर—सन् 1868 में जब विक्टोरिया थियेट्रिकल मण्डली की नींव पड़ी तो यह समस्या पैदा हुई कि उसके नाटकों का अभिनय किस स्थान पर किया जाय? वैसे तो श्याबक्ष के अनुसार सन् 1853 में ही पाँच थियेटर वर्तमान थे परन्तु विक्टोरिया नाटक मण्डली के उद्‌भव के समय उल्लेख योग्य केवल शंकर शेठ की ग्राण्ट रोड नाट्‌यशाला ही थी। सम्भवतः अन्य नाट्‌यशालाएँ समाप्त हो चुकी थीं। अतएव ग्राण्ट रोड थियेटर में ही एलफ़िन्स्टन, ज़ोरास्ट्रियन और विक्टोरिया नाटक मण्डलियों को अभिनय करना पड़ता था। इस कारण प्रत्येक नाटक मण्डली को एक सप्ताह में बहुत कम दिन अभिनय करने को मिलते थे जिससे उन्हें अधिक आर्थिक हानि उठानी पड़ती थी।

सन् 1870 में जब विक्टोरिया नाटक मण्डली दादी पटेल के हाथ में आयी तो उन्होंने एक नया थियेटर बनवाने की सलाह की। ग्राण्ट रोड पर ही एक भूखण्ड लेकर

1. क़ैसरे हिन्द, 2री दिसम्बर, सन् 1928

विक्टोरिया थियेटर बनवाया गया जिससे विक्टोरिया नाटक मण्डली को, जो उस समय भी सबसे बड़ी नाटक मण्डली थी, नाटकों के खोलने में कोई असुविधा न हो।

विक्टोरिया थियेटर का कोई चित्र अभी तक उपलब्ध नहीं हो सका है। अतएव उसके विषय में जानकारी देना असम्भव है। परन्तु कुछ लोगों ने उसे भैंस के तबेले के समान बताया है। जो भी हो उपयोगिता की दृष्टि से यह थियेटर बहुत प्रसिद्ध और महत्त्वपूर्ण था।

वेलिंगटन सिनेमा—इसके निर्माता शेठ रुस्तमजी दोराब जी थे। सन् 1925 में इसका उद्घाटन बम्बई के राज्यपाल सर लेस्ली विल्सन ने किया था। सन् 1930 में यह भी टाकीज़ में परिवर्तित हो गया।

हिन्दी नाट्यशाला—इस नाटकशाला के निर्माता दादाभाई रतनजी ठूँठी थे। जब दादी पटेल के हाथ में विक्टोरिया नाटक मण्डली आ गयी तो दादा भाई ठूँठी उससे पृथक् हो गये क्योंकि दादा भाई ठूँठी और दादी पटेल के विचारों में एकता नहीं थी। पृथक् होकर दादा भाई ठूँठी ने एक नया क्लब 'हिन्दी नाटक क्लब' और एक नयी नाट्यशाला 'हिन्दी नाट्यशाला' नाम से स्थापित करने की बात सोची। ग्राण्ट रोड पर उन्होंने एक बहुत बड़ा मकान लिया जिसमें नाटक के रिहर्सल होते और उसी के कम्पाउण्ड में हिन्दी नाट्यशाला का निर्माण अपनी देख-रेख में आरम्भ कर दिया। सुबह से लेकर शाम तक दादा भाई ठूँठी नाट्यशाला के काम पर निगरानी रखते, वहीं दिन का भोजन करते, और सायं 7 बजे से नाटक का रिहर्सल आरम्भ कर देते। उस समय इसके पास कुछ प्रसिद्ध पारसी अभिनेता थे, यथा—

1. दादा भाई रतनजी ठूँठी (मण्डली मालिक, अभिनेता और डाइरेक्टर)
2. दादी अस्पन्दयार जी मिस्तरी (दादी जादूबाज़)
3. अरदेशर शराफ़ (एक व्यवसायी)
4. जहाँगीरजी पेस्तनजी खम्बाता (जहाँगीर लाम्बो)
5. काबसजी कलींगर (काऊ कलींगर)
6. नवरोजी बाटला
7. नवरोजी एदलजी तँबोली
8. कावसजी पालनजी खटाऊ
9. कावसजी मिस्तरी (काऊ हाण्डो)
10. फ़राम जी गुस्ताद जी दलाल
11. जमशेदजी का. दाजी (जमसू मनीजेह)
12. जहाँगीर नवरोजी मीनवाला (जहाँगीर नाल्लो)
13. डोसाभाई फ़राम जी कांगा (व्यापारी)
14. माणिकजी म. मिस्तरी (माकु धानसाख)
15. बरज़ोरजी कुटार

इत्यादी, इत्यादि।

इस नाट्यशाला में सबसे पहला नाटक 'फ़रेदून' खेला गया जो कैखुसरो कावरा जी का लिखा हुआ गुजराती नाटक था। फिर वेजन-मनीजेह और बेनज़ीर-बदरेमुनीर भी अभिनीत हुए जो उर्दू में थे। अन्त में यह नाट्यशाला एक ऐसे धनी के हाथ में आ गयी जिसने दादाभाई ठूँठी को ऋण दिया था और जिसे वह चुकता न कर पाये।

(अ) पारसी थियेटर के पारसी नाटककार

निस्सन्देह पारसी थियेटर के प्रधान लेखक आरम्भ में स्वयं पारसी ही थे। ये पारसी गुजराती भाषा में ही लिखा करते थे। सबसे पहला नाटक, जैसा लिखा जा चुका है, सन् 1853 में अभिनीत हुआ था। इसके लेखक का पता नहीं चलता और न कहीं उसकी कोई प्रति ही उपलब्ध होती है। पारसी नाटक मण्डली द्वारा अभिनीत होनेवाले उक्त नाटक के पीछेवाले नाटकों के लेखक का भी कुछ प्रमाणित विवरण नहीं मिलता। इन्हीं दिनों एक अन्य नाटक 'करण घेलो' का उल्लेख आता है जिसे कुँवर जी नाज़र ने अभिनीत किया था। करण गुजरात का अन्तिम हिन्दू सम्राट् था और उसी के कथानक को लेकर यह नाटक लिखा गया था। हिन्दू संस्कृति के आधार पर लिखा होने के कारण इसमें अनेकों ऐसी घटनाएँ और दृश्य थे जिनकी जानकारी के लिए विशेष रूप से हिन्दू जानकारी रखनेवालों को रखा गया था जिससे वे पारसी अभिनेताओं को उनके सम्पन्न करने की विधि से अवगत कर सकें। पर्याप्त तैयारी के पश्चात् नाज़र ने इस नाटक के खेलने का साहस किया था। उन्हें इसमें सफलता भी मिली थी और इस अभिनय ने पारसी थियेटर के उद्भव में प्रेरणा-स्रोत का काम किया था। परन्तु इसके लेखक का भी पता नहीं चलता। नाटक भी उपलब्ध नहीं है। सम्भवतः आरम्भ के ये सभी नाटक मुद्रित ही नहीं हुए। वे हस्तलिखित प्रतियों के रूप में ही रहे और कालान्तर में नष्ट हो गये। यही स्थिति उन प्रहसनों और उनके लेखकों की है जो आरम्भिक नाटकों के साथ रंगमंच पर खेले जाया करते थे। यद्यपि ये प्रहसन प्रायः हिन्दुस्तानी में होते थे परन्तु लेखक इनके भी पारसी ही होते थे।

पारसी नाटककारों के विषय में, दो-चार को छोड़कर, प्राप्त सामग्री की मात्रा नहीं के बराबर है। कहीं-कहीं उनके उल्लेख इधर-उधर की पुस्तकों में मिल जाते हैं परन्तु विस्तृत वर्णन कहीं नहीं मिलता। ऐसी स्थिति में, जैसी नाट्यशालाओं की बात है, जो कुछ प्राप्त हो सका है उसे संगृहीत करके यहाँ लिख दिया गया है। एक प्रकार से कैखुसरो नवरोजी कावरा को पारसी नाटककारों में सर्वप्रथम माना जा सकता है परन्तु अन्य नाटककारों के जन्म-मृत्यु आदि का निर्णय न होने के कारण जो कुछ प्राप्त हो सका है, वही यहाँ दिया जा रहा है।

1. आपख़्त्यार, नशरवानजी दोराबजी

नशरवानजी दोराबजी आपख़्त्यार एक प्रसिद्ध और विद्वान् पारसी सद्गृहस्थ थे। उन्हें संगीत में बड़ी रुचि थी; स्वयं भी गाने का शौक था और संगीत सुनने का भी चाव था।

वह नाटककार थे, लेखक थे और पत्रकार थे। आपख़्यार 'पारसी पंच' पत्र के अधिपति थे। यद्यपि यह पत्र सन् 1854 में दादाभाई शोहेरी ने पहले पहल चलाया था परन्तु सन् 1878 में यह पत्र आपख़्यार के हाथ में आया, और मृत्युपर्यन्त वह उसे चलाते रहे।

आपख़्यार का जन्म सन् 1835 में हुआ था। आरम्भ में इनकी अटक 'कीकादावर' थी परन्तु जब सन् 1854 में इन्होंने 'आपख़्यार' नाम का पत्र निकाला तो इनके नाम के साथ आपख़्यार लगने लगा। आपख़्यार और कैखुसरो कावरा जी में बड़ी शत्रुता थी। एक ओर विक्टोरिया नाटक मण्डली कैखुसरो का 'बेजन-मनीजेह' और एदलजी खोरी का 'रुस्तम-सोहराब' अभिनीत कर रही थी तो दूसरी ओर आपख़्यार ने संगीतमय 'सोहराब-रुस्तम' खेलने का निश्चय किया।

'सोहराब-रुस्तम' की कथा को संगीत का रूप देने का काम आपख़्यार का था और सौभाग्य से उन्हें माणिकजी बारभाया मिल गया। बारभाया का गला बड़ा मीठा और आकर्षक था। अतएव सोहराब की भूमिका माणिकजी बारभाया ने ली और रुस्तम की भूमिका स्वयं आपख़्यार ने तथा तहमीना की भूमिका में जमसु कान्देवाला रंगमंच पर प्रकट हुए। 'सोहराब-रुस्तम' गुजराती का सबसे पहला 'ओपेरा' था। यह दर्शकों में बहुत प्रिय हुआ।

आपख़्यार ने कई एक 'स्केच' भी तैयार किये थे। इनमें भी संगीत का समावेश होता था। उनके स्केचों में 'कजोड़ाने स्केच' बड़ा लोकप्रिय था। इसमें एक बूढ़े के साथ एक बारह बरस की कन्या का विवाह दिखाया गया था। ये स्केच आपख़्यार की मण्डली 'पारसी स्टेज प्लेयर्स' खेला करती थी। आपख़्यार के संगीत का प्रभाव यह पड़ा कि कैखुसरो कावराजी ने भी अपने गद्य नाटकों में गाने रखने शुरू कर दिये और एदलजी खोरी भी अपने नाटकों में उदयराम रणछोड़ भाई से गाने लिखवाकर उनमें सम्मिलित करने लगे। फिर तो यह परम्परा ही चल निकली।

इस दृष्टि से भी आपख़्यार का योगदान पारसी नाटक में बड़ा महत्त्वपूर्ण था।

2. कावराजी, कैखुसरो नवरोजजी

(जन्म 21 अगस्त, 1842; मृत्यु 25 अप्रैल, 1904)

नाट्य साहित्य और नाट्यशाला एवं रंगमंच के लिए कैखुसरो कावराजी का योगदान बड़ा महान् और अनुपम था। वह केवल 'रास्तगोफ़्तार' के अधिपति एवं सफल सम्पादक ही नहीं थे वरन् उच्चकोटि के नाटककार भी थे।

विक्टोरिया नाटक मण्डली की स्थापना का श्रेय कैखुसरो को ही दिया जाना चाहिए। उसी के लिए उन्होंने अपना सर्वप्रथम नाटक 'बेजन-मनीजेह' गुजराती भाषा में लिखा। रचनाकाल सन् 1869 था। इस नाटक का कथानक फ़िरदौसी के शाहनामे से लिया गया है। नाटक देखने में नहीं आया अतएव इसके विषय में अधिक नहीं कहा जा सकता। सुना जाता है कि अभिनय की दृष्टि से इसे वह सफलता प्राप्त नहीं हुई जिसकी आशा

की गयी थी। इसमें जमशेद दाजी ने मनीजेह का पार्ट किया था और दर्शक-मण्डली से 'जमसु मनीजेह' की उपाधि प्राप्त की थी। कावराजी ने जमसु को एक बेनिफ़िट नाइट दी और उसमें स्वयं मनीजेह का पार्ट किया।

कैखुसरो कावराजी का दूसरा नाटक 'जमशेद' था। इसकी रचना सन् 1870 में हुई थी और इसे भी उन्होंने विक्टोरिया नाटक मण्डली के लिए लिखा था। जमशेद की कथावस्तु भी शहनामे से ही ली गयी है, परन्तु दोनों में बड़ा भेद है। लेखक ने अपने नाटक की भूमिका में स्वयं इन बातों पर प्रकाश डाला है। उन्हीं के शब्दों में—

"...आ बे (बेजन-मनीजेह और जमशेद) दास्तांनों बचे केटलाक तफ़ावत (अन्तर) छे। अगर जो बेजननु दास्तांन सृंगाररसथी भरेन्नुंहतुं तो जमशेदनुं दास्तांन करुणरस थी पुर छे। पहेलामां गमत (मनोरंजन) तो बीजां मां तवारीख वधारे छे; अने तेटला मांटे नाटक लखवानुं काम नाटक थी वाकेफ़गार लखनारने माटे नामांकित गोल्डस्मिथ (Goldsmith) गमे एवं शेहेल विचारे छे, तोपण जमशेदनां दास्तांनने एक रमुजु (मनपसन्द) ईआ रसीला नाटकनु रूप आपवुं अे बेजनना दास्तांन करतांबी वधारे मुशकेल अनुं मेहनतनुं काम छे। बेजनना दास्तानमांथी एक नाटक ने लायक सांधनो तथा जोगवाइओ (अवसरपरक) थोड़ा घडां आइतां मली आवे छे। तथा जुदा जुदा बनावो (दृश्य) एक पछे एक चहडतुं धेआन खेंचती रीते एककेने अठडावीने (सप्ताह) गोठ वेला छे। पण जमशेदनुं दास्तान गोया एकनीएक, पीजन जेवी (पृष्ठ-पेषण जैसी) वारताने लायेक वनावोना रस वगरनी तवारीख छे, अने जे पछवाडेथी जमशेदने मोहबतना फांदामां फसवानो संजोग जोडेलो नहीं होय तो फिरदोशी (कवि) ना यादगारी भरेलां शाहानामा मधे सरूथी लुखुं दास्तान जमशेदनुं गणाय छे।"

"पादशाह जमशेदनुं मगज पोतानी जाहूने जलाली थी फुली गयुं; तेणे हेंकारथीं (अहंकार के कारण) खोदाई (ईश्वरत्व) दावो कीधो, जेथी तेना राजमां बलवो (विद्रोह) थयो अने ते हार मार तथा पायेमाल थईने फकीरी हालत मां मरण पांमयो, एटलाज बोलोमां फ़ीरदोशीना आरंगीन दास्ताननो सघलो सारांउस (सारांश) आवी रहे छे। जमशेदना माहान करमो अने तेनी जाहो जलालीनुं गमे एवुं वारीक वर्णन मोटी फ़साहतथी फ़ीरदोसीए करेलुं छे, मगर एक नाटकना सांधा गोठववामां तोवअेआन थोड़ांज कामनुं छे; केमके एक नाटकमां मै हेवालोना करतां वनावोनी वधारे जरूर छे। वीवंधामना मतरीजा चमोक्षायते ईआने जमशेदना जाहोजलाली भरेला राजमां एवा शुं बनाव बनया के ते यजदानतालाथी नवेजाला पादशाहनुं भेजुं एकाएक फुली गयुं; अने ते हेंकारथी फुली गयो तो एवा शुं बनाव बनया के जेथी रईएतने (रयीअत) बलवो करवो पड्यो अने अन्ते तेजुं राज गयुं, ते सघला बनावोने आ 'पुरवतरफ़ना होमरे' पोताना वांचनाराओनी अटकल ऊपर राखया छे। ते बनाबोनी गेरहाजरी आ साएरोना (कवियों का) शाहना शाहनामां जेवी केताब मध्ये चाली जाय, पण एक नाटक मां तो ते बनावो नजर आगल बनावी देखाउवा वना चाले नहीं।"

"एटला माटे आ नाटक मधे जमशेदना राजाने लगता सघला बनावो बनावटथी बनाववा पडया छे तथा फिरदोशीअे मातर जमशेदनी सानशाहातनूं जे दुखदायक परीनामज वरणवयुं छे, तेना वधारे दुखदायक कारणो कलपणाथी आ नाटक मधे ऊभां करवां पडयां छे। जमशेदना हेंकारथी तेनु राज पड़ी भागुं एटले शुं ऊने ते केम बने, ते आ नाटक मधे वतावा ऊपर खाश धेआन आपवामां आवयुं छे अने एकामनो मारो पलान (Plan) टुकमा समजावी जवो घटेछे। परथम पादशाह पोतानी जाहोजलाली अने कावुनी, पोताना दबदबा अने दोरनी खुशाली थी गोया धराई पोताने सऊथी चहउतो गणीने ते ऊपरनी अभीमानी तथा तकोबरी अेखतियार करे छे। ते अवी अे गरूरी धीमे-धीमे वधती जाय छ, तेम हेंकारना आतराने वाहारथी खुसामतनो पवण लागे छे अने खुसामतने बस थयला पादशाहना खोदाई दावाओने कोई भोला ओ खरां दिलथी मांनीने, तो कोई ढगाराओ खानगी मतलब हईडे धरी ने पादशाहना आ गुमाननो धीमे-धीमे वधारी आपेछे, ते तेना पेदरपे दरजामां वधतुं जतुं देखाडवानी आ नाटकमां कोशेश कीधे छे।"

"अे रीते जारे आनाटकमां अगनान तथा आप मतलवीया लोकोने पादशाहने मलता राखया छे तारे दुरअंदेश तथा समजु लोकोने पादशाहनी आबदी पर वेदील थता देखाडया छे। अने अगतकरी ने तेना दाहायशावाला मसलती आ तथा मददगारोने तेना गुमान ने तोड़वानी कोशिश करता चीतार्‌या छे।

....

....

अंते तेनी गरूरी जुलमातनूं रूप पकड़े छे, पोतानो खोदाई दावो ते जासतीथी कवूल करावा मांगे छे अने तेनी विरुधनी सलाहने खातर अे पादशाह पोताना अेलम अने कुवत ऊपर मुसताक रही, पोताना हाथ पग सरीखा दाहाया दरवारीओने अनेक रीते पोतानी दूर करी, पछे अगतने वखते तेओनी सलाहा तथा मदद वगर पोताने लाइलाज तथा लाचार हालत मां आबेलो जुवे छे, तेनी तकोबरी धीमे-धीमे कोताथई जाय छे, अने शेवटे तेने पसतावानो वखत आवे छे, मगर ते वखते सघलुं असुरुं थवाथी तेणे राज खोही अेक भटकीया भिखारीनी हालत मां आववुं अेखुदरतनी परीनामनी मीशाले आ नाटक मां देखाडयुं छे।"[1]

इस तीन अंकी नाटक की कथावस्तु, नाट्य-कला एवं लेखक की कला-कुशलता के सम्बन्ध में इससे अधिक कहने की आवश्यकता नहीं। यदि रंगमंच पर सफलता और दर्शकों की लोकप्रियता किसी नाटक की उत्कृष्टता का प्रमाण माना जा सकता है तो जमशेद की गणना उच्च नाटकों में ही होनी चाहिए।

जमशेद के पश्चात् 'फ़रेदून' नाटक की रचना हुई। उसका आधार भी शाहनामा ही था। जमशेद की तरह 'फ़रेदून' भी इतिहासपरक नाटक है और ऐतिहासिक दृष्टि से ईरान की राज्यवंशावली में जमशेद के काफ़ी बाद आता है। कैखुसरो ने फ़रेदून के

1. दीबाचा, जमशेद। मुद्रक वेहरामजी होरमसजी, कोर्ट स्ट्रीट नं. 6, 1870

दीबाचे में भी, जमशेद की तरह, अपनी सफ़ाई प्रस्तुत करते हुए उसके विषय की समस्त आवश्यक बातों पर प्रकाश डाला है। कावराजी के विचार उन्हीं की भाषा में इस प्रकार हैं—

"...सघली कीसमना नाटकोमां तवारीखने लगता नाटको लखवा सऊथी कठण थई पडेछे। नाटकनी रचनांमां तेनी फतेहमंदीने माटे जोइतां वीचीतरपणानो अने उलट पलट देखावोनी बनावटने तवारीखमां जोईती सचाई साथ अेक जातनी दुश्मनी रेहे छे। जेम अेक साअेर खरी तवारीख आपवामा नीशफल थाय छे—जे माहाकवी फीरदोशीमा आपणे जोयुं छे—तेम अेक नाटककार अगर खरेखरी तवारीखनेज वलगी रेहेवा मागतो होय तो नाटकने लगतुं पोतानुं काम चुके छे। अेमनीअेम तवारीखने तख्ता ऊपर करी देखाडी होय तो नाटक दाखल ते नीशफल थाय, माटे थोडी घणी कलपना तो नाटक लखनारने करवी जोईअेछे। पण वली खरी बाबतोमा ते कलपना करी शकतो न थी... जेम जमशेद तेमज फरेदूननी तवारीख नाहानी अने घणा बनावो वगरनी साधारण छे। 'जमशेद' नी सघली तवारीख मातर अेटलामाज समावेली छे के ते घणो जाहोजलाली भरेली अने पेगामबरी दरजानो शाह थई गयो, पण पाछल थी तेणे खोदाई दाबो करबाथी तेना हेंकारे तेने तोडयो, पायमाल करयो तथा जोहाकने हाथ कतल करयो।" परन्तु कैखुसरो के कथनानुसार, फ़िरदौसी को यह आवश्यक नहीं था कि वह यह बताता कि जमशेद के साथ यह सब कैसे बीती, परन्तु नाटककार अपने नायक के साथ न्याय करने के लिए अपनी कल्पनाशक्ति का प्रयोग करेगा ही अन्यथा चरित्र असम्पूर्ण रहेगा। लेखक ने फ़रेदून को दो भागों में विभाजित किया है। पहले भाग में दो अंक हैं। प्रथम अंक में चार प्रवेश हैं और दूसरे अंक में पाँच। इसी प्रकार दूसरे भाग में प्रथम अंक में पाँच प्रवेश और दूसरे अंक में भी पाँच प्रवेश हैं। नाटक का प्रथम भाग कल्पित अधिक है और दूसरा भाग इतिहासजन्य अधिक है।

लेखक ने स्वीकार किया है कि जमशेद नाटक में उसने जमशेद की सम्पूर्ण ज़िन्दगी को चित्रित करने का प्रयास किया जो नाटक की दृष्टि से उपयुक्त नहीं क्योंकि दो-तीन घण्टे के लिए लिखे गये नाटक में इतना सब-कुछ भरने का प्रयत्न स्वयं में एक भूल है। परन्तु फ़रेदून में उसने दोष अपनाया नहीं। अपनी रचना के उद्‌देश्य के विषय में नाटककार का कथन है—

"...मारी मुखीयअ मतलब तो अेटलीज छे के हाल जारे पारसीओ पोताना वतन, पोतानो दोर, पोतानी जाहोजलाली अने पोतानी परजा तरीकेनी लागणीओ (मनोधर्म) भुलता गया छे, तारे तेओ आगल ते आगलां राजनो कांई रमुज तथा ज्ञानभेगो (ज्ञान सम्मिलित) चीतार (चित्रण) धरीने ते आगला दोरनी कांई याद ताजी करवी, अने पारसीओमां अे बाबतना जोसानो वधारो करवामां आ मारी नवली कोशेश थी अगरजो कांई पण मदद मलेतो ते हुं पुरतो बदलो समजुश।"[1]

1. फ़रेदून; दीबाचा, अप्रैल, 1874। मुद्रक—वेहरामजी फ़रेदूनजी कम्पनी, कोट, वेहरामजी होरमसजी स्ट्रीट नं. 6 तथा 11

उक्त शब्दों से स्पष्ट है कि लेखक पारसियों को पुरानी स्मृति दिलाकर उनमें एक नया उत्साह भरना चाहता है और निस्सन्देह इसमें वह सफल भी है।

कैखुसरो सुधारक प्रकृति के व्यक्ति थे। उन्होंने पारसी समाज के सुधार के लिए अनेकों आन्दोलन किये, लेख लिखे, नाटक लिखे और यहाँ तक कि संगीत की शिक्षा के लिए 'संगीत उत्तेजक मण्डली' की भी स्थापना की। पारसी स्त्रियों की सामाजिक कीर्ति के उत्थान के लिए 'स्त्रीबोध' जैसी पत्रिका निकाली।

कैखुसरो ने केवल पारसी इतिहास और संस्कृति का ही प्रतिपादन नहीं किया, उन्होंने हरिश्चन्द्र[1], सीताहरण, लवकुश और नंदवत्रीसी जैसे नाटक लिखकर तथा शोधकर हिन्दू धर्म को भी प्रोत्साहित किया। यद्यपि हरिश्चन्द्र और सीताहरण क्रमशः मूलरूप में रणछोड़ भाई उदयराम तथा नरबदाशंकर के नाटक थे परन्तु उन्हें अभिनय योग्य बनाने में उन्होंने इतनी सहायता दी थी कि कैखुसरो लिखित ही माने जाने लगे थे। नंदवत्रीसी उनका मौलिक नाटक था।

'निंदाखानुं' की कथावस्तु अँगरेज़ी कवि और नाटककार शेरीडन (Sheridan) के प्रसिद्ध नाटक The School for Scandal से ली गयी थी परन्तु लेखक ने उसे तत्कालीन पारसी समाज की स्थिति के उपयुक्त बना दिया है। 'भोलीजान' की कथावस्तु भी Collin Baun के आधार पर स्थित है परन्तु बड़ा उपदेशप्रद नाटक है। प्रसिद्ध अभिनेत्री मेरी फैण्टम ने इसी नाटक में गुल नामक नायिका का अभिनय बड़ी सफलता से किया था। "Wife as they are, Maids as they were" के आधार पर 'सुडी वचे सोपारी' (सरौते में सुपारी) की रचना हुई है। परन्तु धनजी भाई पटेल का यह विचार ठीक नहीं प्रतीत होता। कैखुसरो का यह नाटक अप्रैल, सन् 1884 में लिखा गया और उसी वर्ष नानाभाई रुस्तमजी राणीना के यूनियन प्रेस में छपा। अपनी प्रस्तावना में लेखक कहता है कि यह नाटक मिसेज़ सेण्टलीवार नाम की प्रसिद्ध लेखिका के अँगरेज़ी नाटक 'The Wonder' के आधार पर लिखा गया है। इसमें भी पारसी संसार की हालत का चित्रण है। पृष्ठ 7 तथा 89 पर हिन्दुस्तानी भाषा के शब्द लेकर ध्रुपद और ग़ज़ल सम्मिलित कर दी गयी है।

''पारसी वच्चो—काका पाहलण' एक अन्य नाटक है। इसका दूसरा नाम 'शेहेरीयांनी सफ़ाई, विरुध गामडियन सादाई' भी है जो इसकी विषय-वस्तु पर अधिक प्रकाश डालता है। दृश्यों या घटना के स्थान मलेसर एवं नवसारी है।

'Hunt of the Red Hill Mountain' के आधार पर 'विनाश काले विपरीत बुद्धि' नाटक की रचना की गयी है।

---

1. पा. प्र. खं. 2, पृ. 562 पर लिखा है—''हरिश्चन्द्र नाटक रा. रा. रणछोड़भाई उदयरामे असल ऊपरथी गुजरातीमां करेलुं। तेमनी रजाथी नाटक उत्तेजक मण्डली ने माटे फेरफार करीने 4 अंकमां रचनार...मुम्बई, आशकार छापाखाने मध्ये वेहरामजी फ़रेदूनजी कंपनीए छाप्युं छे।''

निस्सन्देह कैखुसरो एक सफल नाटककार और अभिनेता थे। उन्होंने जिस पात्र को लिया उसे अपनी लेखनी से ऐसा सुन्दर रंग दिया है कि आदि से अन्त तक उसका चरित्र निखरता चला गया है। नाटककार, स्वाभाविक रीति से, अपने पात्रों का, अन्य पात्रों के परस्पर विरोध में, चित्रण करता है व्यक्तिगत एवं सामूहिक रूप दोनों से। अन्यथा उसका चरित्र-चित्रण स्वाभाविक और आकर्षक नहीं बन पाता। कावराजी में चरित्र-चित्रण की यह कला प्रस्तुत है। उनके पात्रों में जंगली, जनूनी, दुराचारी और खूनी सभी तरह के व्यक्ति हैं। विशेषता यही है कि पापी पापी के रूप में, ढोंगी ढोंगी के रूप में और सत्यवादी सत्यवादी के रूप में सामने आया है। राजा और प्रजा, शूर और बुज़दिल, पापी और परहेज़गार, ऊँच और नीच, प्रेमी एवं प्रेमिका सभी अपनी-अपनी रूपरेखा में अंकित हैं। जमशेद की पुकार, अरजास्प की बुद्धिमानी, जामास्प की वीरता, प्यार में घुलती सपनजान, प्रेम की ज्वाला में भस्म होनेवाली अरनबाज़, दिवानी शेहरनबाज़, प्रेम की तान में खिंची हुई मनीजेह, वियोगिनी सीता, पति-पुत्र के वियोग में बिलखती हुई तारा, सत्य पर प्राण देने के लिए तत्पर हरिश्चन्द्र—सभी अपने-अपने स्थानों पर मानव गुणों और लक्षणों का प्रतिनिधित्व करते हुए दिखायी पड़ते हैं। सिद्ध हस्तलेखक की कला-कुशलता का प्रमाण इससे अधिक और क्या मिल सकता है।

सब-कुछ मिलाकर कैखुसरो नवरोजजी कावराजी का योगदान पारसी थियेटर के लिए बड़ा उपयोगी और अनुपम है। नाटक साहित्य और नाट्य अभिनय को स्थिरता प्रदान करने का श्रेय उन्हीं को है। अतएव उन्हें 'देसी तख्तानो बाप' कहना सर्वथा उचित है।[1]

3. खोरी, एदलजी जमशेदजी

एदलजी खोरी ने अप्रैल, सन् 1865 में मैट्रीक्यूलेशन परीक्षा पास की थी। परन्तु मालूम होता है कि लिखने-पढ़ने की रुचि जन्मजात थी। सन् 1865 में ही उन्होंने अपने दो अन्य पारसी मित्रों के साथ का गुजराती में अनुवाद किया। यह अनुवाद माननीय जीजाभाई, रुस्तमजी जमशेदजी को जो अपने समय में पारसी जाति के बड़े प्रतिष्ठित सज्जन थे, अर्पण किया गया था। उनकी ओर से तीनों विद्यार्थियों को बड़ा प्रोत्साहन भी मिला था।

एदलजी खोरी को इतिहास लिखने का भी शौक था। 18 जुलाई, सन् 1871 में उनकी लिखी हुई 'फ्रांस अने जर्मनी बच्चे नी लड़ाई' प्रकाशित हुई। इसी प्रकार 10 फरवरी, सन् 1878 में 'एशिया अने टर्की बच्चेनी लड़ाई' प्रकाशित हुई। इस

1. कैखुसरो नवरोजजी कावराजी के विषय में यदि अधिक जानने की जिज्ञासा हो तो देखिये अरदेशर फ. खबरदार द्वारा सम्पादित 'स्त्रीबोध' नो खास वधारो कैखुसरो नवरोजजी कावराजी स्मारक अंक; प्र. स्त्रीबोध आफ़िस, मेथ्यू रोड, गिरगाँव, बम्बई, सन् 1904

इतिहास को खोरी से लिखानेवाले मुम्बई समाचार के मालिक शेठ माणिकजी बरज़ोरजी मीनोचहर होमजी थे। यह मुम्बई छापेख़ाने में ही छपी थी और चित्रों सहित कई भागों में प्रकाशित हुई थी।

एदलजी की अन्य साहित्यिक रचना में उनकी कृति 'प्राणी-विद्या' का भी नाम उल्लेखनीय है। यह पुस्तक चार हाथवाले प्राणी, पाँखवाले प्राणी, फीणा जानवरों, ऊपर जीनेवाले प्राणी, कातरी करडी खानेवाले प्राणी और मांस खानेवाले प्राणियों पर लिखी गयी थी। इसका प्रकाशन 1 जून, 1880 को आश्कार प्रेस से हुआ था।

एदलजी खोरी ने जो नाटक लिखे वे मूल गुजराती में थे। उनमें से अधिकांश का अनुवाद ख़ाँ साहब 'आराम' ने हिन्दुस्तानी में किया था।

एदलजी ने अपने नाटक गुजराती में लिखे थे और भिन्न-भिन्न नाटक मण्डलियों के पास उनके अधिकार थे। इनका सर्वप्रथम नाटक सम्भवतः 'लेडी आफ़ लिआन' था जिसका आधार अँगरेज़ी का नाटक (Lady of Lyon) था, अँगरेज़ी लेखक बलवर लिटन (Bulwor Lytton) थे। बम्बई की जनता का यह बड़ा लोकप्रिय अँगरेज़ी नाटक था। इस नाटक की रचना खोरी ने सन् 1868 में की थी। जेण्टिलमैन अमेच्योर्स मण्डली के मालिक फ़रामरोज़ गुस्तादजी दलाल (फलुघुस) के लिए लिखा गया था और उसी में अभिनीत भी हुआ। कहा जाता है कि इसी नाटक के रिहर्सल में फ़रामरोज़ जोशी और फलुघुस से परस्पर मनमुटाव हो गया था जिसके कारण फ़रामरोज़ जोशी मण्डली छोड़कर दूसरे स्थान पर चले गये और बाद में मण्डली भंग हो गयी।

दूसरा नाटक 'रुस्तम अने सोराब' था। यह पाँच अंक का नाटक था और फ़िरदौसी के शाहनामा के आधार पर लिखा गया था। विक्टोरिया नाटक मण्डली के मालिकों ने इसे 28 अप्रैल, सन् 1870 में दफ़्तर आश्कार प्रेस बम्बई से प्रकाशित किया था। लेखक ने यह नाटक तीन सौ रुपये में नाटक मण्डली को बेचा था। कैखुसरो कावराजी के विक्टोरिया नाटक मण्डली से पृथक् होने पर दादी पटेल उक्त मण्डली के मन्त्री बने और कुछ दिनों बाद ही उसके एकमात्र मालिक भी बन गये। अपने स्वामित्व काल में उन्होंने ख़ाँ साहब 'आराम' से इस नाटक का हिन्दुस्तानी में अनुवाद कराया और उसका अभिनय किया। रुस्तम की भूमिका दादी पटेल की ही थी।

तीसरा नाटक 'हज़मवाद अने ठगनवाज़' था जो 15 मई, सन् 1871 को दफ़्तर आश्कार प्रेस से प्रकाशित हुआ। यह भी विक्टोरिया नाटक मण्डली ने ही प्रकाशित कराया था और उसी ने इसे अभिनीत किया था। उन दिनों कुँवर सोहराबजी नाज़र और दादा भाई पटेल दोनों ही विक्टोरिया नाटक मण्डली के मालिक थे। कहा जाता है कि इस नाटक में मण्डली को सफलता नहीं मिली।

डॉ. नामी ने इस नाटक का नाम 'हज़म आवाद और थगनी तार' दिया है। परन्तु 'पारसी प्रकाश' में जो नाम दिया गया है मैंने उसी नाम को ठीक माना है।

चौथा नाटक 'ख़ुदाबख़्श' था। तीन अंक का यह नाटक 5 जून, सन् 1871 में जामे-जमशेद प्रेस से प्रकाशित हुआ। लेखक ने इसे ज़ोरास्ट्रियन नाटक मण्डली के लिए लिखा था।

इसका हिन्दुस्तानी भाषा में अनुवाद सम्भवतः ख़ाँ साहब 'आराम' ने किया था। गुजराती नाटक काफ़ी लोकप्रिय रहा।

इस नाटक की कथावस्तु कुछ विचित्र-सी है। नादिरशाह नामक एक नवयुवक दमिश्क की एक सुसम्पन्न परिवार की कन्या परीबानू का समाचार सुनकर उस पर मोहित हो जाता है और उसे प्राप्त करने का प्रयत्न करता है। अपनी इच्छा को वह अपने मित्र ज़फरउद्दीन से प्रकट करता है। समस्त समाचार सुनकर ज़फरउद्दीन भी मन-ही-मन परीबानू पर आसक्त हो जाता है। परिणाम यह होता है कि दोनों मित्र परस्पर शत्रु हो जाते हैं और दोनों ही अपनी प्रेमिका को पाने के लिए लम्बी यात्रा का सामान करते हैं। मार्ग में डाकू उन्हें लूट लेते हैं और निस्सहाय दोनों अपनी यात्रा पर चलते हैं। खुदाबख़्श डाकू को जब यह समाचार मिलता है कि परीबानू के माता-पिता नादिरशाह को शक्ल-सूरत से नहीं पहचानते तो वह नादिरशाह बनकर दमिश्क पहुँचता है और छल-कपट से परीबानू के साथ विवाह करने में सफल हो जाता है।

खोरी का पाँचवाँ नाटक 'सोनेना मूलनीं खुरशेद' है। इसका प्रकाशन 28 अक्टूबर, सन् 1871 को दफ़्तर आश्कार से हुआ था। हिन्दुस्तानी भाषा में इसका अनुवाद शेठ वेहरामजी फ़रेदूनजी मर्ज़वान ने किया था। उर्दूवाले इसे उर्दू भाषा का पहला नाटक मानते हैं। यह विक्टोरिया नाटक मण्डली में दादी पटेल के निर्देशन में खेला गया था। प्रसिद्ध पारसी अभिनेता बालीवाला ने नायिका खुरशेद की भूमिका ली थी और उनके पिता मनचेरजी बालीवाला खुरशेद के पिता बने थे। दूसरे प्रसिद्ध अभिनेता पेस्तनजी मादन थे। नाटक बड़ा लोकप्रिय रहा। एक हँसी की बात यह थी कि बूढ़ा बाप मनचेर बालीवाला खुरशेद का पिता बनकर अपने लड़के खुरशेद बालीवाला को बेटी के ख़रीदने और गृहस्थी में फँसाने का जाल फैलाता है।

छठा नाटक 'नूरजेहान' था जिसका हिन्दुस्तानी अनुवाद ख़ाँ साहेब 'आराम' ने किया था। इसका अभिनय एलफ़िन्स्टन नाटक मण्डली ने किया था। इसके प्रकाशक एलफ़िन्स्टन के भागीदार कुँवरजी नाज़र और दादाभाई पटेल थे। 3 दिसम्बर, सन् 1872 में तीसरी दिसम्बर को यह आपख़्यार छापेखाने से नशरवानजी दोराबजी आपख़्यार ने निकाला था। उन दिनों एलफ़िन्स्टन और विक्टोरिया दोनों नाटक मण्डलियाँ नाज़रजी और दादी पटेल की भागीदारी में थीं अतएव दोनों नाटक मण्डलियों के चोटीवाले अभिनेताओं ने इस नाटक को मंच पर प्रस्तुत किया था।

'नूरजहाँ' नाटक देखने के लिए दादा भाई पटेल ने हैदराबाद के प्रधानमन्त्री सर सालार जंग को आमन्त्रित किया। सर सालार जंग अभिनय देखकर बड़े प्रसन्न हुए और

उन्होंने दादाभाई पटेल को अपनी मण्डली के साथ हैदराबाद आने का निमन्त्रण दिया।

एदलजी खोरी का नाटक 'जालम जोर' ज़ोरास्ट्रियन नाटक मण्डली के लिए लिखा गया था और मूल गुजराती में था। परन्तु बाद में उर्दू में इसका अनुवाद 'आराम' ने किया। यह 12 जनवरी, सन् 1876 में प्रकाशित हुआ।

कुल मिलाकर एदलजी खोरी ने लगभग 18 नाटकों की रचना की थी जिनमें से नौ नाटकों का अनुवाद 'आराम' ने उर्दू में किया था।

4. राणीना, नानाभाई रुस्तमजी

नानाभाई रुस्तमजी राणीना पारसी समाज के बड़े विख्यात लेखकों में से थे। बालकों की पोथी से लेकर और त्रिभाषी कोश तक की रचनाएँ इनकी प्राप्त होती हैं।

सामाजिक कार्यों में भी नानाभाई राणीना की बड़ी रुचि थी। अपने जीवन में वह अनेकों सभा-सोसाइटियों के सदस्य रहे। उनका अपना एक प्रेस भी था जिसमें उनकी तथा अन्य लेखकों की पुस्तकें छपा करती थीं। नानाभाई राणीना कई बरस तक पत्रों के सम्पादक भी रहे। उन्हें पत्र-कला में भी बड़ी रुचि थी।

राणीना ने शेक्सपियर नाटक मण्डली के लिए 'कामेडी आफ़ एरर्स' तथा 'ओथेलो' का गुजराती अनुवाद किया था जो आश्कार दफ़्तर से 22 दिसम्बर, सन् 1860 में प्रकाशित हुआ।[1] 'कामेडी आफ़ एरर्स' के अनुवाद का केवल एक अंक ही छपा था। यह नाटक डोसाभाई फ़ारामजी राण्डेलिया के नाम पर है। तीसरा नाटक 'रोमियो एण्ड जूलियट' का अनुवाद था। यह रोमियो-जूलियट सन् 1876 की 28वीं अक्टूबर को फ़ारेट प्रिण्टिंग प्रेस से निकला था। अनुवादक का नाम 'डेल्टा' छपा था। मालूम नहीं नानाभाई राणीना ने इस पर अपना पूरा नाम क्यों नहीं दिया? धनजी भाई पटेल का कहना है कि वास्तव में इसके लेखक दोराभाई फ्रामजी राण्डेलिया थे। राणीना ने केवल उसे दोहराया था।[2] नानाभाई राणीना के अन्य नाटकों के नाम इस प्रकार हैं—

1. करणी तेवी पार उतरणी
2. काला मेंठा
3. होमलो हाउ
4. नाज़ां-शीरीन
5. वेहमायली ज़र
6. सती सावित्री

'करणी तेवी पार उतरणी' एवं 'नाज़ां शीरीन' से पता चलता है कि नानाभाई प्रहसन और व्यंग्य लिखने में अच्छे सिद्धहस्त थे। नाज़ां-शीरीन प्रहसन कन्या-विवाह की समस्या को लेकर लिखा गया है। उचित वर की खोज से माँ-बाप चिन्तित हैं। वर-पक्ष

1. पारसी प्रकाश, खण्ड 2, पृ. 172
2. वही, खण्ड 1, पृ. 572

उधार लेकर शान जमाता है परन्तु अन्त में सारी पोल खुल जाती है। हिन्दीवालों ने भी इस प्रसंग को अपने नाटकों और प्रहसनों में उठाया है। समाज की यह समस्या सभी जातियों में प्रायः एक-सी है।

नानाभाई राणीना के नाटक सावित्री की कथावस्तु तो प्रसिद्ध कथा के आधार पर ही वर्णित है परन्तु नाटक कैसे और क्यों लिखा गया, इसका एक रोचक दृश्य लेखक ने अपनी भूमिका में दिया है।

5. भेदवार, शाहपुर न.

इनके लिखे हुए केवल एक नाटक का पता चलता है जिसका नाम 'हक़ इन्साफ़' था। धनजी भाई ने इस नाटक के अभिनय के विषय में लिखा है कि इसमें अनेक लड़कियाँ काम करती हैं। प्रत्येक की साड़ी का रंग भिन्न-भिन्न था। अतएव इतनी अधिक संख्या में साड़ियाँ बनवाने और ख़रीदने में मालिक कम्पनी की रुचि नहीं थी परन्तु लेखक डाइरेक्टर भी था अतएव कम्पनी मालिकों को ख़र्च रूपी ज़हर का प्याला पीना ही पड़ा।[1]

6. संजाना, शेठ पेस्तनजी कावसजी

इन्होंने 'बारोनेट क्लब' के लिए 'बरजो अने मेहर सीमीन' नाटक लिखा था। दूसरे नाटक का नाम 'शहज़ादा एरच' था। कथा का आधार पुराना पारसी इतिहास था। संजाना 'बारोनेट क्लब' के डाइरेक्टर भी थे। शहज़ादा एरिच की रचना 'बाम्बे अमेच्योर्स' के लिए हुई थी।[2]

7. खम्बाता, हीरजी

'आबे इबलीस' इनका प्रसिद्ध नाटक है। प्रधानतः हीरजी एक सफल अभिनेता और डाइरेक्टर थे। उक्त नाटक के अभिनय के पश्चात् ही वह पारसी रंगमंच से पृथक् हो गये और सरकारी नौकरी में अपना जीवन व्यतीत किया।

8. खम्बाता, जहाँगीर

हीरजी खम्बाता के भानजे थे। नाटक कला में बड़ी रुचि थी। इन्होंने उर्दू में एक नाटक 'खुदादाद' लिखा था। शेष नाटक गुजराती में लिखे गये थे। इनकी रचनाओं में 'जुद्दीन झगड़ो', 'कोहीयार कन्फ़्यूज़न', 'मेड हाउस', 'माकी मील' तथा 'धरती कंप' प्रसिद्ध हैं।[3]

विषय की दृष्टि से जहाँगीर पारसी संसारी अर्थात् सामाजिक नाटक लिखने में अधिक रुचि रखते थे। स्वयं अच्छे अभिनेता और नाटक मण्डली के मालिक होने के नाते इनकी रचनाएँ बड़ी सफल रहीं।

---

1. क़ैसरे हिन्द, 7 अप्रैल, सन् 1929,
2. वही, 28 अप्रैल, 1929
3. वही, 21 अप्रैल, सन् 1929 तथा पा. त. त., पृ. 370

9. वाडिया, मेरवानजी नशरवानजी

यह सामाजिक और उपदेशपरक नाटक रचयिता थे। इनका नाटक 'सतनो निगहवान खुदा' बहुत लोकप्रिय रहा।[1] इनका दूसरा नाटक 'हनीमून' था।

10. कावरा, वहमनजी नवरोजजी

यह गुजराती के प्रसिद्ध लेखक थे। इनके नाटकों की संख्या एक दर्जन से अधिक है। प्रसिद्ध रचनाएँ ये हैं—

1. 'जव्नेजर अने शीरीन'—इसका आधार शेक्सपियर का 'ओथेलो' था।
2. 'सीपाह बचानी सजनी'
3. 'जव्नेजर'
4. 'भोली गुल'
5. 'गामडेनी गोरी'
6. 'कलजुग'
7. 'दुरंगी दुनिया'
8. 'वाग़े बहिश्त'
9. 'बापना श्राप'
10. 'फ़रामरोज़' (हैमलेट के आधार पर)
11. 'वफ़ा पर जफ़ा'
12. 'देलजंग दिलेर'
13. 'खुसरो अने परिचेहेर'
14. 'व्हेरा वहेला काका'
15. 'जुगार'
16. 'भूलो पडेलो भूलभाई'
17. 'नूरे नेकी' आदि।

वहमनजी पारसी लेखकों में बड़ा ऊँचा स्थान रखते थे। नाटकों के अतिरिक्त उन्होंने वार्त्ताएँ (कहानियाँ) भी लिखी हैं। पत्रकारिता में भी उनकी रुचि थी। उपर्युक्त सूची से पता चलता है कि प्रहसन लिखने का भी शौक था। नीति और उपदेश उनकी नाटक रचनाओं के मुख्य विषय थे।

'गामडेनी गोरी' नाटक की रचना कावसजी खटाऊ की अल्फ्रेड कम्पनी के लिए हुई थी। बाद में बालीवाला की विक्टोरिया मण्डली में इसे सैकड़ों बार खेला गया था। इसमें मेरी फ़ैण्टम और मुन्नी बाई ने अभिनय किया था। इस नाटक का विषय ग्राम के निर्दोष जीवन एवं नगर के गर्वीले जीवन की तुलना करना है।

---

1. पा. त. त., पृ. 368

'भोलीगुल' का आधार श्रीमती हेनरी हुड का उपन्यास 'ईस्ट लीन' है।

वहमनजी नवरोजजी कावरा प्रसिद्ध पारसी लेखक एवं सुधारक कैखुशरुजी नवरोजजी कावरा के भाई थे।

11. पटेल, अरदेशर वेहरामजी

यह अधिकतर प्रहसन लिखा करते थे। सबसे पहले 'ननीबाई विरुद्ध जूनीबाई' लिखकर अल्फ्रेड नाटक को दिया परन्तु सफलता नहीं मिली। उसके पश्चात् 'तक़दीरनी तकसीर' लिखा। उसमें भी विशेष सफलता प्राप्त न हो सकी। 'असलाजी' ने उन्हें एकदम लाकर पहली पंक्ति में खड़ा कर दिया। फिर तो उनके प्रहसन पर्याप्त ख्याति देनेवाले निकले। 'सुधरेनी शीरीन ठिकाणे आवी' तथा 'काका मामा कहैवाना ने गांठे होम ते खावाना' काफ़ी सफल सिद्ध हुए।

12. फ़रामरोज़, खुरशेदजी वपनजी

'पाकदामन गुलनार' पुरानी एलफ़िन्स्टन नाटक मण्डली के लिए लिखा। आरम्भ में यह समझा गया था कि इस नाटक के रचयिता नानाभाई राणीना थे परन्तु उनके पुत्र ने बताया कि वास्तविक लेखक फ़रामरोज़ ही थे। राणीना ने केवल कुछ सुधार नाटक में किये थे।[1] फ़रामरोज़ के दो अन्य नाटक भी गुजराती रंगमंच के सफल नाटक थे। इनका नाम था 'जेहांबख्श-गुलरुख़ सार' और 'शहज़ादा शियाबख़्श'।

13. तारापोरवाला, दाराशा सोराबजी

यह लेखक एक सम्भ्रान्त गृहस्थ थे। आरम्भ में कुछ लिखा करते थे। 'एक जवान पारसी' के उपनाम से वार्त्ताएँ लिखने की रुचि थी। सन् 1867 ई. में 'वेलायती गोरी गोलामडी' नामक वार्त्ता लिखी और प्रकाशित होने के कुछ दिन पश्चात् ही बिक गयी। सन् 1868 ई. में ज़नानख़ानानी बीबिओ' लिखी और वह भी बड़ी प्रसिद्ध हुई। नाटक की ओर भी इनकी रुचि थी। अतएव विक्टोरिया नाटक मण्डली में प्रवेश किया। विक्टोरिया नाटक मण्डली को 'कैकाऊस अने सफ़ेद देव' नामक नाटक लिखकर दिया। सफ़ेद देव का अभिनय स्वयं लेखक ने किया। अन्य अभिनेताओं में कैकाऊस (फलुघुस), रुस्तम (काकावाल), गुरगीन (कावसजी बा) आदि इस नाटक को सफल करने में फलीभूत सिद्ध हुए। कुछ दिनों बाद दाराशा तारापोरवाला ने विक्टोरिया मण्डली से विदा ले ली।

अब इन्होंने 'दी खोजा ड्रामेटिक क्लब' के नाम से अपनी नयी मण्डली चलायी। इसके लिए 'कैकाऊस अने सौदाबा' नाटक लिखा। कावसजी खटाऊ ने इसमें सौदाबा की भूमिका निभायी। तीसरा नाटक 'दुखियारी भूल' था। इसमें भी तारापोरवाला ने स्वयं पार्ट लिया था। फिर नाटक संसार से पृथक् हो गये।

---

1. पा.त.त., पृ. 14

गुजराती के अतिरिक्त इन्हें इटालवी भाषा का भी अच्छा ज्ञान था। इस कारण यह इटालवी शिप कम्पनी 'रूवेती' के मैनेजर भी हो गये थे। बम्बई छोड़कर यह सिंगापुर चले गये और वहीं इनकी मृत्यु हुई।[1]

14. बाटलीवाला, फ़ीरोज़

इनके दो ही नाटक प्रसिद्ध हैं। 'नेकबख़्त तहमीना' एक तीन अंक का नाटक है जो बालीवाला की विक्टोरिया नाटक मण्डली के लिए लिखा गया था। इसका दूसरा नाम 'रंजनो बदले गंज' भी है। लेखक ने इसमें ईरानी दौर दमाम और राहरस्म का प्रकाशन किया है। ईरानी और तूरानी संस्कृति का भेद भी बतलाया गया है। नामकरण नाटक की नायिका पर है। यह कविताबद्ध नाटक है।

लेखक का अन्य नाटक 'ख़रीदेलो ख़ाविन्द' भी है। इसका अभिनय पारसी नाटक मण्डली ने किया था।

बाटलीवाला ने 'सरोदे अवस्ता' तथा 'फ़िरोज़ी गायन' शीर्षक से दो अन्य रचनाएँ भी प्रकाशित की थीं।

15. नाज़र, कँवरजी सोराबजी

नाटक तो केवल एक ही लिखा जिसका नाम था 'कडक कन्याने खीसेला परण्याँ, परन्तु अँगरेज़ी में अधिक लिखा है।

16. ढोंडी, एदलजी फ़रामजी

'सितमे-हसरत' नाम का नाटक लिखा।

17. भरूचा, फ़रामजी सोराबजी

'अलादीन अने जादुई फ़ानेस' लिखा जो एलफ़िन्स्टन नाटक मण्डली में खेला गया।

18. एदू कोलेजर (एदलजी दादाभाई मिस्तरी)

कैखुसरो कावराजी की एक वार्त्ता के आधार पर 'दुखियारी वंचु' लिखा और दूसरी वार्त्ता के आधार पर 'पइसा पइसा' लिखा।

'दुखियारी वंचु' के सृजन की एक बड़ी मनोरंजक कथा है। एदू कोलेजर जिनका वास्तविक नाम एदलजी दादाभाई मिस्तरी था, मित्रता के नाते 'पारसी नाटक मण्डली' के रिहर्सलों में आया-जाया करते थे। यह पारसी नाटक मण्डली धनजी भाई के तीन मित्रों ने स्थापित की थी जिनके नाम थे फ़रामजी दादाभाई अपु के भाई दीनशाह दादाभाई अपु, बापूजी जमशेदजी मिस्तरी और दादी बा। एक दिन एदलजी मिस्तरी ने 'गुलो बुलबुल' नाम का संगीतपरक नाटक लिखकर दीनशाह अपु को दिया। परन्तु इस रचना में अधिक सफलता नहीं मिली। बाद में एदू कोलेजर ने उन्हें यह सलाह

1. क़ैसरे हिन्द 10 मार्च, 1929

दी कि एक नाटक पारसी पोशाक में खेला जाय। अपु कहने लगे—''अरे मर-मर! स्टेज ऊपर आखो खेल पारसी डगला-पाधरी अने सारी-पोलका पेहरीने करे तो लोकोने शुं गमे? अरे छुटी गंडेरी पडे।'' इस पर एदू कोलेजर ने उत्तर दिया कि ज़ोरास्ट्रियनवाले प्रहसनों को पारसी वेश में ही खेलते हैं।

इस घटना के बाद एदू कोलेजर ने कैखुसरो कावराजी की वार्त्ता 'दुखियारी वचुना दुखना पहाड़' शीर्षक वार्त्ता को नाटकीय रूप देकर अपु को दिया। इसमें फ़रामजी अपु ने वचुनां ख़ाविन्द और ऐदू ने 'लफंगा' का पार्ट किया। खेल बड़ा सफल रहा; खूब वाह-वाही लूटी। पारसी रंगमंच पर 'संसारी खेल' अर्थात् सामाजिक नाटक खेलने का यह प्रथम प्रयास था।

अपनी सफलता से प्रेरित होकर ही एदू ने 'पइसा पइसा' लिखा। यह भी कावराजी की वार्त्ता का ही नाटकीय रूपान्तर था। इस नाटक में अरदेशर मामा ने बड़ा प्रशंसनीय पार्ट किया।[1]

19. धामर, दोराबजी रुस्तमजी उर्फ़ दोलू

सन् 1875 में नाटक के धन्धे में कुछ मन्दी आ गयी। ज़ोरास्ट्रियन कम्पनी पीछे हटने लगी, परन्तु ईरानी खेल जारी रखे। अल्फ्रेड नाटक मण्डली भी इस समय बन्द पड़ी थी। सन् 1876 में कम्पनी ने एदलजी खोरी से 'ज़ालमज़ोर' नाटक लिखाया। यह Pizaro का रूपान्तर था।

इन्हीं दिनों तुर्रे और ख्यालों के गायक धामर ने उर्दू के खेलों में कुछ अपने और कुछ दूसरों के गाने मिलाकर उनका अभिनय आरम्भ किया।

'शाह आलम नाटक मण्डली' के नाम से नयी नाटक मण्डली स्थापित की और उसमें 'जाने आलम और अंजुमन आरा' नाटक का अभिनय किया। अंजुमन आरा की भूमिका बेहरामजी कातरक ने की थी।

धामर ने अपने लिखे नाटक का विचित्र लम्बा-सा नाम रखा—

''जाबुली सेलम अने अफ़लातून जीन।
गुललाला परी ने पाकदामन शीरीन।''

इस नाम में कई नाटकों के नाम सम्मिलित हैं जिससे यह परिणाम निकलता है कि धामर एक ही नाटक में अन्य नाटकों की खूबियाँ रखना चाहते थे। यह नाटक केवल तीन बार अभिनीत हुआ, उसके बाद जैसे गहरी नींद में सो गया।

धामर स्वयं अच्छे अभिनेता और डाइरेक्टर थे। एक दिन कोई पारसी अभिनेता शराब लेकर स्टेज पर पीने लगा। धामर ने यह देखकर उसे तत्काल ग्रीन-रूम में भेज दिया और शराब उठाकर फेंक दी। बाद में कहा—''दारू पीईने काम करवुं होय तो मारी क्लब मां आवता ना।''

---

1. क़ैसरे हिन्द 17 मार्च, सन् 1929

अभिनेता के रूप में धामर ने अंजुमन आरावाले नाटक में हीजड़े की बड़ी सफल भूमिका निभायी थी। कहते हैं उनके हाव-भाव बड़े स्वाभाविक और आकर्षक थे।[1]

20. बालीवाला, खुरशेदजी

प्रधानतया अभिनेता, डाइरेक्टर और मण्डली मालिक थे परन्तु प्रहसन लिखने में भी सिद्धहस्त थे। इनके गुजराती प्रहसनों के नाम हैं—'मतलब वेहरो', 'ख़ुदाबख़्श' 'गुस्ताद धामर' और 'कावलानीं कचुम्बर'।

21. 'बन्देख़ुदा' दादाभाई एदलजी पोंचख़ानेवाला

यह पारसी लेखक अपने तीन नाटकों के लिए प्रसिद्ध हैं, जिनके नाम हैं— 'यज़देजर्द', 'वरजोर अने म्हेर सीमीन ओज़ार' तथा 'खुशरु शीरीन'। दूसरा नाटक 5 नवम्बर, सन् 1871 में प्रकाशित हुआ था। यह चार अंक का नाटक है जो 'परशियन ज़ोरास्ट्रियन नाटक मण्डली' की फ़रमाइश पर लिखा गया था। इसके कुछ पात्र ईरानी हैं, कुछ तूरानी हैं, कुछ जावुली हैं और कुछ हवशी तथा देव हैं। इस नाटक के पात्रों की संख्या बहुत अधिक थी। नाटक के नायक वरजो का पार्ट पेस्तन फ़रामजी वेलाती ने किया था और मेहेरसीमीन की महिला पात्री की भूमिका में अरदेशर जहाँगीरजी चिनाई रंगमंच पर आये थे।

लेखक ने इसमें यह दिखाने का प्रयत्न किया है कि सच्चा प्रेम मनुष्य के आत्मा के अन्धकार को प्रकट कर देता है और जो प्रेम में डूबा रहता है वह सदैव उपकार और नेमत का भागी होता है। नाटक में गद्य और पद्य दोनों हैं।

22. पटेल, धनजी भाई नौरोजजी

धनजी भाई पटेल पेशे से डॉक्टर थे परन्तु नाटक लिखने और खेलने का बड़ा शौक था। इनके बनाये हुए छह नाटक कहे जाते हैं—''ख़स्लते-शैतान', 'फेराऊन', 'तूफ़ान', 'लैला', 'रुस्तम-सोहराब' (संगीत में) और 'हाबील' (मिल्टन के 'पैरेडाइज़ लास्ट' के आधार पर)।

23. पारख, डॉ. नशरवानजी नौरोजजी

स्वयं अभिनेता और लेखक थे। 'सुलेमानी शमशीर' नाटक जिसका दूसरा नाम 'निर्दोष नूरानी' भी था 25 अक्टूबर, सन् 1873 ई. में प्रकाशित हुआ।[2] इसकी प्रेरणा में कुँवरजी नाज़र का हाथ था। 'इन्दर-सभा' में सफलता मिलने के बाद कुँवरजी नाज़र ने यह नाटक डॉ. पारख से लिखवाया। अभिनय में भी बड़ी सफलता मिली। लेखक एवं जमशेदजी फ़रामजी माडन इस नाटक के प्रमुख अभिनेता थे। अभिनय के समय इसका एक अन्य साथी 'आसमान चल्ली' प्रहसन भी खेला गया। यह प्रहसन बड़ा ही

1. क़ैसरे हिन्द 3 मार्च, सन् 1929
2. पा. प्र. खं. 2, पृ. 459

लोकप्रिय रहा। नायिका का पार्ट जमशेदजी फ़रामजी माडन किया करते थे। इसमें अनेक चमत्कारिक दृश्य दिखाये गये हैं।

दूसरा नाटक 'फलकसूर सलीम' था जो पहले नाटक के एक वर्ष बाद प्रकाशित हुआ।

24. 'आराम', नशरवानजी मेरवानजी ख़ाँ साहब

'आराम' के नाम से कई नाटक प्रसिद्ध हैं परन्तु उन्होंने सब मौलिक रूप से नहीं लिखे। अधिक संख्या उन नाटकों की है जो उन्होंने एदलजी खोरी के गुजराती नाटकों में से उर्दू में अनुवादित किये थे। अनुवादित नाटक इस प्रकार हैं—'क़मरुज़्ज़मा' (अप्रैल, सन् 1874), 'नूरजहाँ' (3 दिसम्बर, सन् 1872), 'जहाँगीर' (सन् 1872), 'मज़हबे इश्क उर्फ़ बकावली ताजुलमलूक' (18 जून, 1872), 'बकावली-ताजुलमलूक', 'गुल बकावली', 'हातिम' (अक्टूबर, सन् 1872), 'सोने के मोल की खुरशेद' (सन् 1871), 'हज़मनवाद अने ठगननाज', 'जालमजोर' (12 जनवरी, सन् 1876)।

इन अनुवादों के अतिरिक्त उनके मौलिक नाटक भी थे, यथा 'जहाँगीरशाह गौहर', 'बेनज़ीर-बदरेमुनीर', 'गुलवासनोवर च कुर्द', 'छैलबटाऊ मोहना रानी', 'पद्मावत', 'शकुन्तला', 'लालो गौहर', 'फ़र्रुख़सभा', 'चन्द्रावली'।

पारसियों में उर्दू भाषा में लिखनेवालों में 'आराम' प्रथम पंक्ति के नाटककार थे, दोनों दृष्टियों से अर्थात् संख्या और साहित्यिक। परन्तु इनकी भाषा बड़ी कठिन होती थी। सामान्य उर्दू जाननेवाला उसे सुगमता से नहीं समझ सकता था। इसका समाधान केवल यही है कि 'उर्दू अथवा ब्रज काई मारी स्वभाषा नथी।'[1] 'बदरेमुनीर-बेनज़ीर' आराम का पहला संगीतबद्ध नाटक था। दूसरा संगीतबद्ध नाटक 'जहाँगीरशाह गौहर' है। यह 10 जून, सन् 1874 में प्रकाशित हुआ। 'जहाँगीरशाह गौहर' की भाषा अपेक्षाकृत सरल है। वह तत्कालीन हिन्दुस्तानी का अच्छा उदाहरण है। परन्तु 'गुल वासनोवर च कुर्द' (गुल ने सनोवर से क्या कहा?) की उर्दू काफ़ी सक़ील (कठिन) है। कुछ लोगों ने 'सोने के मोल की खुरशेद' को उर्दू का पहला नाटक माना है।

●

1. दीबाचो, जहाँगीरशाह और गौहर, प्र. कूपर कम्पनी (1874)

4

पारसी रंगमंच के कुछ उर्दू नाटककार

1. 'अब्बास', अब्बास अली

मीर गुलाम अब्बास इनका नाम था परन्तु अब्बास अली के नाम से ही प्रसिद्ध थे। इनका जन्म लाहौर में सन् 1889 में हुआ और मृत्यु सन् 1932 में बम्बई नगर में हुई। इनके जीवन के बहुत-से समाचार नहीं मिलते। मालूम होता है कि लाहौर से बम्बई आये और वहीं बस गये। लाहौर में ही जो नाटक मण्डलियाँ आती थीं उनमें जाने का चस्का लगा। कुछ कविता में भी रुचि हुई। इन सबका परिणाम यह हुआ कि थियेटर देखने लगे और कुछ-कुछ लिखने भी लगे।

सम्भवतः अब्बास का पहला नाटक 'नैरंगे सितमगर' था जो सन् 1906 में लिखा गया था। जिस नाटक मण्डली के लिए यह लिखा गया था उसका नाम 'स्टार थियेट्रिकल कम्पनी' था। उसका जन्म लाहौर में ही हुआ था। परन्तु परस्पर के मनमुटावों के कारण कम्पनी चली नहीं और नाटक रंगमंच पर नहीं आ सका। परन्तु इसके कारण अब्बास की कुछ ख्याति अवश्य हो गयी और इसका लाभ उन्हें उस समय मिला जब कुछ दिनों में ही लाहौर में बालीवाला की विक्टोरिया नाटक मण्डली पहुँची।

अब्बास ने बालीवाला को अपने नाटक के कुछ दृश्य पढ़कर सुनाये। बालीवाला ने कुछ अन्य दृश्य लिखवाकर भी उनकी परीक्षा ली और अन्त में प्रसन्न होकर उन्हें अपनी मण्डली में मुन्शी के पद पर नौकर रख लिया। बस, अब्बास विक्टोरिया नाटक मण्डली के नाटककार बनकर बम्बई आये और वहीं रहने लगे।

बालीवाला ने अब्बास को ब्योमाण्ट फ्लेचर का एक ड्रामा लेकर उसका प्लाट बताया और उस पर एक नाटक लिखने को कहा। परिणामस्वरूप 'ज़ंजीरे-गौहर' की रचना शुरू हुई। सन् 1907 में लखनऊ में नाटक का रिहर्सल आरम्भ हुआ और बम्बई लौटने पर बालीवाला के ही 'ग्राण्ट थियेटर' में अभिनीत हुआ। नाटक के निर्देशक प्रसिद्ध अभिनेता हरमुज़जी तांतरा थे। अभिनेताओं में स्वयं निर्देशक, पेशावरी ब्रदर्स, बिजली, फ़ातिमा और खुरशेद आदि के नाम उल्लेखनीय हैं। बालीवाला ने नाटक देखने के लिए तत्कालीन नाटककार तालिब, हश्र, मुरादअली और बेताब वगैरह को भी बुलाया और उन्होंने उसकी सफलता पर बधाई दी।

यह नाटक बालीवाला ने अपने जीवन-काल में और बाद में उनकी मृत्यु के पश्चात् उनकी पुत्री और मण्डली की मालिक मेहरबाई ने छपवाया था।[1]

1. मेरे पास सन् 1908 की छपी एक प्रति है।

ज़ंजीरे-गौहर नाटक में नौरोज अपने चचा की हत्या करके उसके सिंहासन पर बैठता है और अपने भतीजे राजकुमार मज़हर को बड़े दुःख देता है क्योंकि मज़हर नहीं चाहता कि उसकी बहन गौहर नौरोज़ से प्रेम करे। परन्तु गौहर नौरोज़ को ही अपना जीवन-संगी बनाना चाहती है। मज़हर अपनी बहन की हत्या कराना चाहता है परन्तु ठीक समय पर पहुँचकर नौरोज ज़ल्लाद को पिस्तौल से मार गिराता है और गौहर को बचा लेता है। बहन भाई को गिरफ़्तार करा देती है, परन्तु नौरोज़ मज़हर को बचा देता है और अन्त में नौरोज़ और गौहर विवाह-बन्धन में बँध जाते हैं।

मुसलमानी संस्कृति के हिसाब से ये हत्याएँ धर्महीन नहीं मानी जातीं। अतएव ये ट्रेजिक घटनाएँ ऐसा महत्त्व नहीं रखतीं जो ड्रामा को ट्रेजिडी मानने में सहायक हों। कथ्य का यह रूप पारसी नाटकों में एक सामान्य रूप-बन्ध था। अब्बास की कल्पना कोई अपवाद नहीं है।

डॉ. नामी ने अब्बास द्वारा लिखित नाटकों की संख्या इकतीस बतायी है।[1] ये नाटक भिन्न-भिन्न मण्डलियों के लिए लिखे गये थे। सबसे अधिक संख्या विक्टोरिया नाटक मण्डली के लिए लिखे जानेवाले नाटकों की थी। वे नाटक थे—1. ज़ंजीरे गौहर, 2. नैरंग नाज, 3. नूरजहाँ उर्फ नूरोनार।

अन्य मण्डलियों के लिए लिखे गये नाटक ये थे—'नैरंगे सितमगर' (लाहौर की स्टार थियेट्रिकल कम्पनी के लिए), 'दुखिया-दुल्हन' (फ्रामजी अप्पू की मण्डली के लिए), सन् 1911 में यही नाटक 'जहाँनारा' के नाम से नये सिरे से वतलम केशो नायक की नाटक मण्डली (शेक्सपियर नाटक मण्डली) के लिए लिखा। 'नूरे-इस्लाम' और 'जाँ-निसार' (दक्षिणी सुबोध नाटक मण्डली के लिए) नाटक को 'शमशीर इस्लाम' के नाम से कारोनेशन थियेटर बम्बई में न्यू जोधपुर-बीकानेर थियेट्रिकल कम्पनी ने अभिनीत किया। इसके बाद 'ख़ज़ानये-दीन' (1916 में), 'नयी ज़िन्दगी' (1917 में) और 'किसकी भूल' (सन् 1918) में लिखे। ये नाटक अकोला और अमरावती में अभिनीत हुए।

अब्बास अली 'नाट्यकला प्रवर्तक मण्डली' में भी नौकर रहे। कहा जाता है कि 'पंजाब-मेल' उसी के लिए सन् 1919 में लिखा। परन्तु जे. एस. सन्तसिंह द्वारा प्रकाशित नाटक 'पंजाब-मेल' पर लेखक का नाम दिलावरशाह लिखा है और सन् 1924 में उन्होंने यह नाटक अपने गुरु को समर्पण किया है। विचारणीय यह है कि डॉ. नामी सन् 1919 में इसे लिखा बताते हैं और सन्तसिंह का संस्करण उसे सन् 1924 में दिलावरशाह द्वारा समर्पित बताता है। पहली बात तो रचना-काल के विषय में ही सन्देह उत्पन्न करती है। हो सकता है कि असली रचना-काल सन् 1919 ही हो परन्तु

1. उर्दू-थियेटर, भाग 2, पृ. 290-91

लेखक के विषय में तो बड़ा भ्रम पैदा हो जाता है। इस विषय में अभी और अधिक छानबीन की आवश्यकता है।

एक अन्य दुविधा की बात यह है कि सन्तसिंह संस्करण पंजाब-मेल को 'अलेक्जेण्ड्रिया मण्डली' का नाटक बताता है और डॉ. नामी उसे रहयूबाई की 'मोरेलाइज़िंग थियेट्रिकल कं.' के लिए लिखा बताते हैं।[1]

अब्बास अली के अन्य नाटकों में श्रीमती मंजरी और मोहिनी बी.ए. नाम से लिखे गये नाटक बड़े प्रसिद्ध हैं। विशेषकर श्रीमती मंजरी बड़ा लोकप्रिय हुआ। उसके बाद 'फ़र्जो-वफ़ा' और 'कल क्या होगा' लिखे गये। ये नाटक भी नाट्यकला प्रवर्तक मण्डली के लिए ही लिखे गये थे। जब नाट्यकला प्रवर्तक मण्डली भण्डारा रियासत के महाराजा गनपतराव पाण्डे के हाथ बेच दी गयी तो उन्होंने इसका नाम बदलकर 'द राइज़िंग मून स्टार थियेट्रिकल कम्पनी' रख दिया। इस मण्डली में अब्बास अली का नाटक 'नूर इस्लाम' बदलकर 'दारुस्सलाम' के नाम से अभिनीत हुआ। 'लेडी लाजवन्ती' भी अब्बास अली का ही लिखा हुआ और सेठ चन्दूलाल की मण्डली में खेला गया था। इसे 'श्रीमती मंजरी' का दूसरा भाग भी कहा जाता है।

सन् 1928 से अब्बास अली ने फिर नाट्य प्रवर्तक मण्डली में नौकरी कर ली और उसके लिए आठ नाटकों की रचना की—'सेवक-धर्म', 'एक ही पैसा', 'सोने की चिड़िया, 'पोस्ट-मास्टर', 'मुमताज', 'इन्दर-विजय', 'शादी की पहली रात' और 'पूरनमल' (दो भाग)।

सन् 1930 में मादन थियेटर्स के लिए 'नेक ख़ातून' लिखा और इसी साल शेठ मोतीलाल की 'जार्ज थियेट्रिकल कम्पनी आफ़ बम्बई' के लिए 'शाने-रहमत' और 'शाही फ़रमान' की रचना की जो हैदराबाद में अभिनीत हुए।

अब्बास अली का अन्तिम नाटक 'सखी सुन्दरी' था जिसे वह पूरा न कर सके।

संक्षेप में अब्बास अली ने थियेट्रिकल मण्डलियों को कुल मिलाकर 30-32 नाटक लिखकर दिये। इन नाटकों की भाषा उर्दू, हिन्दुस्तानी और हिन्दी थी। कविता उच्चकोटि की तो नहीं है परन्तु जैसी उन दिनों रंगमंच पर चलती थी उसी प्रकार की है। कुछ नाटक स्वभावतया इस्लामी परिवेश में लिखे गये और कुछ उन दिनों के राष्ट्रीय आन्दोलनों के प्रभाव से हिन्दू-मुस्लिम एकता को दृढ़ करनेवाले लिखे गये। सम्भवतः जितना सम्बन्ध अधिक-से-अधिक नाटक मण्डलियों के साथ अब्बास अली का था, उतना किसी और मुन्शी का नहीं रहा।

इनके प्रायः सभी नाटक जे. एस. सन्तसिंह एण्ड सन्स लाहौर ने छापे थे परन्तु वह सब साहित्य अलभ्य है।

---

1. उ. थि. 2, पृ. 296

2. 'महशर' मोहम्मद इब्राहीम अम्बालवी

पूरा नाम मोहम्मद इब्राहीम था और 'महशर' उपनाम। 'महशर' का अर्थ 'प्रलय' होता है। इससे मालूम पड़ता है बड़े जोशीले और अंगार भरे विचारों के व्यक्ति थे। कम-से-कम उनकी मनोभावना ऐसी ही थी। अम्बाला नगर के निवासी होने के कारण अपने को 'अम्बालवी' लिखते थे।

डॉ. नामी इनके निम्नलिखित नाटक मानते हैं—

1. दुश्मने ईमान, 2. जोश तौहीद उर्फ़ रेलिजन आफ़ यूनान, 3. दोज़ख़ी हूर 4. खूनी शेरनी उर्फ़ चमकती बिजली, 5. खूने जिगर उर्फ़ शाम जवानी, 6. सुनहरी ख़ंजर उर्फ़ इन्तक़ाम (बदी का बदला) रूह, 7. आतशी नाग उर्फ़ बाप का कातिल, 8. गुनहगार बाप, 9. शकुन्तला उर्फ़ गुमशुदा अँगूठी, 10. मीराबाई उर्फ़ कृष्णदेव की भक्ति, 11. सत्याग्रह, 12. रसीला जोगी उर्फ़ योगशक्ति, 13. ग़रीब हिन्दुस्तानी उर्फ़ इन्कलाब याने स्वदेशी तहरीक (आन्दोलन), 14. हश्र महशर, 15. खुदपरस्त उर्फ़ दौलत का गुलाम, 16. जंगे जर्मन उर्फ़ लालची क़ैसर, 17. निगाहेनाज़, 18. कृष्ण अवतार (जे. एस.सन्तसिंह एण्ड सन्स द्वारा प्रकाशित नाटक में 'राजा सखी व कृष्ण अवतार' नाम आता है जो अधिक ठीक है), 19. हमारा खुदा।

'दुश्मने-ईमान'—एक प्रकार की ट्रेजिडी है। आरम्भ में हुस्न (सौन्दर्य) और इश्क (प्रेम) में परस्पर झगड़ा होता है। शैतान फ़ैसला करता है। आविद नाम का बादशाह पुर्तगाल के बादशाह की लड़की को, जो हिजरत करने आयी थी और जिसने आविद की शरण ली थी, बड़ा कष्ट देता है। एक दिन वह उसके साथ बलात्कार करने का प्रयत्न करता है और मारा जाता है। इस प्रकार स्त्री के धर्म (ईमान) की रक्षा होती है।

'जोशे-तौहीद' (अद्वैतवाद का जोश)—एक प्रकार का धार्मिक नाटक है जिसमें पात्रों द्वारा इस्लाम धर्म स्वीकृत करते हुए बताया गया है। 'दोज़ख़ी हूर' में स्त्री की कठोरता और विनाशकारी प्रकृति दिखाकर नाटक लिखा गया है। ये दोनों नाटक 'आरफ़स थियेट्रिकल कम्पनी' के लिए लिखे गये। इस कम्पनी के मालिक जेकब साहब थे।

'खूनी-शेरनी'—यह भी एक कठोर स्त्री की कथावस्तु के आधार पर लिखा गया है। हत्या और स्त्रीजनित अविश्वास की घटनाओं से परिपूर्ण है। घटनाएँ यूनान और रूमानिया में होती हैं। अन्वितियों का कोई ध्यान नहीं है।

'खूने-ज़िगर'—इसमें भी शहज़ादी नौबहार अपनी गोली के करिश्मे दिखाती है। हत्याओं और षड्यन्त्रों से पूर्ण है।

'सुनहरी ख़ंजर'—यह भी शहज़ादियों के प्रेम और षड्यन्त्रों से परिपूर्ण नाटक है। हत्याओं का बोलबाला है। घटनाएँ रूमानिया और बलगारिया में घटित होती हैं।

'आतशीनाग'—सिंहासन के लिए झगड़ा और हत्या इसका भी विषय है। अन्त सुखद दिखाया गया है।

'गुनहगार बाप'—यह एक हिन्दू परिवार की कथा से सम्पन्न नाटक है। राजकुमार चन्दरसिंह और बालसिंह के पिता का नाम राजा विक्रम है और माता का नाम निर्मला। सभी आराम का जीवन व्यतीत करते हैं परन्तु किसी के विवाह के अवसर पर राजा विक्रम की भेंट मदनकला नामक एक वेश्या से हो जाती है और वह उससे विवाह कर लेता है। स्वतः निर्मला और मदनकला में कलह हो जाती है। विक्रम का मित्र सज्जनसिंह अपनी पुत्री रूपवती के साथ राजकुमार चन्दरसिंह का विवाह करने के लिए विक्रम के पास जाता है। रूपवती भी उसके साथ आती है। रूपवती निर्मला और मदनकला दोनों से मिलती है। परन्तु मदनकला रुपवती से राजकुमार चन्दरसिंह की अनेकों बुराइयाँ करती है। परिणामतः रूपवती राजकुमार से सम्बन्ध नहीं करती।

मदनकला महाराजा समरसिंह के दरबार की गायिका थी। वह राजा विक्रम को अपनी गायिका वापस भेजने के लिए सन्देश भेजता है परन्तु विक्रम मदनकला को नहीं भेजता। समरसिंह की सेना विक्रम पर आक्रमण करती है। विक्रम मदनकला को लेकर भाग जाता है। निर्मला और चन्दरसिंह को भी भागना पड़ता है। सब पृथक्-पृथक् हो जाते हैं।

महाराज सोपतसिंह की पुत्री सूरजबाई के स्वयंवर का समाचार पाकर चन्दरसिंह वहाँ पहुँचता है और उसके साथ उसका विवाह हो जाता है। बालसिंह किसी की सहायता से पुनः अपने पिता के सिंहासन पर बैठता है और जब उसे पता चलता है कि चन्दरसिंह राजा बन गया है तो वह उससे मिलने आता है।

विक्रम मदनकला के साथ जंगल में अनेकों कष्ट पाता है। अन्त में मदनकला पुनः मौजसिंह के साथ भाग जाती है। विक्रम चन्दरसिंह के पास फ़ैसले के लिए आता है। मदनकला सर्पदंशन से मर जाती है; निर्मला भी भटकती हुई उसी राजमहल में आ जाती है। माँ, बाप, बेटे फिर एक हो जाते हैं।

मुसलमानी संस्कृति के नाटकों से इस नाटक में बड़ा भेद है। 'महशर' इस नाटक के लिखने के बाद हिन्दू इतिहास की ओर आये प्रतीत होते हैं क्योंकि बाद में उन्होंने शकुन्तला लिखा जो प्रसिद्ध शकुन्तला उपाख्यान पर आधारित है।

'मीराबाई'—जनश्रुत कथानक के आधार पर लिखा गया है।

'सत्यागरह उर्फ़ सुकन्या सावित्री'—सावित्री-सत्यवान की कथा पर आधारित है। लेखक ने अपनी कल्पना की भी पर्याप्त पुट दी है।

'रसीला जोगी उर्फ़ योगशक्ति'—इस नाटक की कथावस्तु बड़ी विचित्र है। राजा सलामतसिंह के बीमार पड़ने पर लालसिंह उन्हें राजवैद्य को लालच देकर विष दिलवाना चाहता है, परन्तु राजवैद्य इस पर तैयार नहीं होता। आखिर राजा सलामतसिंह स्वयं ही मृत्यु को प्राप्त होता है और उसकी कन्या राजकुमारी महलावती राजमहल में लालसिंह को बुलाकर उससे विवाह करने का वचन देती है, परन्तु राज्य के प्रधान वीसलदेव और सेनापति करनसिंह को इस भेद का पता चलता है तो वह लालसिंह की हत्या करवा देते हैं। महलावती बड़ी क्रुद्ध होती है और पुरुषों को पदों से हटाकर उनके स्थान पर

महिलाओं को नियुक्त कर देती है। वह केसरीसिंह नामक व्यक्ति के विवाह-प्रस्ताव को भी ठुकरा देती है जिसके कारण केसरीसिंह राज्य पर आक्रमण कर देता है। ऐसी परिस्थिति में महलावती गुरु मछन्दरनाथ से विवाह कर लेती है और उनकी योगशक्ति द्वारा शत्रु को परास्त करती है। बारह बरस बाद मछन्दरनाथ का चेला गोरखनाथ अपने गुरु को आकर अपने साथ ले जाता है। केसरीसिंह इस अवसर का लाभ उठाकर पुनः आक्रमण करता है परन्तु इस बार भी मछन्दरनाथ के बेटे से हार जाता है क्योंकि मछन्दरनाथ और गोरखनाथ दोनों उसकी सहायता करते हैं। अन्त में गोरख उसके सिर पर ताज रखकर उसे छत्रपति होने का आशीर्वाद देते हैं।

कथानक स्वयं इस बात का द्योतक है कि 'महशर' हिन्दू-सन्त परम्परा से नितान्त अनभिज्ञ हैं। मछन्दरनाथ का महलावती से विवाह केवल एक दुष्कल्पना है। और फिर उनके पुत्र द्वारा राजकाज की बात और भी विचित्र है। योगियों के विवाह और इस प्रकार के कार्यकलाप मुसलमान नाटककार की एक ख़ामख़्याली के अतिरिक्त और कुछ नहीं है। बेसिरपैर की मनगढ़न्त घटनाओं से नाटक में अतिमानवता का चमत्कार तो आ गया है परन्तु और सभी दृष्टियों से यह कलाहीन नाटक है।

'ग़रीब हिन्दुस्तान उर्फ स्वदेशी तहरीक' (आन्दोलन)—प्रधान विषय तो स्वदेशी आन्दोलन होने के कारण समीचीन ही है जैसा कि इस पंक्ति से प्रकट होता है—

"जो चाहो ज़िन्दगी अब भी .ख़रीदो अपनी चीज़ों को।
हुनर सिखलाओ घर के जाहिलों को बदतमीज़ों को।।
पढ़ाओ इल्म अपनी बीवियों को और कनीज़ों को।।"

विषय प्रतिपादन के लिए जो कथानक बनाया गया है वह बड़ा विचित्र है। सूरजसिंह विलायत से बैरिस्ट्री पास करके लौटता है। स्टेशन पर उसका बुड्ढा बाप मिलने जाता है और अपने पुत्र से 'फूल' की उपाधि प्राप्त करता है। हरि पाण्डे और शिव पाण्डे तथा मौलाना वशीर उद्दीन में छूत-छात पर बहस हो जाती है। ईद के दिन वहीद और अज़ीज़ गौ-बलि करना चाहते हैं और मौलाना अपने बच्चे को गाय के स्थान में बलि देने को कहकर दोनों को रोकते हैं। ठाकुर हरिसिंह अपने पुत्र सूरजसिंह को घर से निकाल देते हैं। सूरजसिंह होश में आता है और पिता से अपने कुकर्मों के लिए क्षमा माँगता है। ठाकुर प्रसन्न हो उसे गले से लगा लेते हैं।

विदेश में सीखी हुई शिक्षा अधूरी और निकम्मी प्रमाणित होती है। स्वदेशी का ज़ोर होता है। यही अजीब कथावस्तु इस नाटक की है। यह हिन्दुस्तान की ग़रीबी का परिणाम है।

हश्र-महशर—हत्या करके अधिकारी को हटाकर अनधिकार से सम्पत्ति हड़प करने का क़िस्सा है।

'महशर' के नाटक अधिकतर क़त्ल और धोखे-धड़ी की घटनाओं से भरे पड़े हैं। निस्सन्देह उनमें से कुछ देश की तत्कालीन समस्याओं को लेकर भी लिखे गये हैं परन्तु उनका माध्यम वही पुराना वातावरण है जिसमें अनधिकारी अधिकारी को हटाकर अपना सिक्का जमाना चाहता है। एक पाप दूसरे पाप का बीज बनता है और पर्याप्त ख़ाना-ख़राबी के बाद कथानक सीधे मार्ग पर आता है।

3. 'ज़रीफ़' हुसैनी मियाँ

'ज़रीफ़' के विषय में भी, उनके समकालीनों और अन्य नाटककारों की तरह, कुछ अधिक नहीं मिलता। निस्सन्देह वह बम्बई में रहते थे और कहा जाता है कि जमनादास मेहता, पुस्तक विक्रेता एवं मुद्रक के पास तीन रुपये मासिक पर नौकर थे। बाद में कुछ कविता करने लगे और नाटक-रचना में भी रुचि उत्पन्न हो गयी। ज़रीफ़ के किसी मौलिक नाटक के दर्शन नहीं होते परन्तु उन्होंने अनेकों प्रचलित नाटकों को हेर-फेर करके अपने शब्दों में अवश्य लिखा है क्योंकि उनमें उनका उपनाम 'ज़रीफ़' अनेकों बार आया है। उदाहरण के लिए 'ज़रीफ़' के नाटकों में 'गुल-सनोवर' का नाम आता है। सर्वप्रथम नशरवानजी मेरवानजी ख़ाँ साहब 'आराम' ने लिखा था। उनके नाटक का शीर्षक था 'गुलबा सनोवर च कुर्द' (गुल ने सनोवर से क्या कहा?)। एक पुराने क़िस्से को लेकर यह कथावस्तु तैयार की गयी है। 'ज़रीफ़' ने नाटक में क्या-क्या परिवर्तन किये इसका पता तो तभी चल सकता है जब दोनों की तुलना की जाये, परन्तु 'ज़रीफ़' के अधिकांश नाटक प्राप्य नहीं हैं। यही अवस्था ज़रीफ़ के लिखे 'छैलबटाऊ', 'लालो-गौहर', 'फ़र्रुक़सभा', 'हातिमताई', 'तमाशाये अलादीन उफ़ चिरागे़ अजीब', 'हवाई मजलिस', 'लैला मजनूँ' और 'गुलबकावली' की है। ये सभी नाटक 'आराम' के लिखे हैं। परस्पर के परिवर्तन द्रष्टव्य हैं।

इसी प्रकार अन्य लेखकों के नाटकों में भी ज़रीफ़ द्वारा किये गये रुपान्तर का पता चलता है। वैसे उपर्युक्त नाटकों के अतिरिक्त ज़रीफ़ के निम्नलिखित नाटक प्रसिद्ध हैं—

नतीजये-अस्मत, खुदादोस्त, चाँदबीबी, तोफ़ये-दिलकुशर, बुलबुले-बीमार, तोफ़ये-दिलपज़ीर, शीरीं-फ़रहाद, अलीबाबा, चित्रा बकावली, बदरेमुनीर, नक़शे सुलेमान, अक्सीरे-आज़म, इशरत सभा, हुस्नअफ़रोज़, नैरंगे-इश्क, सितमे हामान, फ़रेब फ़ितना, नासिर ओ हुमायूँ, मातमे ज़फ़र, बज़मेसुलेमान और खुदादाद।[1] इस सूची में से बेनज़ीर-बदरेमुनीर, हुमायूँ-नासिर, सितमहामान, नक़शे सुलेमानी तथा फ़रेब फ़ितना नाम के नाटक मुन्शी 'रौनक़' ने भी लिखे थे। सम्भवतः ज़रीफ़ ने उन्हीं का रूपान्तर किया होगा क्योंकि रौनक़ का रचनाकाल ज़रीफ़ से पहले आता है।

डॉ. नामी ने इनके कुछ अन्य नाटकों का नाम और परिचय दिया है जो देखने योग्य है।[2]

1. रामबाबू सक्सेना : ए हिस्ट्री आव उर्दू लिटरेचर, पृ. 354
2. उ. थि., भाग 2, पृ. 118-134

ज़रीफ़ मियाँ का सबसे बड़ा योगदान यही है कि उन्होंने पुराने लोकप्रिय नाटकों को नये ओपेरा में परिवर्तित किया। यह कुछ पता नहीं चलता कि इनके नाटक कहीं खेले भी गये या केवल वे पढ़नेवालों की ही एकमात्र सम्पत्ति रहे और जमनादास मेहता ने केवल पुराने और नये नामों की एकता के कारण पर्याप्त धन कमाया।

4. डेविड जोज़ेफ़

इनके विषय में अधिक जानकारी प्राप्त नहीं होती। इतना पता चलता है कि इनका सम्बन्ध कई नाटक मण्डलियों से रहा। आर्य सुबोध नाटक मण्डली पूना में यह 'ख़ूने नाहक़' में हेमलेट का अभिनय बड़ी सफलता से करते थे। प्रसिद्ध अभिनेता सोहराब मोदी इन्हें अपना गुरु मानते हैं।

न्यू पारसी नाटक मण्डली में इन्होंने कई नाटकों का सफल निर्देशन किया जिनमें 'धूप-छाँह', 'हार-जीत', 'काली नागन' और 'दुखतर-फ़रोश' प्रसिद्ध हैं। ये प्रायः सभी नाटक शेक्सपियर के नाटकों के रूपान्तर थे।

अलेक्ज़ेण्ड्रिया नाटक मण्डली में 'इन्तक़ाम', 'आहमज़लूम', 'सुनहरी ख़ंजर', 'हसीन क़ातिल' और 'खूनी शेरनी' नाटकों का निर्देशन किया।

इम्पीरियल नाटक मण्डली में 'नक़ली शहज़ादा', 'अन्दाज़ जफ़ा', 'भोला शिकार', 'तीरे हविस', 'हूरे-आव', 'ख़ाकी पुतला', 'मतलबी दुनिया', 'ग़ाफ़िल मुस्तफ़िर', 'एशियाई सितारा', 'नूरे-वतन', संसार-नौका', 'बागे़ ईरान', 'कर्म प्रभाव', 'शेर-काबुल', 'क़ौमी दिलेर' और 'नूर मेंनार' का निर्देशन किया।

नेशनल नाटक मण्डली के लिए 'आफ़ताबे-दकिन' का निर्देशन किया।

कभी-कभी यह नाटक मण्डलियों में भागीदार भी रहे। कहा जाता है इन्होंने निम्नलिखित नाटकों की रचना की है—'दादा सिकन्दर', 'जोशे-वतन', 'दुनिया जीतनेवाला', 'खुरशैदे ईरान', 'दरियाये नूर', 'तस्वीरे शराफ़त', 'पुराना गुनाह', 'शरीफ़ शहज़ादा', हिज़हाईनेस', 'जुल्मे-नारवा, 'हुस्नपरस्त', 'तेगे़ सितम' और 'हिटलर मैरिड'।

जोज़ेफ़ डेविड ने लम्बा जीवन प्राप्त नहीं किया। वह केवल तीस साल जीवित रहे। पारसी रंगमंच जोज़ेफ़ डेविड की सेवाओं को न कभी भूला है और न कभी भुला सकेगा।

5. 'रौनक़' महमूद मियाँ बनारसी

डॉ. नामी का कहना है कि 'रौनक़' का पूरा नाम महमूद अहमद था। शेख महमूद उनका स्वयं का नाम था और शेख़ अहमद उनके पिता का नाम था। दक्षिण में नाम लिखने की परिपाटी के अनुसार वह 'महमूद अहमद' कहलाते थे यद्यपि पारसी अपनी बोली के अनुसार उन्हें 'मामूद मियाँ' ही कहते थे। महमूद मियाँ का उपनाम 'रौनक़' था और पता नहीं चलता वह 'बनारसी' किस तरह पुकारे जाने लगे।

रौनक़ बम्बई में आकर बसे और वहीं 25 अप्रैल, सन् 1886 ई. में 61 वर्ष की आयु में उनका देहान्त हुआ। रौनक़ की आजीविका का आरम्भ एक मिल में नौकरी करने

से हुआ था और अन्त नाटककार की हैसियत से। वह विक्टोरिया नाटक कम्पनी में ही नौकर थे और अन्त समय तक वहीं रहे।

रौनक़ के नाटकों को पढ़ने से पता चलता है कि वह फ़ारसी और उर्दू के अच्छे विद्वान् थे। उनके नाटकों की संख्या बहुत अधिक है। डॉ. नामी की दी हुई सूची इस प्रकार है—

1. बेनज़ीर-बदरेमुनीर, 2. लैला-मजनूँ, 3. अंजाम-उल्फ़त उर्फ हुमायूँ नासिर, 4. पूरन भगत, 5. सैफ़ सुलेमान उर्फ़ मासूम मासूमा, 6. सितम हामान उर्फ़ फ़रेब इज़राईल, 7. आशिक़ का ख़ून उर्फ़ हीर-राँझा, 8. हातिम बिन ते उर्फ़ अफ़सर सख़ावत, 9. तिलस्म जोहरा उर्फ़ रंज का बदला गंज, 10. फ़साने अजायब उर्फ़ जान आलम-अंजुमनआरा, 11. इन्साफ़ महमूद शाह ग़ज़नवी उर्फ़ इस हाथ दे उस हाथ ले, 12. इन्साफ़ महमूदशाह उर्फ़ जुल्म उमरान, 13. आशिक़ का खून और दामन पर धब्बा, 14. अजायब परिस्तान उर्फ़ वहारिस्ताने-इश्क़, 15. जुल्मे-अज़लम उर्फ़ जैसा बोना वैसा पाना, 16. ख़्वाबगाहे इश्क़ उर्फ़ बेदाद बहशत, 17. ख़्वाबे मोहब्बत उर्फ़ नादान की दोस्ती जी का जंजाल, 18. ग़रूर रादशाह उर्फ़ चन्दा हूर व खुरशैद नूर, 19. संगीन बकावली, 20. नक़श सुलेमान उर्फ़ शदादी वहिश्त, 21. फ़रेब फ़ितना उर्फ़ चाहत ज़र, 22. कालका भोग उर्फ़ घड़ी कि घड़ियाल, 23. नूरुद्दीन और हुस्न अफ़रोज, 24. चमेली गुलाब, 25. मियाँ पिस्सू और बीबी खटमल।

इन नाटकों का विवरण इस प्रकार है—

'बेनज़ीर-बदरेमुनीर'—सन् 1872 में जब दादी पटेल विक्टोरिया नाटक मण्डली के स्वामी थे तो उनके मस्तिष्क में यह बात आयी कि उर्दू भाषा में एक ओपेरा लिखाकर अभिनीत किया जाय। अतः उन्होंने नशरवानजी ख़ाँ साहब से ऐसा ओपेरा लिखने के लिए कहा और ख़ाँ साहब ने 'बेनज़ीर-बदरेमुनीर' नाम का ओपेरा दादी पटेल को लिखकर दे दिया। दादी पटेल ने बड़ी सफलता से उसे अपनी मण्डली द्वारा अभिनीत कराया और लोकप्रियता प्राप्त की।

ख़ाँ साहब का यह मूल नाटक अब कहीं भी प्राप्त नहीं होता। बाद में इसी कथानक को लेकर रौनक़ ने बेनज़ीर-बदरेमुनीर ओपेरा की रचना की। सम्भवतः यह सन् 1879 में लिखा गया परन्तु इसकी एक प्रामाणिक प्रति सन् 1880 की छपी हुई मैंने देखी है। यह प्रति विक्टोरिया ग्रूप के द्वारा ही गुजराती वर्णमाला में छपायी गयी है। रौनक़ की रचना और ख़ाँ साहब की कृति में क्या समानता और विभिन्नता है यह बताना तब तक कठिन है जब तक दोनों के पाठों की तुलना न की जाय। और वर्तमान स्थिति में यह असम्भव बात है। वैसे डॉ. नामी का कहना है कि दादाभाई रतनजी ठूँठी जो एक समय विक्टोरिया मण्डली के मालिक भी थे, कहा करते थे कि ''मुन्शी रौनक़ ने हमारी और दूसरी कम्पनियों के ड्रामे अज़सरेनौ (नये सिरे से) लिखकर अपने नाम से छपवाये थे।'' परन्तु मुझे इस कथन की सत्यता में, कम-से-कम सर्वाङ्गीण रूप से कहने में, सन्देह है।

यदि रौनक़ के ड्रामे अपने नाम से कहीं और प्रकाशकों द्वारा छपवाये गये होते तो दादाभाई ठूँठी का कथन सत्य माना जा सकता था। परन्तु बेनज़ीर-बदरेमुनीर तो स्वयं विक्टोरिया ग्रूप ने छपवाया था और लेखक के स्थान पर रौनक़ का नाम छापा गया था। यदि यह नाटक ख़ाँ साहब के नाटक को ठीक-ठाक करके छापा गया होता तो रौनक़ को लेखक न छापकर यहाँ लिखा जाता कि 'नाटक ख़ाँ साहब के उक्त नाटक के ऊपर से मुन्शी रौनक़ ने लिखा'। ऐसा लिखने का उन दिनों चलन था। अतएव यह मानकर ही चलना होगा कि नाटक रौनक़ की ही रचना है।

नाटक का कथानक—पहले अंक में माहरुख़ नाम की परी पूरब के शहज़ादे से अपने प्रेम की अभिव्यक्ति करती है परन्तु नकारात्मक उत्तर पाती है। माहरुख़ उसे प्रसन्न रखने के लिए अपना उड़न-खटोला देती है। जब बेनज़ीर के माँ-बाप बेटे के अदृश्य होने की सूचना पाते हैं तो वियोगी होकर जंगल की ओर निकल जाते हैं। दूसरे अंक में सरनदीप की राजकुमारी बदरेमुनीर अपने बाग़ में सैर करते हुए दिखायी देती है। उसी समय बेनज़ीर अपने उड़न-खटोले पर सवार होकर उधर से निकलता है और बदरेमुनीर को देखकर उस पर आसक्त हो जाता है। बेनज़ीर को देखकर बदरेमुनीर की भी यही दशा होती है। माहरुख़ के पास एक देव द्वारा जब यह समाचार पहुँचता है तो वह बेनज़ीर को क़ैद कर देती है। बदरेमुनीर अपने प्रेमी के वियोग में विलाप करती है और अपनी विशिष्ट सहेली नजमुन्निसाँ को उसे ढूँढ़ने के लिए भेजती है और नजमुन्निसाँ जोगिन के भेस में बेनज़ीर को ढूँढ़ने निकल जाती है।

तीसरे अंक में बदरेमुनीर के साथ बेनज़ीर के माँ-बाप की भेंट करायी गयी है। अब सब मिलकर बेनज़ीर की खोज में निकलते हैं।

एक जंगल में नजमुन्निसाँ और जीन के बादशाह फ़ीरोज़शाह का मिलन होता है। फ़ीरोज़शाह की मदद से बेनज़ीर क़ैद से छूटता है। फ़ीरोज़शाह बेनज़ीर के माँ-बाप को बुलवा भेजता है और अन्त में दोनों का हाथ मिला देता है। माहरुख़ परी को माफ़ी मिलती है और चेतावनी दी जाती है कि भविष्य में किसी पर आसक्त न होवे।

चरित्र-चित्रण की दृष्टि से माहरुख़ की आसक्ति देखिये—

माहरुख़— *राज़ी रखूँगी मैं तुम्हें हरदम मेरी जान*
आँखों से लाऊँगी बजा तेरा नित फ़रमान।
रात रहो मेरे पास तुम दिन को करना सैर
और को देना दिल नहीं जान की चाहो जो ख़ैर।

बेनज़ीर— *चाहनेवाली तू मेरी है अय गुले गुलज़ार,*
छोड़ के तुझको और मैं हरगिज़ हूँ न निसार
देवो घोड़ा तू मुझे मानूँ तेरा अहसान,
है हवाई सैर का दिल में मेरे अरमान।

रौनक़ ने इस ओपेरा में एक ग़ज़ल फ़ारसी भाषा में बदरेमुनीर से और दूसरी बेनज़ीर से गवायी है। एक मौलाना 'जामी' की लिखी है और दूसरी 'फ़ौग़ानी' की। रौनक़ शायद इतंनी फ़ारसी नहीं जानते थे अथवा फ़ारसी में कविता नहीं कर पाते थे। कुछ-कुछ उन दिनों फ़ारसी ग़ज़लों का रिवाज़-सा हो गया था। शायद इसीलिए कि उर्दू के नाटक में पारसी दर्शकों को फ़ारसी की ग़ज़लों के गवाने से आकर्षित किया जाय अथवा उर्दू को ऊँचा उठाने के लिए उसमें फ़ारसी की पुट मिलायी जाय।

रौनक़ के बाद इस कथानक को और भी कई नाटककारों ने अपनी रचना का केन्द्र बनाया। इससे प्रतीत होता है कि कथानक बड़ा लोकप्रिय था और नाटक में जादुई दृश्य के कारण दर्शकों की प्रशंसा का पात्र था। इसी कारण हाफ़िज़ मोहम्मद अब्दुल्ला और फ़क़ीर मोहम्मद 'तेग़' ने अपने-अपने ढंग से इस कथानक को नाटक रूप में प्रस्तुत किया।

'जफ़ाये सितमगर उर्फ़ घड़ी या घड़ियाल' : डॉ. नामी ने इसका नाम 'काल का भोग उर्फ़ घड़ी या घड़ियाल' रखा है। उन्होंने यह नहीं बताया कि इस नाम से उक्त नाटक के मुद्रक और प्रकाशक कौन हैं अतएव यह निष्कर्ष निकालना कि प्रति प्रमाणित है या नहीं, सम्भव नहीं है। मेरे पास जो प्रति है उस पर लिखा है...''नाटक तीन बाब का; वास्ते गिरोहे विक्टोरिया नाटक के तस्नीफ़ किया मरहूम मुन्शी महमूद मियाँ मुतख़ल्लुस बे रौनक ने और तीसरी वक़्त छाप के इज़हार किया वास्ते ख़ासो आम के मालिकों ने गिरोहे विक्टोरिया नाटक के हुक्म से, दी. लखमीदास की कम्पनी ने, जबाने उर्दू व हर्फ़े गुजराती।'' इस विवरण से यह प्रति प्रमाणित मालूम होती है क्योंकि इसका प्रकाशन विक्टोरिया नाटक मण्डली के मालिकों की आज्ञा से बताया गया है। अतएव यह नाम भी डॉ. नामी के दिये हुए नाम से अधिक प्रमाणित होना चाहिए।

वैसे विषयवस्तु की दृष्टि से 'काल का भोग' शीर्षक भी उचित ही है क्योंकि इस नाटक में जो घटना वर्णित है उसका आधार 'समय' पर काम होने या न होने पर ही अवलम्बित है। घटना इस प्रकार है—

सितमगर नाम का एक ग़रीब सिपाही जादू के कारण रोशनाबाद का बादशाह बन जाता है। वह कालका नामक देवी का पुजारी है और हर वर्ष पूनम की रात को 12 बजे देवी को प्रसन्न करने के लिए एक नर-बलि देता है। देवी का वरदान है कि जब तक वह नर-बलि देता रहेगा उसका शासन समाप्त नहीं होगा, परन्तु जब वह ऐसा करने में असमर्थ होगा तो स्वयं उसकी बलि देवी द्वारा दे दी जायगी। अतएव 12 बजे का समय एक ऐसा समय है जो परिणाम का द्योतक है।

सितमगर किसी प्रकार पूर्व बादशाह के लड़के नेकबख़्त को पकड़ लेता है और उसकी बलि देकर देवी को भी प्रसन्न रखना चाहता है तथा अपने राज्य के किसी उत्तराधिकारी को भी समाप्त करना चाहता है। परन्तु लड़का उसके क़ब्ज़े से भाग निकलता है। जैसे- तैसे वह नूरआलम नाम की एक दहक़ानी लड़की के पास आ

जाता है। नूरआलम उसे अपनी जान से ज़्यादा अज़ीज समझती है और भरसक उसकी रक्षा करती है। सितमगर नूरआलम को अपनी पत्नी बनाना चाहता है और एक दिन अकस्मात् उसे नेकबख़्त उसके घर पर मिल जाता है और वह उसे पकड़कर अपने महल में पुनः कैद कर लेता है। नूरआलम उसे ढूँढ़ते-ढूँढ़ते वहाँ पहुँच जाती है। उसके पहुँचने का समय लगभग वही होता है जब नेकबख़्त का बलिदान दिया जानेवाला था। नूरआलम लड़के की रक्षा करती है और सितमगर नूरआलम को ही बलि देने पर तत्पर हो जाता है। इसी संघर्ष में नेकबख़्त वहाँ से भागकर निकल जाता है और घड़ी में 12 बजा देता है। सितमगर 12 बजे बलि देने में समर्थ नहीं होता जिसके कारण देवी क्रुद्ध हो जाती है और प्रकट होकर स्वयं सितमगर को ही खा जाती है। इस प्रकार घड़ी सितमगर के लिए घड़ियाल बन जाती है और सितमगर की जफ़ा (अन्याय) उसे काल के भोग का ग्रास बना लेती है।

नाटक का अन्त नूरआलम और खुशचेहर की शादी पर होता है। नाटक ओपेरा है।

'आशिक़ का ख़ून, दामन पै धब्बा उर्फ़ दौलत का प्यार चाहत से आर' डॉ. नामी ने उपर्युक्त नाटक का पहला नाम ही अपनी सूची में लिखा है, दूसरा नहीं। अन्य नाटकों की तरह उन्होंने इसका कोई विवरण भी नहीं दिया जिससे अनुमान होता है कि यह नाटक उनकी दृष्टि में आया ही नहीं। 'आशिक़ का ख़ून' नाम के एक नाटक का उल्लेख डॉ. नामी ने 'तालिब' के नाटकों की सूची में दिया है और लिखा है "यह ड्रामा रौनक़ का है और तालिब ने इसमें बहुत मामूली रद्दोबदल किया है। सरेवर्क़ पर दर्ज है—"मरहूम मुन्शी महमूद मियाँ मुतख़ल्लिस बे रौनक के लिखे हुए नाटक से नये तर्ज़ पर मुन्शी विनायक प्रसाद तालिब ने तस्नीफ़ किया।" इसके अलावा एक शेर भी दर्ज है—

"जफ़ा की तेग़ से आशिक़ का ख़ून करते हैं।
जो सीमतन हैं फ़क़त सीमोज़र से मरते हैं।।

किताब के आख़िर में तालिब दर्ज है।..."[1]

मेरे पास जो नाटक की प्रति है वह सन् 1903 की छपी है। चौथा संस्करण है और उस पर "खुरशेदजी मेहरवानजी बालीवाला, मालिक कम्पनी (विक्टोरिया नाटक कम्पनी) मज़कूर ने छापकर इज़हार किया" लिखा है। अतएव यह प्रमाणित प्रति है जो गुजराती वर्णमाला में छपी है। इस प्रति पर भी वही शेर लिखा है जो डॉ. नामी ने अपनी प्रति पर बताया है। अतएव इसमें सन्देह नहीं रह जाता कि उक्त नाटक के मूल लेखक रौनक़ ही हैं।

यह दो बाब (अंक) का ओपेरा है। इसकी घटनाओं का स्थल 'किनियान' नामक काल्पनिक स्थान है। कथ्य यह है कि मस्तेनाज़ नाम की एक लड़की है जिसके पिता की मृत्यु हो चुकी है। उसके तीन प्रेमी हैं। नाम हैं आशिक़, शुजा और इब्नेमीर।

---

1. डॉ. नामी; उ. थि. 2, पृ. 117-18

मस्तेनाज़ सबसे पहले आशिक़ से प्रेम करती है और अपने पत्रों में उससे विवाह का वचन दे देती है। शुजा को वह हिलगाये रखती है। बाद में दौलत की चाह ज़ोर मारती है और उसका रुझान इब्नेमीर की तरफ़ हो जाता है। वह आशिक़ से प्रार्थना करती है कि उसे अपने वचन से मुक्ति दे दे। आशिक़ की चचेरी बहन दिलनवाज़ अपने भाई को मस्तेनाज़ की चालाकी और बेवफ़ाई से चेतावनी देती है परन्तु प्रेम का अन्धा आशिक़ दोनों में से एक की बात नहीं मानता। परिणामस्वरूप मस्तेनाज़ आशिक़ की हत्या का षड्यन्त्र करती है और क़हवाख़ाने के एक ख़ूनी अफ्लक को दो हज़ार रुपये देकर उसकी हत्या कराती है। अफ्लक हत्या करने से पहले उसे समझाता है, प्रेमिकाओं के कठोर-हृदय होने की शिकायत करता है—

"ख़ूने आशिक़ का नहीं मिटता है धब्बा हरगिज़,
हश्र तक धोते रहा करते गो दामन तुम हो।
रहम करते तुम्हें देखा न कभी आशिक़ पर
सीने में दिल की जगह रखते क्या आहन तुम हो।
काफ़िरो डरते बहुत तुम हो गुनहगारों से
बेगुनाहों की सदा मारते गरदन तुम हो।"

—I. 2. पृ. 9

परन्तु अन्त में दिखाया यही गया है कि आशिक़ की हत्या हो जाती है। इस समाचार को सुनकर दिलनवाज़ को बड़ा दुःख होता है परन्तु मस्तेनाज़ समझती है कि उसकी बेवफ़ाई को प्रकट करनेवाला एक काँटा निकल गया।

जैसे-तैसे मस्तेनाज इब्नेमीर से शादी का प्रबन्ध करती है, परन्तु सारा रहस्य खुल जाता है। रहस्य के उद्घाटन में रौनक़ ने अद्भुत और अतिमानवता का आश्रय लिया है। चमत्कारी दृश्य दिखाये हैं जिससे दर्शक आकर्षित हों और वाह-वाह करें।

अन्त में मस्तेनाज़ आशिक़ का ख़ून कराने का अपराध स्वीकार करती है और कटार मारकर मर जाती है। आशिक़ जो अभी ज़िन्दा था दिलनवाज़ से शादी कर लेता है; इब्नेमीर बेवफ़ा बीबी के पंजे से निकलता है, अफ्लक को फाँसी दी जाती है। नाटक समाप्त होता है।

यद्यपि नाटक ओपेरा होने के कारण पद्म-बद्ध है परन्तु कहीं-कहीं रौनक़ की कविता का सौन्दर्य भी उभरा है।

'ज़ुलमे अज़लम उर्फ़ जैसा बो वैसा लो'[1] : यह ओपेरा नूरुन्निसां नाम की एक सुन्दर युवती के सतीत्व की रक्षा की कहानी है। नूरुन्निसां और शम्सरू भाई-बहन थे और तुमान नामक द्वीप के एक तुर्क अमीर की सन्तान थे। इसी द्वीप के एक हबशी ज़ालिम नवाब अज़लम की दृष्टि नूरुन्निसां पर पड़ गयी और वह उससे शादी करने की तदबीर

1. प्र. का. 16 जून, 1883

सोचने लगा परन्तु नूरुन्निसां तैयार न हुई। इस पर भाई-बहन उसके अत्याचार के भागी हुए और अपनी मर्यादा की रक्षा के लिए वहाँ से भाग निकले। अज़लम ने उनका पीछा किया। शम्सरू का जहाज़ एक नदी में तूफ़ान आने से टूट गया और भाई-बहन एक-दूसरे से पृथक् हो गये। नूरुन्निसां को पानी में बहते देखकर एक अमीर ने जो बसरे का रहनेवाला था, अपने गाड़ीवान से उसे निकाल लाने को कहा। गाड़ीवान सफल हुआ और अमीर नूरुन्निसां को लेकर अपने घर आया और बड़ी नम्रता तथा आदर से उसे आश्रय दिया परन्तु मालिक और नौकर दोनों ही उस पर आसक्त हो गये। अनेकों प्रयत्न करने पर भी किसी की दाल न गली। इस पर उन्होंने नूरुन्निसां को बदनाम करना चाहा। संयोग से अज़लम की नाव भी पानी में डूब गयी और वह बचकर उसी अमीर के घर पहुँचा। अमीर ने उसे भी आश्रय दिया। नूरुन्निसां अपने भाई की याद में उदासीन रहने लगी और अज़लम उसे अपनी बहन बताकर स्वयं मुखमलीन रहने लगा। गाड़ीवान से दोस्ती हो जाने पर उसने छद्म रूप से अज़लम को नूरुन्निसां तक पहुँचा दिया। अज़लम फिर से नूरुन्निसां को तंग करने लगा। आख़िर अमीर ने यह समझकर कि नूरुन्निसां और अज़लम में परस्पर प्रेम है उन्हें बदनाम करके सरेबाज़ार बेचने की आज्ञा दे दी। शम्सरु जो अकस्मात् बच गया था, उस समय बाज़ार से निकला तो यह घटना देखी। वह बहन को पहचान गया। उसने दोनों को मोल ले लिया। उसे सन्देह हुआ कि उसकी बहन ने अपने सतीत्व को गँवा डाला। इस कारण वह उसे मार डालने पर उतारू हो गया। ये सारी घटनाएँ शाम नामक देश में घटीं। शाम का राजकुमार मुनव्वरइन्स नूरुन्निसां को देखकर आसक्त हो गया और अपने पिता से उसके साथ विवाह करने की प्रार्थना की। पिता ने जब नूरुन्निसां के साथ अज़लम, अमीरआला और उसके गाड़ीवान के सम्बन्ध की चर्चा सुनी तो पुत्र को विवाह न करने के लिए बहुत समझाया परन्तु राजकुमार अपनी हठ पर जमा रहा।

एक दिन सारा रहस्य खुल ही गया। अज़लम, अमीरआला और गाड़ीवान तीनों ने नूरुन्निसां की मर्यादा की बात बतायी, शम्सरू को भी सन्तोष हुआ और अन्त में मुनव्वरइन्स और नूरुन्निसां का विवाह हो गया। सबको अपने-अपने किये का फल मिला परन्तु नूरुन्निसां ने सबका अपराध क्षमा कर दिया।

रौनक़ के इस नाटक में नाटक की अन्वितियों का ध्यान नहीं रखा गया है। लेखक ने अपने कथानक को जैसे चाहा है मोड़ लिया है। परन्तु दर्शकों को ध्यान में रखकर अनेक अद्भुत दृश्यों का समावेश किया गया है, यथा—बहता हुआ दरिया और उसमें तूफ़ान आने पर नावों का परस्पर टकराना और टूट जाना, नूरुन्निसां के तमाचे से अमीर की एक आँख का निकल पड़ना और एक पीर मर्द का जादुई शीशा देना आदि, आदि।

नाटक में कई ग़ज़लों का समावेश है जिनमें से कुछ में 'रौनक़' नाम आया है। प्रेम-भरे संवाद अच्छे हैं परन्तु कविता की दृष्टि से उच्चकोटि का नाटक नहीं कहा जा सकता।

'हातिम बिन ताई उर्फ़ अफ़सरे सख़ावत' : डॉ. नामी ने इसका नाम 'हातिम बिन ते' दिया है परन्तु विक्टोरिया ग्रूप की ओर से जो नाटक प्रकाशित किया गया है उसमें 'ते' के स्थान पर 'ताई' शब्द का प्रयोग है। यह दो अंकों का नाटक है।

नाटक क्या है कुछ घटनाओं का संग्रह है जो लेखक ने हातिम के उदार और परोपकारी चरित्र का प्रदर्शन करने के लिए एकत्र की हैं।

नाटक की मुख्य घटना का सम्बन्ध हुस्नबानो नामक एक सुन्दर स्त्री का मुनीरशामी से विवाह है। हुस्नबानो ने कुछ ऐसे सात प्रश्न रखे थे जिनके सफल उत्तर देनेवाला ही उसे पत्नी रूप में ग्रहण कर सकता था। बहुत-से लोग आये और असफल होकर चले गये। हुस्नबानो की दाया उसे बहुत समझाती है कि वायदे पर क़ायम न रह परन्तु वह मानती नहीं यद्यपि उसका मन भी मुनीरशामी के ऊपर आसक्त हो जाता है। मुनीरशामी उसके 3 सवाल लेकर आता है और बड़ा व्याकुल रहता है। उसी दशा में उसकी भेंट हातिम से होती है। हातिम अपनी सहायता का वचन देता है और प्रश्न लेकर उनके उत्तर के लिए निकल जाता है। दैवयोग से उसे ऐसे फ़क़ीर मिलते हैं जिनसे उसे उत्तर मिल जाता है और वह लाकर मुनीरशामी की ओर से हुस्नबानो को देता है। एक प्रकार से हुस्नबानो का प्रण पूरा हो जाता है और हातिम उसका विवाह मुनीरशामी से करा देता है।

परन्तु नाटक इतना ही नहीं है। लेखक ने कुछ अन्य पात्रों को लेकर हुस्नबानो और मुनीरशामी के चरित्र को खूब तपाया है। इस प्रयोग में कुछ हास्य की पुट भी आ गयी है।

नाटक का अन्त हातिम और ज़र्रीनपोश तथा मुनीरशामी और हुस्नबानो के विवाह की मुबारकबादी पर होता है।

घटनाओं का समीकरण कुछ ऊँचे दर्जे की कला-कुशलता का द्योतक नहीं है। जहाँ आवश्यकता पड़ी है कोई-न-कोई अतिमानवी तत्त्व ने घटना का मोड़ बदल दिया है। चरित्र-विकास की कमी है और नाटक नाट्य-कला की दृष्टि से उच्चकोटि का नहीं है।

इसी प्रसंग को लेकर 'आराम' और हाजी अब्दुल्ला ने भी अपने नाटक लिखे हैं। परन्तु वे प्राप्य नहीं हैं अतएव उनसे रौनक़ की तुलना नहीं की जा सकती।

मेरे पास रौनक़ की एक रचना और भी है। उसका नाम 'भोले मियाँ' है परन्तु वह अधूरी है। यह एक प्रहसन (नक़ल) है। जब तक सम्पूर्ण प्रति न मिले कुछ नहीं कहा जा सकता कि लेखक उसमें क्या दिखाना चाहता है। यह प्रहसन अंकों (बाबों) में विभाजित नहीं है, परदों (दृश्यों) में विभक्त है। मेरे पास उसके छह दृश्य सम्पूर्ण और सातवाँ अधूरा है। डॉ. नामी ने इस रचना का उल्लेख अपनी सूची में नहीं किया है। यह सन् 1882 का प्रकाशन है।

इसमें सन्देह नहीं कि 'रौनक़' और 'ज़रीफ़' पारसी थियेटर के सबसे पुराने ग़ैर-पारसी लेखक थे। परन्तु 'ज़रीफ़' ने तो प्रायः सभी पुराने नाटकों को, जैसा कहा जाता है, नये रूप देकर आगे बढ़ाया। रौनक़ ने अवश्य कुछ पुराने नाटकों को जो पारसियों ने लिखे

थे नये सिरे से लिखा और कुछ की मौलिक रचना की।

उनके नाटकों में दो ही तत्त्व प्रधान रूप से दिखायी देते हैं। उनके नाटक नेकी और आदर्शवादिता के परिणाम पर समाप्त हुए हैं। उनका नाटक-न्याय यही है कि पात्र को अपने किये का फल भोगना ही पड़ा है। दूसरे उनके नाटकों में ओपेरा होने के कारण तुकबन्दी अधिक है। उच्चकोटि की कविता उनमें नहीं मिलती। प्रेम-भावना से पूर्ण जो उनकी ग़ज़लें हैं वे भी उच्च स्तर तक नहीं पहुँचतीं। सम्भवतः इसीलिए 'खुमख़ामये जावेद' के लेखक ने उनका बहुत ही संक्षिप्त परिचय देकर छोड़ दिया है। अतएव उन्हें मध्यम कोटि का कवि ही मानना पड़ेगा।

अन्त में यह भी एक जानने योग्य बात है कि रौनक़ के कुछ नाटक ऐसे भी हैं जिनमें दूसरे लेखकों ने परिवर्तन किया है और आज वे परिवर्तित अवस्था में ही उपलब्ध होते हैं। उदाहरणार्थ रौनक़ का ड्रामा 'संगीन बकावली' मुन्शी 'तालिब' ने परिवर्तित किया था। हाफ़िज़ मोहम्मद अब्दुल्ला ने भी और गुलाम हुसैन 'ज़रीफ़' ने भी इसे नये सिरे से लिखा था। 'ख़ानदान हामान' की दशा भी यही हुई थी। 'पूरन-भगत' भी हाजी अब्दुल्ला, 'ज़रीफ़' और मौलवी बख़्श इलाही द्वारा नये तरीके से लिखा गया था। 'अंजामे उलफ़त' को 'ज़रीफ़' और 'तेग' ने नया रूप प्रदान किया था। 'सैफुस्सुलेमान' ज़रीफ़ और हाजी अब्दुल्ला ने अपने नाम से छपवाये थे। इस प्रकार रौनक़ के कई नाटक दूसरों के हाथों में पड़कर कुछ बदली हुई सूरत में जनता के सामने आये परन्तु दोनों की एक साथ अप्राप्ति के कारण यह कहना कठिन है कि किस लेखक को कितना श्रेय दिया जाय।

'तालिब' मुन्शी विनायक प्रसाद

'तालिब' का जन्म बनारस में हुआ था। ये जाति के कायस्थ थे। आरम्भ से ही कविता का व्यसन था। खुमख़ामये जावेद में इनके विषय में थोड़ी-सी जानकारी मिलती है।

बनारस छोड़कर 'तालिब' बम्बई चले आये थे और अन्तिम समय तक बम्बई ही में रहे। सन् 1922 ई. में इनका देहावसान हुआ।

'तालिब' के नाटक :

डॉ. नामी ने इनके नाटकों की सूची इस प्रकार दी है—

1. लैलोनिहार उर्फ़ खूबिये तक़दीर
2. नल दमयन्ती
3. फ़साने अजायब (ओपेरा)
4. चमने-इश्क़
5. निगाहे-ग़फ़लत
6. दिलेर दिलशेर

7. ख़जानये-ग़ैब
8. करिश्मये-कुदरत
9. तिलस्मात गुल
10. गोपीचन्द
11. हरिश्चन्दर
12. संगीनबकावली
13. अल्लादीन
14. विक्रमविलास

उपर्युक्त तालिका के अतिरिक्त 'रामलीला' और 'अलीबाबा और चालीस चोर' उर्फ़ 'नसीब का ज़ोर' मेरे देखने में आये हैं। संगीनबकावली के लिए कहा जाता है कि उसे मूल रूप में 'रौनक़' ने लिखा था परन्तु बाद में 'तालिब' ने उसमें कुछ परिवर्तन और शोधन किया। जे. सन्तसिंह के यहाँ से जो संस्करण संगीनबकावली का निकला है उसमें पहले ही दृश्य में ईश-स्तुति में 'तालिब' का नाम आया है। इसी दृश्य के अन्त में भी एक गाने में तालिब का नाम आया है। इन्दर ने जो सज़ा बकावली को दी है उसमें 'तालिब' उपनाम का प्रयोग हुआ है—

"...अस्ल हो हाल तेरा, वस्ल हो 'तालिब' का, है तेरी यह सज़ा"

दूसरे दृश्य में 'रौनक़' उपनाम आया है। दृश्य आरम्भ होते ही ताजुलमलूक आता है और कहता है—

"...शमा की तरह से जल जल के हूँ बस मैं भी तमाम
'रौनक़े' बज़्मे रक़ीब आज वह मेरा यार हुआ।"

भाई दयासिंह एण्ड सन्स के यहाँ से एम. एस. जौहर द्वारा सम्पादित संगीनबकावली में भी यही पाठ है। अतएव यह कथन सत्य ही प्रतीत होता है कि 'रौनक़' ने पहले संगीनबकावली लिखी और फिर तालिब ने उसमें परिवर्तन किये। इसका प्रमाण विक्टोरिया मण्डली द्वारा प्रकाशित संस्करण है। परिवर्तन के स्वरूप और सीमा का अनुमान दोनों के संस्करणों को देखकर ही लगाया जा सकता है परन्तु इस समय रौनक़ की 'संगीनबकावली' उपलब्ध नहीं है। खुरशेदजी बालीवाला द्वारा प्रकाशित नाटक की एक प्रति मेरे पास है जो सन् 1891 की है। संगीनबकावली : जैसा नाम से प्रकट है इसमें बकावली और ताजुलमलूक के प्रेम का कथानक है। बकावली राजा इन्दर के अखाड़े की परी है और ताजुलमलूक नामक इन्सान पर आसक्त होने के कारण इन्दर की कोप-भाजन बनती है। इन्दर के शाप से बकावली का नीचे का आधा भाग पत्थर (संग) का हो जाता है। इसीलिए संगीन (पत्थरवाली) विशेषण का प्रयोग किया गया है। बाद में राजा उससे प्रसन्न होकर क्षमा कर देता है और दोनों प्रणयसूत्र में बँध जाते हैं।

इसी नाटक में एक दूसरा उपाख्यान भी चलता है जिसका सम्बन्ध चत्रावत और

चतुर्बुध तथा निर्मल एवं साईस के प्रेम-बन्धन से है। दोनों आख्यान साथ-साथ चलते हैं यद्यपि दोनों में कोई मेल नहीं है। मालूम नहीं लेखक ने नाटक को यह रूप क्यों दिया?

यद्यपि संगीनबकावली बड़ा लोकप्रिय नाटक रहा और विक्टोरिया नाटक मण्डली के अतिरिक्त कई कम्पनियों द्वारा इसका अभिनय किया गया परन्तु साहित्यिक दृष्टि से इसमें तालिब के अन्य नाटकों जैसी उत्कृष्टता नहीं, सम्भवतः इसका कारण यह भी हो सकता है कि तालिब ने रौनक़ के लिखे नाटक को नये सिरे से न लिखकर, मालिकों के कहने पर, केवल उसमें थोड़े से परिवर्तन-परिवर्द्धन मात्र करके छोड़ दिये जिससे अनेक बार अभिनय होने से नाटक पुराने और अरुचिकर प्रतीत न होने लगे।[1]

अलीबाबा और चालीस चोर उर्फ़ नसीब का ज़ोर :[2]

यह तीन बाब का नाटक है जो विक्टोरिया नाटक कम्पनी के लिए लिखा गया था। इसकी क्रिया-स्थली 'पारस' देश है। अलीबाबा की कहानी एक प्रसिद्ध कहानी है और उसी के आधार पर इसकी रचना हुई है।

कथावस्तुः

अलीबाबा पारस देश का एक ग़रीब लकड़हारा है। उसकी पत्नी का नाम ज़रीना है और बेटे का नाम ग़ानिम। माँग-ताँगकर मज़दूरी करके और कर्ज़ के आधार पर अलीबाबा का परिवार अपना जीवन-यापन करता है। परन्तु जब गिरवी रखकर ऋण लेने के लिए भी कोई वस्तु नहीं रह जाती तो बड़ा दुःखी होता है। उसकी ऐसी दशा देखकर उसकी नौकरानी की तरह रहनेवाली लौंडी मुज़ैय्यन अपने पास बचे हुए पैसे उसे ख़र्च करने के लिए कहती है। इतना ही नहीं, वह अलीबाबा से प्रार्थना करती है कि उसे बेचकर वह दूसरों का ऋण चुका दे और जो कुछ बचे उससे कोई कारोबार शुरू कर दे। परन्तु अलीबाबा उसकी प्रार्थना अस्वीकार कर देता है। मजबूर होकर अलीबाबा अपने बड़े भाई क़ासिम के आगे गिड़गिड़ाता है, परन्तु वहाँ से भी वही उत्तर पाता है। क़ासिम का नौकर सत्तार भी अलीबाबा की मुसीबत देखकर अपनी कमायी का पैसा उसे देना चाहता है पर अलीबाबा नहीं स्वीकार करता। सब ओर से निराश अलीबाला जंगल की ओर जाता है और लकड़ी काटकर बोझ को एक स्थान पर रखकर दुनिया की दशा पर विचार करता है। यह विचारधारा भंग होती है उसके बेटे ग़ानिम के प्रवेश से। उसी समय चोरों की एक टोली कुछ गाती सुनायी देती है। बाप-बेटे छुपकर उनकी करामात देखते हैं। उसी से पता चलता है कि चोरों ने अपना ख़ज़ाना कहाँ लाकर रखा है और किस प्रकार 'खुलो सुमसुम' और 'बन्द हो सुमसुम' की आवाज़ पर कोषगृह का फाटक खुलता तथा बन्द होता है। बस, दोनों के हाथ मालदार होने

1. खुरशेदजी बालीवाला द्वारा सन् 1900 में प्रकाशित नाटक के आधार पर।
2. खुरशेदजी मेहरवानजी बालीवाला द्वारा प्रकाशित सन् 1900 मुद्रक-जामे जमशेद स्टीम प्रेस, मुम्बई।

की कुंजी लग जाती है और चोरों के नयी मुहिम पर रवाना होने के बाद दोनों खूब माल बटोरकर घर रवाना होते हैं। घर पहुँचकर माल को तोलने के लिए ज़रीना अपनी जिठानी से तराजू लाती है, मगर चतुर जिठानी तराजू की तल में गोंद लगा देती है जिससे सारा भेद खुल जाता है। क़ासिम अलीबाबा से सब भेद पाकर स्वयं माल लाने के लिए जाता है परन्तु निकलने से पहले चोरों का वहाँ आगमन होता है और वे उसे जान से मार डालते हैं।

अलीबाबा, अपनी भावज के रोने-पीटने पर, क़ासिम की लाश घर ले आता है और एक दर्ज़ी से उसका कफ़न सिलवाता है। दर्ज़ी की आँखें बन्द कर दी जाती हैं जिससे वह घर में आने-जाने का रास्ता न देख पाये। चोर इस ताक में हैं कि उनके कोष का धन कौन चुराकर ले जाता है। अतएव वे भी अपनी छान-बीन में लगते हैं। मुस्तफ़ा दर्ज़ी से अलीबाबा के घर का पता चल जाता है। चोर तरह-तरह से अलीबाबा को मार डालने का प्रयत्न करते हैं परन्तु सफल मनोरथ नहीं होते।

अन्त में चोरों को सफलता नहीं मिलती, चोरी का दण्ड मिलता है और अलीबाबा शान के साथ जीवनयापन करता है। ग़ानिम और मुज़ैय्यन विवाह सूत्र में बँधकर प्रसन्न होते हैं।

यह नाटक अधिकांश में कविताबद्ध है। भाषा उर्दू मिश्रित हिन्दी है। कोई साहित्यिक सौन्दर्य दिखायी नहीं पड़ता। संगीत ने, सम्भव है, उसे इस दशा तक पहुँचा डाला है।

चरित्र की दृष्टि से इसमें धूर्त भी हैं, शरीफ़ भी हैं; छोटे-से कार्य-काल की सीमा में लेखक ने पूरी कहानी कह डाली है।

नाटक में चमत्कारी दृश्य भी हैं। चोरों का ख़ज़ाना और 'सुमसुम' के नाम पर उसके द्वार का खुलना एवं बन्द होना स्वयं एक चमत्कार है। मुज़ैय्यन द्वारा कुप्पों में बैठे चोरों और उनके सरदार को मार डालना भी चमत्कार से शून्य नहीं है। ऐसे ही दृश्यों को देखकर जनता प्रसन्न हुआ करती थी। नाटक में कार्य-गति तरल है। कथानक दर्शक मण्डली को आकर्षित किये रहता है।

विक्रम-विलास :[1]

इस नाटक का दूसरा नाम 'सात अन्धे' भी है। विक्रम उज्जयन नगर का राजा है। विक्रमविलास की पदवी उसने अपने पुत्र 'राजरतन' को प्रदान की है। अतएव उसी के नाम पर नाटक का शीर्षक रखा गया है। नाटक में सात प्रधान पुरुष पात्र हैं—राजा विक्रम, राजकुमार राजरतन, विक्रम के लश्कर के अफ़सर हीरालाल, मानिकलाल और मोतीलाल तथा विक्रम के दरबार के दो मसख़रे दंगल और मंगल। ये सातों स्त्रियों के प्रेम में आसक्त होकर अपनी बुद्धि का तिरस्कार कर बैठे और ऐसे-ऐसे काम कर डाले जो अन्यथा सम्भव न थे।

1. बालीवाला द्वारा सन् 1908 की छपी। दी जमशेदजी नशरवानजी पेटीट पारसी आरफ़नेज, कपतन प्रिण्टिंग वर्क्स के आधार पर।

नाटक की कथावस्तु बड़ी विचित्र है। उज्जयन देश के राजा विक्रम ने कर-नाटक के ज़मींदार की बेटी मदनमंजरी से कभी विवाह कर लिया और फिर उसे वहीं उसके देश में छोड़कर उज्जयन चला आया। राजरतन उसी का पुत्र था। माँ-बेटे किसी प्रकार अपना जीवनयापन करते रहे। बड़े होने पर बेटे ने एक दिन अपने नौकर की सहायता के लिए माँ की आभूषण-मंजूषा खोली तो उसमें से एक पत्र मिला जिससे उसे पता चला कि वह राजा विक्रम का पुत्र है। माँ को साथ लेकर वहाँ से तत्काल ही राजरतन उज्जयन को रवाना होकर यथासमय वहाँ पहुँच गया। राजा के बाग़ की मालिन सेवती और उसके पुत्र चमन की सहायता से राजा के पास एक पत्र भिजवाया जिसमें लिखा था—

"तू ऊँचे आसन पर बैठा है वाला,
मैं हूँ तेरे माथे का चढ़नेवाला।
सारा जग आकर तेरा पग चूमेगा,
मैं वह हूँ जिसका तू भी डग चूमेगा।
है राज हमारा कहाँ, कहाँ धन रतन हमारा?
है कहाँ तुम्हारा क़ौल, किधर है बचन तुमारा?
अब छोड़ तख़्त, आया मैं करने दावा
मैं चोर तेरा हूँ, तू है चोर का बाबा।
फिरता हूँ वहाँ जो देस; राज है मेरा
जो पकड़े मुझको वही ताज है मेरा।

—प्रीतम का पूत"

राजा 'वचन' की बात सुनकर चौंक पड़ा और कहने लगा—"...याद नहीं। हो तो कोई आय, साबित कर दिखाय।" आज्ञा दी कि इस चोर को पकड़ा जाय! इस आज्ञा पर ही नाटक की समस्त कार्यगति निर्भर है। दंगल और मंगल चोर पकड़ने का बीड़ा उठाते हैं परन्तु अपने प्रयत्न में स्वयं ही राजरतन और चमन की बुद्धिमानी का शिकार हो जाते हैं। ये दोनों (राजरतन और चमन) स्त्रीवेश में उनके सामने आते हैं। दोनों दंगल और मंगल उन पर रीझकर अपना आपा खो बैठते हैं और क़ैदी बनते हैं।

एक दिन राजा मन्दिर में आते हैं और राजरतन तथा चमन उन्हें भी बन्दी बना देते हैं। मन्दिर का बाहर से ताला बन्द कर देते हैं और अनुनय-विनय करने पर भी छोड़ते नहीं। इसी दृश्य में विक्रम और राजरतन तथा मदनमंजरी का परस्पर मिलन होता है। राजा अपनी प्रिया को पहचानता है और अपने गन्धर्व विवाह का स्मरण करता है तो उसे याद आती है कि उसके ससुर ने मदनमंजरी को यह शाप दिया था—"अय कुलकलंकनी! जैसे तूने मेरा दिल दुखाया, तू भी दुःख पाय, तेरा पिया तुझे भूल जाय और जब तू उसके सामने हो तभी उसे तेरी याद आय।"

वास्तव में तो इस मिलन पर ही नाटक समाप्त हो जाना चाहिए था। परन्तु लेखक ने पहले अंक की समाप्ति पर उसे समाप्त नहीं किया।

दूसरे अंक में लेखराज ठाकुर की पुत्री मनोरमा से राजरतन का विवाह होना बताया गया है। परन्तु मनोरमा नारी-चरित्र को पुरुष-चरित्र से उत्कृष्ट बताती है और विक्रम के कोप का पात्र बन बन्दीगृह में डाल दी जाती है। किसी ने राजा विक्रम की प्रशंसा में लिखा—

"जग में होगा इस तरह का कम चरित्र
सब चरित्रों में बड़ा विक्रम चरित्र"

परन्तु मनोरमा ने उसके स्थान पर लिखा—

"कौन विक्रम, और क्या उसका चरित्र?
सब चरित्रों में बड़ा त्रिया चरित्र।"

इसी त्रिया चरित्र का विकास लेखक ने दिखाया है और बताया है कि मनोरमा की सखी चपला किस प्रकार अपनी बुद्धि द्वारा मनोरमा को बन्दीगृह से निकालती है और प्रमाणित करती है कि उपर्युक्त सातों व्यक्ति अन्धे हैं। नाटक के दूसरे नामकरण का यही रहस्य है।

नाटक की भाषा हिन्दी है।

चरित्र-चित्रण में स्त्री-बुद्धि को विभिन्न प्रसंगों के सन्दर्भ में दिखाया गया है। कोई प्रेम में अन्धा है, कोई भ्रम में अन्धा। राजा विक्रम भोला है, मदनमंजरी पहली ही भेंट के पश्चात् रंगमंच से सदा के लिए पृथक् हो जाती है। मनोरमा ने जो दोहा लिखा था उसकी सत्यता प्रमाणित होती है। सब अपनी-अपनी कमज़ोरियों को स्वीकार करते हैं।

कई चमत्कारी दृश्यों का समावेश किया गया है। जब राजा विक्रम राजसिंहासन के ऊपर बैठने के लिए ऊपर सीढ़ियों पर चढ़ते हैं तो पहले ही एक पुतली प्रश्न पूछती है—

"अय राजा विक्रमबली, वर्णन कर विस्तार,
सिंहासन की हैं तेरी, कौन सीढ़ियाँ चार।"

राजा उत्तर देता है—

"न्याय, सत्यता, दान ये तीन सीढ़ियाँ जान,
चौथी सीढ़ी है दया, चारों को पहचान।"

राजा चार सीढ़ियाँ चढ़ता है, तब दूसरी पुतली पूछती है—

"इन चारों पर कौन हैं और दूसरी चार,
उनका भी वर्णन करो, अय धर्मावतार।"

राजा कहता है—

"नेम, खंत, भक्ति भली और नम्रता मान,
ये चारों हैं दूसरी चार सीढ़ियाँ जान।"

विक्रम और चार सीढ़ी ऊपर चढ़ता है। तब तीसरी पुतली पूछती है—

"और तीसरी कौन हैं इन चारों पर चार,
वो भी तुमको याद हैं, अय मेरे सरकार।"

विक्रम उत्तर देता है—

"धीरज है, सन्तोष है, साहस है, सरताज,
चौथी दृढ़ता है जिसे जानूँ सुख का साज।"

तब जाकर राजा सिंहासन पर बैठता है। ये तीनों पुतलियाँ तीन पुतली खचित स्तम्भों के पीछे छुपी रहती हैं। जैसे-जैसे राजा ऊपर चढ़ता है एक-एक स्तम्भ गिरता है और पीछे से पुतलियाँ दिखायी देती हैं।

एक अन्य दृश्य प्रथम अंक का छठा दिखाव है जिसमें नदी के किनारे महादेव का मन्दिर है। इस दृश्य में राजरतन और चमन नदी में पत्थर पर पीट-पीटकर कपड़े धोते हुए दिखाये गये हैं। बहती नदी का पानी दिखाना रंगमंच पर चमत्कार का ही प्रभाव था।

लेखक की शिल्पविधि तो तत्कालीन नाटकों के जैसी ही है, परन्तु कथावस्तु बड़ी शिथिल और बहुत ही मध्यमकोटि के हास्य से युक्त है। हास्योक्तियों में शिष्टता की पुट कम है, फूहड़पन ही अधिक दिखायी देता है।

'तालिब' का यह नाटक उनकी उत्कृष्ट रचनाओं के अन्तर्गत नहीं रखा जा सकता।

निगाहे ग़फ़लत उर्फ़ भूल में भूल, काँटों में फूल :

'तालिब' ने यह नाटक विक्टोरिया नाटक मण्डली के लिए लिखा था। इसमें चार बाब (अंक) हैं, मुख-पृष्ठ पर लिखा है—

"जुनून कहता है जिसको आलम, उसी में है जो उतावला है
किसी का क्या खूब कौल है यह, उतावला है सो बावला है।"

उपर्युक्त शेर नाटक के कथानक पर पूरा लागू होता है। नाज़िम नाम का एक किसान, शातिर नामक एक धूर्त के छलावे में आकर, अपनी सच्चरित्र पत्नी नरगिस के विषय में, यह धारणा बना लेता है कि वह कुलटा है और किसी दूसरे पुरुष पर आसक्त है। अतः बहुत प्यार करने पर भी वह अपने उतावलेपन में उस पर अनेकों लांछन लगाता है और अन्त में अपने छोटे पुत्र काज़िम तथा पत्नी को छोड़कर कहीं चला जाता है। माँ-बेटे बड़ी कठिनाई में अपने दिन व्यतीत करते हैं। नाज़िम का चचा सलीम और उसकी पत्नी जीनत दोनों की बड़ी सहायता करते हैं। नरगिस दूसरों के कपड़े सी-सीकर अपना जैसे-तैसे गुज़ारा करती है। शातिर दूर से नाज़िम को दिखाता है कि एक औरत किस प्रकार एक पुरुष से प्रेम प्रकट कर रही है। वास्तव में यह स्त्री नरगिस की सौतेली बहन सम्बुल है और पुरुष उसी का पति मसरूर है जो बड़ा ही दुश्चरित्र

व्यक्ति है। सम्बुल की शक्ल नरगिस से बहुत-कुछ मिलती है और चूँकि नाज़िम केवल उसकी पीठ ही देखता है अतएव उसे शातिर की बातों पर विश्वास हो जाता है तथा वह उसके जाल में फँस जाता है। शातिर और औरंग अपनी-अपनी ठग-विद्या से पर्याप्त सम्पत्ति एकत्रित कर लेते हैं। परन्तु अन्त में पकड़े जाते हैं। नोटों के बण्डलों से पता चलता है कि सारा माल फ़ैयाज़ ने अपनी दोनों लड़कियों के नाम से बाँट रखा था। अतएव वह माल दोनों को मिल जाता है। मगर इस बीच में मसरूर भी सम्बुल को छोड़ देता है और किसी अन्य स्त्री से प्रेम करने लगता है। विपदा की मारी सम्बुल उसी नदी में डूबने के लिए आती है जिसमें नाज़िम अपनी जान देकर नरगिस की जुदाई के सदमे से छूटना चाहता है। नाज़िम अपनी साली सम्बुल को बचा लेता है। उसके होश में आने पर सारी कलई खुलती है और कथावस्तु स्पष्ट हो जाती है। बहन बहन से मिलती है और पत्नी अपने पति से। शहर-कोतवाल शेर .ख़ाँ और चचा सलीम सहायक होते हैं। शातिर और औरंग गिरफ़्तार होकर अपने किये की सज़ा पाते हैं।

इस प्रकार लापरवाही की नज़र अर्थात् 'निगाहे ग़फ़लत' एक कैसा अजीबोग़रीब दृश्य उपस्थित कर देती है कि दो-दो जानें अपनी जान देकर मुसीबत से छुटकारा पाना चाहती हैं परन्तु होता वही है जो 'मंजूरे खुदा होता है'।

'तालिब' ने नाटक की कथावस्तु समाज में होनेवाली प्रतिदिन की घटनाओं से ली है और अपनी कल्पना से उसे चमत्कारिक रंग दिया है। निश्चय ही स्त्री-जाति की हीनता और पुरुषों की कामुकता पर एक व्यंग्य है। नाटक की भाषा हिन्दुस्तानी है। अधिकांश में नाटक पद्यबद्ध है। कविता उच्चकोटि की नहीं है। लेखक ने ऐसे चरित्र भी नहीं लिये जिनके चरित्र-चित्रण में संवेदनाओं का प्रकाशन बहुत आवश्यक होता। चलाऊ मध्यमकोटि का कथानक है जिसे देखकर अठन्नीवाले खुश हो जाते हैं। एक संवाद देखिये—

"शातिर—

क्या कहिये बात कहने के क़ाबिल नहीं जनाब?
हैरत है! जागता हूँ कि मैं देखता हूँ .ख्वाब?
शुबह था छह महीने से जिस बात का मुझे,
वो आज साफ़ साफ़ नज़र आ गया मुझे,
मैं किस ज़बान से कहूँ नरगिस ने क्या किया?
जिस पर भलाई .ख़त्म थी उसने बुरा किया।

नाज़िम—

दोस्त वह श.ख़्स है जो दोस्त का आईना हो
साफ़ पानी की तरह साफ़ सदा सीना हो।
.ख़ैरख़्वाह और वफ़ादारी का गंजीना हो
दिल से बस दूर करे दिल में अगर कीना हो।
छह महीने से गुमां तूने जो था यार! किया,

दोस्त कैसा है कि मुझको न ख़बरदार किया।

शातिर— *आदमी वह है कि जो सोच के हर काम करे*
ग़ौर हर लहज़ा हरेक बात का अंजाम करे
किस तरह दोस्त को अपने कोई बदनाम करे
वह करे, अक़्ल से जिसको कि ख़ुदा ख़ाम करे।
जब तलक आँख से देखूँ न भला ऐब कोई
किस तरह मैं कहूँ, मालूम नहीं ग़ैब कोई।''

—2. 2. पृ- 26-27

नाटक की घटनाओं का स्थल मिस्र देश है।

लयलो-निहार उर्फ़ तक़दीर का खेल :

मेरे पास इस नाटक का जो संस्करण है वह खुरशेदजी बालीवाला, मालिक विक्टोरिया मण्डली, ने सन् 1904 ई. में प्रकाशित किया था। इसमें आवृत्ति का उल्लेख नहीं है। डॉ. नामी ने इस नाटक का नाम 'लालो निहार उर्फ़ खूबिये तक़दीर' दिया है जिससे पता चलता है कि उन्होंने जो संस्करण देखा है वह किसी निजी प्रकाशक का है। उसे इतना प्रामाणिक नहीं माना जा सकता जितना अधिकृत रूप से बालीवाला द्वारा प्रकाशित संस्करण।

नाटक का मूलस्रोत लॉर्ड लिटन का प्रसिद्ध उपन्यास 'नाइट एण्ड मार्निंग' है। उसी के कथानक को घटा-बढ़ाकर 'लयलो निहार' की रचना हुई है। मुखपृष्ठ पर एक बैत लिखी गयी है—

''फ़रिश्ते भी न जब छूटे जहाँ में दामे इस्यासे
ख़ता ही से मुरक्कब है, ख़ता हो क्यूं न इंसा से''

(जब फ़रिश्ते भी पाप के जाल से नहीं छूट सके तो अपराधों से बना मनुष्य अपराध से कैसे मुक्त हो सकता है?)

लेखक ने इसी कथ्य को नाटक का मुख्य विषय बनाया है। जालसाज़ और धोखेबाज़ पात्रों को दण्ड दिलाकर वास्तविक सत्य को प्रकट किया है। फ़ीरोज़ और दिल अफ़रोज़ तथा अशरफ़ और नस्तरन परस्पर प्रेम-बन्धन में बँधते हैं। विपदाओं के हटने के पश्चात् उन्हें शान्ति मिलती है।

रामलीला :[1]

'तालिब' ने यह नाटक विक्टोरिया नाटक मण्डली के लिए लिखा था। उन्हीं के शब्दों में यह नाटक ''हिन्दू क़िस्सा होने के सबब से हिन्दी भाषा में तस्नीफ़ किया।''

1. खुरशेदजी मेहरवानजी बालीवाला द्वारा प्रकाशित—मुद्रक—दी ज. नं. पेटिट पारसी आरफ़नेज कपतन प्रिण्टिंग प्रेस, मुम्बई।

इस नाटक में चार बाब हैं और इसकी रचना गद्य-पद्य में हुई है। लेखक ने मुखपृष्ठ पर जो शेर लिखा है वही उसका उद्‌देश्य प्रतीत होता है—लेखक कहता है—

"अपने पिन्दार[1] से मग़रूर[2] को क्या मिलता है?
तर्क कर दे जो खुदी उसको खुदा मिलता है।"

कथावस्तु :

नाटक की कथावस्तु प्रसिद्ध रामचरित है। उसका आरम्भ मिथिलापुरी में सीता-स्वयंवर से होता है और अन्त रावण की मृत्यु के पश्चात् राम-सीता मिलन तथा अयोध्या चलने की तैयारी पर। इस बीच के समय की प्रायः सभी मुख्य घटनाएँ नाटक में आ गयी हैं।

पात्र :

सभी प्रसिद्ध पात्रों का समावेश है। मन्थरा के पति भूषण एक ऐसे पात्र हैं जो लेखक की कल्पना-शक्ति की उपज हैं। इसकी सृष्टि के दो कारण प्रतीत होते हैं। प्रथम कारण यह है कि इस पात्र को लाकर लेखक ने नाटक में हास्यरस की योजना बनायी है जो आवश्यक है। दूसरा कारण यह भी है कि रामचन्द्र के वनवास और भरत के संन्यास की अवस्था की घटनाओं का तारतम्य मिलाने के लिए लेखक ने भूषण को एक कड़ी के रूप में रखा है। वह राम का हाल भरत को और भरत का राम को लाकर और ले जाकर सुनाता है। 'तालिब' की यह नयी सूझ है। सभी पात्रों का चरित्र-चित्रण उनकी मनोदशा के अनुकूल करने का प्रयत्न किया गया है परन्तु राम और सीता जब उर्दू का प्रयोग अपने संवादों में करते हैं तो बड़ा अटपटा-सा लगता है। मालूम होता है सती साध्वी सीता अपने पति राम से नहीं वरन् कोई बेगम अपने शौहर से बात कर रही है। प्रथम ऐक्ट के तीसरे दृश्य को देखिये—

सीता— *दिखलाव अपना चेहरये ताबाँ कभी कभी।*
ज़र्रे को कर दो मेहरे दरख़्शां कभी कभी।।

राम— *पहलू में जब रहो तुम अय बिलक़ीस रू मेरे।*
दो जाऊँ मैं भी रश्के-सुलेमां कभी कभी।।

सीता— *जी जाते हैं हम अपने मसीहा को देखके।*
मुश्किल हमारी होती है आसां कभी कभी।।

राम— *उल्फ़त ने वह कमाल दिखाया ज़वाल में।*
रहता हूँ ख़्वाब में भी तुम्हारे ख़याल में।।

सीता— *तुम मिल गये जो मुझको तो गोया ख़ुदा मिला।*
ज़ाहिर है उसका नूर तुम्हारे जमाल में।।

---

1. गर्व या कल्पना।
2. अहंकारी।

राम— *बाद अज़ फ़ना भी 'तालिब' जाना रहेंगे हम।*
आ जाये सूये गोरे ग़रीबां कभी कभी।।
आदि, आदि।

नाटक उपदेशप्रद है और आश्चर्यजनक दृश्यों से युक्त होने के कारण दर्शकों को अतिप्रिय है।

दिलेर दिलशेर :

नाटक का नामकरण उसके वीर नायक पर हुआ है। दिलशेर एक लुटेरा, ठग, ख़ूनी और जालसाज़ व्यक्ति है जो अपने छल-कपट से ख़ूब मौज़ उड़ाता है और अन्त में कोतवाल द्वारा पकड़ लिये जाने पर, हिकमत करके जेब में से ज़हर की शीशी निकालकर उसे पी लेता है और इस प्रकार जान दे देता है। एक सौदागर मुशर्रफ़ की भतीजी दिलाराम उससे प्रेम करती है और उसके दुश्चरित्र को जानते हुए भी उसके प्रेमपाश में फँस जाती है। कोतवाल द्वारा दिलशेर के पकड़ लिये जाने पर वह भी सदमा खाकर दम तोड़ देती है। दोनों का अन्त एक ही समय और स्थान पर होता है।

नाटक एक अजीब ट्रेजिडी है। चोरों और लुटेरों द्वारा मुसाफ़िरों और अमीरों की हत्या तथा अपनी बीवी अल्लामा द्वारा बहराम ठग की हत्या जैसे दृश्यों की उसमें बहुतायत है। सारा नाटक धोखे और चालबाज़ी के जाल में जकड़ा हुआ है। अधिकांश पद्यबद्ध है, इससे मालूम होता है कि 'तालिब' ने इसे उस समय लिखा था जब पारसी रंगमंच पर 'ओपेरा' का बोलबाला था।[1]

करिश्मये कफ़दरत उर्फ़ अपनी या परायी :

इस नाटक की जो प्रति मेरे पास है उसका मुखपृष्ठ फटा हुआ है अतएव प्रकाशक का नाम एवं प्रकाशन-काल का पता नहीं चलता। परन्तु बाह्य रूप से यह भी बालीवाला द्वारा प्रकाशित नाटक ही दिखायी पड़ता है। डॉ. नामी ने इसका नाम 'करिश्मये मुहब्बत' दिया है। यह नामकरण भी इसका प्रमाण है कि भिन्न-भिन्न प्रकाशक कुछ परिवर्तन करके ही प्रसिद्ध नाटकों को अपना बनाकर छाप दिया करते थे।

नाटक की घटनाओं का स्थान रोम का एक नगर आर्डिया है जिसके राजा का नाम टाइटस है और जो बड़ा क्रूर बताया गया है। नाटक में तीन जातियों के पात्र सम्मिलित हैं—रोमन, यहूदी और तुर्कमान।

कथानक :

टाइटस का पुत्र मार्कस पहले अपनी चचेरी बहन डेसिया के प्रति आकर्षित होता है और दोनों का विवाह निश्चित हो जाता है परन्तु बाद को उसका मन राहिल की ओर खिंच जाता है। राहिल एक यहूदी सौदागर अलीएज़ार की पाली-पोसी लड़की है।

1. बालीवाला द्वारा सन् 1901 में, जामे जमशेद प्रेस में छपवाकर, प्रकाशित नाटक के आधार पर।

उसने राहिल की जलती आग से बचाकर रक्षा की थी और इसलिए वह उसी की पुत्री मानी जाती थी। वास्तव में राहिल का नाम पालीना था और वह आर्डिया नगर के धार्मिक पेशवा पाण्टीफ़ ब्रूटस की लड़की थी। अतएव यहूदन न होकर रोमन थी।

मार्कस राहिल को देखकर उस पर न्योछावर हो जाता है और किसी-न-किसी प्रकार उसे उड़ा ले जाने का मार्ग निकालता है। तुर्कमान नसीरबे इस काम में सहायक होता है। राहिल का पोषक पिता नहीं चाहता कि वह मार्कस से बातचीत करे परन्तु काम के बाण किसे बिद्ध नहीं करते। परिणाम यह होता है कि मार्कस अपनी प्रेमिका डेसिया से स्पष्ट कह देता है—

"नहिं जान जलाना, जानी मेरे लिये—
दिल का तुम्हें क्या भेद बतायें
दिल न लगाना, जानी मेरे लिये।

क्योंकि—

अब दिल कहीं लगाने के क़ाबिल नहीं रहा,
जिस दिल पै मुझको नाज़ था, वह दिल नहीं रहा।"

सारा नाटक इसी प्रकार की बेवफ़ाइयों से भरा है।

अन्त में मार्कस और राहिल का विवाह हो जाता है। डेसिया स्वयं अपना अधिकार छोड़ देती है और राहिल की वास्तविकता का रहस्य खुल जाता है। नाटक में गद्य और पद्य दोनों हैं।

मालूम नहीं तालिब ने यह अभारतीय कथ्य अपने नाटक का विषय क्यों बनाया? सम्भव है इसकी कथावस्तु किसी अँगरेज़ी नाटक या उपन्यास पर आधारित हो।

हरिश्चन्द्र :

सत्य हरिश्चन्द्र का आख्यान बड़ा प्रचलित है। हिन्दुओं को आकर्षित करने के लिए विक्टोरिया मण्डली ने यह नाटक तालिब से लिखवाया था। इसके पहले उदयराम रणछोड़ भाई का गुजराती में लिखा हरिश्चन्द्र नाटक उत्तेजक नाटक मण्डली में बड़ी सफलता प्राप्त कर चुका था।

मेरे पास हरिश्चन्द्र नाटक की जो प्रति है उस पर 'पारसी अमेच्योर ड्रामेटिक सोसाइटी' का मोनोग्राम छपा है। उस पर यह भी लिखा है कि प्रति 'फ़ार प्राइवेट यूज़' है और वह 'रिहर्सल कापी' है जो बिक्री के लिए नहीं है। परन्तु इसका मुद्रण जामे जमशेद प्रेस में ही हुआ है जहाँ से विक्टोरिया मण्डली के प्रायः अधिकांश नाटक छपे थे। अतएव यह प्रामाणिक प्रति ही मानी जायेगी।

हरिश्चन्द्र नाटक की कथावस्तु में कोई नवीनता नहीं है। इन्द्र की राजसभा में वशिष्ठ और विश्वामित्र के बीच विवाद में हरिश्चन्द्र की सत्यता की परीक्षा का प्रस्ताव स्वीकृत होता है और विश्वामित्र ने जो-जो संकट हरिश्चन्द्र और उसके कुटुम्ब पर डाले उन सब कथाओं और घटनाओं का समावेश तालिब ने अपने नाटक में किया है। इस योजना

में विश्वामित्र का सबसे बड़ा सहायक उनका शिष्य नक्षत्र है जो हास्य की उत्पत्ति में भी प्रधान पात्र है। वैसे विदूषक की भूमिका पण्डित मंगल मिश्र की है जो कार्य-भीरु और वाक्य-वीर है।

हरिश्चन्द्र नाटक की विशेषता उसकी हिन्दी भाषा है। तालिब प्रधानतया उर्दू लिखने के अभ्यस्त थे परन्तु इस नाटक में उन्होंने बता दिया कि बनारस का रहनेवाला कायस्थ हिन्दी भी उसी सरलता से लिख सकता है जिस सुगमता से वह उर्दू में लेखनी चला सकता है।

हरिश्चन्द्र के आख्यान को लेकर हिन्दी में कई नाटक लिखे गये हैं। भारतेन्दु का 'सत्य हरिश्चन्द्र' प्रसिद्ध है। धार्मिक भावनाओं को उत्तेजित करने के लिए यह कथ्य बड़ा आकर्षक है। तालिब को इसे लिखने में पर्याप्त सफलता मिली है।

गोपीचन्द :

इस नाटक के तीन संस्करण मेरे पास हैं। सबसे प्राचीन सन् 1893 का छपा और शेष दो क्रमशः 1901 तथा 1904 में प्रकाशित हुए। प्रकाशक तीनों के विक्टोरिया गिरोह मण्डली के मालिक हैं।

तालिब ने यह नाटक नौशेरवान जी मेहरवानजी ख़ाँ साहब के लिखे हुए नाटक से ''वारे दीगर, नये तर्ज़ पर...तस्नीफ़ किया।'' इसमें बंगाल के राजा गोपीचन्द के योगी होकर अपनी काया को अमर बनाने की कथा है। यह कार्य जलन्धरनाथ और कानिफ़ योगी की सहायता से होता है। गोपीचन्द की माता मैनावती इस कार्य में बड़ी सहायक होती है।

नाटक की कथा प्रसिद्ध लोक-साहित्य के आधार पर चली है। उसमें अनेकों अद्‌भुत दृश्यों और अप्राकृतिक घटनाओं का समावेश किया गया है जो एक ओर तो योग और योगियों की अद्‌भुत शक्ति की परिचायक हैं और दूसरी ओर चमत्कारी दृश्यों को दिखाकर दर्शक-मण्डली की अद्‌भुत देखने की पिपासा को शान्त करनेवाली हैं।

लोटन के चरित्र में लेखक ने हास्य की पूर्ति करने का प्रयास किया है। एक दृश्य में लोटन एक जोगिन से कोड़े की मार खाता है और नाचता है। एक बार जब बालीवाला स्वयं लोटन की भूमिका कर रहे थे तो नाचते-नाचते उनके पैर में एक लोहे की कील चुभती चली गयी परन्तु बालीवाला ने अपना नृत्य जारी रखा और उफ़ तक न की। बाद में उनके पैर में बहुत दिनों तक पीड़ा रही।

मेरी फैण्टम के लिए भी प्रसिद्ध है कि जोगन की भूमिका के लिए उनकी नयी और विशिष्ट पोशाक बनवायी गयी थी जिसमें उनका रूप बड़ा आकर्षक बन गया था।

नाटक की भाषा, योगियों के प्रति जनता, विशेषकर हिन्दू जनता की श्रद्धा, अद्‌भुत दृश्य, आकर्षक अभिनेता आदि सभी तत्त्वों ने गोपीचन्द को बड़ा लोकप्रिय बना दिया था।

तालिब की कवित्व-शक्ति का पता हरिश्चन्द्र और गोपीचन्द नाटकों से ही अधिक चलता है।

'बेताब', नारायण प्रसाद

'बेताब' का जन्म सन् 1872 ई. में बुलन्दशहर (उत्तर प्रदेश) के औरंगाबाद नामक क़स्बे में हुआ था। पिता का नाम ढुल्लाराय था। जाति के ब्रह्मभट्ट थे। कुल बड़ा निर्धन था। आरम्भ में एक हलवाई की दूकान पर नौकरी करते थे। बाद में प्रेस में कम्पोज़ीटर हो गये। प्रेस देहली में था। अतएव एक रोज़ वहाँ जमादार साहिब की नाटक मण्डली आयी और कोतवाली के पास रामा थियेटर में नाटक दिखाने का उपक्रम किया। उसी सम्बन्ध में विज्ञापन छपाने प्रेस में मण्डली के व्यवस्थापक गये। वहाँ 'बेताब' का परिचय मालिक-मण्डली से हो गया और ड्रामा देखने का मुफ़्त आमन्त्रण भी मिल गया। बस 'बेताब' को नाटक का चस्का लगा। कुछ दिनों बाद 'न्यू अल्फ्रेड नाटक मण्डली' देहली पहुँची और 'मुराद' के नाटक 'खुर्शीदे ज़रनिगार' का विज्ञापन छपाने का भार 'बेताब' वाले प्रेस को दिया। विज्ञापन के एक मिसरे को बेताब ने ज़रा बदल दिया जिस पर नाटककार की उनसे बहस हो गयी। आख़िर नाटककार ने अपनी ग़लती मान ली। बेताब का रोब ग़ालिब हो गया। कुछ संगीत का ज्ञान, कुछ कविता की रुचि, बेताब चमकने लगे।

बेताब का प्रथम नाटक 'हुस्ने-फ़रंग' था। उसके बाद 'क़त्ले नज़ीर' लिखा। नज़ीर नाम की वेश्या का उन्हीं दिनों क़त्ल हुआ था। गरम-गरम प्रसंग था। मण्डली को अच्छी आय हुई। लाहौर में उसकी धूम मच गयी। जमादार की थियेट्रिकल कम्पनी के पैर जम गये। बेताब का तीसरा नाटक 'कृष्णजन्म' और चौथा 'मयूरध्वज' असफल रहे।

अब बेताब 'पारसी थियेट्रिकल कम्पनी आफ़ बाम्बे' में आये जो भागीदारों की कम्पनी कहलाती थी। इसके मालिक शेठ फ़रामजी अप्पू, शेठ रतनजी अप्पू, शेठ दादाभाई मिस्तरी और शेठ बजाँ थे। डाइरेक्टर अमृतलाल केशवलाल नायक थे। इसके बाद 'कसौटी' और 'मीठा ज़हर' तथा 'ज़हरी साँप' लिखे। अमृतलाल की स्मृति में एक नाटक 'अमृत' भी लिखा। इसके बाद पारसी थियेट्रिकल से छुट्टी पा ली।

सन् 1909 में बेताब कावसजी खटाऊ की मण्डली अल्फ्रेड के साथ कलकत्ते गये। वहाँ से क्वेटा पहुँचे और 'गोरख-धन्धा' लिखा जिसका आधार शेक्सपियर का 'कामेडी आफ़ एरर्स' था।

29 जनवरी, सन् 1913 को देहली में 'महाभारत' का अभिनय हुआ। मण्डली को ख़ासी आमदनी हुई। इस नाटक का प्रभाव सबसे बड़ा यह हुआ कि पारसी रंगमंच पर जो उर्दू भाषा का बोलबाला था वह हवा हो गया। मण्डली-मालिकों ने दर्शकों की नाड़ी को पहचाना और हिन्दी में नाटक लिखवाने तथा खेलने आरम्भ कर दिये। तीन बरस बाद 16 अगस्त, सन् 1916 को लाहौर में बेताब की 'रामायण' का अभिनय किया

गया। इसी के बाद कावसजी खटाऊ की मृत्यु हुई और बेताब भी मण्डली छोड़कर घर आ बैठे। कुछ दिनों बाद अल्फ्रेड मण्डली के मालिक जहाँगीर खटाऊ ने पुनः बेताब को बुला लिया और 500 रुपये मासिक वेतन कर दिया। इस अन्तर में उन्होंने 'पत्नी-प्रताप' नाटक लिखा। इस खेल के पश्चात् बेताब 750 रुपये मासिक पर माडर्न थियेटर्स कलकत्ते में चले गये। उनके अनुबन्ध में 'गणेशजन्म' लिखा गया।

30 जून, 1931 ई. को बेताब की भेंट शेठ चन्दूलाल जे. शाह और शेठ दयाराम जे. शाह—मालिक रणजीत फ़िल्म कम्पनी—से हुई। और उनके अनुबन्ध पर 'देवी देवयानी' नामक फ़िल्म लिखी। अब बेताब फ़िल्मी दुनिया में आ गये।

15 सितम्बर, सन् 1945 ई. में नारायण प्रसाद 'बेताब' की मृत्यु हो गयी।

बेताब जी का यह दावा ग़लत है कि उनका 'महाभारत' नाटक ही हिन्दी का पहला नाटक था। उनसे पहले 'तालिब', 'हरिश्चन्द्र' और 'गोपीचन्द' हिन्दी में तथा 'रामलीला' हिन्दी-उर्दू में लिख चुके थे।

बेताब के सम्बन्ध में उनकी पुत्री श्री विद्यावती ने अपना शोध-प्रबन्ध बम्बई विश्वविद्यालय में पी-एच.डी. के लिए प्रस्तुत कर डिग्री प्राप्त कर ली है। अतएव उनके सम्बन्ध में विशेष लिखना मात्र पिष्टपेषण होगा।

'हश्र', आग़ा मोहम्मद शाह काश्मीरी

'हश्र' का जन्म 1 अप्रैल, सन् 1879 को बनारस में हुआ था। यद्यपि वे काश्मीरी थे परन्तु उनके मामा शाल-दुशालों का व्यापार करने भारत में आये थे और बनारस में बस गये थे।

हश्र का पहला नाटक 'आफ़ताबे मुहब्बत' था जो सन् 1897 ई. में प्रकाशित हुआ। उसके बाद वह बम्बई जाकर कावसजी पालनी खटाऊ की अल्फ्रेड मण्डली में नौकर हो गये। इस मण्डली के लिए उन्होंने 'मुरीदे-शक', 'मारे-आस्तीन' और 'असीरे हिर्स' लिखा। डॉ. नामी का कहना है कि हैमलेट को आधा लिखा था कि नौकरी छोड़ दी। उसे अहसन ने 'ख़ूने नाहक़' लिखकर पूरा किया। परन्तु यह बात समझ में नहीं आती क्योंकि अहसन ने या अन्य किसी ने इस तथ्य पर प्रकाश नहीं डाला। 'ख़ूने नाहक़' एक स्वतन्त्र और सम्पूर्ण ड्रामा है, वह अधूरा नहीं है। यह अवश्य है कि कुछ लोग 'ख़ूने नाहक़' का नाम 'मारे-आस्तीन' भी लिखते हैं।

1 जून, सन् 1901 में कावसजी खटाऊ ने 'मारे-आस्तीन' नामना उर्दू खेलनो सार तथा अे खेलमां गवातां गामणो' प्रकाशित किया था। उससे पता चलता है कि 'मारे-आस्तीन' हश्र का लिखा हुआ नाटक है। उसका जो सार उक्त पुस्तक में दिया है उसको देखने से 'हैमलेट' का कोई प्रभाव नाटक के कथ्य पर दिखायी नहीं देता। कथावस्तु नितान्त स्वतन्त्र मालूम होती है। अतएव हैमलेट का वह भाग जो हश्र द्वारा निर्मित बताया गया है कहीं और ही होगा या सम्भव है न भी हो और एक किंवदन्ती के रूप में यह प्रवाद प्रचलित हो गया हो।

अल्फ्रेड मण्डली छोड़कर हश्र किसी छोटी मण्डली से सम्बन्धित हो गये। इसके लिए उन्होंने 'मीठी छुरी या दुरंगी दुनिया' और 'दामे हुस्न' नाम के नाटक लिखे। परन्तु यहाँ उनकी पटी नहीं और वह वापस खटाऊ की मण्डली में आ गये। अब की बार उन्होंने 'शहीदे-नाज़' और 'अछूता दामन' लिखे। फिर मण्डली छोड़ दी और न्यू अल्फ्रेड में सोहराबजी ओगरा के पास चले गये। यहाँ उन्होंने 'ख़्वाबे हस्ती' और 'ख़ूबसूरत बला' का निर्माण किया।

अब हश्र के मस्तिष्क में अपनी मण्डली बनाने का विचार उठा और 'इण्डियन शेक्सपियर थियेट्रिकल कम्पनी' बना डाली। कलकत्ते में इस मण्डली ने कई नाटकों का अभिनय किया। इलाहाबाद में आने पर यह मण्डली बन्द हो गयी। हश्र 'मेडन थियेटर्स' में नौकर हो गये। इसी में उनके प्रसिद्ध नाटक 'मधुर मुरली', 'भगीरथ गंगा', 'हिन्दुस्तान', 'तुर्की हूर' और 'आँख का नशा' लिखे गये।

आग़ा हश्र की यह विशेषता थी कि हिन्दी और उर्दू दोनों भाषाओं पर उनका समान अधिकार था। उनके नाटकों को पढ़कर कोई भी पाठक भाषा की अशुद्धि सुगमता से नहीं निकाल सकता। हिन्दू कथानकों में उनकी गति वैसी ही पैनी थी जैसी मुसलमानी क़िस्सों में। सामाजिक और धार्मिक नाटक भी उन्होंने सफलतापूर्वक लिखे और ये सभी लोकप्रिय हुए। वास्तव में देखा जाय तो हश्र के कवि-हृदय को पहुँचनेवाले कम लेखक हैं।

पारसी रंगमंच के उत्कृष्ट नाटककारों में 'तालिब', 'अहसन', 'बेताब' और 'हश्र' के नाम सुगमता से लिये जा सकते हैं। पं. राधेश्याम ने भी अनेकों नाटक लिखे परन्तु नाट्य-कला का उत्कर्ष उनके 'अभिमन्यु' को छोड़कर अन्यत्र दुर्लभ है।

28 अप्रैल, सन् 1935 को लाहौर में हश्र का देहावसान हुआ।

आग़ा हश्र के नाटकत्व पर किसी महिला ने अपना शोध-प्रबन्ध बम्बई विश्वविद्यालय में पी-एच.डी. के लिए प्रस्तुत किया है। अतएव उनके कृतित्व का अधिक विवेचन यहाँ वांछित नहीं है। हश्र और राधेश्याम के सम्बन्ध में जानकारी श्री पवनकुमार के शोध-प्रबन्ध 'पारसी रंगमंच' से भी मिल सकती है। पाकिस्तान से दो-तीन आलोचनात्मक पुस्तकें हश्र पर प्रकाशित हुई हैं। वे भी उनके सम्बन्ध में कुछ जानकारी देती हैं।

उर्दू ड्रामों के अन्य लेखक :

उर्दू नाटककारों की संख्या बहुत बड़ी है। उपर्युक्त तालिका में केवल थोड़े लोकप्रिय और चोटी के लेखकों का विवरण दिया जा सका है। शेष लेखकों में उल्लेखनीय हैं—

1. 'आरज़ू', सैय्यद अनवर हुसैन लखनवी
2. 'ज़ायक', मोहम्मद अब्दुल अज़ीज़
3. 'शाद', अब्दुल लतीफ़
4. 'नाज़ां', गुलाम मुहीउद्दीन देहलवी
5. 'नश्तर', सैय्यद क़ाज़िम हुसैन रिज़वी लखनवी
6. 'शैदा', पं. तुलसीदत्त आदि, आदि।

पं. राधेश्याम कथावाचक

पं. राधेश्याम बरेली के रहनेवाले थे। आरम्भ में कथा कहकर आजीविका चलाते थे। इस कला में उन्हें पर्याप्त ख्याति और सम्पत्ति प्राप्त हुई। उनकी रामायण अत्यन्त लोकप्रिय रही और अब भी है।

पण्डित जी ने अनेकों नाटक लिखे हैं। उनके सम्बन्ध में पवनकुमार जी ने अपने शोध-प्रबन्ध में पर्याप्त विवरण दिया है, अतएव यहाँ अधिक लिखना आवश्यक नहीं है। पण्डित जी का विशेष सम्बन्ध नयी अल्फ्रेड नाटक मण्डली से रहा। सूर्य-विजय नाटक मण्डली में भी उनके एक-दो नाटक खेले गये।

अपनी पुस्तक 'मेरा नाटक-काल' में उन्होंने विशेष रूप से अपने नाटकों के सम्बन्ध में चर्चा की है।

'अहसन', मेहदी हसन

लखनऊ के रहनेवाले थे। पिता फ़ौज में नौकर थे। इनके नाना वैद्यक और कविता में पर्याप्त प्रसिद्धि प्राप्त कर चुके थे। आरम्भिक अध्ययन फ़ारसी और अरबी से हुआ था। कहते हैं कुछ-कुछ अँगरेज़ी का अभ्यास कर लिया था। संगीत में भी रुचि रखते थे। कविता की ओर झुकाव स्वाभाविक था।

'अहसन' के घर के पास कोई बड़ी इमारत थी जिसमें नाटक मण्डलियाँ बाहर से आकर नाटक दिखाया करती थीं। 'अहसन' भी कभी-कभी नाटक देखने जाया करते थे। दोराब शा की नाटक मण्डली, एक बार वहाँ पर 'ग़िज़ाला-माहरू' और 'जश्न-कंवरसेन' खेल रही थी। बस उसी को देखकर ड्रामा लिखने का शौक़ हुआ। कुल मिलाकर 'अहसन' के दस नाटक माने जाते हैं—

1. ज़हरे इश्क़ उर्फ़ दस्तावेज़ मोहब्बत।
2. चन्द्रावली नेकनियत उर्फ़ गुलिस्तान अस्मत।
3. ख़ूने-नाहक़ उर्फ़ मारे-आस्तीन (हैमलेट)।

('मारे-आस्तीन' नाम का एक खेल और भी है जो इससे पृथक् है और अल्फ्रेड नाटक मण्डली में खेला जाता था। मैंने उसके गायन देखे हैं जो 'ख़ूने-नाहक़' के गानों से भिन्न हैं अतएव यही निष्कर्ष निकलता है कि 'मारे-आस्तीन' 'ख़ूने नाहक़' से पृथक् नाटक है। पता नहीं डॉ. नामी ने ख़ूने-नाहक़ के साथ 'मारे आस्तीन' का जोड़ कैसे मिला दिया?)

4. बज़्मे फ़ानी उर्फ़ गुलनार-फ़ीरोज़
5. दिलफ़रोश।
6. भूल-भुलैया।
7. चलता पुर्ज़ा।

8. शरीफ़ बदमाश।
9. कनकतारा।
10. ओथेलो।

भूल-भुलैया

डॉ. नामी का कथन है कि ''अहसन ने यह ड्रामा सोहराबजी ओगरा के बतलाये हुए शेक्सपियर के 'कामेडी आव एरर्स' के प्लाट से सन् 1901 में भूल-भुलैया के नाम से कलमबन्द किया।'' परन्तु डॉ. नामी का यह कथन सत्य नहीं है। शेक्सपियर का उक्त नाटक दो भाइयों के समान रूप की कथा पर अवलम्बित है। परन्तु भूल-भुलैया में भाई और बहन की समानरूपता का उल्लेख किया गया है और जो भ्रम फैला है उसका मुख्य कारण भाई-बहन की समानरूपता है, भाई-भाई की समानरूपता नहीं। अतएव 'अहसन' का नाटक 'कामेडी आफ़ एरर्स' पर आधारित न होकर शेक्सपियर के 'ट्वेल्थ नाइट' नाटक पर अवलम्बित है जिसमें भाई-बहन की एकरूपता के कारण सारा भ्रमजाल फैलाया गया है।

यद्यपि 'अहसन' ने यह नाटक शेक्सपियर की रचना के आधार पर लिखा है परन्तु उनकी कृति में मूल से पर्याप्त अन्तर है। पहली बात तो यह है कि 'अहसन' ने सारे पात्रों के नाम मुसलमानी रख दिये हैं। उन्होंने उसे एक मुसलमानी रंग में रँगने का प्रयत्न किया है। उन्होंने घटनाओं का अस्तित्व तातार प्रदेश में माना है। इस दृष्टि से भी वह शेक्सपियर से पृथक् है। मूल में मेल-बोलियो, सर एण्ड्र्यू एगूचीक और मैरिया का एक बड़ा रोचक उपाख्यान है जिसमें शेक्सपियर ने तत्कालीन सम्भ्रान्त सामन्तों के विलास-प्रिय जीवन का ख़ाका खींचा है, परन्तु 'अहसन' ने उसके स्थान पर अपने नाटक में अब्दुलकरीम, फ़ज़ीता और वफ़ादार का भोंडा उपाख्यान जोड़ दिया है जो नीचे क़िस्म के लोगों को ख़ुश करनेवाला है, क्योंकि उसमें स्त्री की चंचलता और बेवफ़ाई का चित्र खींचा गया है। अपने चित्र को स्पष्ट करने के लिए लेखक को चोरोंवाली घटना की भी कल्पना करनी पड़ी है।

जहाँ तक मूल आख्यान का सम्बन्ध है, वह शेक्सपियर की कथावस्तु से मिलता है। दोनों में भाई-बहन एक दैवी दुर्घटना के कारण परस्पर विलग होते हैं। शेक्सपियर ने इस दुर्घटना में उनके पोत को समुद्री तूफ़ान में ग्रस्त बताया है और 'अहसन' ने एक रेलगाड़ी को नदी के पुल पर जाते समय बिजली पड़ने से पुल तोड़कर नदी में डूबते हुए दिखाया है। दोनों ने नायिका को पुरुष-वेश में, राजा की प्रेमिका के पास उसका प्रेम-सन्देश ले जाते दिखाया है और बताया है कि राजा का सन्देश उसकी प्रेमिका अस्वीकार करती है परन्तु सन्देशवाहक के प्रति प्रेमासक्त हो जाती है। दोनों ने भाई-बहन के अकस्मात् मिल जाने पर राजा की प्रेमिका (मूल में ओलीविया और रूपान्तर में जमीला) का विवाह दिलारा (मूल की वायला) के भाई जाफ़र (मूल में सिबेश्चियन) के साथ तथा दिलारा का विवाह राजा के साथ दिखाया है।

शेक्सपियर ने सर टोबी और एण्ड्र्यू एगूचीक तथा मैरिया का उपाख्यान रखा है। परन्तु 'अहसन' ने अब्दुलकरीम को रफ़ीक़उद्दीन बनाकर अय्यारा के साथ उसे हसीना (जमीला की बहन) बनाकर शादी कराने का ढोंग रचा है। यद्यपि यह उपाख्यान शेक्सपियर की योजना से कुछ मेल खाता है परन्तु शैली और संस्कृति की दृष्टि से भिन्न है। अन्त दोनों में एक-सा है।

शेक्सपियर का ड्यूक संगीत-प्रेमी और विरही है और उसकी यह दशा दिखाते हुए ही नाटक का आरम्भ हुआ है, परन्तु 'अहसन' ने अपनी रचना का आरम्भ जमीला और जाफ़र को शत्रु के आक्रमण के कारण जंगल में शरण लेने के लिए भेज दिया है। अहसन की योजना तत्कालीन पारसी रंगमंच पर अद्‌भुत दृश्यों को दिखाकर दर्शकों को आकर्षित करनेवाली परम्परा का एक भाग है।

इस प्रकार दोनों में समानताएँ भी हैं और विभिन्नताएँ भी हैं। शेक्सपियर नियतिवादी है।

'अहसन' की काव्य-कुशलता के अनेकों उदाहरण उन संवादों में मिल जायेंगे जो नवाब और जमीला में समय-समय पर होते हैं।

दिल-फ़रोश :

'अहसन' के इस नाटक का मूल आधार शेक्सपियर का 'दी मर्चेण्ट आफ़ वेनिस' है। अँगरेज़ी पात्रों में से पोर्शिया (अहसन की शीरीं) के साथ विवाह करने के इच्छुकों को छोड़ दिया गया है। केवल एक ही व्यक्ति उसके विवाह का इच्छुक है और वह है महमूद जो क़ासिम (वेसनियो) का भाई है परन्तु उसे सफलता नहीं मिलती है और वह अपना-सा मुँह लेकर लौट आता है। वास्तव में क़ासिम के भाई का अस्तित्व 'अहसन' की कल्पना है और यह दिखाने के लिए है कि क़ासिम का सारा माल और सम्पत्ति भाई हड़प कर लेता है और उसे ग़रीबी की दशा में जीवन व्यतीत करने को विवश करता है। शायलाक को अहसन ने ज्यों-का-त्यों रखा है और ज़ार को (मूल का एण्टोनियो) उससे क़ासिम के लिए छह हज़ार रुपये उधार लेते हुए बताया गया है। ऋण की शर्तें मूल के अनुरूप हैं। मोहसिन (शेक्सपियर का लारेन्ज़ो) शायलाक की लड़की तल्हा (मूल की जैसिका) को लेकर भाग जाता है। मंजूषा-दृश्य (कास्केट सीन) उस प्रकार नहीं दिखाया गया है जिस प्रकार मूल में है परन्तु उसकी एक झलक मात्र दिखायी गयी है। शेष कथानक मूल के अनुरूप है। जज की अदालत में शीरीं (पोर्शिया) रहम करने के लिए कहती है परन्तु शेक्सपियर की भाषा में जो प्रभावोत्पादकता है, जो हृदय को वशीभूत कर लेने की शक्ति है, वह 'अहसन' की शीरों में नहीं है। मालूम होता है एक लकीर पीटी जा रही है। सबका परिणाम शायलाक की धन-सम्पत्ति लेकर तल्हा-मोहसिन को देना है।

अन्त में क़ासिम-शीरीं, तल्हा-मोहसिन और मसूद-सुल्हा तीनों युग्म विवाह बन्धन में बँधकर आनन्द मनाते हैं।

यद्यपि भूल-भुलैया की अपेक्षा दिल-फ़रोश की भाषा कुछ सरल है परन्तु जहाँ अवसर मिला है लेखक उसे कठिन बनाने से चूका नहीं है। 'अहसन' की शायरी के कुछ नमूने इस नाटक में भी देखने को मिलते हैं। शेक्सपियर ने जिन विभिन्न घटनाओं को मिलाकर अपने नाटक का निर्माण किया है वे सभी तत्त्व 'अहसन' की रचना में हैं परन्तु उनका गुम्फन मूल की अपेक्षा शिथिल है।

चलता-पुर्ज़ा :

नाटक का आरम्भ दो फ़रिश्तों के संवाद से होता है। एक का नाम है 'फ़रिश्तये अक्ल' (अक्ल या बुद्धि का फ़रिश्ता) और दूसरे का नाम है 'फ़रिश्तये अमल' (याने व्यवहार का फ़रिश्ता)। समस्या यह है कि 'पृथ्वी पर रहनेवाले मनुष्य संसार के रंगमंच पर अपना पार्ट किस तरह अदा करते हैं।' व्यवहार का फ़रिश्ता उत्तर देता है कि मनुष्य अपनी उत्पत्ति का रहस्य दबाकर केवल नरक का पेट भरने के लिए जंगली जानवरों के गुणों को अपना बैठा है। बस आगे के नाटक में मानवता के ह्रास और दानवता के उद्‌भव का चित्र नाटकीय रूप में चित्रित किया गया है। सिकन्दर ख़ाँ नाम का डाकू शरीफ़ बनकर जाल फैलाता है और आख़िर में पकड़ा जाता है। परन्तु पुलिस की निगरानी से भी भाग जाता है। यही चलता-पुर्ज़ा है जो हत्या भी करता है, जेल भी जाता है, शरीफ़ भी बनता है और आख़िर उसका भण्डाफोड़ हो जाता है।

दुनिया के ऐसे छद्‌मवेशी पात्रों को लेकर 'अहसन' ने यह ड्रामा न्यू अल्फ्रेड मण्डली के लिए लिखा था। मण्डली के डाइरेक्टर सोहराबजी ओगरा को यह नाटक बहुत पसन्द था और वह स्वयं इसमें सिकन्दर का पार्ट किया करते थे। स्त्री-भूमिका में अमृतलाल नायक (अप्पू) और नरबदाशंकर ने बड़ी प्रसिद्धि प्राप्त की थी। मण्डली ने इस नाटक के सेट पर्याप्त धन व्यय करके बनवाये थे और इससे बहुत-कुछ आर्थिक लाभ उठाया था।

निस्सन्देह चलता-पुर्ज़ा एक गतिशील नाटक है। उसके संवाद बड़े चुस्त हैं और चरित्र-चित्रण स्वाभाविक है।

ख़ूने-नाहक़ :

इस नाटक का मूल आधार शेक्सपियर का हैमलेट नामक नाटक है। परन्तु अन्य नाटकों की तरह अहसन ने इसके रूपान्तर में भी मूल की अपेक्षा अनेकों परिवर्तन कर दिये हैं। अहसन के नाटकों के पात्र मुसलमान हैं और नाटक की घटनाओं का केन्द्र दमिश्क नगर है। अहसन ने केवल तीन अंकों में सारी कथावस्तु का समावेश कर दिया है। मूल में पाँच अंक हैं। इससे स्पष्ट है कि मूल के कथानक को कितना छोटा कर दिया गया है। पात्रों की संख्या में भी कमोबेशी की गयी है। हैमलेट (जहाँगीर) के मित्रों की संख्या कम कर दी है और ओफ़ीलिया (मेहरबानू) की सहेलियों की संख्या बढ़ा दी है।

मूल में नाटक का आरम्भ एलसीनोर के दुर्ग पर रहनेवाले पहरे से किया गया है। इसका कारण शेक्सपियर की अतिमानव तत्त्वों के प्रति रुचि है और वह मृत-आत्मा के

प्रवेश कराने के लिए उचित वातावरण प्रस्तुत करता है क्योंकि हैमलेट को प्रतिशोध लेने के लिए प्रोत्साहन देने का उत्तरदायित्व इसी मृत-आत्मा पर है। 'अहसन' ने ऐसा उचित नहीं समझा। पहले अंक के पाँचवें दृश्य में नाटककार जहाँगीर (हैमलेट) का स्वगत कथन कराता है और उसी में वह अपने पिता की मृत-आत्मा के दिखायी देने के समाचार को अपने मुँह से कहता है। बाद में वह मृत-आत्मा का आह्वान करता है और कहता है—

अपनी हसरत का न मालूम था अंजाम हमें।
किसलिए छोड़ दिया आपने नाकाम हमें।।

इस पर मृत-आत्मा एकदम प्रकट होती है और कहती है—

मर गये पर न हुआ क़ब्र में आराम हमें।
शर्म आती है बताते हुए अब नाम हमें।।

इस प्रकार दोनों का संवाद कराया गया है। अन्त में जहाँगीर कहता है (अपने चचा को सम्बोधन करके)—

तू काला नाग फूँक के उसको गया है मार।
ज़िन्दा तुझे छोड़ूँ तो मुझे क़हरे-किर्दगार।।

यहीं पर प्रथम अंक समाप्त होता है और जहाँगीर की भावी कार्यविधि का आभास मिलता है। इसी अंक में यह दिखाया गया है कि मलिक (जहाँगीर की माँ) अपने मन्त्री हुमायूँ (पोलोनियस) से फ़र्रुख (क्लाडियस) को सिंहासनारूढ़ करने की इच्छा प्रकट करती है परन्तु हुमायूँ उससे सहमत नहीं होता। इसी अंक में जहाँगीर और मेहरबानू के परस्पर आकर्षण का चित्र भी खींचा गया है। मेहरबानू के शब्द एक वास्तविक प्रेमिका के वचन हैं परन्तु जहाँगीर के उत्तर बिखरे हुए और छिड़के हुए हैं। वह केवल स्त्रियों की मक्कारी, बेवफ़ाई और जालसाज़ी का ही रोना रोता है। मेहरबानू अपने प्रेम का कोई प्रत्युत्तर नहीं निकाल पाती।

रिहाना (मेहरबानू की सहेली) और सलमान (जहाँगीर का नौकर) की प्रेमवार्त्ता नाटक में हास्य की पुट के लिए रखी है जो उपयुक्त नहीं प्रतीत होती।

शेक्सपियर ने कहीं भी हैमलेट से स्पष्ट शब्दों में यह नहीं कहलाया है कि उसकी माँ अपने प्रथम पति का चित्र देखे। परन्तु 'अहसन' ने दिखाया है कि जहाँगीर अपनी माँ को अपने पिता का चित्र दिखाता है और बताता है कि उसके चचा ने उसके पिता की हत्या की है।

अन्त में जहाँगीर फ़र्रुख को पिस्तौल का निशाना बनाता है और स्वयं भी मर जाता है। यहीं ख़ूने-नाहक़ समाप्त होता है।

'ख़ूने-नाहक़' बड़ा लोकप्रिय ड्रामा रहा है। अनेकों मण्डलियों ने इसे बार-बार खेला है। ज़ोज़ेफ़ डेविड, सोहराब मोदी जैसे अभिनेताओं ने इसमें जहाँगीर (हैमलेट) की

भूमिका ली और बड़े सफल हुए। जयपुर के एक मुसलमान अभिनेता को इस भूमिका में बड़ा सफल बताया जाता है। चलचित्र पर भी इस नाटक को खेला गया है परन्तु फ़िल्मी संसार में इसे वह लोकप्रियता नहीं मिली जो रंगमंच पर प्राप्त हुई।

चन्द्रावली :

एक हिन्दू कथा को 'अहसन' ने इस नाटक में गूँथने का प्रयत्न किया है। 'मुराद' बरेलवी ने 'चित्राबकावली' नाटक लिखा था जो बड़ा लोकप्रिय हुआ था। उसकी लोकप्रियता पर रीझकर ही दादा भाई अरदेशर ठूँठी ने अहसन से उसी के समान एक नाटक लिखने के लिए कहा। बस, 'अहसन' ने चन्द्रावली लिख डाला। सर्वप्रथम लखनऊ ही में इसका अभिनय हुआ। भाग्यवान् 'अहसन' को अपनी ही जन्मभूमि और अपने ही जन्मस्थान पर बड़ी प्रसिद्धि प्राप्त हुई। बाद में यह नाटक अल्फ्रेड और न्यू अल्फ्रेड नाटक मण्डलियों में बड़ी धूमधाम से खेला गया।

नाटक का केन्द्र-बिन्दु स्त्रियों का अपने पतिव्रत धर्म की रक्षा है। राजा राममोहन और उसके मन्त्री में यह विवाद होता है कि स्त्रियाँ अपनी आत्म-मर्यादा नहीं रख सकतीं। राजगुरु जो 'महात्मा' के नाम से पार्ट करता है इस बात का बीड़ा उठाता है कि चन्द्रावली को पतिव्रत धर्म से डिगाकर दिखावेगा परन्तु सफल नहीं होता।

अन्त में चन्द्रावली अपने स्त्री-धर्म पर स्थित दिखायी गयी है और महात्मा को बड़ा लज्जित प्रदर्शित किया गया है।

चित्राबकावली में दो उपाख्यान एक साथ चलते हुए दिखाये गये हैं जिसके कारण उसमें जीवन की स्वाभाविकता का ह्रास हो गया है, परन्तु चन्द्रावली में कथानक एक ही सूत्र से आबद्ध है अतएव उसके संवादों में शृंखलाबद्धता है और कथावस्तु में एकात्मता है। परन्तु 'अहसन' मुसलमानी रंगीनी को इस नाटक में भी लाना नहीं भूले हैं। गूँगी कुटनी का समावेश इसका द्योतक है।

बज़्मे-फ़ानी :

'अहसन' का यह नाटक शेक्सपियर के 'रोमियो-जूलियट' के आधार पर लिखा गया है। सदा के अनुसार उसमें भी मूल पात्रों के नाम मुसलमानी कर दिये गये हैं। इसी कारण यह नाटक 'गुलनार-फ़ीरोज़' के नाम से भी प्रसिद्ध है। कथावस्तु का विकास 'अहसन' ने अपने ढंग से किया है। वैसे दिखाया यही गया है कि ग़फ़ूरुद्दौला और ज़हूरुद्दौले दोनों फ़ीरोज़ाबाद के नामी नागरिक हैं। फ़ीरोज़ ग़फ़ूरुद्दौला का पुत्र है अतएव मूल के अनुसार उसका घराना 'माण्टेगू' है और गुलनार ज़हूरुद्दौला की लड़की है अतएव उसका वंश 'केपुलेट' है। शेष पात्रों में 'अहसन' ने प्रधान पंक्ति में शाह, वज़ीर, ज़रीफ़ (शाह का विदूषक), मसूद और अंजम (फ़ीरोज़ के मुसाहिब), मिर्ज़ा (ज़हूरुद्दौला का भतीजा) तथा मुशर्रफ़ (गुलनार से विवाद का इच्छुक) रखे हैं। महिला पात्रों में गुलनार के अतिरिक्त ज़हूरुद्दौला और ग़फ़ूरुद्दौला की पत्नियाँ हैं।

मुशर्रफ़ और फ़ीरोज़ में लड़ाई होती है जिसमें मुशर्रफ़ मारा जाता है। गुलनार की शादी फ़ीरोज़ से हो जाती है। अहसन ने रोमियो-जूलियट की ट्रेजिडी को सुखान्त में बदल दिया है जिसके कारण मूल की बिलकुल ही कायापलट हो गयी है। शेक्सपियर ने अपने युग का जो दृश्य अंकित किया था जिसमें दो सम्भ्रान्त घराने परस्पर द्वेष के कारण अपनी सन्तान की मृत्यु पर पुनः एक हो जाते हैं, वह प्रभाव अहसन के नाटक में नहीं है। जीवन की विडम्बना का जो चित्र शेक्सपियर ने खींचा है उसका आभास तक भी 'बज़्मे-फ़ानी' में नहीं आ पाया। डंक चुभा तो रहा परन्तु उसकी पीड़ा का कोई असर नहीं हुआ।

ओथेलो :

यह भी शेक्सपियर के नाटक का रूपान्तर बताया जाता है परन्तु देखने को नहीं मिला।

कनकतारा
ज़हरे-इश्क़
शरीफ़ बदमाश } ये तीनों नाटक अप्राप्य हैं।

'अहसन' की नाट्य-कला :

'तालिब' के बाद 'अहसन' ही ऐसे नाटककार हैं जिन्होंने पारसी रंगमंच को अपनी शक्तिशाली रचनाओं से गुंजायमान रखा। उनकी भाषा कठिन उर्दू है, उनकी कविता में भावुकता है और उनके संवाद पुष्ट एवं मर्मभेदी हैं। उनमें यदि कोई अभाव है तो यही कि उनकी कथावस्तु का कथ्य जीवन की किसी गहराई का चित्रण नहीं करता। समाज की सतही वस्तुओं पर उनकी दृष्टि गयी है। सम्भवतः इसका कारण उनके युग की थोथी माँग भी हो सकती है। दर्शक निकृष्ट कोटि के हास्य में आनन्द लेते थे, उच्च कोटि का रोमान्स उनकी कल्पना की बात नहीं थी। समाज की किसी समस्या को लेकर 'अहसन' ने नहीं लिखा। उनके संरक्षक भी रुपया कमाना ही अपना ध्येय रखते थे। परिणामतः 'अहसन' भी हमें ऐसे नाटक नहीं दे सके जो नाटक-साहित्य की स्थायी सम्पत्ति होते।

●

5

पारसी नाटक मण्डलियाँ

ज़ोरास्ट्रियन थियेट्रिकल क्लब (जूनी)

सन् 1866 में, अर्थात् लगभग विक्टोरिया नाटक मण्डली से दो वर्ष पहले, ज़ोरास्ट्रियन थियेट्रिकल क्लब की स्थापना हुई।[1] इस सम्बन्ध में 'रास्तगोफ़्तार' पत्र का जो उपयोग किया गया वह केवल नाटक में रुचि रखनेवालों की सहायता मात्र लेने के लिए। जिन लोगों के मन में बड़े पैमाने पर यह मण्डली स्थापित करने का विचार आया उन्होंने यही सोचा कि मण्डली की स्थापना करने पर उसमें नये-नये खेल खेले जायें। शंकर शेठ वाली नाट्यशाला अभिनय के लिए प्राप्य थी ही। अभिनेता तत्पर थे और नाटककारों में 'बन्दे खुदा' तथा जाबुली रुस्तम का सहयोग स्थापकों को मिल गया था। कुछ रंगमंच विषयक सामग्री भी एकत्रित कर ली गयी थी। अन्त में निम्नलिखित सज्जनों ने निश्चय किया कि नाटक करवाये जायें। उन्होंने तन, मन और धन से मण्डली चलाने का निश्चय किया—

क्लब के स्तम्भ :

1. नशरवानजी वेहरामजी फ़ोरब्स
2. धनजी भाई राणा
3. डोसाभाई बीलिया
4. पेस्तनजी दादाभाई पावरी
5. रुस्तम जाबुली (नाटककार)
6. धनजी भाई बीमादलाल
7. दादाभाई पस्ताकिया
8. फ़रामजी कावसजी मेहता
9. दादाभाई पोंचखानावाला (बन्देख़ुदा)
10. आनन्दराव (एक मरहठी पेण्टर)

इन दस के अतिरिक्त सम्मत्यर्थ शेठ मंचेरशाह बेजनजी मेहरहोमजी और शेठ मंचेरजी होशंगजी जागोश का नाम भी सम्मिलित कर लिया गया। इस कमेटी में नशरवानजी फ़ोरब्स ने इस पर बड़ा ज़ोर दिया कि एदलजी खोरी (नाटककार) को भी

1. पा. त. त., पृ. 192

सम्मिलित कर लिया जाय। उनकी मान्यता थी कि ऐसा करने से एदलजी खोरी अपनी रचना किसी अन्य नाटक मण्डली को नहीं देंगे और ग्राण्ट रोड की नाट्यशाला में केवल ज़ोरास्ट्रियन का ही डंका बजता रहेगा। इस अवसर पर यह स्मरण रखना आवश्यक है कि 'जेण्टेलमैन अमेच्योर्स' और 'म्यूज़िकल स्केचेज़' नामक मण्डलियाँ पहले से ही अपना-अपना काम कर रही थीं। इन्हें नाटक लिखकर देनेवाले सामान्यतया एदलजी खोरी ही थे। परन्तु एदलजी एक स्वतन्त्र पक्षी की तरह विचरण करनेवाले व्यक्ति थे। अतएव वह इस फन्दे में तो नहीं फँसे परन्तु उन्होंने यह वायदा कर लिया कि अपनी कृति वह पहले ज़ोरास्ट्रियन क्लब को देंगे और उसके न लेने पर किसी अन्य मण्डली को देंगे।

अपने वायदे के अनुसार जब विक्टोरिया नाटक मण्डलीवालों ने उनके लिए लिखा 'ख़ुदाबख़्श' नाटक लेने में आनाकानी की तो एदलजी ने उसे ज़ोरास्ट्रियन क्लब को दे दिया। ज़ोरास्ट्रियन क्लब ने सन् 1871 में इस नाटक को शंकर शेठ की नाट्यशाला में खेला। उससे मण्डली की बड़ी ख्याति बढ़ी और तब विक्टोरिया नाटक मण्डलीवालों को अपनी भूल पर बड़ा पश्चात्ताप हुआ। इस क्लब की जान तो वास्तव में नशरवानज़ी फ़ोरब्स ही थे।

ख़ुदाबख़्श नाटक से पहले ज़ोरास्ट्रियन क्लब 'बन्देख़ुदा' का लिखा 'खुशरु अने शीरीन' नाटक का अभिनय कर चुका था और उसमें उसे प्रसिद्धि भी मिली थी। इस नाटक में नशरवानजी फ़ोरब्स ने परवीज़ के रफ़ीक शाहपुर की भूमिका बड़े सुन्दर और आकर्षक रूप में पूरी की थी। धनजी भाई का विचार है कि सम्भवतः खुशरु-शीरीन के पश्चात् नशरवानजी फ़ोरब्स ज़ोरास्ट्रियन क्लब को छोड़ गये क्योंकि क्लब द्वारा अभिनीत किसी नाटक में उन्हें रंगमंच पर देखा नहीं गया। उनकी अनुपस्थिति दर्शकों को ऐसी खलती थी कि वे परस्पर बातचीत में कहने लगते कि "इस खेल में नशरवानजी फ़ोरब्स दिखायी नहीं देते।"

तत्कालीन नाटक मण्डलियों से ज़ोरास्ट्रियन में कुछ विशेषताएँ थीं। एक विशेषता यह थी कि अभिनय आरम्भ होने से पहले तीन अभिनेता समवेत रूप से ईश्वर-स्तुति (हम्देखुदा) करते थे। ईश्वर-स्तुति पूरी होने के पश्चात् कोई एक अभिनेता ड्रापसीन के बाहर आता और एक 'प्रोलोग' (प्रस्तावना) बोलता। नाटक समाप्त होने पर एक अभिनेता दर्शकों के प्रति मण्डली का उपकार प्रकट करता और एक 'सलाम' गाता। जब तक नशरवानजी क्लब में रहे तब तक वह 'बैण्ड' के साथ सलाम गाते रहे। ख़ुशरु-शीरीन में जो सलाम उन्होंने गाया वह यह था—

करिये सलाम, करिये सलाम,
खाब (स्वप्न) खोई आया, तमो खरचीने दाम।

नशरवानजी के चले जाने से मण्डली थोड़ी मन्द पड़ गयी, परन्तु काम धीमे-धीमे चलता रहा।

ज़ोरास्ट्रियन मण्डली में नशरवानजी के अतिरिक्त कुछ और भी ऐसे व्यक्ति थे जिनकी कला के आधार पर मण्डली की ख्याति बनी रही। इनमें एक हिन्दू भागीदार आनन्दराव भी था जो पूना में रहता था और पर्दे आदि पेण्ट किया करता था। दादाभाई मंचेरजी पस्ताकिया केवल भागीदार ही नहीं थे वरन् एक कुशल हास्यरस अभिनेता भी थे। उनका स्वभाव इतना अच्छा था कि सब लोग उन्हें आदर की दृष्टि से देखते थे। फ़रामजी कावसजी मेहता बड़े कुशल नर्तक थे यद्यपि उनका नृत्य अँगरेज़ी-नृत्य हुआ करता था। मित्रमण्डली में 'फलु फ़ोटोग्राफ़र' के नाम से विख्यात थे।

मण्डली को रुस्तमजी कावसजी जाबुली जैसे लेखक की सहायता भी मिल गयी थी। धनजी भाई बीमादलाल ज़ोरास्ट्रियन के विख्यात हास्य-अभिनेता थे।

ज़ोरास्ट्रियन नाटक मण्डली ने कई नाटक खेले परन्तु उसकी सबसे अधिक प्रसिद्धि 'खुशरु-शीरीन' नाटक से ही हुई। ईरानी कथावस्तु और ईरानी ही पोशाकें, बस सोने में सुगन्ध पैदा हो गयी। इस नाटक की दो-तीन वस्तुओं ने लोगों को मोहित कर लिया।

वीरान वन में मदायन शहर की ओर जाते हुए शीरीन अपने सिर के बालों की धूल को साफ़ करने के लिए एक चश्मे में उतरती है और बालों को खोलकर उन्हें साफ़ करती है। यह दृश्य बड़ा मनमोहक और द्रष्टव्य था। अनकों दर्शक कई बार इस एक ही दृश्य को देखने के लिए आते थे। चश्मे के पानी में नग्न परन्तु श्लील रूप में बैठकर बाल धोती हुई शीरीं अपना सौन्दर्य बिखेरकर सभी के मन को मोह लेती थी। दूसरा मोहक दृश्य खुशरु परवेज़ के सामने बेहराम द्वारा रण में उठाया हुआ कियानी समूह था। इसमें दिखाया गया था कि प्रत्येक व्यक्ति के हृदय में किस प्रकार एक आग धधक रही थी। तीसरा दृश्य खुशरु परवेज़ का 'दखमु' था। गुजराती में 'दखमु' उस बुर्ज को कहते हैं जो छिपने के लिए बनाया जाता है। यह बुर्ज एक पहाड़ के टीले पर बना हुआ दिखाया गया था। बुर्ज के अन्दर प्रवेश करनेवाली सीढ़ियाँ उसके द्वार के बाहर दिखायी गयी थीं। द्वार को खोलते ही उसके अन्दर का दृश्य दिखायी दे जाता था। समस्त बुर्ज एक गम्भीर मौनता का वातावरण प्रस्तुत करता था। इन्हीं सीढ़ियों के ऊपर चढ़कर शीरीं अपने खुशरु का दर्शन कर उसे माथा नवाती है और बाहर निकलती है और छुरी मारकर ऊपर से नीचे गिर पड़ती है। हृदय को वेध डालनेवाला यह करुण दृश्य फ़ारसी इतिहास के पुरातन समय की घटना को नया जीवन प्रदान करनेवाला था। शीरीन की भूमिका खुरशेदजी वेहरामजी हाथीराम ने निभायी थी।

ज़ोरास्ट्रियन मण्डली में नाटकों के अतिरिक्त समय के अनुकूल प्रहसन भी प्रदर्शित होते थे। ऐसे प्रहसनों में एक 'पटेटीनी फजेती' नाम का प्रहसन भी था। इसमें भी अन्य प्रहसनों के समान, हँसी-मज़ाक़ के बाद कोई-न-कोई नसीहत भरी बात बतायी जाती। इस प्रहसन में मण्डली के सभी प्रमुख अभिनेता भाग लेते थे। मण्डली के भागीदार धनजी भाई राणा, डोसाभाई बीलिया, दादाभाई पस्ताकिया एवं अन्य अभिनेता अभिनय करते थे। परिणामस्वरूप मण्डली की कीर्ति उत्तरोत्तर बढ़ती जाती थी। दूसरी छोटी

मण्डलियाँ इससे द्वेष रखती थीं और चाहती थीं कि किसी तरह ज़ोरास्ट्रियन मण्डली अपकीर्ति को प्राप्त हो जाय। अतएव एक बार किसी ने गैलरी से एक पुरानी चप्पल मंच पर फेंकी जो फुटलाइट के पास आकर गिरी। डोसाभाई बीलिया इस घटना पर बड़े गुस्सा हो गये और उन्होंने तत्काल पर्दे के बाहर आकर इस कार्य के करनेवाले की घोर निन्दा की। दर्शकों ने भी उनका साथ दिया।

परन्तु उसी दिन से मण्डली की जोत कम होने लगी। उधर खुशरु हाथीराम अपनी बीमारी के कारण और एक अन्य अभिनेता होरमसजी हाथीराम मण्डली से पृथक् हो गये। मण्डली धीमी हो गयी। पर वह मण्डली का अन्त नहीं कहा जा सकता।

डोसाभाई बीलिया ने पुनः शक्ति लगाकर एदलजी खोरी का 'जालमजोर' नाटक शंकर शेठ की नाट्यशाला में अभिनीत किया। यह नाटक अँगरेज़ी लेखक शेरीडन के 'पिज़ारो' के आधार पर लिखा गया था।

ज़ोरास्ट्रियन नाटक मण्डली जिसे 'जूनी ज़ोरास्ट्रियन मण्डली' कहा जाता है—बड़ी धजा के साथ अपना समय काटती रही। इसके कुछ अभिनेताओं के नाम ऊपर आ गये हैं। शेष में उल्लेखनीय हैं—डोसाभाई, फ़रामजी काँगा जिन्होंने 'जालमजोर' का मुख्य अभिनय किया; मेरवानजी पेस्तनजी मेहता और होरमसजी वेहरामजी हाथीराम जो स्त्री पार्ट किया करते थे। इसी मण्डली ने कावसजी दीनशाहजी केआश का तीन अंकी नाटक 'वेहराम गोर अने बानु होसंग' नाम का नाटक 2 अगस्त, सन् 1973 में प्रकट किया।[1]

नोट :—(1) ज़ोरास्ट्रियन थियेट्रिकल क्लब को 'जूनी ज़ोरास्ट्रियन नाटक मण्डली' भी कहा जाता है क्योंकि सन् 1877-78 में 'दी ज़ोरास्ट्रियन ड्रामेटिक सोसाइटी' के नाम से एक नयी नाटक मण्डली की स्थापना हुई।

(2) 10 दिसम्बर, सन् 1870 में 'परशियन ज़ोरास्ट्रियन क्लब' की स्थापना हुई। यह क्लब मूल या जूनी ज़ोरास्ट्रियन थियेट्रिकल क्लब से भिन्न था। इसका नाम 'ईरानी नाटक मण्डली' भी था। इसने ग्राण्ट रोडवाले थियेटर में 'रुस्तम-अने-बरजोर' नाटक फ़ारसी भाषा में खेला।[2]

परशियन ज़ोरास्ट्रियन क्लब

इसका जन्म सन् 1870 ई. में हुआ। ईरानी नाटक मण्डली से मुक्त होकर पेस्तनजी फ़रामजी बेलाती ने इसकी स्थापना की। इसके अभिनेता अधिकांश में ईरानी थे पारसी नहीं, यद्यपि दादी पटेल इसके मुख्य समर्थकों और सहायकों में से थे।

परशियन ज़ोरास्ट्रियन क्लब ने 'बन्देखुदा' का लिखा हुआ 'बरजोर अने मेहरसीमीन ओझार' नामक नाटक का अभिनय किया। इस नाटक में कई यान्त्रिक दृश्य दिखाये

1. पा. प्र. खण्ड 2, पृ. 452
2. (क) रास्तगोफ़्तार, 4 दिसम्बर, 1870
   (ख) पा. प्र. खण्ड 2, पृ. 352

गये थे। पोक्तादबन्द देव तथा मोरजान जादूगरनी ने इस नाटक में दर्शकों का ध्यान अधिक खींचा था।

पेस्तनजी बेलाती स्वयं एक अच्छे अभिनेता थे। उक्त नाटक में एक स्थान पर मोरजान जादूगरनी अपने तख़्त के ऊपर बैठी हवा में उड़ी जा रही थी। उस समय उसे देखकर पेस्तनजी कहता—"गेई! गेअेई ! गेई-गेई" परन्तु जिस हाव-भाव तथा अभिनय के साथ इन शब्दों का उच्चारण करता वे जनता को इतने प्रिय लगे कि वे पेस्तनजी को 'गेई-गेई' कहकर ही पुकारते।

यह नाटक सन् 1871 में शंकर शेठ की नाट्यशाला में खेला गया था। परन्तु व्यवसाय की दृष्टि से लाभ न देखकर क्लब ने गुजराती नाटकों की अपेक्षा हिन्दुस्तानी के नाटक खेलने आरम्भ कर दिये।

क्लब के सामने वही कठिनाई आयी जो सदा सभी मण्डलियों के सामने आती थी। स्त्री पार्ट करनेवाले छोकरे कहाँ से लायें? आख़िर पेस्तनजी ने अपने सगे भाई कावसजी फ़रामजी बेलाती को तैयार किया। क्लब अधिक दिन तक नहीं चल पाया। कावसजी फ़रामजी बेलाती भिन्न-भिन्न नाटक मण्डलियों में काम करता रहा —हिन्दी-गुजराती दोनों प्रकार के नाटकों में। अन्त में अस्वस्थ होने के कारण रंगमंच से विदा ले ली।

पेस्तनजी फ़रामजी बेलाती भी असफल होने पर नाटक-धन्धे से निराश हो गये और लिखने-पढ़ने का काम करने लगे।

दी ज़ोरास्ट्रियन ड्रामेटिक सोसाइटी

सन् 1877-78 में शेक्सपियर नाटक मण्डली भंग हो गयी। तब उसके कुछ प्रमुख अभिनेताओं ने एक नयी नाटक मण्डली की स्थापना करने की बात सोची। आख़िर तीन गृहस्थियों ने नयी मण्डली भागीदारी में चलाये जाने का निश्चय किया। इसमें एक पेस्तनजी दीनशाह कॉंगा थे जो अच्छे क्रिकेट के खिलाड़ी भी थे। इस नाटक मण्डली का नाम 'दी ज़ोरास्ट्रियन ड्रामेटिक सोसाइटी' रखा गया। पेस्तनजी कॉंगा ने यह सूचना अपने मित्र वेहराम कलेक्टर—एक सफल हास्यरस अभिनेता—एवं वेहराम कामिक—मिल उद्योग में लग्न—को दी। साथ में कुछ नये अभिनेता जो क्रिकेट के खेल के साथी थे ले लिये। बहारकोट में अलाही बाग़ के पड़ोस की गली में स्थित दीनशाह मास्टर के स्कूल में इस मण्डली को स्थापित किया गया। स्थापना के साथ-साथ उसी रात्रि को धनजी भाई पटेल को इसलिए आमन्त्रित किया गया कि क्लब में क्या-क्या किया जाय और कौन-कौन से खेल खेले जायें।

निश्चय किया गया कि 'रुस्तम अने सोहराब नो ओपेरा' का अभिनय किया जाय। तत्पश्चात् और भी भागीदार मण्डली में सम्मिलित हो गये। अब इस ज़ोरास्ट्रियन ड्रामेटिक सोसाइटी के पाँच भागीदार बने—

1. वेहरामजी पेस्तनजी कलेक्टर

2. वेहरामजी न. कात्रक
3. पेस्तनजी दीनशाह काँगा
4. फ़रामजी होरमसजी लालकाका
5. रुस्तमजी होरमजी बामजी।

'रुस्तम अने सोहराब नो ओपेरा' के लेखक धनजीभाई पटेल थे, परन्तु उनका आधार एदलजी खोरी का लिखा हुआ नाटक था। नाटक बैतबाज़ी एवं ऊँचे प्रकार के गायनों से मढ़ा हुआ था। गायनों के ऊँचे प्रकार के रखने का कारण यह भी था कि इस नाटक के पहले दादाभाई ठूँठी उर्दू नाटक अलादीन ओपेरा में अच्छे गायन रखकर उसे विक्टोरिया नाटक मण्डली की ओर से खिलवा चुके थे और उसमें स्वयं अवनेज़ार जादूगर का अभिनय कर चुके थे। अतएव उस स्तर के नीचे उतरने से व्यवसाय में असफलता होती।

उक्त नाटक में वेहरामजी कलेक्टर ने गुरगीन की भूमिका बड़ी कुशलता से निभायी थी। वेहरामजी कात्रक ने पहलवान हजीर, पेस्तनजी काँगा पादशाह कैकाऊस, रुस्तमजी बामजी अफ़रासियान वज़ीर के पहलवान होमान बने थे। रुस्तमजी बामजी ने सोहराब को ऐसे धोखे में रखा कि जब भी होमान रंगमंच के ऊपर प्रकट होता तत्काल दर्शक 'धूर्त, शेम-शेम' की पुकारों से प्रेक्षागृह को गुँजा देते थे। रुस्तम बामजी का यह प्रशंसनीय गुण था कि जिस प्रकार वह गम्भीर पार्ट करते वैसी ही कुशलता से हास्यरस का भी निर्वाह करते थे।

इस सोसाइटी में 'रताई मदम' नाम का एक प्रहसन भी अभिनीत किया गया। प्रहसन के लेखक स्वयं पेसु पेत्रीज थे। रुस्तम बामजी ने इसमें एक मोवेद (धर्माचारी) का पार्ट किया जिसके कारण कोटबाज़ार स्ट्रीट के दादा लोग बामजी तथा मण्डली दोनों से बड़े नाराज़ हो गये।

सन् 1879-80 में नाटकशाला की कमी के कारण बड़ी गड़बड़ हो रही थी। शंकर शेठ की नाटकशाला में विक्टोरिया नाटक मण्डली अपने नाटक खेलती, विक्टोरिया नाटकशाला में एलफ़िन्स्टन अपने नाटकों का अभिनय करती। ऐसी अवस्था में नाटक उत्तेजक मण्डली की काठ की बनी नाटकशाला जो क्राफ़र्ड मार्केट के सामने बनी थी और जिसे 'एस्प्लेनेड थियेटर' कहते थे, केवल एक ऐसी नाटकशाला थी जिसमें ज़ोरास्ट्रियन नाटक मण्डली अपने नाटकों का अभिनय कर सकती थी। अतएव उसी में 30 रुपये प्रति रात्रि के हिसाब से भाड़ा देकर वह अपने नाटकों का अभिनय करती थी। ये अभिनय शनिवार एवं बुधवार को छोड़कर होते थे क्योंकि इन दिनों नाटक उत्तेजक मण्डली स्वयं अपने गुजराती नाटक खेला करती थी। कुछ दिनों तक काम ठीक चलता रहा, परन्तु एक रात को बड़ी गड़बड़ हो गयी।

'रताई मदम' प्रहसन में रुस्तमजी बामजी मोवेद का पार्ट कर रहा था; कहा जाता है कि दीनशाह हारवर नामक एक पारसी इस पर बड़ा उत्तेजित हो गया था। वह दोपहर

को दो-एक और साथियों को लेकर आया था और दोपहर में नाटकशाला के मैनेजर से कह गया था कि ''यदि रुस्तम बामजी ने पहले की तरह प्रहसन में कुछ किया तो मैं तत्काल रंगमंच पर आकर पर्दे की रस्सी काट दूँगा। इस सा... की क्या शक्ति जो ऐसा फ़ार्स करे।'' इस समाचार के मिलने पर कसरती जवान और कम्पनी का एक भागीदार पेस्तनजी काँगा हँस पड़ा और बामजी से कहा चिन्ता न करो काम चलने दो।

एक अन्य घटना यह और घटी कि फ़रामजी कावसजी मेहता ने 'सोहराब-रुस्तम' के गायनों की एक किताब अपने व्यय से छपवायी और पूरी एक हज़ार प्रतियाँ नाटक के लेखक धनजी भाई पटेल को अर्पित कर दीं। फ़रामजी मेहता ने गायन की एक-एक प्रति तत्कालीन पत्रों को रिव्यू के लिए भेज दी। उन दिनों वेरामजी मलाबारी का पत्र 'इण्डियन स्पेक्टेटर' फ़रामजी के क़ैसरे-हिन्द प्रेस में छपा करता था। वेहरामजी मलाबारी ने नाटक की कुछ प्रशंसा अपने पत्र में छापी जिसे पढ़कर कैखसरु कावराजी भी उक्त नाटक को देखने नाट्यशाला में गये। कावराजी जैसे व्यक्ति का किसी नाटक को देखने जाना स्वयं में एक महत्त्वपूर्ण बात थी। पास में बैठे हुए नाटक उत्तेजक मण्डली के मैनेजिंग भागीदार फ़रामजी गुस्तादजी दलाल ने कावराजी से कहा—''अरे एने शानुं एटलुं वधुं उत्तेजन आपवुं जोइये।''

कावराजी ने उत्तर दिया—''जेने घटे तेने कांय नहीं उत्तेजन आपीओ, मने तो गायन घणाज गमे छे।''

कावराजी को गायन रुचिकर प्रतीत हुए इससे अच्छा प्रमाणपत्र नाटक के गायनों के लिए और क्या हो सकता था? इस वार्त्तालाप के पश्चात् कावराजी ने एक आलोचना अपने 'रास्त गोफ़्तार' पत्र में सोहराब-रुस्तम की निकाली, उससे फ़रामजी गुस्ताद को इतनी ईर्ष्या हुई कि उन्होंने ज़ोरास्ट्रियन नाटक मण्डली को कहा कि अब उनकी नाटकशाला उसे नहीं मिलेगी क्योंकि शुक्रवार को अभिनय करने से नाटक उत्तेजक मण्डली की शनिवार की शो में आमदनी कम हो जाती है।

एस्प्लेनेड थियेटर न मिलने के कारण ज़ोरास्ट्रियन नाटक मण्डली का द्वार बन्द हो गया। ग्राण्ट रोड पर ईरानी नाटक चलने की सम्भावना नहीं थी क्योंकि ऐसे नाटक वहाँ न चलने के कारण ही उर्दू नाटकों का अभिनय उसमें आरम्भ किया गया था। इस समाचार का प्रभाव अभिनेताओं पर बड़ा खराब पड़ा। वे लगभग 11 बार सोहराब-रुस्तम का अभिनय कर चुके थे और अब बेजन-मनीजेह के अभिनय की तैयारी कर रहे थे। परिणाम यह हुआ कि नाटक मण्डली बिखरने लगी।

विक्टोरिया नाटक मण्डली

''अे नाम काई मुम्बईनी तेमज हिन्दुस्थानननी प्रजाने अजाण्युं नथी। अेवी अेक मशहूर नाटक कम्पनीनी तवारीख रजु करवा वगर, पारसी नाटक तख़्तानी तवारीख संपुरण गणाय नहीं।''

—धनजी भाई पटेल

अँगरेज़ी में एक कहावत चली आ रही है—बिल्ली के छह जन्म होते हैं। एक बार जन्म लेकर बिल्ली आसानी से मरती नहीं। मालूम पड़ता है कि मर गयी है परन्तु मरती नहीं। कुछ ऐसा ही हाल विक्टोरिया नाटक मण्डली के इतिहास का है।

विक्टोरिया नाटक मण्डली की स्थापना मई, सन् 1868 में हुई।[1] उस समय इस मण्डली के चार मालिक थे—दादाभाई रतनजी ठूँठी (दादी क्राइस्ट), फ़रामजी गुस्तादजी दलाल (फलुघुस), कावसजी नशरवानजी कोहीदास (कावसजी गुरगीन) और होरमसजी धनजी भाई मोदी (काकावाल)।

विक्टोरिया नाटक मण्डली के जन्म की कथा भी बड़ी अपूर्व है। वास्तव में इस मण्डली की स्थापना प्रसिद्ध पारसी विद्वान् और सुधारक कैखशरुजी कावरा के मस्तिष्क की उपज थी। कैखशरुजी कावराजी एक पारसी कसरतशाला की कमेटी के सेक्रेटरी थे। कसरतशाला की आर्थिक दीन-दशा को देखकर उनके मन में आया कि तत्कालीन नाटक मण्डलियों को एकत्रित कर एक मिली-जुली मण्डली द्वारा किसी नाटक का अभिनय किया जाय और उस नाटक से जो आय हो उसके द्वारा कसरतशाला की आर्थिक स्थिति को ठीक किया जाय। इस विचार को कार्यान्वित करने के लिए उन्होंने तत्कालीन सभी मण्डली-मालिकों की एक सभा की। सब इस योजना पर सहमत हो गये। यहाँ यह भी जान लेना आवश्यक है कि उस समय 'पारसी नाटक मण्डली' और 'जेण्टिलमैन अमेच्योर्स' दोनों बन्द पड़े थे। नाटक खेला गया और उसकी आय से कसरतशाला की स्थिति सुधर गयी।

कसरतशला सम्बन्धी धन संग्रह होने के बाद यह प्रश्न उठा कि एकत्रित अभिनेताओं का क्या किया जाय? फलुघुस के पास इस समय कोई काम नहीं था और उनकी मण्डली (जेण्टिलमैन अमेच्योर्स) बन्द पड़ी थी अतएव उनकी इच्छा यह थी कि कोई नयी बड़ी नाटक मण्डली की स्थापना की जाय और एकत्रित अभिनेताओं को बिखरने न दिया जाय। कैखशरुजी कावराजी भी इस मत से सहमत हो गये। 'म्यूज़िकल स्केचेज़' के मालिक आपख़्त्यार को जब यह मालूम हुआ तो उन्हें बड़ा क्रोध आया और उन्होंने भरसक यह प्रयत्न किया कि किसी तरह यह योजना निष्फल हो जाय परन्तु उन्हें सफलता नहीं मिली।

बस, विक्टोरिया नाटक मण्डली अस्तित्व में आ गयी। इसका एक नाम 'पारसी विक्टोरिया नाटक क्लब' भी था, परन्तु प्रसिद्धि 'विक्टोरिया नाटक मण्डली' नाम की रही। कैखशरु ने एक काम यह और किया कि कुछ अभिनेताओं को इस मण्डली का मालिक बनाया जिनके नाम पहले दे दिये गये हैं, कुछ अभिनेताओं को वेतनभोगी करके रखा, उनकी सेवा के लिए क़ायदे-कानून बनाये और इन सब पर दृष्टि रखने तथा मण्डली के काम को सुचारु रूप से चलाने के लिए एक प्रबन्धक समिति की भी स्थापना की। इस समिति के सभासद नगर के प्रतिष्ठित गण्यमान्य नागरिक लोग थे जिनके नाम थे—

1. पा. त. त., पृ. 87 प्रसंग 37; पा. प्र. खं. 2 में यह तिथि 16 मई, सन् 1868 दी है।

1. विनायक जगन्नाथ शंकर शेठ—सभापति
2. डॉ. भाउदाजी
3. सोहराबजी शापुरजी बंगाली
4. खुरशेदजी रुस्तमजी कामा
5. अरदेशर फ़रामजी मुस
6. जहाँगीरजी मेरवानजी प्लीडर
7. मेरवानजी माणिकजी शेठना
8. कैखशरु नवरोजी कावरा (सेक्रेटरी)
9. पेस्तनजी धनजी भाई मास्टर (डाइरेक्टर)
10. खुरशेदजी नशरवानजी कामा

विक्टोरिया नाटक मण्डली के अस्तित्व में आते ही नाटक अभिनीत करने की तैयारी आरम्भ हो गयी। कैखशरु ने उसके लिए 'बेजन अने मनीजेह' का निर्माण किया। पूरी तैयारी के बाद, जिसमें मालिकों का काफ़ी धन व्यय हुआ, परन्तु कावराजी के निर्देशन की वजह से, जिसे उन्हें ज़बरदस्ती अपने गले उतारना पड़ा, यह खेल 20 मार्च, सन् 1869 को अभिनीत हुआ। लगभग 20-25 अभिनेताओं ने जो सब पारसी ही थे, इसमें भाग लिया। कहा जाता है कि न्यूनाधिक पचास रात यह नाटक खेला गया। इस संख्या से पारसियों की तद्विषयक रुचि और सन्तोषवृत्ति का पता चलता है।

अभिनेताओं में से कुछ तो ऐसे कुशल निकले कि जनता ने उनके नाम के साथ उनके द्वारा खेला गया नाटकीय पात्र नाम भी सम्मिलित कर दिया और उन्हें उसी नाम से पुकारा जाने लगा, यथा धनजु बेजन, जमखु मनीजेह, डोसू गोदरेज, खुशरु कोवाद, कावसजी गुरगीन, दाराशा अफ़रासियाब आदि आदि। यह खेल ईरान के इतिहास से सम्बन्ध रखता था अतएव इसके पात्रों की वेशभूषा ईरानी ही थी।

'बेजन-मनीजेह' से मालिकों को अच्छी आय हुई, परन्तु फिर भी वे अधिक सन्तुष्ट नहीं थे। उनके असन्तोष को देखकर कावराजी ने एक अन्य नाटक 'जमशेद' की रचना की। प्रथम नाटक की अपेक्षा यह अधिक लोकप्रिय रहा और मण्डली के मालिक भी उसकी आय से अपनी जेबें भरकर अति प्रसन्न रहे। तीसरा नाटक 'फरेदून' अभिनीत किया गया। यह भी कावराजी का ही लिखा हुआ था। इस समय तक विक्टोरिया नाटक मण्डली अच्छी तरह स्थापित हो गयी और बड़े धूम-धड़ाके से नाटकों का अभिनय करने लगी। इतना ही नहीं वरन् उसकी समकालीन अन्य मण्डलियाँ पीछे छूट गयीं। वे सारे नाटक 'जूनी नाट्यशाला' में ही हुआ करते थे। अतएव सप्ताह भर में केवल एक या दो दिन ही मण्डली को पैसा मिलता था जिस दिन वह अपना नाटक खेल सकती थी। मालिकों के मन में यह विचार उठा कि ऐसी स्थिति में मण्डली का खर्चा अधिक होता है। अतएव यदि अपना थियेटर हो तो मण्डली अधिक दिन तक अभिनय कर सकती है और उसकी आय में पर्याप्त वृद्धि हो सकती है। इस निर्णय के पश्चात् दादा भाई

ठूँठी तथा अन्य तीनों मालिक ग्राण्ट रोड पर ही किसी उपयुक्त भूखण्ड की खोज में निकले और प्रयत्न करने पर उन्हें 60 रुपये मासिक पर एक स्थान मिल भी गया। इसी जगह उन्होंने एक थियेटर का निर्माण कराया जिसका नाम 'विक्टोरिया थियेटर' रखा गया। सन् 1870 में यह बनकर तैयार हुआ और विक्टोरिया नाटक मण्डली अपना सारा सामान जूनी नाट्यशाला से उठाकर अपने नये थियेटर में ले आयी। अब यहीं पर मण्डली के नाटकों का अभिनय आरम्भ हुआ।

परन्तु जैसा लगता है मण्डली का काम सुचारु रूप से नहीं चल पा रहा था। उसकी प्रबन्ध कमेटी और मालिकों में कभी-कभी मतभेद हो जाया करता था। परिणाम यह हुआ कि सन् 1869 में कावराजी ने प्रबन्धक कमेटी के सचिव पद से त्यागपत्र दे दिया। स्वाभाविक था कि कावराजी के त्यागपत्र का प्रभाव मण्डली पर पड़ता ही। परन्तु मण्डली जैसे-तैसे काम करती रही, भंग नहीं हुई। अब सबको एक नये सचिव की खोज करनी पड़ी। आख़िर दादी पटेल एम. ए. विक्टोरिया नाटक मण्डली की प्रबन्ध समिति के नये सचिव बने। दादी पटेल एक बड़े घर के पुत्र थे। अव्यवसायी अभिनेता थे और प्रभावशाली व्यक्ति थे। उन्होंने अन्य सभासदों को ध्यान में न रखते हुए अपने ही विचार के अनुसार मण्डली को चलाना आरम्भ कर दिया। परिणामस्वरूप कमेटी में विघ्न उत्पन्न हो गया और अन्त में कमेटी भंग हो गयी। अब दादी पटेल मनमाने रूप से मण्डली का संचालन करने लगे परन्तु मालिकों को यह सब बात पसन्द नहीं आयी।

सन् 1870 में अपना थियेटर बन जाने के बाद विक्टोरिया मण्डली ने पुनः 'बेजन-मनीजेह' और 'जमशेद' का अभिनय किया। उसके बाद एदलजी खोरी का 'रुस्तम-अने-सोहराब' का अभिनय किया। पश्चात् 'हजमबाद अने ठगननाज' खेला गया। यह भी खोरी का लिखा हुआ था।

दादी पटेल अभी तक विक्टोरिया नाटक मण्डली में अपना प्रभाव रखते थे। सन् 1871 में उन्होंने खोरी से एक उर्दू का नाटक लिखने का आग्रह किया। परन्तु खोरी को उर्दू नहीं आती थी, अतएव उन्होंने गुजराती में 'सोनेना मूलनीं खुरशेद' नामक नाटक लिखा। शेठ वेहरामजी फ़रदूनजी मर्जवान ने उसका अनुवाद हिन्दुस्तानी भाषा में किया। तब इसका अभिनय विक्टोरिया मण्डली द्वारा विक्टोरिया थियेटर में किया गया। इसी की देखा-देखी नाज़रजी ने अपनी एलफ़िन्स्टन द्वारा 'नूरजहाँ' नाटक खोरी से लिखवाकर और नशरवानजी मेहरवानजी ख़ाँ साहब से उसका उर्दू उल्था कराकर, शंकर शेठ की नाट्यशाला में अभिनीत किया था।

दादी पटेल के मस्तिष्क में पहले पहल हिन्दुस्तानी या उर्दू नाटक का अभिनय करने की बात उठी थी। उन्होंने अपने विचार को कार्यान्वित भी कर डाला। बाद में उनके मस्तिष्क में एक उर्दू ओपेरा लिखवाने और उसे अभिनीत करने का विचार उठा। ख़ाँ साहब से उन्होंने 'बेनज़ीर-बदरेमुनीर' नाटक लिखवाया और उसका अभिनय भी विक्टोरिया नाटक मण्डली में किया। यह ओपेरा बड़ा सफल रहा। इसकी सफलता में

खुरशेदजी बालीवाला और पेस्तनजी फ़रामजी माद्न का बड़ा भाग था। बालीवाला ही आगे चलकर विक्टोरिया नाटक मण्डली के एकाधिपति बने।

यह प्रश्न पैदा हो सकता है कि सन् 1870-71 में दादी पटेल का विक्टोरिया नाटक मण्डली से क्या सम्बन्ध था? क्या वह केवल भंग हुई प्रबन्ध समिति के सचिव मात्र थे अथवा उक्त मण्डली में उनकी कोई भागीदारी भी थी? धनजी भाई तथा अन्य इतिहासकारों ने इस बात पर कोई प्रकाश नहीं डाला। परन्तु यह निश्चित है कि सचिव होने के अतिरिक्त दादी पटेल का अन्य कोई सम्बन्ध मण्डली से अवश्य रहा होगा। दादी पटेल ने एक अन्य कार्य यह किया कि मण्डली को दो भागों में विभाजित कर दिया—'डे क्लब' तथा 'नाइट क्लब'। जो अभिनेता दिन में कहीं अन्य स्थान पर नौकरी करते थे वे रात में आकर मण्डली में अभिनय करते और जो मण्डली के चौबीसों घण्टे के वेतनभोगी थे वे दिन में काम करते। दिन में काम करनेवालों में खुशरु कोवाद, पेसु आवान और खुशरु कोवाद के पिता मनचेरजी बालीवाला प्रमुख थे। बालीवाला-पिता-पुत्र—दोनों को उन्होंने Byeulla Education Society Press में कम्पोज़ीटर की नौकरी से हटाकर अपनी मण्डली में पूरे वेतन पर नौकर रख लिया था।

इसी बीच में हैदराबाद के सर सालारजंग बम्बई आये। दादी पटेल ने उनको नाट्यशाला में आमन्त्रित किया। सर सालारजंग ने दो-एक नाटक देखे और प्रसन्न होकर हैदराबाद आने का निमन्त्रण दे गये। मण्डली हैदराबाद जाने की तैयारी करने लगी। यह घटना सन् 1872 की है।

आख़िर कठिनाइयों का सामना करती हुई मण्डली हैदराबाद पहुँची। यह 'डे क्लब' की प्रथम यात्रा थी क्योंकि 'नाइट क्लब' वाले तो अन्य स्थानों पर नौकर होने के कारण जा ही नहीं सकते थे। हैदराबाद में मण्डली को बड़ी सफलता मिली। अमीरों-उमरावों ने उसकी आवभगत की। स्वयं निज़ाम भी बहुत खुश हुए और कुछ नाटक ज़नानी ड्योढ़ी पर भी अभिनीत किये गये। हैदराबाद की यात्रा समाप्त कर मण्डली वहाँ से वापस बम्बई चल दी।

हैदराबाद से लौटकर मण्डली पुनः बम्बई में धूम मचाती रही। इस अन्तराल में दादी पटेल ने उसके मान में और वृद्धि कर डाली। एदलजी खोरी से उन्होंने कई नाटक लिखाये और उनका अभिनय किया तथा कराया। हातिम बिन ताई नाटक में वह स्वयं रंगमंच पर हातिम की भूमिका में प्रकट हुए। इस नाटक का बहुत बड़ा प्रभाव दर्शक मण्डली पर पड़ा। इसी प्रकार 'आलमगीर' नाटक भी बड़ा सफल रहा।

यहाँ यह बात भूलनी नहीं चाहिए कि दादी पटेल एलफ़िन्स्टन नाटक मण्डली में भी नाज़रजी के साथ भागीदार थे। परन्तु कुछ दिनों से दोनों में बनती नहीं थी। अतएव सन् 1873 में विक्टोरिया नाटक मण्डली नाज़रजी के हाथ में सौंपकर दादी पटेल उससे पृथक् हो गये। दो बरस तक नाज़रजी इसके मालिक रहे।

सन् 1874 में दिल्ली में एक सरकारी उत्सव था। नाज़रजी ने विचार किया कि विक्टोरिया नाटक मण्डली को उर्दू खेल दिखाने के लिए दिल्ली ले जाया जाय और अपने भाग्य की परीक्षा की जाय। इस काम में एक बाधा यह आ पड़ी कि विक्टोरिया मण्डली से पृथक् होकर दादी पटेल ने एक नयी मण्डली 'द ओरिजिनल विक्टोरिया थियेट्रिकल क्लब' के नाम से स्थापित कर ली और विक्टोरिया मण्डली के कई अभिनेता उनके साथ चले गये। इनमें सबसे अधिक महत्त्वपूर्ण अभिनेता स्त्री भूमिका करनेवाला पेसु आवान था जो दादी पटेल के साथ नयी मण्डली में चला गया था और जिसके अभाव में विक्टोरिया मण्डली एक महान् अभाव का अनुभव कर रही थी। नाज़रजी चिन्तित थे कि गानेवाले और स्त्री भूमिका करनेवाले के न होने से उन्हें सफलता कैसे मिलेगी? आख़िर नये छोकरों की खोज आरम्भ हुई और बड़ी कठिनाई तथा परिश्रम से दो छोकरे हाथ लगे—एदलजी दादाभाई उर्फ़ एदू कोलेजर तथा अरदेशर उर्फ़ अदो।

विक्टोरिया मण्डली दिल्ली पहुँची और पर्याप्त ख्याति प्राप्त कर अच्छा धन पैदा किया। मण्डली के साथ जो अभिनेता एवं अन्य कार्यकर्त्ता गये थे उनमें प्रमुख ये थे—

1. सी. एस. नाज़र (मालिक)
2. खुरशेदजी मेरवानजी बालीवाला (खुशरू कोवाद)
3. फ़रामजी दादाभाई अपु (फ़राम अपु)
4. डोसाभाई फ़रदूनजी मंगोल (डोसू एकदस्त)
5. धनजी भाई खुरशेदजी घड़ियाली (धनजु घड़ियाली)
6. मेरवानजी मनचेरजी बालीवाला (खुशरू कोवाद के पिता)
7. कावसजी माणिकजी कन्त्राक्टर (बहुजी)
8. पेस्तनजी रु. लाली (पेसु लाली)
9. नशरवानजी लाली (नसवान लाली)
10. एदलजी दादाभाई (एदू कोलेजर)
11. अरदेशर (अदो)
12. सोराबजी बादशाह (जर्नलिस्ट)
13. पेस्तनजी मादन (पेण्टर)
14. क्राउस (जर्मन पेण्टर)
15. अरदेशर चीनाई (अरदेशर मामो)
16. वमनजी गरदा
17. एक पारसी बाबरची

दिल्ली में विक्टोरिया नाटक मण्डली कितने दिन रही, उसने कितने और कौन-कौन से नाटक खेले तथा कितनी सम्पत्ति एकत्रित की—इन बातों का पता नहीं चलता।

दिल्ली प्रवास में एक दुर्घटना का उल्लेख किये बिना आगे बढ़ना कठिन है। गोपीचन्द नाटक का अभिनय हो रहा था। खुरशेदजी बालीवाला लोटन की भूमिका में और कावसजी कन्त्राक्टर (बहुजी) जोगिन की भूमिका में रंगमंच पर अभिनय कर रहे थे। लोटन जोगिन के चाबुक की मार से नाच रहा था। दुर्भाग्यवश मंच पर कुछ कीलें सुथार की लापरवाही से पड़ी रह गयी थीं। वे कीलें बालीवाला के पैर में चुभी जा रही थीं, अतएव खुरशेदजी को बड़ी पीड़ा हो रही थी परन्तु फिर भी वह अपने कर्त्तव्य में दत्तचित्त थे। कभी-कभी सफल अभिनय बड़ा महँगा पड़ता है!!

एक अन्य घटना 'सोने के मोल की खुरशेद' नाटक में भी घटी। नाटक चल रहा था। नाटक का एक पात्र शहर कोतवाल जफ़र ख़ाँ और दूसरा पात्र जहाँबख़्श, जो एक राजपरिवार का वारिस था, में तलवार की लड़ाई चल रही थी। कुँवरजी नाज़र अपने कुछ यूरोपीय मित्रों सहित पहली पंक्ति के मंच के पास बैठे नाटक देख रहे थे। डोसाभाई (जहाँबख़्श) ने जफ़र ख़ाँ की तलवार पर इतनी ज़ोर से वार किया कि कोतवाल की तलवार बीचोंबीच से टूट गयी और उसका एक टुकड़ा नाज़रजी के शरीर पर जा गिरा। नाज़रजी एकदम आपे से बाहर हो गये और डोसाभाई को बुरा-भला कहने लग गये। उस समय तो डोसाभाई ने कुछ नहीं कहा परन्तु खेल समाप्त होने के बाद वह भी नाज़रजी को उसी भाषा में बुरा-भला कहने लगे। धनजी भाई घड़ियाली तथा पेसु लाली ने बीच-बचाव किया।

दिल्ली का 'सीज़न' समाप्त कर मण्डली लखनऊ पहुँची। मण्डली विषयक किसी घटना का उल्लेख धनजी भाई ने अपने लेखों में लखनऊ प्रवास के सम्बन्ध में नहीं किया।

लखनऊ से मण्डली कलकत्ते पहुँची। कलकत्ते में मण्डली एक पारसी के आलीशान मकान में जाकर ठहर गयी। सन् 1874 से पहले कोई भी पारसी नाटक कम्पनी कलकत्ते नहीं गयी थी। कलकत्ते जाकर नाज़रजी ने चौरंगी में स्थित 'लुईस थियेटर' को किराये पर ले लिया। बाद में यह थियेटर 'रायल थियेटर' के नाम से प्रसिद्ध हुआ।

बंगाली गाने-बजाने में बड़ी रुचि रखते हैं, अतएव बड़ी व्यग्रता से वे पारसी गायकों की प्रतीक्षा कर रहे थे। कई प्रसिद्ध बंगाली गायकों ने पारसी गायकों को अपने घरों पर आमन्त्रित किया। उनसे काफ़ी चर्चा संगीत आदि के विषय में की। बंगाल में उस समय organ का रिवाज चल चुका था, बम्बई में तबला और सारंगी चलता था। केवल कहीं-कहीं fiddle भी प्रयोग में आती थी। इन संगीत चर्चाओं का प्रभाव यह पड़ा कि पारसी गायक संगीतशास्त्र की जानकारी और पक्के राग-रागिनियों के ज्ञान से महरूम निकले जिसके कारण उनका प्रभाव बंगालियों पर अच्छा नहीं पड़ा। बालीवाला ने स्पष्ट रूप से पारसी संगीतज्ञों के इस अभाव का आभास कुँवरजी नाज़र को दे दिया था। इस समाचार से नाज़र को बड़ी निराशा हुई और वह किंकर्त्तव्यविमूढ़ हो गये। फिर हिम्मत बाँधी और इन्दर-सभा (ओपेरा) की तैयारी आरम्भ कर दी। बम्बई से दादाभाई रतनजी

ठूँठी, डॉ. नशरवानजी नवरोजी पारख और डोसाभाई दुवाश को भी तार भेजकर बुलवा लिया गया। इन तीनों की विशेषता यह थी कि ये कभी भी इन्दर-सभा का अभिनय किसी भी स्थिति में कर सकते थे। इस नाटक में उन्हें विशेष दक्षता प्राप्त थी।

कलकत्ते में इन्दर-सभा चली। राजा इन्दर की भूमिका दादी ठूँठी, गुलफ़ाम की डॉ. पारख और लालदेव की डोसाभाई दुवाश ने पूरी की। दादाभाई ठूँठी के गाने-बजाने और अभिनय के हाव-भाव तथा सुन्दर आकृति का बड़ा प्रभाव दर्शकों के ऊपर पड़ा। परन्तु अभिनेताओं में परस्पर थोड़ा मनोमालिन्य हो गया। डोसाभाई मंगोल, खुरशेद बालीवाला जो क्रमशः इन्दर और गुलफ़ाम का अभिनय करते थे, अवसर न मिलने से कुछ मलिन हो गये।

कलकत्ते में और कौन से नाटकों का अभिनय हुआ, इसका कोई वर्णन नहीं मिलता। कुछ दिन रहने के बाद नाज़रजी ने बम्बई वापिस जाने का कार्यक्रम बनाया। परन्तु सोचा चलते-चलते एक-दो खेल बनारस में भी दिखा दिये जायें तो अच्छा है। अतएव कलकत्ते से मण्डली बनारस आयी। बनारस में अभिनीत किसी खेल का समाचार नहीं मिलता।

यहाँ एक बात ध्यान देने की है। भारतेन्दु ने अपने 'नाटक' निबन्ध में (रा. का. 1883) में पारसी मण्डली द्वारा खेले गये जिस शकुन्तला नाटक का उल्लेख किया है, क्या वह नाटक विक्टोरिया थियेट्रिकल मण्डली का ही शकुन्तला (ओपेरा) तो नहीं था जिसकी रचना ख़ाँ साहब नशरवानजी ने की थी? आज यदि यह नाटक प्राप्त हो जाता तो यह जिज्ञासा शान्त हो जाती। अस्तु।

विक्टोरिया नाटक मण्डली बनारस से बम्बई वापस आ गयी। बम्बई आकर पुनः पूना का सीज़न सामने देखकर वापस वहाँ चली गयी।

पूना से लौटने पर मण्डली की आर्थिक दशा क्या रही, इसके विषय में तो स्वयं नाज़रजी ही जानते होंगे। दिल्ली, लखनऊ, कलकत्ते, बनारस और पूना प्रवास में खेले गये नाटकों की सूची या कोई वर्णन प्राप्त नहीं होता। वस्तुस्थिति इतनी ही है कि विक्टोरिया नाटक मण्डली के प्रवास-काल में एलफ़िन्स्टन मण्डली में दादाभाई ठूँठी डाइरेक्टर थे और उनको सब सँभलाकर ही नाज़रजी, जो उसके भी मालिक थे, अपनी नाटक-यात्रा पर निकले थे। इस प्रकार बम्बई से विक्टोरिया मण्डली दूसरी बार बाहर गयी—दादी पटेल के साथ हैदराबाद आदि में (सन् 1872) और नाज़रजी के साथ सन् 1874 में।

पूना से वापसी पर कुछ दिन तो विक्टोरिया मण्डली नाटक खेलती रही और नाज़रजी एलफ़िन्स्टन और विक्टोरिया दोनों के मालिक रहकर उन्हें चलाते रहे। परन्तु एक दिन उनके मन में यह बात आयी कि विक्टोरिया मण्डली से छुटकारा पाया जाय। यह विचार मन में आते ही उन्होंने एक दिन अपने घर पर बड़े-बड़े वेतनभोगी—जिन्हें 60 रुपये से लेकर 30 रुपये तक वेतन मिलता था—अभिनेताओं की एक सभा बुलायी। नाज़र

ने स्पष्ट कहा कि मण्डली की जोखमदारी उठाने में वह असमर्थ हैं और मण्डली के बड़े अभिनेताओं को चाहिए कि मण्डली को खरीदकर अपने हाथों में लें और उसे व्यावसायिक ढंग से चलायें। नाज़रजी का प्रस्ताव सुनकर सभी चकित हो गये परन्तु अन्त में परिणाम यह हुआ कि पाँच अभिनेताओं ने 'हाँ' करके कम्पनी अपने हाथों में ले ली। ये पाँच अभिनेता थे—दादा खुरशेदजी बालीवाला, डोसाभाई मंगोल, धनजी भाई घड़ियाली और फ़रामजी अपु। पाँचवें कावसजी कन्ट्राक्टर ने क्लब के चलाने की जोखम अपने सिर पर लेने से इनकार कर दिया, परन्तु आवश्यकता पड़ने पर अभिनेता रूप से भाग लेने के लिए अपनी स्वीकृति दे दी।

सन् 1876 में एक प्रकार से विक्टोरिया नाटक मण्डली का यह चौथा जन्म था। प्रथम कैखशरु कावरा की स्थापनावाला, दूसरा दादी पटेल की मिल्कियत का, तीसरा नाज़रजी की मिल्कियत का और अब चौथा अभिनेताओं की मिल्कियत का। सन् 1868 से लेकर सन् 1876 तक का यह संक्षिप्त इतिहास है।

जनवरी, सन् 1876 में विक्टोरिया नाटक मण्डली के इतिहास में एक नया अध्याय खुला। सम्पत्तिवालों के चंगुल से छूटकर मण्डली अभिनेताओं के हाथ में आयी। परन्तु इन नये मालिकों के सामने यह समस्या थी कि उसे किस प्रकार चलाया जाय? अपनी अभिनय-कला में वे कुशल अवश्य थे परन्तु मण्डली के प्रबन्ध आदि का अनुभव उन्हें नहीं था। अधिक मौन रहने का अर्थ था अभिनेताओं का वेतन और थियेटर आदि के भाड़े की राशि घर से चुकाना। अतएव बालीवाला का यह सुझाव सबको पसन्द आया कि दादाभाई ठूँठी के पास चला जाय। उस समय ठूँठी एलफ़िन्स्टन मण्डली में सौ रुपये मासिक पर डाइरेक्टर और ऐक्टर थे। फिर भी सब उनके पास पहुँचे और कहा—"आप कम्पनी के बड़े बाप हैं।" इसके भागीदार बनकर इसकी डाइरेक्टरी स्वीकार करो और हम सब मिलकर मण्डली के मालिक एवं भागीदार बनें। दादी ठूँठी की सारी शर्तें स्वीकार की गयीं और इस प्रकार मण्डली के चार के स्थान पर पाँच नये मालिक बने। मण्डली की गाड़ी नये रूप में आगे बढ़ी।

मण्डली की बागडोर हाथ में आते ही दादाभाई ठूँठी ने पहला काम यह किया कि पुरानी ड्रेसों को सुधारा, पुराने परदों को 'टच-अप' कराया। पुराने खेलों के अतिरिक्त कोई नया खेल पुरानी ड्रेसों में नहीं होने दिया। एक नया काम यह आरम्भ किया कि प्रत्येक नाटक के आरम्भ में एक 'जलसा' का श्रीगणेश किया गया। इस जलसे में प्रत्येक गायक एक-एक गाना गाता और बाद में सब मिलकर कोरस में सम्मिलित होते। स्वयं दादाभाई ठूँठी भी उसमें भाग लेते अतएव किसी अभिनेता का साहस 'ना' करने का नहीं होता था। इस नयी वस्तु से संगीत के शौकीन बड़े प्रसन्न होते। दर्शकों की संख्या बढ़ती। आगे चलकर इसकी नकल अन्य उर्दू नाटक खेलनेवाली मण्डलियाँ भी करने लगी थीं।

पहले की तरह विक्टोरिया नाटक मण्डली पुनः प्रवास यात्रा पर निकली और अब की बार कलकत्ता, बनारस, दिल्ली, लाहौर तथा जयपुर में अपने नाटक खेले। परन्तु सन्

1877 में पुनः परिवर्तन हुआ। फ़रामजी अपु तथा दादाभाई ठूँठी उसकी भागीदारी से पृथक् हो गये। शेष तीन साथी भागीदार सन् 1878 में मण्डली को फिर यात्रा पर ले गये। इस बार मण्डली समुद्रपार रंगून, सिंगापुर आदि स्थानों में अपनी कला-कुशलता की ध्वजा फहराती रही।

दादाभाई ठूँठी के पृथक् होने पर खुरशेदजी बालीवाला मण्डली के डाइरेक्टर बन बैठे और अपने अनुभव से काम चलाने लगे। सन् 1881 में माण्डले के राजा थीबू ने मण्डली को अपने यहाँ आमन्त्रित किया और 35 नाटकों के अभिनय पर 43,000 रुपया देने की बात पक्की हो गयी। इन दिनों माण्डले अँगरेज़ी राज्य के अन्तर्गत नहीं था। अतएव वहाँ जाना एक पूरी जोखम का काम था। फिर भी बालीवाला ने हिम्मत से काम लिया।

विक्टोरिया नाटक मण्डली सन् 1881 में माण्डले पहुँची। माण्डले की यात्रा में मण्डली में 27 व्यक्ति थे जिनमें से कुछ के नाम इस प्रकार हैं—

1. खुरशेदजी मेरवानजी बालीवाला (मालिक)
2. धनजी भाई ख. घड़ियाली (मालिक)
3. डोसाभाई फ़रदूनजी मंगोल (मालिक)
4. पेस्तनजी खुरशेदजी मादन (पेण्टर)
5. मेरवानजी पेस्तनजी मेहता
6. नशरवानजी बीरजी गोइपुरिया
7. धनजी भाई बरजोरजी अंजूरबाग
8. होरमसजी शापुरजी तांतरा (होमलू लईली)
9. दोराबजी कावसजी बजाँ
10. वेहरामजी कावसजी तांतरा
11. होरमसजी कावसजी मुल्ला
12. वमनजी कावसजी गरदा
13. रुस्तमजी पेस्तनजी मेहता
14. कैखशरु होरमजी लाला
15. वापूजी होरमजी पुणेगर
16. पेस्तनजी होरमजी लाली
17. पेस्तनजी जीजीभाई बाटलीवाला आदि-आदि।

बर्मी भाषा समझने के लिए बालीवाला ने एक रंगून निवासी पारसी श्री कावसजी गाँधी को भी दुभाषिये के तौर पर अपने साथ रख लिया था।

माण्डले में मण्डली की बड़ी आवभगत हुई। एक दिन राजा के नौकर टोकरियों में भरकर छोटी-छोटी नारंगियाँ अतिथियों के खाने के लिए लाये। अतिथियों ने उस भेंट को मामूली-सी भेंट समझकर एक कोने में टोकरे रखवा दिये। परन्तु जब कुछ लोगों ने खाने के लिए उन्हें छीला तो अन्दर से उन्हें हीरा और माणिक मिले जो छिपाकर उनमें

रख दिये गये थे। वास्तव में नारंगियाँ खाने के लिए नहीं थीं। उनमें तो हीरे माणिक केवल भेंटस्वरूप आगन्तुकों का स्वागत करने के लिए छिपाये गये थे। इस समाचार के फैलते ही मण्डली के लोग नारंगियों पर टूट पड़े। जिसके हाथ जितने फल आये उतनी ही भेंट उसके पास आ गयी। यह थी बर्मा के राजा की उदारता और आतिथ्य-सत्कार। एक दिन और भी राजा थीबू ने ऐसा ही किया। एक छोटा-सा गड्ढा खुदवाकर उसमें रुपये भरवा दिये और प्रत्येक अभिनेता से कहा कि दोनों हाथों से भरकर जितने रुपये उसकी अंजली में आये ले जाय। अभिनेता बड़े प्रसन्न हुए और प्रायः सभी के हाथ एक अच्छी रकम लगी परन्तु दोराब बजाँ मोटे-मोटे हाथों के कारण केवल सौ-सवा सौ रुपये ही पा सका। राजा द्वारा मूल्यवान् भेंटों के अतिरिक्त मण्डलीवालों को निजी रूप में भी बर्मा के लोगों से पर्याप्त भेंट प्राप्त हुई। कहा जाता है कि प्रत्येक का औसत लगभग 400 से 500 रुपये और कुछ हीरे-माणिक का रहा। सब खर्चा निकालकर मण्डली 50,000 रुपया गाँठ बाँधकर घर लौटी।

विक्टोरिया मण्डली ने एक नये साहस पर कमर बाँधी। सन् 1885 में लन्दन में Colonial Exhibition हुई। बालीवाला अपने मण्डली को वहाँ ले गये। परन्तु उन्हें वहाँ कोई सफलता नहीं मिली, वरन् ऐसा हुआ कि कुछ क़ायदे-क़ानून की अजानकारी के कारण उन पर बड़ा जुर्माना हुआ और वह रक़म इतनी भारी थी कि उसकी वजह से मण्डली की सारी सम्पत्ति बिक-बिका गयी। घर लौटने तक के लिए किराये के पैसे न रहे। जैसे-तैसे घर पहुँचे। बर्मा की कमायी लन्दन में गँवायी।

मण्डली लौटकर आयी तो सन् 1886 में एक दुर्घटना यह घटी कि धनजी भाई घड़ियाली मण्डली से पृथक् हो गये। सम्भवतः इसका कारण लन्दन में धन खर्च हो जाना था। तो अब तीन के स्थान पर दो ही व्यक्ति मण्डली के मालिक रह गये। सन् 1889 में जब मण्डली उत्तर भारत में यात्रा कर रही थी तो दिल्ली में डोसाभाई मंगोल ज्वर रोग से पीड़ित हुए और उसी में उनकी मृत्यु हो गयी। बस, खुरशेदजी बालीवाला अकेले ही विक्टोरिया मण्डली के मालिक बने।

पाठक यह न भूले होंगे कि सन् 1876 में मण्डली अभिनेताओं के हाथ में आयी थी। उस समय से सन् 1889 तक तेरह वर्ष का जीवन किन-किन उथल-पुथलों से सिंचित रहा, इसकी संक्षिप्त रूपरेखा यहाँ दे दी गयी है। परन्तु इस बीच में विक्टोरिया नाटक मण्डली के इतिहास का एक अन्य अध्याय भी है। यह मण्डली की रजवाड़ों की यात्रा से सम्बन्ध रखता है।

सन् 1880 में विक्टोरिया मण्डली जयपुर में गयी। उस समय महाराज रामसिंह गद्दी पर विराजमान थे। उन्हें नाटक देखने और करवाने का बड़ा शौक था। अपना शौक पूरा करने के लिए उन्होंने जयपुर में एक नाट्यशाला भी बनवायी थी जिसका नाम आज रामप्रकाश सिनेमा है। जयपुर के 'गुनीजन'[1] को नाट्य शिक्षा देने के लिए उन्होंने

1. इस शब्द का प्रयोग व्यवसायी कलाकारों के लिए होता था जिनमें वेश्याएँ भी सम्मिलित थीं।

दादाभाई ठूँठी को राज्य में वेतनभोगी डाइरेक्टर बनाकर रख लिया था। दादाभाई ठूँठी के साथ कुछ और भी पारसी छोकरे जयपुर दरबार की सेवा में रख लिये गये थे। इसी प्रकार पटियाला महाराज ने भी सन् 1891 में अपने नगर में पारसी कम्पनियों के लिए एक नाट्यशाला का निर्माण कराया था। विक्टोरिया मण्डली ने अनेकों खेल इन रजवाड़ों में धर्मादि के कामों में पैसा देने के लिए मुफ्त किये थे। इनमें से कुछ दान ये हैं—

1882	माण्डले में कुएँ के लिए	400 रुपये
1884	रंगून की दरे-मेहर फण्ड	1200 रुपये
1885	लॉर्ड रिपन स्मारक फण्ड	658 रुपये 50 पैसे
	प्रोफ़ेसर फ़ास्ट की यादगार में	672 रुपये 75 पैसे
1888	लेडी रेएवालां मेडिकल वीमेन्स फण्ड	863 रुपये
	ज़रथोस्ती ओनां रहेयाणोंनां फण्ड	761 रुपये
1889	पंजाब मेकनिक इन्स्टीट्यूट	200 रुपये
1890		300 रुपये
1892	पारसी पूना जिमखाना	300 रुपये
1893	आंबाबाई भावनगरी होम फार नर्सिंग	572 रुपये
		आदि, आदि[1]

जिस समय स्त्री-अभिनेत्रियों को मण्डलियों में प्रविष्ट कराने की चर्चा चल रही थी उन दिनों विक्टोरिया मण्डली के सामने भी यह प्रश्न था कि स्त्री-अभिनेत्रियों को दाख़िल किया जाय या नहीं? बालीवाला ने अन्त में यह निश्चय किया कि कुछ अभिनेत्रियों को गाने और नाचने के लिए भर्ती कर लिया जाय। परिणामस्वरूप मिस गौहर, मिस मलका और मिस फ़ातिमा विक्टोरिया नाटक मण्डली में काम करती थीं।

विक्टोरिया नाटक मण्डली की लम्बी कहानी बड़े संक्षेप में यहाँ कही गयी है। परन्तु उसे समाप्त करने से पहले उसकी एक अन्य यात्रा का वर्णन करना आवश्यक है। यह यात्रा श्रीलंका की थी। धनजी भाई पटेल अथवा जहाँगीर खम्बाता आदि किसी ने भी इस यात्रा का उल्लेख नहीं किया है। सर्वप्रथम सन् 1889 में विक्टोरिया मण्डली श्रीलंका गयी थी और वहाँ इसने 'अलादीन' तथा 'तिलस्म ज़ौहरा' नाटकों का अभिनय किया था। इनके अतिरिक्त 'इन्दर-सभा', 'हुमायूँ नासिर', 'मोहम्मदशाह', 'लैला-मजनूँ', 'संगीन बकावली उर्फ़ इन्द्रश्राप', सैफ़े-सुलेमान' और 'हवाई मजलिस' भी श्रीलंका में अभिनीत किये गये थे। इसी वर्ष मण्डली ने दो नाटकों को सिंहली भाषा में अनूदित कर उनका अभिनय दिखाया था। एक बार पुनः मण्डली दिसम्बर, 1916 से मार्च, सन् 1917 के बीच श्रीलंका गयी थी। इस अन्तराल में वहाँ ये नाटक खेले थे— अलादीन, आशिक का ख़ून, अलीबाबा, इन्दर-सभा, करिश्मये कुदरत, खुरशीदे आलम, ख़ूबसूरत बला, हीर-राँझा, तिलस्माते गुल, दिलेर दिलशेर, नूरजहाँ, नैरंगे नाज़, नाज़ाँ,

1. पा. प्र. खं. 2, पृ. 253

फ़साने अजायब, फ़रेब-फ़ितना, पाकज़ाद परीन, महाभारत, मारू, रामलीला या रामायण, लैलोनिहार, विक्रम विलास, संगीन बकावली, सैफ़े-सुलेमान, ज़ंजीर-गौहर, सावित्री, जुल्मे अज़लम, सितमगर, सती अनुसूया, हरिश्चन्द्र और हवाई मजलिस। इस यात्रा में मण्डली के डाइरेक्टर होरमजी तांतरा थे।

उपर्युक्त तालिका से प्रतीत होता है कि बालीवाला कितने साहसी व्यक्ति थे। अपनी मण्डली के लिए उन्होंने बम्बई में एक ख़ास नाट्यशाला का भी निर्माण कराया था, जिसका नाम रखा था 'ग्राण्ड थियेटर'। यह नाट्यशाला ग्राण्ट रोड पर ही बनी थी। दुर्भाग्य की बात यह थी कि सितम्बर, सन् 1923 में बालीवाला लकवे (पक्षाघात) की बीमारी के कारण 61 वर्ष की आयु में इस संसार से विदा हो गये। उनके पीछे मण्डली कुछ दिन लँगड़ाती-लँगड़ाती चली, परन्तु अन्त में कलकत्ते के मादन थियेटर ने उसे ख़रीद लिया। मण्डली बड़े उत्साह से बनी और धीरे-धीरे शान्त हो गयी।

महफ़िले यार से उठने को उठे तो लेकिन,
दर्द की तरह उठे, गिर पड़े आँसू की तरह।

एम्प्रेस विक्टोरिया नाटक मण्डली

इस मण्डली के संस्थापक जहाँगीर पेस्तनजी खम्बाता थे। ज्वाइण्ट स्टाक कम्पनी लिमिटेड के रूप में इसकी स्थापना सन् 1876 में देहली में हुई थी। इसमें कई शेयर-होल्डर्स थे। सबसे अधिक शेयरों के मालिक ला. लालसिंह दूलहसिंह थे। जहाँगीर खम्बाता उसके निर्देशक-बोर्ड के सदस्य थे।

श्याबक्ष के अनुसार वतुमल के लीलाख़ाने में विक्टोरिया नाटक मण्डली नाटक कर रही थी। उसके विज्ञापन बाँटनेवाला एक व्यक्ति दादी पोलादबन्द नाम का था। लालाजी ने दादी से एक बड़ी थियेट्रिकल कम्पनी की स्थापना करने की अपनी इच्छा प्रकट की और दादी को अच्छा इनाम देने का वायदा किया। दादी पोलादबन्द ने खम्बाता से इस विचार को कार्यरूप में परिणत करने का प्रोत्साहन दिया। खम्बाता इसलिए तत्पर नहीं हुए कि उनके पास डाइरेक्टर बनने के लिए आवश्यक शेयर खरीदने के लिए धन की कमी थी। लालाजी ने यह कमी भी पूरी कर दी और जहाँगीर कम्पनी के निर्देशक-बोर्ड में आ गये।[1]

मैनेजिंग डाइरेक्टर बनने के बाद पहला काम जहाँगीर ने यह किया कि विक्टोरिया नाटक मण्डली के विख्यात चित्रकार श्री पेसु मादन को अपनी मण्डली में बुला लिया। तत्पश्चात् कुछ अभिनेता भी वहाँ से आकर जहाँगीर की मण्डली में सम्मिलित हो गये। इन अभिनेताओं में कावसजी खटाऊ, एदू, सैलानी, नसलु सरकारी जैसे सुरीले कण्ठबाज़ तथा दोराबजी सचीनवाला जैसे आल-राउण्डर ऐक्टर सम्मिलित थे।

कावसजी खटाऊ के साथ मिलकर जहाँगीर ने 'इन्दर-सभा' तैयार की और एक बोहरे मुन्शी को नाटक लिखने का काम सौंपा। इन्दर-सभा में कावसजी खटाऊ ने गुलफ़ाम

1. पारसी नाटक तख्तो, पृ. 113

का और नसलु सरकारी ने सब्ज़ परी का पार्ट किया। दोराब सचीन ने पुखराज परी और लाल देव की भूमिका काऊ कलगीर ने पूर्ण की। राजा इन्दर का पार्ट कावसजी हाण्डा ने किया था। नाटक बड़ा सफल रहा और मण्डली को अच्छी ख्याति मिली। सामान्य जनता जहाँगीर खम्बाता द्वारा प्रस्तुत नाटक देखने के लिए उमड़ी पड़ती थी। इन्दर-सभा के पश्चात् 'छैलबटाऊ मोहना रानी' नाटक का अभिनय हुआ। कावसजी खटाऊ छैलबटाऊ और नशरवानजी सरकारी (नसलु सरकारी) मोहना रानी का पार्ट करते थे। 'लैला-मजनूँ' में भी लैला का पार्ट नसलु सरकारी तथा मजनूँ का पार्ट कावसजी खटाऊ का रहता था। 'गुलबकावली' में खटाऊ ताजुलमलूक और बकावली वही नसलु सरकारी बनते थे। जहाँगीर के नाटक देखने के लिए रजवाड़े के राजा लोग तक आया करते थे। किसी एक राजा की इच्छा के अनुकूल एक नया नाटक खेला गया, जिसका नाम था 'ख़ुदाबख़्श'। यह एदलजी खोरी की रचना थी। इसमें कावसजी खटाऊ ने नादिर का पार्ट किया। नाटक बहुत सफल रहा और राजाजी को भी पसन्द आया। तत्पश्चात् 'अलीबाबा चालीस चोर' का नाटक संगीतबद्ध तैयार कराया गया। सारे गीत कावसजी के लिखे हुए थे। नाटक में चोरों के सरदार का पार्ट जहाँगीर खम्बाता ने स्वयं किया। कावसजी अलीबाबा बने और मरजीना का पार्ट नसलु सरकारी ने किया था। नाटक रंगमंच पर खूब जमा और मण्डली की प्रसिद्धि में चार चाँद लग गये। 'ख़ुदाबख़्श' नाटक के बाद दिल्ली में और कौन-सा नाटक खेला गया, इसका विवरण नहीं मिलता। परन्तु दिल्ली की एक घटना स्मरण रखने योग्य है। एक दिन दोपहर को रिहर्सल समाप्त होने पर एक चपरासी ने आकर कावसजी से कहा—"आपसे कोई मेम साहब मिलने आयी हैं।" यह सुनकर जहाँगीर खम्बाता उससे मिलने चले। देखते ही दंग रह गये—दमामदार देखाब, नाजुक बदन, चाँद-सा मुखड़ा। खम्बाता सोचने लगे कि संगमरमर से निकाली हुई यह पुतली, आकाश की एक हूर एक देशी आदमी से मिलने कौन आ गयी है। परन्तु थोड़ी ही देर बाद पता चला कि वह लड़की मेरी फैण्टम थी। बाप मिलिटरी का पेन्शनर था और वह अपने पिता के साथ मैजिक लैनटर्न शो दिखाया करती थी। जिस स्थान पर खम्बाता की मण्डली ठहरी थी, उसी स्थान को भाड़े पर लेने के लिए आयी थी, जिससे नाटक न होनेवाले दिन वह अपना शो दिखला सके। रविवार के लिये अपना मण्डवा भाड़े पर देने के लिए खम्बाता तैयार हो गये। यह आयरिश लड़की अपने पिता से पूछकर जवाब देने का वायदा कर वहाँ से चली गयी। जहाँगीर ने उसे अपने नाटक में आने का प्रवेश-पत्र दे दिया। इन्दर-सभा के नाटक में मेरी फैण्टम आयी तो बाद को नाटक देखने का चस्का ही उसे लग गया। भारत में रहने के कारण वह अच्छी तरह हिन्दी और उर्दू बोल लेती थी। नाटकों में नाटक का पार्ट करनेवाले कावसजी खटाऊ की ओर उसका विशेष आकर्षण था। इस प्रकार कावसजी से मेरी फैण्टम की मित्रता मज़बूत होती चली गयी। जब कम्पनी दिल्ली से मेरठ गयी तो मेरी फैण्टम भी कावसजी के साथ वहाँ पहुँची। परन्तु उसका बाप वहाँ से उसे ले आया। इस पर

कावसजी पुनः दिल्ली आये और मेरी को अपने साथ मेरठ लिवा ले गये। आगे क्या हुआ यह सब अन्य अवसर पर लिखा जायेगा।

एक अन्य घटना जहाँगीर के साथ यह घटी कि पुलिस से उसकी कुछ खटपट हो गयी। कारण मुफ़्त पास न देना था। एक दिन जहाँगीर जिस गाड़ी में बैठे अपने नाटक के विज्ञापन बाँट रहे थे उससे एक लड़का ज़ख़्मी हो गया और अस्पताल जाकर मर भी गया। पुलिस ने यह अवसर देखकर जहाँगीर को परेशान करना आरम्भ कर दिया। मुक़दमा चला। अन्त में खम्बाता मुक्त तो हो गये, परन्तु अनुभव बड़ा कटु रहा। पाँच-छह महीने मण्डली मेरठ में रही।

मेरठ से मण्डली लाहौर गयी। हीरामण्डी में मण्डवा बनाया। मण्डली के सब अभिनेता एक 'गुलाब-बाग़' नामक पारसी मकान में जाकर ठहरे। उसी के पास किसी बँगले में कावसजी और मेरी फैण्टम भी ठहरे। 19 जनवरी, सन् 1878 को शनिवार की रात 'खुदादाद' नाटक का अभिनय हुआ। टिकट दोपहर तक ही बिक चुके थे परन्तु भीड़ टूट पड़ रही थी। रात के 8.30 बजे नाटक आरम्भ हुआ। संख्या की अधिकता के कारण अन्तिम क्लास का मंच टूट गया। भारी शोर मच गया। अच्छा यही था कि किसी को चोट नहीं आयी। लाहौर में मण्डली लगभग पाँच महीने रही। वहाँ 'अलीबाबा' चीनी वेशभूषा में खेला गया। दृश्य आदि भी चीनी ही थे। उन दिनों जमशेदजी फ़रामजी मादन की एलफ़िन्स्टन नाटक मण्डली अमृतसर में अपने नाटक खेल रही थी। रंगूनवाले डॉ. नशरवानजी नवरोजी पारख उसके एक भागीदार थे। एक दिन ये कम्पनीवाले लाहौर की सैर करने के लिए आये। खम्बाता का नाटक देखकर पारखजी बहुत प्रसन्न हुए और उनकी सफलता पर बधाई देने लगे।

एम्प्रेस विक्टोरिया नाटक मण्डली का एक वर्ष का कार्य-काल पूरा हो रहा था। अभिनेताओं ने नोटिस दिया कि उनका वेतन दुगना कर दिया जाय अन्यथा वे त्यागपत्र दे देंगे। उनका मण्डली के साथ जो अनुबन्ध था उसका कार्य-काल केवल एक बरस था। जहाँगीर का माथा ठनका। उसने समझ लिया किसी की चाल है। बाद को उसे मालूम पड़ा कि कोई पारसी सज्जन अभिनेताओं को फुसलाकर उन्हें अपनी नयी कम्पनी में बुलाना चाहते थे। खम्बाता ने उन्हें बहुत समझाया कि उनका वेतन धन मारा जायगा, परन्तु उनकी समझ में नहीं आया। इसी प्रसंग को लेकर खम्बाता ने एक प्रहसन भी लिखा जिसका शीर्षक था 'भंगड़-सभा'। इसमें दिखाया गया है कि एक ले-भगू व्यक्ति किस तरह कम्पनी खोलकर सबको डुबो डालता है।

लाहौर से मण्डली अमृतसर गयी। परन्तु वहाँ तो पहले से ही विक्टोरिया और एलफिन्स्टन मण्डलियाँ पर्याप्त धन खींच चुकी थीं। गरमी का मौसम था। अमृतसर भट्टी की तरह जल रहा था। अधिकांश अभिनेता बम्बई चले गये। रह गये केवल मेरी फैण्टम, कावसजी, नशरवानजी सरकारी तथा तीन-चार अन्य अभिनेता। इन्हें लेकर खम्बाता दिल्ली पहुँचे। पहले कम्पनी के सामान का सब चार्ज ला. लालसिंह को दिया।

दिल्ली में आकर लालसिंह के ही होटल में ठहरे थे। यह होटल भी कुछ दिनों से बन्द था। जहाँगीर तो बिलकुल ग़रीब थे। पास में एक कौड़ी भी नहीं थी। लालाजी ही खाने के लिए भी रुपये देते थे। मण्डली बन्द हो गयी।

एम्प्रेस विक्टोरिया नाटक मण्डली ने अपने उपर्युक्त नाटकों के अतिरिक्त 'जुल्मे-नारवा' भी 'ट्रिवोली थियेटर' में खेला था।

धनजी भाई के लेखानुसार रुस्तम सचीनवाला तथा दोराब सचीनवाला नामक दोनों भाई जो बाद में विक्टोरिया नाटक मण्डली में प्रविष्ट हुए, पहले इसी एम्प्रेस थियेट्रिकल मण्डली में थे। बाद में अल्फ्रेड नाटक मण्डली में 'ऐ सेलानी' के नाम से प्रसिद्धि पानेवाला अभिनेता एदलजी मगलो हजाम ने इसी मण्डली में काम किया था। प्रसिद्ध सोहराबजी ओगरा भी खम्बाता की मण्डली की उपज थे।

खम्बाता के नाटक 'ट्रिवोली थियेटर' में हुआ करते थे। जिन दिनों कावसजी खटाऊ 'नावेल्टी' में ख़ूने-नाहक़ नाटक का अभिनय करते थे, उन दिनों खम्बाता 'ट्रिवोली' में जुल्मे-नारवा का अभिनय करने में संलग्न थे। यह जुल्मे-नारवा सम्भवतः शेक्सपियर के 'ओथेलो' अथवा 'सिक्वेलीन' का रूपान्तर था।

खम्बाता की कम्पनी के अन्य अभिनेताओं में अरदेशर चिनाई और मेहरजी एन. सरवेअर का नाम भी बड़े आदर के साथ लिया जाता है। यही मेहरजी सरवेअर खम्बाता की कम्पनी छोड़कर बाहर आ गये और अपनी नयी मण्डली 'दी पारसी रिपन थियेट्रिकल कम्पनी' के नाम से स्थापित कर ली। मेहरजी सरवेअर लगभग 50-52 भारतीय नगरों में घूमे और नाटक दिखाये।

खम्बाता की कम्पनी और अभिनेताओं की कार्यकुशलता से दादा भाई ठूँठी इतने प्रसन्न हुए थे कि उन्होंने कम्पनी में भागीदार बनने की इच्छा प्रकट की परन्तु ऋणबद्ध होते हुए भी खम्बाता इस पर राज़ी न हुए।

अल्फ्रेड नाटक मण्डली

सन् 1868 की बात है। प्रसिद्ध पारसी महाशय फ़रामजी गुस्तादजी दलाल उपनाम 'फलुघुस' अपना एक क्लब चलाते थे, जिसका नाम 'जेण्टिलमैन अमेच्योर्स' था। इस क्लब का प्रसिद्ध नाटक अँगरेज़ी के Lady of Lyons का गुजराती रूपान्तर था। नाटक में महिला-पात्र का अभिनय फ़रामज़ी जोशी करते थे। एक दिन फलुघुस के कानों में यह आवाज़ पड़ी कि उनके क्लब के कुछ अभिनेता क्लब छोड़कर कोई नयी मण्डली की स्थापना करना चाहते हैं। फलुघुस तीखे स्वभाव के मनुष्य थे। क्रोध में आकर रिहर्सल रूम में ही अपना क्रोध दिखाते हुए उबल पड़े और फ़रामजी जोशी से उनकी गरमागरम झड़प हो गयी। परिणाम यह निकला कि फ़रामजी जोशी ने 'जेण्टिलमैन अमेच्योर्स' को छोड़ दिया और एक नयी नाटक मण्डली की स्थापना का विचार मन में स्थिर कर डाला।

सन् 1871 में फ़रामजी जोशी ने जो नाटक मण्डली स्थापित की उसका नाम 'अल्फ्रेड

नाटक मण्डली' रखा। इस सम्बन्ध में डॉ. धनजी भाई पटेल का कहना है—"अल्फ्रेड नाटक मण्डली मुम्बई मां 1871 ना सालमां काईक चमत्कार करवा बरपा थई हती।"[1] डॉ. पटेल के अनुसार मण्डली के एक संस्थापक खुरेशदजी बापा सोला भी थे जो स्वयं तो बहुत बड़े अभिनेता नहीं थे परन्तु उनका सुगठित शरीर और ऊँचा क़द था लम्बा पारसी कोट और मोहोरानी पगड़ी पहनते थे। 'जहाँबख़्श अने गुलरुख़सार' नाटक में उन्होंने 'जिन' (देव) का अभिनय किया था जो उनके शरीर आदि पर खूब फबता था। सन् 1871 ही में इस मण्डली ने 'शहज़ादा शियाबख़्श' नाटक का अभिनय किया। नाटक की कथावस्तु ईरान के इतिहास से सम्बन्ध रखती थी। फ़रामजी जोशी ने उसमें 'फ़िरंगीस' नामक महिला का पार्ट किया था। नाटक बड़ा सफल रहा और ऐसी धूम मची कि अल्फ्रेड नाटक मण्डली नयी मण्डली होते हुए भी अपनी समकालीन विक्टोरिया एवं ज़ोरास्ट्रियन मण्डलियों की पंक्ति में प्रविष्ट हो गयी। 'जहाँबख़्श अने गुलरुख़सार'[2] में फ़रामजी जोशी गुलरुख़सार की भूमिका में रंगमंच पर आये थे। इसी नाटक में, कहा जाता है, सबसे प्रथम यान्त्रिक दृश्यों का आविष्कार हुआ था। पहाड़ का फटना, पृथ्वी से देव का बाहर निकलना और परियों का हवा में उड़कर रंगमंच पर आना आदि दृश्य देखकर दर्शक बड़े प्रसन्न होते थे। चमत्कार की इस दृश्यावली ने अल्फ्रेड की प्रसिद्धि में विशेष सहायता की थी।

मण्डली के निर्देशक हीरजी खम्बाता थे जो अपने समय के एक माने हुए कलाकार थे। मण्डली का दुर्भाग्य था कि सन् 1871 ई. में ही फ़रामजी जोशी केन्द्रीय मुद्रालय के अधीक्षक होकर उससे पृथक् हो गये और उसी वर्ष स्वरचित नाटक 'आबे इबलीस' के प्रदर्शन एवं निर्देशन के पश्चात् हीरजी खम्बाता ने भी मण्डली से विदा माँग ली। मण्डली ने उपर्युक्त दो नाटकों के अतिरिक्त शेक्सपियर के नाटक Taming of the Shrew का गुजराती अनुवाद कराकर अभिनय किया और फिर बन्द हो गयी।

अल्फ्रेड नाटक मण्डली का यह जीवन-काल कितने वर्ष का रहा इसका कुछ पता नहीं चलता। एक अन्य स्रोत से पता चलता है कि सन् 1876 में भी 'शहज़ादा श्याबक्ष' का अभिनय इसमें हुआ था परन्तु लेखक ने इसका कोई प्रमाण उद्धृत नहीं किया।[3]

सन् 1881 के लगभग नानाभाई रुस्तमजी राणीना जो 'पारसी नाटक मण्डली' के भी भागीदार रह चुके थे पुनः अल्फ्रेड को संजीवन देने के लिए आगे आये। कावसजी पालनजी खटाऊ, मानकजी मास्टर और इब्राहीम मोहम्मद अली फिर उनके साझीदार बने। मण्डली को स्थिर करने के लिए इन मालिकों ने 'नाटक उत्तेजक मण्डली' का

1. पा. त. त., पृ. 206
2. इसके लेखक खुरशेदजी वमनजी फ़रामरोज थे और यह चार अंक का नाटक 25 अप्रैल, सन् 1871 में छपकर प्रकाशित हुआ।
3. (क) उर्दू थियेटर, डॉ. नामी (अप्रकाशित अंश)।
(ख) मानकशाह बलसारा ने भी स्थापना सन् 1876 में बतायी है। (भेंट में)

सारा सामान अपनी मण्डली के लिए ख़रीद लिया। रिहर्सल आरम्भ हो गये और तैयारी होने के पश्चात् मण्डली ने प्रवास यात्रा आरम्भ कर दी। सन् 1881 ही में देहली में 'चन्द्रावली' नाटक का सफल अभिनय हुआ। अब मण्डली कभी बम्बई रहती और कभी बाहर चली जाती। सन् 1883 में बम्बई में 'हरिश्चन्द्र' नाटक का अभिनय हुआ और फिर लाहौर में सन् 1884 में यही नाटक बड़े धूमधाम से खेला गया। इस समय तक मण्डली को प्रसिद्ध अभिनेता और निर्देशक सोहराबजी ओगरा की सेवाएँ प्राप्त हो गयी थीं। सम्भवतः ये दोनों नाटक मुराद अली 'मुराद' के लिखे हुए थे, परन्तु निश्चित विवरण इस सम्बन्ध में प्राप्त नहीं हैं। तीन बरस तक अल्फ्रेड नाटक मण्डली धन और ख्याति बटोरती रही और अन्त में सन् 1886 में पुनः बन्द हो गयी। इस प्रकार अल्फ्रेड के दूसरे जीवन-काल की अवधि केवल पाँच बरस की रही।

तीसरी आवृत्ति में मण्डली में कावसजी पालनजी खटाऊ के हाथ में इसकी बागडोर आ गयी परन्तु कावसजी के पास धनाभाव के कारण उसे चलाने में अनेकों कठिनाइयों का सामना करना पड़ा। पुनः मुहम्मद इब्राहीम ने कावसजी की धन से मदद की और मण्डली का उद्धार किया। इन दिनों मण्डली में सोहराबजी ओगरा 'निर्देशक', अमृतलाल 'प्रधान अभिनेता' और मेरी फैण्टम 'प्रधान अभिनेत्री' थीं। मेरी फैण्टम के आने से पारसी रंगमंच पर एक नयी बात पैदा हो गयी। अब तक अल्फ्रेड में कोई भी महिला अभिनेत्री नहीं रखी जाती थी परन्तु कावसजी का ज़ोर होने से कोई अधिक बोल नहीं सका। फिर भी मण्डली के अभिनेताओं और भागीदारों में असन्तोष की एक लहर फैल गयी। सामान्य दर्शक मण्डली इसके विरोध में थी।

प्रस्तुत आवृत्ति में मुराद अली 'मुराद' मण्डली के प्रमुख नाटककार (मुन्शी) थे और उनके नाटकों का ही दौरदौरा रहता था। परन्तु 'बेताब' का 'महाभारत' सन् 1913 में इसी में खेला गया। मण्डली पूना, हैदराबाद और अहमदनगर की यात्रा पर निकली और जब लौटकर आयी तो बम्बई के 'रायल थियेटर' में, जो अब 'रायल सिनेमा' के नाम से प्रसिद्ध है, अपने खेल दिखाने लगी।

श्री मानकशाह बलसारा का कहना है कि मेरी फैण्टम के कारण विशेष रूप से भागीदारों में नाचाकी हो गयी और जब मण्डली क्वेटा से लाहौर जाने को थी (सन् 1889-90) कि कावसजी को अल्फ्रेड नाटक मण्डली सौंपकर मोहम्मद अली इब्राहीम उससे अलग हो गये। लाहौर का सीज़न मण्डली के लिए अच्छा साबित हुआ।

नारायण प्रसाद 'बेताब' के आत्मचरित से मालूम पड़ता है कि सन् 1909 में वह मण्डली के साथ कलकत्ते गये थे। उन दिनों वह कम्पनी में 175 रु. पर नौकर थे। अतएव खटाऊ की मिल्कियत में मण्डली चलती रही।[1] सन् 1916 में जब मण्डली लाहौर में थी तो कावसजी की वहाँ मृत्यु हो गयी। उनके पुत्र जहाँगीर खटाऊ ने यशाशक्ति मण्डली को चलाने का प्रयत्न किया परन्तु सन् 1927 में यह मण्डली 'मादन

1. आत्म-चरित, पृ. 83। इसी अल्फ्रेड के डाइरेक्टर अमृतलाल केशवलाल नायक थे।

थियेटर्स' के हाथ में चली गयी। इसका अन्तिम नाटक 'पत्नी-प्रताप' था जिसके लेखक नारायण प्रसाद 'बेताब' थे।

अल्फ्रेड नाटक मण्डली की यही कथा है। सन् 1871 से लेकर 1927-32 तक कम-से-कम 56 वर्ष अन्यथा 61 वर्ष तक मण्डली में अनेक उतार-चढ़ाव आये। मिल्कियत बदली, अभिनेता बदले और फिर न जाने क्या-क्या हुआ।

न्यू अल्फ्रेड नाटक मण्डली

मोहम्मद इब्राहीम अल्फ्रेड मण्डली से सन् 1890-91 में पृथक् हो गये, यह पहले कहा जा चुका है। पृथक् होने पर अल्फ्रेड या मूल अल्फ्रेड नाटक मण्डली कावसजी खटाऊ की मिल्कियत में चली गयी और मोहम्मद इब्राहीम ने मानकजी मास्टर के सहयोग में अपनी दूसरी नाटक मण्डली बना ली जिसका नाम रखा 'न्यू अल्फ्रेड नाटक मण्डली।' इस प्रकार न्यू अल्फ्रेड पुरानी अल्फ्रेड की ही एक स्वतन्त्र शाखा थी। मोहम्मद इब्राहीम ने अपने नाटक बम्बई में 'रायल थियेटर' में जो अब 'रायल सिनेमा' कहलाता है, खेलने आरम्भ किये।

सोहराबजी ओगरा जो रंगमंच पर स्त्रियों को लाने के नितान्त विपरीत थे, न्यू अल्फ्रेड में निर्देशक बनकर चले आये। जगन्नाथ महाशंकर, भगवान अमृतलाल, अब्दुल रहमान काबुली, इलाइज़र, निसार और पुरुषोत्तम तथा हास्य-अभिनेता नशरवानजी जीवाजी दादर और रतनशाह जीवाजी दादर नाम के दोनों भाई भी न्यू अल्फ्रेड में सम्मिलित हो गये। अमृतलाल, नरबदाशंकर, निसार और मोतीलाल आरम्भ में स्त्री-पार्ट किया करते थे।

मण्डली ने 'मुराद' के 'अलाउद्दीन' नाटक से अपना जीवन प्रारम्भ किया। उसके बाद 'मुराद' के ही कई नाटकों का अभिनय 'न्यू अल्फ्रेड' में हुआ। सन् 1910-11 में न्यू अल्फ्रेड के ही थियेटर में भयंकर आग लगी और मण्डली बन्द हो गयी।

मानकशाह बलसारिया के कथानुसार सन् 1914 में मण्डली को संजीवन मिला। अरदेशर घड़ियाली ने अपनी भागीदारी समाप्त कर दी थी और मोहम्मद अली की मृत्यु हो चुकी थी, सम्भवतः आग लगने और मण्डली में हानि होने के सदमे से। अतएव अब मण्डली में मिल्कियत मानकजी मास्टर की थी। इस बार उसने अपना कार्य 'अछूता दामन' खेलकर प्रारम्भ किया। छह महीने की तैयारी के पश्चात् मण्डली बाहर निकल गयी और बरेली भी पहुँची। तीन साल बाद मण्डली घूम-घामकर वापस बम्बई लौट आयी। इस बार लगभग तीन वर्ष तक वह बाहर जाकर धूम मचाती रही। दो-तीन बरस प्रवास यात्रा में रहने के पश्चात् मण्डली वापस आ गयी।

सन् 1918 में मण्डली की भागीदारी में पुनः परिवर्तन हुआ। अब मानकजी मास्टर, मानकशाह बलसारिया और मेहरवानजी कापडिया उसके मालिक बने। सन् 1920 में मण्डली सूरत, अहमदाबाद और मुरादाबाद की प्रदर्शनी में गयी। मुरादाबाद में ही मैंने पहली बार मण्डली का 'अभिमन्यु' और 'चलता-पुर्ज़ा' नाटकों का अभिनय देखा था। राजा बहादुर प्रहसन में मण्डली के निर्देशक सोहराबजी ओगरा का अभिनय देखते ही

बनता था। उनका तकिया कलाम था 'तारीफ़ तो यही है।' सोहराबजी को रंगमंच पर देखते ही दर्शक उनके तकिया कलाम को दोहराने लगते थे। उनके अभिनय की यही प्रशंसा थी। पाँच बरस के बाद मण्डली फिर बम्बई आ गयी।

न्यू अल्फ्रेड कई वर्षों तक नाटक दिखाती रही और बम्बई में वह बहुत ख्याति प्राप्त करने में सफल रही। सन् 1932 में मण्डली ने जयपुर के वर्तमान महाराजा सवाई मानसिंहजी के कथन पर जयपुर में डेरे डाले। वहाँ पहले से ही महाराजा रामसिंहजी का बनवाया हुआ थियेटर-हाल था ही। मण्डली ने बड़े चाव से अपने कई नाटकों के अभिनय यहाँ किये। उसी वर्ष मण्डली बम्बई वापस आ गयी।

इस बार बम्बई आने से पहले जब मण्डली लाहौर में थी तो उसके मालिकों (बलसारिया और कापडिया) को मानकजी मास्टर का तार मिला और वे लाहौर से बम्बई वापस आये। मानकजी मास्टर उस समय बीमार थे। मानकजी ने अपना आधा हिस्सा भी अन्य दोनों साझियों को बेच दिया और उसके बाद केवल 500 रुपये महीना अपने खर्च के लिए जीवन भर लेते रहे। अब न्यू अल्फ्रेड के केवल दो ही भागीदार रह गये।

सन् 1937 में जब मण्डली देहली में थी तो कुछ कारणों से उसे बन्द कर दिया गया। मालिकों ने मण्डली के पर्दे और ड्रेसें तथा सारा सामान ला. मुकुन्दलाल को सुपुर्द कर दिया। उन्होंने उसका एवज़ाना देने का वायदा करके भी आज तक कोई पैसा नहीं दिया।

मण्डली के निर्देशकों में सोहराबजी ओगरा का नाम ऊपर आ चुका है। उन्होंने मण्डली की ख्याति के लिए जो प्रयत्न किये आज भी जब बलसारियाजी 86 वर्ष के हो गये हैं तो बड़े स्नेह और सम्मान से उसका स्मरण करते हैं। उनका कहना है कि 'हम तो सोहराबजी के हाथ में थे। वह जैसा चाहते करते हम कभी उनके मामले में दख़ल नहीं देते थे। सोहराबजी की ख़्वाहिश पूरी करने के लिए हमें अगर कोई चीज़ कहीं बाहर से मँगानी पड़ती तो भी हमें मँगाकर उसे उन्हें देना पड़ता था।

सोहराबजी पक्षाघात के कारण जब मण्डली से पृथक् हो गये तो भोगीलाल उसके निर्देशक बने। बाद में पं. राधेश्याम सहायक के रूप में काम करते थे। पं. राधेश्यामजी ने 'मेरा नाटक काल' में बड़ी अतिशयोक्तियों से काम लिया है। बलसारिया साहब ने मुझे बताया कि उन्हें कभी भी एकमात्र निर्देशक का पद नहीं दिया गया। इसमें सन्देह नहीं कि पण्डितजी के व्यवहार से बलसारियाजी की पुत्री बड़ी दुखी प्रतीत हुई। परन्तु बलसारियाजी उन्हें यह कहकर मना कर दिया "जो हो गया उसका ज़िकर क्या।" ये शब्द उनकी उदारता और महानता के सूचक हैं। वास्तव में चाहे पं. राधेश्याम हों, चाहे ला. मुकुन्दलाल हों उनके मन में किसी के प्रति कोई आक्रोश नहीं है। उन्होंने अपनी क्षतियों को जीवन की उदारता के वशीभूत हो, उदासीनता का बाना पहना दिया है।

न्यू अल्फ्रेड मण्डली ने आरम्भ में 'मुराद' लखनवी, 'दिल', 'हश्र' और 'अहसन' आदि के बनाये हुए नाटक खेले परन्तु बाद में राधेश्याम के हिन्दी नाटकों की प्रधानता रही। डॉ. नामी ने अपने अप्रकाशित 'उर्दू-थियेटर' में एक स्थान पर लिखा है कि मोहम्मद

अली ने इस शर्त पर अल्फ्रेड को धन से सहायता दी थी कि उसमें 'उर्दू के नाटक खेले जायें।' मैंने बलसारिया जी से, जो अल्फ्रेड के मैनेजर थे और न्यू अल्फ्रेड से भी जिनका इतना सम्बन्ध था, इस विषय में चर्चा की तो उन्होंने बताया कि किसी भागीदार की कोई शर्त नहीं रहती थी। जिसका जितना हिस्सा होता था उसी के अनुपात में वह मण्डली के लाभ और हानि का उत्तरदायी था। सब मालिक अपना-अपना काम परस्पर बाँट लिया करते थे।

न्यू अल्फ्रेड के अभिनेताओं में सोहराबजी ओगरा, भोगीलाल, अमृतलाल (अम्बू), उमर भाई, क़ादर भाई, एलाइज़र (भदूडी), निसार, पुरुषोत्तम और नरबदाशंकर प्रधान थे। अमृतलाल के विषय में बलसारिया जी ने एक घटना बड़ी मनोरंजक बतलायी। जब मण्डली लखनऊ में नाटक खेल रही थी तो वह ज्वर से पीड़ित थे और डॉक्टर ने उन्हें हिलने-डुलने से बिलकुल मना कर दिया था। ज्वर का तापमान बहुत अधिक था। स्वाभाविक था कि उनकी भूमिका कोई अन्य व्यक्ति करे। जब अम्बू को यह मालूम हुआ कि उसकी भूमिका दूसरे अभिनेता को दे दी गयी है तो उससे न रहा गया और ज्वर में ही भागता-भागता मण्डली के नाटक-मण्डप तक पहुँचकर अन्दर चला गया। बड़ी हठ करके उसने अपना पार्ट स्वयं किया। मालिकों ने मना भी किया लेकिन उसकी समझ में कोई बात नहीं आयी। मजबूरी से मालिकों को झुकना पड़ा। परन्तु आश्चर्य की बात यह थी कि अम्बू का ज्वर जाता रहा और उसे फिर कोई पीड़ा नहीं हुई।

मण्डली के दृश्यों को चित्रित करनेवाले मियाँ हुसैन ख़ाँ अँगूठाछाप आदमी थे। अपने काम में बड़े कुशल। उन दिनों मण्डली उन्हें 1500 रुपये महीना देती थी। बाद में उनके सहयोगी दीनशा ईरानी बन गये।

अल्फ्रेड तथा न्यू अल्फ्रेड के नाटकों में से निम्नलिखित नाटक अधिक प्रसिद्ध हुए—

हरिश्चन्द्र (ले. मुरादअली), चन्द्रावली उर्फ़ 'ताजेनेकी' (ले. वही), लैला-मजनूँ (ले. 'दिल'), नादिरशाह (ले. वही), शीरीं-फ़रहाद, गुलरु-ज़रीना, मुस्तफ़ा-बेनज़ीर (ले. इफ़्तख़ार हुसैन), श्रीमती मंजरी (ले. अब्बास अली), नूरानी मोती (ले. वही), नूरे-इस्लाम (ले. वही), शाही फ़रमान (ले. वही), देहली दरबार (नैय्यर अम्बालवी), मुस्तफ़ा कमालपाशा (ले. वही), आलम-आरा (ले. वही), सुलताना डाकू (ले. वही), बंगाल का जादू (ले. वही), ज़हरे इश्क़ (ले. वही), माशूक़ अरब (ले. वही), ईद का चाँद (ले. वही), महाभारत (ले. बेताब), सीतावनवास (हश्र), बनदेवी (हश्र), सूरदास (हश्र), आँख का नशा (हश्र), इन्दर-सभा (अमानत), जल्लाद आशिक (महशर अम्बालवी), दर्दे ज़िगर (वही), मोहब्बत का फूल (वही), बाबफ़ा क़ातिल (वही), रोमन दिलरुबा (रात मुरादाबादी), नूर की पुतली (वही), चलता पुर्ज़ा (वही), ख़ूबसूरत बला (राहत मुरादाबादी), अछूता दामन (वही), मशरक़ी हूर (वही), यहूदी की लड़की (वही), अभिमन्यु (पं. राधेश्याम), भक्त प्रह्लाद (वही), परिवर्तन (वही) आदि-आदि।

अल्फ्रेड और न्यू अल्फ्रेड नाटक मण्डलियों के सम्बन्ध में दो-एक बातों पर ध्यान आकर्षित करना अति आवश्यक है। डॉ. नामी ने अपने अप्रकाशित शोध ग्रन्थ के अंश में 'पारसी नाटक कम्पनी' को अल्फ्रेड नाटक मण्डली की स्थापना के साथ मिलाकर अल्फ्रेड मण्डली को सन् 1854 में स्थापित माना है और उसे अल्फ्रेड नाटक मण्डली संख्या 1 का नाम दिया है। यह ठीक नहीं है। सन् 1853 में पारसी नाटक मण्डली की स्थापना हुई थी।[1] किसी-किसी ने सन् 1853 के स्थान पर इसे 1854 माना है। सम्भवतः इसी कारण डॉ. नामी ने भी 1854 ही लिख लिया है। डॉ. धनजी पटेल ने स्पष्ट रूप से अल्फ्रेड की स्थापना 1871 में मानी है।[2]

'गुजरातनी नाट्यशताब्दी महोत्सव स्मारक ग्रन्थ' प्र. का. सन् 1952 ई. में रमणीक श्रीपतराय देसाई का एक लेख है 'गुजरात नाटक कम्पनियोंनी सूची।' इसमें भी अल्फ्रेड नाटक मण्डली की कई सूचनाएँ हैं। उनके आधार क्या-क्या हैं? कुछ पता नहीं चलता। परन्तु यह अवश्य है कि इन सूचनाओं से एक भ्रम पैदा हो जाता है कि कौन-सा तथ्य ठीक है और कौन-सा ग़लत है।

यदि कुछ और प्रामाणिक सामग्री मिल सके तो इन झमेलों को स्पष्ट किया जा सकता है।

नाटक उत्तेजक मण्डली (1875-76)

विक्टोरिया नाटक मण्डली के मन्त्री पद से कैखशरु कावराजी ने इस्तीफ़ा दे दिया। परन्तु नाटक जैसी कला की वृद्धि के लिए उनके मन में असीम उत्साह था। अतएव सन् 1875-76 में, लगभग विक्टोरिया मण्डली से पृथक् होने के छह बरस बाद, उन्होंने 'नाटक उत्तेजक मण्डली' की स्थापना की। इसके मूल मालिक फ़रामजी गुस्तादजी दलाल (फलुघुस) थे।

मण्डली की स्थापना में कई कारण काम कर रहे थे। पहली बात थी विक्टोरिया मण्डली की मालिकी में परिवर्तन। दूसरी बात यह थी कि ग्राण्ट रोड के ऊपर शंकर शेठ की नाटकशाला में खूब चहल-पहल थी और दर्शकों में नाटक देखने की लालसा तीव्रतर होती जा रही थी। तीसरी बात यह थी कि रंगमंच पर स्त्री अभिनेत्रियों का भाग लेना आरम्भ हो गया था और इस प्रथा का पर्याप्त विरोध था और चौथी बात यह थी कि यान्त्रिक दृश्यों की बहुलता ने नाट्य-कला को जादूगिरी के खेलों में परिवर्तित कर दिया था। अधिकांश दर्शक इन आश्चर्य भरे दृश्यों को देखने के लिए आने लगे थे। अभिनय-कला की उत्कृष्टता की ओर उनका ध्यान नहीं जाता था। अतएव कैखशरु कावराजी के मन में यह बात उठी कि नाट्य-कला और अभिनय-कला दोनों की सुरक्षा इसी में है कि ऐसी मण्डली स्थापित की जाय जो उपर्युक्त त्रुटियों से मुक्त हो। इसी कारण उन्होंने नाटक उत्तेजक मण्डली की नाटकशाला भी पृथक् निर्मित करायी और

1. पा. त. त., पृ. 2
2. वही, पृ. 206

उसका स्थान ग्राण्ट रोड न रखकर क्राफ़र्ड मारकेट के सामने का एक भूखण्ड निश्चित किया। परन्तु इस नाटकशाला के बनने से पहले मण्डली धोबी तालाब पर फ़रामजी कावसजी हाल में प्रत्येक शनिवार को अपना नाटक खेला करती थी।

मण्डली के नाटकों की भाषा गुजराती थी। सर्वप्रथम नाटक जिसका अभिनय हुआ कावराजी का लिखा 'सुडी बच्चे सोपारी' (सरौते में सुपारी) खेला गया। मण्डली को सबसे अधिक ख्याति 'हरिश्चन्द्र' नाटक द्वारा मिली। यह नाटक रणछोड़ भाई उदयराम का लिखा हुआ था और लगभग 100 रातों तक चला। जिन दिनों नाटक उत्तेजक मण्डली 'हरिश्चन्द्र' नाटक खेल रही थी, उन दिनों एलफ़िन्स्टन नाटक मण्डली शंकर शेठ की नाटकशाला में 'अलादीन' नाटक चला रही थी और दादी पटेल हैदराबाद की बेगमों के साथ इन्दर-सभा में संलग्न थे।

'हरिश्चन्द्र' नाटक में भाग लेनेवाली मण्डली के भागीदार एवं अभिनेता सभी सम्मिलित थे। इनमें प्रमुख होरमसजी धनजी भाई मोदी (हरिश्चन्द्र), फ़रामजी गुस्तादजी दलाल (विश्वामित्र), और कावसजी गुरगीन (नक्षत्र) थे। तारामती का पार्ट अरदेशर हीरामाणिक करते थे।

'हरिश्चन्द्र' नाटक द्वारा मालिकों ने एक अच्छी धनराशि पैदा की। फ़रामजी कावसजी हाल तो केवल एक वर्ष में भाड़े पर लिया गया था। अतएव इस अवधि के समाप्त होते-होते, जैसा पहले कहा जा चुका है, मण्डली ने क्राफ़र्ड मारकेट के सामनेवाले मैदान में अपना 'एस्प्लेनेड थियेटर' बनवा लिया। यहीं रणछोड़ भाई का दूसरा नाटक नल-दमयन्ती खेला गया। इस नाटक को देखने के लिए हिन्दुओं की बड़ी संख्या नाटकशाला में आने लगी। स्त्रियाँ विशेष रूप से आती थीं, अतएव उनके बच्चों के लिए मण्डली ने पालने लगवाकर और कुछ नौकर उनकी रखवाली के लिए मुकर्रिर कर स्त्रियों को उनकी चिन्ता से मुक्त कर दिया। यदि कोई बालक रोता तो द्वारपाल उसकी माँ को मण्डवे में जाकर सूचना दे देता और माँ वहाँ से आकर अपने बच्चे को चुप करा जाती।

कैखशरु का मस्तिष्क इन सभी योजनाओं में काम कर रहा था और मालिकों की जेबें धन से भरती जा रही थीं। परन्तु मालिक ऐसे नाशुकरे निकले कि अपनी कमायी का कोई भी भाग उन्होंने कावराजी को नहीं दिया।

नाटक मण्डली 16 बरस तक निरन्तर चलती रही। मण्डली का एक आकर्षक छोकरा जो सुडी बच्चे सोपारी में मनीजेह नामक स्त्री का पार्ट करता था उसे पहले ज़ोरास्ट्रियनवालों ने ललचा लिया। और पीछे वहाँ से वह विक्टोरिया नाटक मण्डली में चला गया। इसका नाम मेहरवानजी पेस्तनजी मेहता था।

नाटक उत्तेजक मण्डली का तीसरा नाटक 'फ़रीदून' था। यह वही नाटक था जो कैखशरु कावराजी ने दादी ठूँठी की हिन्दी नाटक मण्डली के लिए लिखा था। परन्तु दादी ठूँठी उसका मूल्य नहीं चुका पाये थे इसलिए कावराजी ने कुछ हेरफेर करके उसे नाटक उत्तेजक मण्डली को दे दिया। कुछ महीनों तक यह नाटक भी अच्छा चला।

इसके पश्चात् चौथा नाटक 'सीताहरण' खेला गया। इसके लेखक नरबदाशंकर थे। नरबदाशंकर स्वयं भी एक बड़े विख्यात अभिनेता थे। इस प्रसंग में एक अन्य 'सीताहरण' नाटक की याद आ गयी जिसे दामोदर रतनजी शोमाणी ने लिखा था। यद्यपि इसका प्रकाशन 1 अक्टूबर, सन् 1884 में हुआ था परन्तु नाटक में लेखक द्वारा दी गयी सूचना के अनुसार—

''संवत् 1934 मां (1877 ई.) प्रसिद्ध पंडीत गटुलालजी घनस्यामजीनी देखरेख नीचे चालती नीतीदर्शक नाटक मण्डलीअे आ नाटक रंगभूमी ऊपर भजवी बताव्यो हतो।'' अतएव स्पष्ट है कि नरबदाशंकर के सामने एक मॉडल मौजूद था। क्योंकि नाटक उत्तेजक मण्डली का सीताहरण सन् 1870 के बाद लिखा गया था। सीताहरण के सन्दर्भ में एक बात याद रखने की है। जिस समय राम और सीता प्रथम बार रंगमंच पर आये उसी समय एकदम सारी हिन्दू दर्शक मण्डली अपनी-अपनी सीटों से उठ खड़ी हुई और हाथ जोड़कर नमस्कार करने लगी। यह थी उस युग की धार्मिक भावना की अभिव्यंजना।

नाटक उत्तेजक मण्डली ने पारसी और हिन्दू दोनों के आख्यानों को लेकर नाटक लिखवाये और अभिनीत किये। इन नाटकों में अधिकांश कावराजी के लिखे नाटक थे जिन्होंने हिन्दू कथाओं पर भी अपनी लेखनी चलायी यथा नन्दवत्रीसी, लवकुश आदि। सन् 1883 ई. में कैखशरु ने एक नाटक 'निन्दाखानु' लिखा। इसका आधार अँगरेज़ी लेखक शेरीडन का 'स्कूल ऑव स्कैण्डल' था। परन्तु इसमें तत्कालीन पारसी संसार का रंग दिया गया था। परिणाम यह रहा कि नाटक बड़ा सफल रहा और मण्डली ने अच्छा पैसा कमाया। इस नाटक में एक पात्र 'नाजामायनसकोरु' था जिसका पार्ट दाराशा नवरोजजी पटेल ने इतनी कुशलता से किया कि समाचार-पत्रों तक में उसकी प्रशंसा छपी। इसी अभिनेता ने 'काला मैढाँवाला' नामक एक पारसी संसारी नाटक में शीरीन का पार्ट करने में बड़ा कमाल दिखाया था। स्त्री-भूमिका में दाराशा पटेल को जो सफलता मिली वह इसी से मालूम पड़ती है कि नल-दमयन्ती में दमयन्ती, सुभद्राहरण में सुभद्रा, आबे इबलीस में उरीका और रुस्तम-सोहराब में तहमीना की भूमिका को देखकर दर्शक मण्डली अति सन्तुष्ट हुई।

नाटक उत्तेजक मण्डली के कुछ प्रसिद्ध अभिनेता ये थे—

1. मनचेरशाह रुस्तम करामना
2. दोराबजी बजाँ
3. नवरोजजी दीतिया
4. सोहराबजी रुस्तमजी वाच्छा
5. पेसु हतसेना उर्फ़ पेसु ढेडी

यद्यपि नाटक उत्तेजक मण्डली लगभग पूरे 16 बरस तक चली परन्तु इस काल में कुछ उतार-चढ़ाव भी हुए। एक समय ऐसा भी आया कि फ़रामजी गुस्तादजी दलाल

अकेला ही मण्डली का मालिक बन गया। अन्य भागीदार उसके कटु और तीव्र स्वभाव के कारण मण्डली को छोड़कर पृथक् हो गये। ऐसी परिस्थिति में फ़रामजी दलाल ने कैखशरु कावराजी को छोड़कर एक हिन्दू लेखक शोकर बापाजी त्रीलोकेकर का सहारा पकड़ा। यह एक अच्छे गुजराती लेखक थे। बम्बई के हाईकोर्ट में 'अनुवादक' थे। इनके लिखे हुए कुछ नाटकों का अभिनय नाटक उत्तेजक मण्डली में हुआ यथा दमयन्ती स्वयंवर, विक्रमचरित्र याने शनीग्रहनो कोप, सुभद्राहरण और चित्रसेन गन्धर्व। कवि होने के कारण नाटकों के गायन भी लेखक स्वयं ही लिखता था।

इन दिनों दादी ठूँठी विक्टोरिया मण्डली से पृथक् हो गये थे। अतएव फ़रामजी ने किसी-न-किसी तरह उन्हें नाटक उत्तेजक मण्डली में भागीदार बना लिया। अतएव मण्डली में रिहर्सल रात्रि-क्लब के तरीक़े से चलता था। धीरे-धीरे दादी ठूँठी ने उसे दिवस-क्लब में परिवर्तित कर लिया। गुजराती की अपेक्षा हिन्दुस्तानी के नाटक लिखवाने आरम्भ किये। उनके रिहर्सल भी शुरू हो गये। यह देखकर फ़रामजी बड़ा नाराज़ हुए, परन्तु दादी ठूँठी ने उसे अपने काबू में कर लिया और एक छोटी-सी भूमिका भी दे दी। इस नाटक का नाम था 'परिस्तान की परियाँ'। परन्तु यह नाटक निष्फल रहा। इस ओपेरा की असफलता से फ़रामजी बड़ा असन्तुष्ट हो गया। परिणाम यह हुआ कि दोनों भागीदार पृथक् हो गये। नाटक मण्डली बिखर गयी। मण्डली का सारा सामान नानाभाई राणीना ने अपनी अल्फ्रेड मण्डली के लिए ख़रीद लिया।

जिस नाटक उत्तेजक मण्डली के नाटक देखने के लिए गवर्नर आते, जिस मण्डली के सहायक नगर के प्रख्यात गृहस्थ थे और जिसने अपूर्व ख्याति प्राप्त कर बम्बई में अपना डंका बजाया, अन्त में उसका यह परिणाम हुआ और फ़रामजी गुस्तादजी दलाल अपने जीवन के नाटक अनुभव को लेकर शेयर-बाज़ार में चला गया। उसने अपनी 16 बरस की मण्डली को बेच दिया।

एलफ़िन्स्टन ड्रामेटिक क्लब

इस क्लब की स्थापना एलफ़िन्स्टन कॉलेज में उसी के विद्यार्थियों द्वारा हुई थी। सन् 1863 में जब कुँवरजी सोहराबजी नाज़र ने मैट्रिक्यूलेशन परीक्षा पास करके कॉलेज में प्रवेश किया तो उनके प्रयत्न से इस क्लब की नींव पड़ी। इस कार्य में उन्हें अपने कुछ सहपाठियों से भी सहायता मिली। इन सहयोगियों में दो का प्रमुख हाथ था—रंगूनवाले डॉ. नशरवानजी नवरोजजी पारख और पूना में निवास करनेवाले लेफ़्टिनेण्ट कर्नल डॉ. धनजीशाह नवरोजजी पारख। दोनों भाई-भाई थे।

डॉ. धनजी भाई पटेल का कथन है—"कॉलेज जीवन में नाज़र को जो नाटक का चस्का लगा था वही धीमे-धीमे बढ़ता गया।" यह क्लब एक अमेच्योर्स कलाकारों का क्लब था जिसके प्रधान सदस्य थे—

1. लेफ़्टिनेण्ट कर्नल धनजीशाह नवरोजजी पारख
2. कुँवरजी सोहराबजी नाज़र

3. धनजी सी. मास्टर (पालखीवाला)
4. माणिकजी सुरती
5. पेस्तनजी नशरवानजी वाडिया
6. मेरवानजी नशरवानजी वाडिया
7. डी. एन. वाडिया
8. नशरवानजी नवरोजजी पारख
9. के. एच. काँगा

उपर्युक्त सभी पारसी युवक अव्यवसायी कलाकार, उच्च और कुलीन कुटुम्बों के दीपक थे तथा अपने-अपने व्यवसाय में व्यस्त थे। उन्हें रुपये-पैसे की चिन्ता न थी। नाटक के लिए जिस पोशाक की आवश्यकता होती वह भी अपने व्यय से तैयार कराते थे। परन्तु इनका मुख्य उद्देश्य अँगरेज़ी नाटकों का अभिनय करना था। शेक्सपियर के नाटकों की ओर विशेष रुचि रहती थी। जहाँगीर खम्बाता ने इनके द्वारा अभिनीत नाटकों की सूची इस प्रकार दी है—

1. Bengal Tiger
2. Love's Quarrels
3. Living too fast
4. Village Lawyer
5. Mock Doctor
6. Bombastes Furioso
7. Taming of the shrew
8. Thumping Legacy
9. Othello
10. Lying Vallet
11. Illustrious Stranger
12. Our wife
13. Two Gentlemen of Verona
14. Sham Doctor

अँगरेज़ी नाटकों के प्रस्तुतीकरण में उन दिनों Prologue (पूर्व कथन) अथवा Epilogue (पश्चात् कथन) का व्यवहार हुआ करता था। इन कथनों के लेखक और पाठक प्रायः नाज़रजी या वाडिया-बन्धु ही हुआ करते थे। सन् 1869 में एक समाचार-पत्र में प्रकाशित विज्ञापन में लिखा था "An original Prologue composed by Mr. C. S. Nazir" दूसरी बार समाचार-पत्र में प्रकाशित हुआ "An original Prologue by Mr. P. N. Wadia"[1]

24 मई, सोमवार सन् 1869 को महारानी विक्टोरिया के जन्मदिवस पर इस क्लब ने तीन घण्टे की एक ट्रेजेडी का अभिनय किया था। उसके बाद Taming of the Shrew अभिनीत हुआ। सन् 1889 में पेस्तनजी वाडिया ने, इसी क्लब की संरक्षकता में, एक कामेडी का अभिनय नावेल्टी थियेटर में किया था। इस अभिनय के दर्शनार्थ तत्कालीन राज्यपाल की पत्नी भी थियेटर में आयी थीं। उसकी समस्त आय काउण्टेस आफ़ डफ़रिन फण्ड में दे दी गयी। अभिनेताओं में लेफ़्टिनेण्ट कर्नल पारख को नहीं भुलाया जा सकता। Merchant of Venice में पोर्शिया और Honey Moon में ज़मोरा का अभिनय पारख ने इस कुशलता से किया था कि बरसों तक दर्शक उन्हें स्मरण करते रहे।

1. पा. ना. त., पृ. 4.

क्लब उत्तरोत्तर बढ़ता जा रहा था। उसमें नये सदस्यों का भी प्रवेश रहता था। अतएव धीरे-धीरे यह क्लब अव्यवसायी न रहकर व्यवसायी बन गया और कुँवरजी नाज़र इसके मालिक बन गये। नया क्लब 'एलफ़िन्स्टन नाटक मण्डली' के नाम से प्रसिद्ध हुआ और मूल क्लब का नाम 'जूना एलफ़िन्स्टन क्लब' पड़ गया। 'जूना एलफ़िन्स्टन क्लब' के गति-संचालक वाडिया-बन्धु बने।

एलफ़िन्स्टन नाटक मण्डली ने व्यावसायिक नाटक मण्डली का रूप धारण कर लिया। पहले इसमें गुजराती के नाटकों का अभिनय हुआ और बाद में यह उर्दू नाटक भी खेलने लगी। जैसा पहले कहा जा चुका है, इसके मालिक कुँवरजी नाज़र बने।

गुजराती नाटकों में उल्लेखनीय एक नाटक 'अलाउद्दीन अने जादुई फ़ानस' था, जो फ़रामजी सोहराबजी भरूचा का लिखा हुआ था। इस नाटक में अनेकों यान्त्रिक दृश्य दिखाये गये थे। स्वयं कथानक ही चमत्कारपूर्ण था। दर्शक ऐसे अद्भुत दृश्यों पर बड़े प्रसन्न होते थे। इसमें अभिनय-कला कुशल कलाकार धनजी भाई सी. मास्टर थे।

एक अन्य नाटक, जिसे कुँवरजी नाज़र ने मण्डली में अभिनीत कराया, 'इन्दर-सभा' था। इन्दर-सभा, जैसा विदित है, पद्यबद्ध नाटक (ओपेरा) है। संवादों के बीच में कथानक को जोड़ने के लिए जो वाक्य आवश्यक हुए हैं उन्हें भी पद्य में ही लिखा गया है। मूल प्रति का तो पता नहीं चलता परन्तु विक्टोरिया नाटक मण्डली में जो इन्दर-सभा खेली गयी थी उसे एक उर्दू कवि ने तैयार किया था। परन्तु एलफ़िन्स्टन की इन्दर-सभा तक, सम्भवतः, उर्दू मुन्शियों का प्रवेश पारसी नाटक मण्डलियों में नहीं हुआ था। अस्तु! इस अभिनय की विशेषता यह थी कि गानेवाली परी जैसे रंग की पोशाक पहनकर रंगमंच पर प्रवेश करती थी, इन्दर की सारी सभा में वही रंग दिखायी देता था। इस नाटक में नायक गुलफ़ाम का पार्ट नशरवानजी नवरोजजी पारख ने और नायिका सब्ज़ परी का पार्ट श्याबक्ष रुस्तम जी मास्टर ने किया था। 'खुसरो-शीरीन' नाटक में 'शीरीं' का पार्ट करनेवाले खुरशेदजी वेहरामजी हाथीराम राजा इन्दर बने थे। यह मालूम नहीं पड़ता कि नाटक उर्दू में खेला गया था या गुजराती में।

तीसरा अभिनीत नाटक 'सुलेमानी शमशीर उर्फ़ निरदोष नूरानो' था जिसके लेखक नशरवानजी नवरोजजी पारख थे। यह पाँच अंकों का नाटक था और नूरानी का पार्ट पेस्तनजी नामक अभिनेता ने किया था, जिसको लोगों ने इतना पसन्द किया कि अभिनेता का नाम ही 'पेस्तन नूरानी' रख दिया। नाटक में एक प्रहसन भी खेला जाता था जिसका शीर्षक था 'आस्मान चल्ली' (गौरैया पक्षी)। यह पार्ट नशरवानजी एदलजी वाच्छा करते थे। नायिका का पार्ट जमशेदजी फ़रामजी मादन किया करते थे।

सन् 1874 में नशरवानजी पारख के दूसरे नाटक 'फलकसूर-सलीम' का अभिनय किया गया। यह अभिनय शंकर शेठ की नाट्यशाला में हुआ। यह गुजराती नाटक था।

पाँचवाँ नाटक खुरशेदजी वमनजी फ़रामरोज़ प्रणीत 'पाकदामन गुलनार' था। अब की बार नशरवानजी पारख ने गुलनार का पार्ट किया था और श्याबक्ष मास्टर एक नन्ही परी

के रूप में रंगमंच पर आये थे। नाटक गुजराती में था और बड़ा सफल रहा था। श्याबक्ष मास्टर ने इसमें एक गाना गाया था जो उन दिनों घर-घर में गाया जाने लगा था। उसकी पंक्ति इस प्रकार थी—

सबर रे सबूरी, तुँ पकड़ गुलनार,
खाँच मनने, ख्याल करो, खूननी कटार।।

जिस समय एलफ़िन्स्टन ड्रामेटिक क्लब यह धूम मचा रहा था, उस समय नाज़रजी विक्टोरिया नाटक मण्डली और एलफ़िन्स्टन क्लब दोनों के मालिक थे। परन्तु एक दिन उनके मन में आया कि विक्टोरिया मण्डली से वह पृथक् हो जायें तो अच्छा है। अतएव उन्होंने अभिनेताओं की एक सभा आमन्त्रित की और जैसे-तैसे विक्टोरिया मण्डली खुरशेदजी बालीवाला, फ़रामजी अपु, डोसाभाई मंगोल और धनजी भाई घड़ियाली को सुपुर्द कर दी। स्वयं केवल एलफ़िन्स्टन नाटक मण्डली, जिसमें एलफ़िन्स्टन ड्रामेटिक क्लब पहले से ही विलीन हो चुका था, के मालिक बने।

इस पृथक्करण के पश्चात् एलफ़िन्स्टन मण्डली में उनके साथ नशरवानजी नवरोजजी पारख (बाद में डॉक्टर), जमशेदजी मादन, फ़रामजी सकलात तथा नशरवानजी वाच्छा आदि थे। इनमें भी नशरवानजी पारख प्रायः सभी नाटकों में प्रमुख अभिनेता रहते थे। डॉ. पारख का कण्ठ बड़ा मधुर था। वह इतने सफल और आकर्षक अभिनेता थे कि अन्य मण्डलियोंवाले भी उनकी नक़ल करते थे। यहाँ तक कहा जाता है कि कावसजी खटाऊ एवं जहाँगीर खम्बाता भी उनकी अभिनय-कला के अनुगामी थे। परन्तु दादाभाई ठूँठी डॉ. नशरवानजी के अभिनय से सहमत न थे। वह सदैव अपने अभिनेताओं को डॉ. पारख की अनुकृति से रोका करते थे। सन् 1874 में जब नाज़रजी विक्टोरिया मण्डली को लेकर उत्तर भारत की प्रवास यात्रा पर निकले तो एलफ़िन्स्टन मण्डली का डाइरेक्टर दादाभाई ठूँठी को ही बनाकर गये, परन्तु इस समय तक डॉ. नशरवानजी पारख मण्डली से पृथक् होकर अपने धन्धे में लग चुके थे।

दादाभाई ठूँठी ने निर्देशक बनने पर एदलजी खोरी का पल्ला पकड़ लिया। उनसे एक नया नाटक लिखवाया जिसका नाम था 'सितमगर'। सितमगर का पार्ट स्वयं दादाभाई ठूँठी ने किया था। यह भी गुजराती नाटक था। इसकी वेश-भूषा और वातावरण सभी ईरानी था। नाटक के अभिनेताओं में मास्टर रतनजी नवरोजजी मीनवाला, मेरवानजी मुन्शी और रतनजी ठूँठी तीनों ने विशेष प्रसिद्धि प्राप्त की थी। लुटेरों के सरदार का पार्ट करते हुए दादी ठूँठी ने एक गीत गाया था—

दर चाले हाले दीलमां नोंधी लो,
मंजल दीठ हरगम जो जो—
जीव लई नक्कीज नाठो छे,
चीन पर कुदी गयो छे,
हीयां कोई नक्की आयो छे,
बतावो हमने छोकरो।। वगैरह

अन्त में अनेकों उतार-चढ़ाव के पश्चात् एलफ़िन्स्टन मण्डली कलकत्ते के जमशेदजी फ़रामजी मादन के हाथ में चली गयी। मादन ने मण्डली को यथासम्भव चलाऊ रखा; नये अभिनेताओं को दाख़िल किया।

इस मण्डली द्वारा अभिनीत किसी उर्दू अथवा हिन्दी नाटक का पता नहीं चलता।

पारसी नाटक मण्डली (प्रथम)

सन् 1854 में निकली विज्ञप्ति के अनुसार 'हिन्दू-ड्रामेटिक कोर' पहली नाटक मण्डली थी जिसने नाटक अभिनय आरम्भ किया और जिसकी स्थापना सन् 1853 में हुई थी। उसी वर्ष एक 'पारसी ड्रामेटिक कोर' की स्थापना भी हुई। धनजी पटेल का कहना है—

"...मुम्बईमां पारसीओअे ई. स. 1853 ना अक्तूबर महीना मां नाटक करवानुं काम पहले वहेलुं शरु कीधुं हतुं, अने ते शरु करनार पण पारसी-ओज हता। अे मण्डले पोतानी पोतानी कलवनुं नाम 'पारसी नाटक मण्डली' आप्युं हतुं अने ये मण्डलीनो ते बखतनो मालिक अेक चटपटया खवासनो पारसी हतो।"[1]

पारसी नाटक मण्डली की स्थापना पेस्तनजी धनजीभाई मास्टर के घर में हुई थी और पेस्तनजी स्वयं एक अभिनेता होने के नाते उसमें सम्मिलित हुए थे। स्थापना के समय जिन अभिनेताओं ने इसमें भाग लिया और भागीदारी भी रखी, वे थे पेस्तनजी मास्टर, नानाभाई रुस्तमजी राणीना, दादाभाई अेलिअट, मनचेरशाह वे. मेहरहोमजी, भीखाजी ख. मुस, कावसजी हो. बिलिमोरिया (डॉक्टर), रुस्तमजी हो. हाथीराम (डॉक्टर) तथा कावसजी नशरवानजी कोहीदारू जो पीछे से कावसजी गुरगीन के नाम से प्रसिद्ध हुए। यह विक्टोरिया नाटक मण्डली की भागीदारी में भी सम्मिलित थे।

स्थापना के साथ-ही-साथ मण्डली को सुचारु रूप से चलाने के लिए एक प्रबन्धक समिति भी बनायी गयी। इस समिति में बड़े-बड़े गण्यमान्य पारसी गृहस्थों को सम्मिलित किया गया। इसके सदस्य थे—प्रोफ़ेसर दादाभाई नवरोजी, खुरशेदजी न. कामा, अरदेशर फ. मुस, जहाँगीर बरजोरजी वाच्छा तथा डॉ. भाऊदाजी। डॉ. भाऊदाजी महाराष्ट्री होते हुए भी नाटक-कला के शौकीन और बड़े मददगार व्यक्ति थे।

डॉ. डी.जी. व्यास के मतानुसार इस मण्डली का सबसे पहला नाटक एदलजी खोरी कृत 'रुस्तम-अने-सोहराब' (1870) था[2] श्याबक्ष दाराशाह शरीफ़ ने भी इसी नाटक को सर्वप्रथम नाटक बताया है।[3]

सन् 1855 के रास्तगोफ़्तार पत्र से पता चलता है कि उक्त सन् में इस मण्डली द्वारा 'फरेदून' नामक नाटक का अभिनय किया गया था और साथ में 'उठाऊगीर सुरती' नाम का प्रहसन भी खेला गया था। विज्ञापन इस प्रकार था—

1. पा. त. त., पृ. 2।
2. गुजराती नाट्य पत्रिका, अक्टूबर सन् 1959, पृ. 5
3. पुराणो पारसी नाटक तख्तो, पृ. 19

पारसी नाटक

पेटरीआटिक फण्डना फ़ायेदा सारु

पारसी नाटक मण्डली सरवे खासो आमनी सेवा में अरज करे छे

के तेओ पोतानो 12 मी वारनो नाटक, तारीख 27 भी

फ़ेवरवारी अने वार भोम दीसे, गराण्ट रोड ऊपरना

तमाशाना घरमां नीचे जणावेला खेल करी बतावशे।

पादशाह फ़रेदूननुं दास्तान

अने साथे

ऊठाऊगीर सुरती नामनो रमुजी फ़ारस।''

इस मण्डली के विषय में जो विचारणीय बात है वह यह कि इसका कोई सम्बन्ध 'पारसी ड्रामेटिक कोर' से था या नहीं? इसका उत्तर कहीं भी स्पष्ट रूप से नहीं मिलता। एक अन्य बात यह भी स्मरणीय है कि विक्टोरिया नाटक मण्डली में अभिनीत 'फ़रेदून' नाटक जिसे कैखशरु कावराजी ने लिखा था पारसी नाटक मण्डली के 'फ़रेदून' से भिन्न था।

'सोहराब-रुस्तम' के अतिरिक्त इसमें 'रुस्तम जावुली' और 'रुस्तम एकदस्त' नामक नाटकों का अभिनय भी हुआ था।

पारसी नाटक मण्डली (द्वितीय)

विक्टोरिया नाटक मण्डली जब नये पाँच भागीदारों के हिस्से में आयी तो उन्होंने मण्डली को बाहर यात्रा पर ले जाने का विचार किया। विक्टोरिया मण्डली के बाहर जाने पर विक्टोरिया थियेटर खाली हो गया। इस स्थिति को देखकर धनजी भाई पटेल के शब्दों में—

"नाटकनी सामे सम्बन्ध राखता खेलाड़ीओ, अने साहसीक जवानोमांथी थोडाक आगेवानोओ गोठवणकरी के शनीवारनी रलीयामरसी रातो, जे नाटक करी कमावनी मौसम हती, ते जती मुकवी नहीं जोइओ। तेओओ साथे बेसी लांबी टुंकी दलीलो कीधी, अने थोडाक चटपटीया जरथोस्ती भाई ओ ओ, ओक नवुं नाटक मण्डल ऊधुं कीधुं, अने ते ने 'घी' पारसी नाटक मण्डली' ओवुं नाम आप्युं हतुं।''

अतएव इस द्वितीय पारसी मण्डली का कोई भी सम्बन्ध, एक ही नाम होने के अतिरिक्त, प्रथम पारसी नाटक मण्डली से नहीं था। इस द्वितीय पारसी नाटक मण्डली ने विक्टोरिया थियेटर में अपना काम आरम्भ किया। कहा जाता है कि यह मण्डली आरम्भ में वेतनभोगी अभिनेताओं की मण्डली नहीं थी। कुछ तीन-चार महानुभावों ने मिलकर इसकी स्थापना कर ली थी। इनमें फ़रामजी दादाभाई अप्पु का छोटा भाई दीनशाह दादाभाई अप्पु प्रमुख था। उसने अपनी मृदुवाणी और चातुर्य से कुछ लोगों को एकत्रित कर लिया। इन लोगों में कुछ तीसरे दर्जे के अभिनेता और कुछ रंगमंच पर आने के इच्छुक पारसी लोग सम्मिलित थे।

विक्टोरिया मण्डली बम्बई से बाहर चली ही गयी थी, अतएव इस मण्डली के सदस्यों ने परस्पर निर्णय किया कि स्त्री अभिनेत्रियों को रंगमंच पर लाना चाहिए। निर्णय के अनुसार पहली अभिनेत्री 'लतीफ़ा बेगम' थी। उसे इन्दर-सभा नाटक में रंगमंच पर उतारा गया। अभिनय-कला की दृष्टि से लतीफ़ा में कुछ ज्ञान न था परन्तु नाचने-गाने में कुशल थी। प्रकृति ने उसके स्वर में मिठास और पग-चालन में अद्भुत शक्ति प्रदान की थी। हाव-भाव में निपुण थी ही अतएव दर्शकों पर प्रभाव डालनेवाली स्त्री थी। आश्चर्य की बात यह हुई कि इन्दर-सभा में अभिनय करने के पश्चात् जिस रूप में वह नेपथ्य में गयी उसी रूप में एक पारसी अपना ओवरकोट उस पर डालकर और विक्टोरिया गाड़ी में बिठाकर, पीछे के दरवाज़े से अपने घर ले गया। कम्पनी मालिकों का साहस नहीं हुआ कि इस झगड़े में पड़ते। लतीफ़ा के इस प्रकार चले जाने पर, स्त्रियों का रंगमंच पर प्रवेश रुका नहीं। वैसे अख़बारों में इस सम्बन्ध की बड़ी चर्चा चली और अधिकांश जनता ने अभिनेत्रियों के आगमन को पसन्द नहीं किया। स्वयं कैखशरु कावराजी भी इस नीति के विरोधी थे।

लतीफ़ा बेगम के जाने के थोड़े से महीनों के बाद अमीरजान और मोतीजान नाम की दो पंजाबी बहनें पुनः नाटक मण्डली में प्रवेश पा गयीं। अमीरजान सूफ़ी रंगत की ग़ज़लों को गाने में बड़ी सिद्धहस्त थी। अनेकों मुसलमान उसके गुण पर मोहित हो उससे मिलने के इच्छुक रहते थे। जिस दिन से ये दोनों बहनें मण्डली में आयीं मण्डली के धन का बृहस्पति बैठ गया परन्तु एक बात ऐसी बनी कि उसके कारण पारसी नाटक मण्डली की आधी छुट्टी हो गयी और दोनों बहनों में से अमीरजान के साथ एक मुसलमान ने विवाह कर अपने घर में बैठा लिया और मोतीजान को लेकर अमीरजान मण्डली छोड़कर चली गयी। बस पारसी नाटक मण्डली की पतवार भंग हो गयी।

उस समय इस पारसी नाटक मण्डली में निम्न अभिनेता कार्य करते थे—

1. नवरोजी दो. मजगाँववाला उर्फ़ दीतीआ,
2. कावसजी मिस्तरी उर्फ़ काउ हाण्डो
3. धनजी भाई फ़ोटोग्राफ़र उर्फ़ धनजी लांबो
4. माणिकजी मिस्तरी उर्फ़ माकु धानसाख
5. पेसु पोखराज
6. खशरु जेक
7. दादाभाई मेहता उर्फ़ दादीबा
8. दीनशा दादाभाई अपु
9. बापु ढरढरी
10. मोवेद शेहरीयारजी
11. कुँवरजी बुचीआ (मालेक तत्काल लन्दन होटल)

इनके अतिरिक्त एक पारसी मिकेनिक मिस्तरी और एक पेण्टर भी सम्मिलित थे।

इस नाटक मण्डली ने बाहरी सफ़र भी किया था। भरोच जाने का पता कुछ स्थानों से मिलता है। पारसी नाटक मण्डली के प्रसिद्ध नाटक थे—'इन्दर-सभा', 'लैला-मजनूँ', 'बेनज़ीर-बदरेमुनीर', 'पद्मावत', 'शकुन्तला', 'जहाँगीर-शाह-गौहर', 'छैलबटाऊ-मोहनारानी'। ये सभी नाटक 'आराम' कवि के बनाये हैं, पद्यबद्ध हैं और उस समय के प्रसिद्ध नाटक हैं जिन्हें अनेकों मण्डलियाँ खेला करती थीं, क्योंकि छापे के सर्वाधिकार सुरक्षित होते हुए भी कोई उसकी परवाह नहीं करता था।

यह दूसरी पारसी मण्डली कब भंग हुई, विशेष पता नहीं चलता।

दी पारसी नाटक मण्डली (तृतीय)

दादी ठूँठी की 'मुम्बई नाटक मण्डली' के भंग होने पर नवलु मजगाँववाला, दोराब बजाँ तथा दीनशा अप्पु एवं फ़रामजी अप्पु ने इसकी स्थापना की। नाम पुराना था परन्तु इसके मालिक नये थे। बड़े उत्साह के साथ पुरातन मण्डली का उद्धार हुआ और इसमें सन्देह नहीं कि अपने समय में यह पर्याप्त प्रसिद्धि पाने में फलीभूत भी हुई। इसे भागीदारों की मण्डली भी कहा जाता है।

यह दुर्भाग्य की बात है कि पारसी नाटक मण्डली (तृतीय) का विशद विवेचन और उसके द्वारा अभिनीत नाटकों का वर्णन प्राप्त नहीं होता। धनजी भाई पटेल भी इस मण्डली के कृत्यों से अधिक परिचित नहीं प्रतीत होते। उन्होंने इस मण्डली के प्रसंग में दादाभाई मिस्तरी की अभिनय-कला का बड़ी रुचि से वर्णन किया है और बताया है कि दादी मिस्तरी ने कितनी कुशलता से पेस्तनजी कावसजी संजाणा लिखित 'शहज़ादा एरिच' में शहज़ादा तुशो का पार्ट किया था। दादी मिस्तरी को गाने का भी शौक था और उन्होंने बाक़ायदा किसी उस्ताद से संगीत की शिक्षा प्राप्त की थी। 'जहाँबख़्श अने गुलरुख़सार' में उन्होंने औरत का पार्ट किया। यह एक देवणी स्त्री की भूमिका थी।

नशरवानजी वीरजी भी पारसी नाटक मण्डली के एक महान् कलाकार थे। इस मण्डली के दो नाटककार भी बड़े प्रसिद्ध हुए हैं—वमनजी न. कावराजी और जहाँगीर नशरवानजी पटेल। पटेल का लिखा 'फांकडो फ़ीतुरो' खूब प्रसिद्ध हुआ।

पारसी नाटक मण्डली (1) ने सन् 1898 में श्रीलंका की यात्रा भी की थी और वहाँ निम्नलिखित नाटकों का अभिनय किया था—

1. अलादीन
2. इन्दर-सभा
3. खुशरुहसीना
4. ख़ुदादाद
5. क़मरुज़्ज़मा और नादोरा
6. गुलसनोवर
7. गुलरुख़सार
8. गुलबकावली
9. गुलिस्ताने ख़ानदाने हामान
10. गोपीचन्द
11. चन्नाबकावली
12. जहाँगीरशाह

13. तबदीले क़िस्मत 14. दाउचाउ
15. बहारे परिस्तान इश्क़ 16. लैला-मजनूँ
17. जुल्मेवहशी

मण्डली के भागीदार फ़रामजी दादाभाई अप्पु बम्बई में परलोक सिधार गये और उनके भाई दीनशाह अप्पु मद्रास की यात्रा में स्वर्गवासी हुए। परिणाम यह हुआ कि मण्डली की समस्त सामग्री, नाटकों सहित, कलकत्ते के जे. एफ़. मादन की कम्पनी ने ख़रीद ली और पारसी नाटक मण्डली समाप्त हो गयी।

'कसौटी', 'हुस्नआरा', 'अमृत' (बेताब लिखित) तथा 'आज़मशाह' नाटकों का अभिनय भी इसी मण्डली में हुआ था।

शेक्सपियर थियेट्रिकल कम्पनी

थोड़े-से नौजवानों ने अपनी भागीदारी में यह कम्पनी सन् 1876 में स्थापित की। इन्होंने निश्चय किया कि गुजराती भाषा में शेक्सपियर के नाटकों को लिखाकर उनका अभिनय शेक्सपियरकालीन वेशभूषा में ही किया जाय। इन अभिनेताओं में कुछ मैट्रिकुलेट थे और कुछ एफ. ए. के विद्यार्थी थे। उन्होंने कुछ अन्य नौकरी-चाकरी तथा वाणिज्य-व्यवसाय में लगे हुए लोगों को भी एकत्रित कर लिया। इस कम्पनी के मालिक मनचेरशा नवरोजी मेहता था। अब इन्हें एक नाटक लेखक की आवश्यकता पड़ी। प्रसिद्ध लेखक एदलजी खोरी और कैखशरु कावराजी पहले से ही विक्टोरिया एवं ज़ोरास्ट्रियन नाटक मण्डलियों से सन्नद्ध थे अतएव उनके पास जाकर प्रार्थना करने का साहस न पड़ा। अतः एक नये नाटक लेखक की खोज का आरम्भ हुआ और डोसाभाई फ़रामजी राण्डेलिया के रूप में वह उन्हें प्राप्त हो गया। डोसाभाई ने शेक्सपियर का एक नाटक लिखने का वायदा कर लिया।

आख़िर बड़ी कठिनता से डोसाभाई ने रोमियो-जूलियट लिखकर दिया। परन्तु बाद में पता चला कि वही नाटक सन् 1858 में 'स्टूडेण्ट्स अमेच्योर क्लब' में खेला जा चुका था। परन्तु लेखक का नाम पता नहीं चला था। नाटक के अच्छा होने की प्रशंसा 'पारसी मित्र' ने स्थान-स्थान पर की थी। डोसाभाई ने एक बुद्धिमानी यह की कि नाटक में अपना पूरा नाम नहीं ज्ञापित होने दिया। उसके स्थान पर 'डेल्टा' (Delta) उपनाम प्रकाशित किया।

रोमियो जूलियट का अभिनय डाइरेक्टर हीरजी खम्बाता के निर्देशन में किया गया। इसमें रोमियो की भूमिका होरमसजी जमशेदजी आण्टिया ने की थी। उनके हाव-भाव और अभिनय की ढब-छब देखकर दर्शक बड़े चकित हो जाते थे। दो-तीन बार इस नाटक को खेलने के उपरान्त शेक्सपियर कम्पनी शान्ति की गोद में जा पड़ी। मण्डली का साज-सामान लेकर मालिक अपने घर चला गया और अभिनेता किसी नयी कम्पनी में जाने अथवा कोई अन्य कम्पनी खोलने के विचार में लग गये।

एक महान् विचार मन में उठा, कुछ कार्यान्वित हुआ और अन्त में समाप्त हो गया।

दी शाहे आलम नाटक मण्डली

इसके स्थापक दोराबजी रुस्तमजी घामर थे। इनके मन में आया कि ऐसी नाटक मण्डली हो जो अपने नाम में किसी दूसरी के समान न हो। दादी पटेल ने अपनी नाटक मण्डली का नाम रानी विक्टोरिया के नाम पर रखा था। इन्होंने हिन्दुस्तान के शहंशाह के नाम पर अपनी मण्डली का नाम रखा। एलफ़िन्स्टन थियेटर को अपने नाटकों को खेलने के लिए चुना। दादी पटेल डोलु घामर को एक 'इलाही बाग़ी' कहा करते थे। डोलु घामर के भाई सोहराब घामर ने अपने भाई की बड़ी सहायता की।

पहला खेल 'जाने आलम और अंजुमन आरा' नाम से उर्दू में लिखा गया और अभिनीत हुआ। जाने आलम का पार्ट स्वयं डोलु घामर ने किया। अपना साज-सिंगार डोलु घामर ने स्वयं किया था और इतना अच्छा था कि लोगों को भ्रम हो गया कि जाने आलम का पार्ट दादी पटेल स्वयं करने आये हों। परन्तु बोलने और चलने पर सारा भेद खुल गया। दूसरे खेल का नाम बड़ा विचित्र रखा गया। उसका नाम था—

जाबुली सेलम, अने अफ़लातुन जीन।
गुललाला परी, ने पाक दामन शीरीन।।

डोलु घामर एक 'आलराउण्ड ऐक्टर' थे और प्रत्येक पार्ट करने पर तैयार रहते थे। एक उर्दू नाटक में उन्होंने 'हीजड़े' का बड़ा अच्छा पार्ट किया था। वह अच्छे गायक भी थे। उन्होंने लगभग आधे दर्जन नाटक लिखे थे। इन नाटकों को विक्टोरिया मण्डली ने अपने मुन्शी से ठीक कराकर खेला था।

शाहे आलम मण्डली की स्थापना दादी पटेल के एक चैलेन्ज पर डोलु घामर ने की थी। उसके अभिनेता सब नये थे। परन्तु कालान्तर में इसके कुछ ऐक्टर पारसी रंगमंच के बड़े नामी ऐक्टर हुए। इनमें सर्वप्रथम नाम कावसजी पालनजी खटाऊ का आता है। दूसरा अभिनेता जमसू गुललाला था जो स्त्री-पार्ट करने में बड़ा सुघर था और पर्याप्त समय तक बालीवाला की विक्टोरिया मण्डली में रहा। शाहे आलम मण्डली में इसने उपर्युक्त लम्बे नाटक में प्रधान भाग लिया था। तीसरा ऐक्टर पेस्तनजी जीजीभाई बाटलीवाला था जो पेसु पोखराज के नाम से प्रसिद्ध हुआ। इसकी स्त्री-भूमिका भी देखने लायक़ थी। गले की आवाज़, गरदन का मोड़ और आँखों के हाव-भाव उसके अभिनय के प्रधान अंग थे। इन्दर-सभा में पुखराज परी का उत्तम अभिनय करने से ही इसका नाम पड़ा था। नाच से मालूम होता था मानो रबड़ का बना हुआ है। बालीवाला के कहने से जयपुर में यही पेसु पुखराज रामसिंहजी की नाटकशाला में रह गया था। बाद में इसने स्त्री-पार्ट करना छोड़ दिया था। 'महमूद गज़नवी' नाटक में ...पासवान का पार्ट किया। पेसु बालीवाला के साथ बर्मा के पहले सफ़र में गया था परन्तु 1885 में इंग्लैण्ड नहीं जा सका।

जहाँगीर खम्बाता ने भी इस कम्पनी की ओर इशारा किया।[1]

1. मारो नाटकी अनुभव, पृ. 102

ईरानी नाटक मण्डलियाँ

पारसी और ईरानी दो पृथक्-पृथक् जातियाँ हैं। बम्बई के ईरानी 19वीं शताब्दी के उत्तरार्द्ध में जब थियेट्रिकल नाटकों का चलन था, एक अपेक्षाकृत ग़रीब जाति थी। उनका व्यवसाय स्थान-स्थान पर सोडावाटर, लेमनेड, आइसक्रीम आदि बेचना था। अतएव पारसी नाटक मण्डलियों से उनका सम्पर्क स्वाभाविक था। पारसियों की देखा-देखी उनके मन में भी एक ज्वार आया। वे भी अपनी नाटक मण्डली बनाकर, अपनी ही ईरानी भाषा में, नाटक अभिनीत करने के लिए ललकने लगे। पारसियों द्वारा शाहनामा से ली गयी कथावाले नाटक देखकर इन ईरानियों के मन में भी एक उत्साह पैदा हुआ। अपनी मातृभूमि के वीरों की याद ने उन्हें भी आन्दोलित कर दिया। परिणाम यह हुआ कि सन् 1870 में एक ईरानी नाटक मण्डली की स्थापना इन ईरानियों ने कर डाली। इसका नाम रखा गया 'ईरानी नाटक मण्डली' अथवा 'परशियन ज़ोरास्ट्रियन क्लब'।

सबसे पहला नाटक जो इस मण्डली में खेला गया वह 'रुस्तम-बरज़ोर' था। इसकी भाषा फ़ारसी थी। इसका प्रत्येक अभिनेता ईरानी था। इसके गीत भी ईरानी भाषा में थे। यद्यपि उनकी तर्ज़ें हिन्दुस्तानी ही थीं। इनकी पोशाकें और दृश्य सभी ईरानी थे। वास्तव में यह मण्डली और उसका कार्य सन् 1870 की एक आश्चर्यमयी और अद्भुत उपलब्धि थी। 'रुस्तम-बरज़ोर' नाटक में गुरगीन का पार्ट पेस्तनजी वेलाती ने किया था। इस उपलब्धि में दादी पटेल का विशेष हाथ था। ईरानी चाहते थे कि अपने नाटक द्वारा वह प्राचीन युग का जीता-जागता चित्र रंगमंच पर उपस्थित करें। अतएव अपने अभिनय और रंग-व्यवस्था में वे उन सभी वस्तुओं को यथार्थ रूप में दिखाने के लिए उत्सुक थे। 'रुस्तम-बरज़ोर' नाटक में दोनों पहलवान जीवित घोड़ों पर चढ़कर रंगमंच पर प्रवेश करते और एक-दूसरे को युद्ध के लिए ललकारते। एक बार तो एक-दूसरे पर गदा प्रहार करते समय बरजोर का घोड़ा रंगमंच के तख़्ते को तोड़कर ज़मीन में धँस गया। बड़ी कठिनाई से उसे ऊपर निकाला गया। घोड़े को काफ़ी चोट लगी थी। परन्तु बरज़ोर का अभिनय करनेवाला घोड़े से कूदकर पैदल ही गदा घुमाता रुस्तम से लड़ने के लिए उसकी ओर दौड़ा। ड्राप सीन डाल दिया गया और घोड़े को बड़ी कठिनाई से ऊपर निकाला गया।

इस मण्डली का दूसरा नाटक 'फ़रीदून-ज़ोहाद' था। इसकी कथावस्तु का मूलस्रोत भी शाहनामा था।

इस मण्डली के अद्भुत दृश्यों में एक दृश्य ऐसा था जिसमें बरजोर को खेत में काम करते दिखाया गया था। दृश्य की विशेषता यह थी कि समस्त रंगमंच को हरी घास के खेत में परिवर्तित कर दिया गया था। इसी खेत में एक बार उगता हुआ सूर्य भी दिखाया गया था। यह दृश्य दिखाने के लिए प्रथम बार 'मैग्नेशियम वायर' का प्रयोग किया गया था। बाद में यह प्रयोग अन्य कम्पनियों में भी यथास्थान होने लग गया।

उपर्युक्त ईरानी नाटक मण्डली में कुछ पारसी अभिनेता भी सम्मिलित थे। ये थे 'रुस्तम फ़िडलर', 'पेस्तनजी वेलाती' और 'काऊ रोदाबे' और अरदेशर हीरामणिक।

'रुस्तम फ़िडलर' किसी सोलिसिटर के कार्यालय में काम करता था। कुछ लोग उसे 'रुस्तम बुकुजी' के नाम से भी सम्बोधित करते थे। इसकी विशेषता यह थी कि यह गले से विचित्र ध्वनि निकालता था और अपने हाथ से फ़िडिल बाजा बजाता था। उसके बोलने और गाने की आवाज़ में अन्तर था। उसे रेख़्ता और ग़ज़ल जैसे गाने अधिक पसन्द थे। क्लासिक गानों में ठुमरी या ख़याल में उसे रुचि नहीं थी। 'फ़रीदून-ज़ोहाद' नाटक में ईश्वर स्तुति रुस्तम फ़िडलर ही गाता था।

दूसरा पेस्तनजी वेलाती का पूरा नाम पेस्तनजी फ़रामजी वेलाती था। बाद में इसी ने ईरानी नाटक मण्डली में से 'ईरानी ज़ोरास्ट्रियन नाटक मण्डली' की स्थापना की और उसका मालिक बना।

तीसरा अभिनेता 'काऊ रोदाबे' था। पूरा नाम कावसजी नशरवानजी दारूवाला था। कावसजी ने ईरानी मण्डली में 'रोदाबे' का अभिनय किया था। इसी से इसे 'काऊ रोदाबे' के नाम से लोग पुकारने लगे थे। 'नसलू तहमीना' की दोस्ती के कारण यह नाटक-संसार में आया था। बाद में सब छोड़-छाड़कर विक्टोरिया नाटक मण्डली में सम्मिलित हो गया और वहाँ रहा परन्तु जब दादी पटेल ने अपनी 'ओरिजिनल विक्टोरिया थियेट्रिकल कम्पनी' बनायी तो मित्र 'नसलू तहमीना' के साथ यह भी दादी पटेल की कम्पनी में आ गया।

उपर्युक्त दो नाटक दिखाने के बाद मण्डली समाप्त हो गयी।

ईरानी मण्डलियों में दूसरी नाटक मण्डली पेस्तनजी वेलाती द्वारा स्थापित 'परशियन ज़ोरास्ट्रियन क्लब' नाम की मण्डली थी। इसकी स्थापना सन् 1871 के लगभग हुई। इसमें 'बन्देख़ुदा' का लिखा हुआ 'बरजो-मेहर सीमीन ओज़ार' नाम का नाटक अभिनीत हुआ। इस नाटक में डोसाभाई मंगोल ने 'एकदस्त' नामक एक हबशी की भूमिका बड़ी सफलतापूर्वक निभायी थी। इसी कारण इनका नाम 'डोसु एकदस्त' भी पड़ गया था।

ईरानी मण्डलियाँ अधिक दिन नहीं चल सकीं। फ़ारसी भाषा में नाटक लिखे जाने के कारण वे लोकप्रिय नहीं हो सकीं, यद्यपि प्रत्येक दृश्य के पहले एक व्यक्ति पर्दे के पीछे से दर्शकों को आनेवाले दृश्य का संक्षिप्त सार पारसी गुजराती में बता जाता था जिससे नाटक और प्रत्येक दृश्य के गाने के समझने में उन्हें सहायता मिले। एक बात यह अवश्य थी कि ईरानियों के इस उत्साह और सफलता के पीछे दादी पटेल का पूरा हाथ था। वही गुप्त रूप से इसके डाइरेक्टर थे।

पारसी रिपन थियेट्रिकल कम्पनी

इस कम्पनी के स्थापक मेहरजी एन. सर्वेयर थे। यह पहले जहाँगीर खम्बाता की कम्पनी में ऐक्टर थे। 'जुल्मे नारवां' में एक कामिक पार्ट किया करते थे। अपनी कम्पनी लेकर लगभग 50 नगरों में खेल दिखाते फिरे। बर्मा एवं स्ट्रेट सेटलमेण्ट की भी यात्रा की थी। खम्बाता के साथ रहकर 'मेक-अप' की कला में अच्छी दक्षता प्राप्त की थी। लगभग 50-60 नाटकों के अभिनय करने का श्रेय मेहरजी को प्राप्त था। नाटकीय जीवन में कई बार उतार-चढ़ाव भी देखे।

उपर्युक्त जानकारी के अतिरिक्त इस मण्डली के विषय में कुछ अधिक पता नहीं चलता।

जेण्टिलमैन अमेच्योर्स

इस क्लब की स्थापना फ़रामजी गुस्तादजी दलाल ने की थी।[1] श्याबक्ष का कहना है कि स्थापना कावसजी कोहियादारु उर्फ़ कावसजी गुरगीन की भागीदारी में हुई।[2]

इस मण्डली का एक खेल 'लेडी आव लीआन्स' गुजराती में खेला गया था। इस खेल में फ़रामजी जोशी ने स्त्री की मुख्य भूमिका ली थी। फ़रामरोज़ ने अपना लम्बा जीवन सरकारी नौकरी में व्यतीत किया। 1868 में मैट्रीक्यूलेशन पास करके नौकरी में सम्मिलित हुए और धीरे-धीरे सेण्ट्रल प्रेस के सुपरिण्टेण्डेण्ट पद पर पहुँच गये। फ़रामरोज़ जोशी जे. पी. तथा 'फ्रीमेसन' भी थे।

फ़रामरोज़ जोशी ने स्त्री-भूमिका में जो काम किया वह अन्य कम्पनियों को भी पसन्द आया। इन्हें गाने का भी शौक़ था। फलुघुस फ़रामरोज़ से सदैव सशंकित रहते क्योंकि उन्हें डर था कि कहीं कोई अन्य छोटी-मोटी मण्डली उन्हें अपनी मण्डली में उड़ाकर ले न जाये। एक दिन फलुघुस के कान में यह आवाज़ पड़ी की फ़रामरोज़ जोशी अपनी पृथक् मण्डली बनाना चाहता है। स्वभाव तो गरम था ही। रिहर्सल रूप में ही फ़रामजी उबल पड़े—''शेठीयाओ हम तो यह नाटक केवल शौक़ के कारण करते हैं और तुम सब भी केवल कम्प्लीमेण्ट्री टिकिट के ख़ातिर ही करते हो। इस क्लब के चलाने में मेरे कन्धे पर बड़ी जोखम है। इसलिए यदि कोई दूसरा क्लबवाला तुम्हें उल्टा-सीधा बहकाकर अपनी मण्डली में ले जाने को कहे तो मेरी जोख़म का ध्यान करके जाना। मेरे विरोधी यह नहीं जानते कि जो मैं अपनी असलियत पर आ जाऊँगा तो उन्हें पत्तल पर पानी पिला दूँगा।'' थोड़ी देर बाद कुछ गरमागरम बात फ़रामजी और फ़रामरोज़ जोशी में हो गयी और दोनों एक-दूसरे से पृथक् हो गये। यह घटना लगभग सन् 1868 की है। तभी सम्भवतः संस्था भंग हो गयी। परिणामस्वरूप फ़रामजी ने कैखुशरु कावराजी की स्थापित विक्टोरिया मण्डली में शामिलदारी कर ली और फ़रामरोज़ कम्पनी

1. पा. त. त., पृ. 39
2. पा. ना. त., पृ. 17

से बाहर हो गये। धनजी भाई का कहना है कि सन् 1871 में उन्होंने फ़रामरोज़ जोशी को अल्फ्रेड नाटक मण्डली में 'शहज़ादा श्याबक्ष' नाटक में फिरंगीस का पार्ट करते देखा था।

स्वभावतः दोनों के पृथक् होने पर जेण्टिलमैन्स अमेच्योर्स मण्डली भंग हो गयी। इसके खेल ग्राण्ट रोड की विक्टोरिया नाटकशाला में हुआ करते थे। इस मण्डली में 'कामेडी आव एरर्स' का भी अभिनय हुआ जिसमें धनजी भाई केरोवाला तथा फ़रामरोज़ जोशी दोनों ने नारी भूमिका निभायी थी।

दी खोजा ड्रामेटिक क्लब

दाराशाह सोहराबजी तारापोरवाला एक इटैलियन मेल स्टीमर कम्पनी, जिसका नाम था 'रुबेटीनो स्टीम नेवीगेशन कम्पनी' में नौकर थे। दाराशाह इसमें कार्यकर्त्ता मैनेजर थे। धीरे-धीरे ही वह इस पद पर पहुँचे थे। परन्तु नाटक करने का शौक़ था। कुछ नाटक लिखने का भी अभ्यास किया और शाहनामे के आधार पर **'रुस्तम अने सुफ़ेद देव'** नाटक की रचना की। इस नाटक को अभिनीत करने का काम दादी पटेल ने अपनी हैदराबाद की यात्रा के बाद एक अच्छे स्टाफ को सौंपा परन्तु बम्बई में यह नाटक चला नहीं। उसे लोकप्रिय बनाने के लिए दाराशा ने स्वयं सफ़ेद देव का पार्ट किया। नाटक करने में उस समय के कई प्रख्यात अभिनेता भी थे यथा कावसजी गुरगीन, होरमसजी, काकावाल फ़रामजी, गुस्तादजी खुरशेदजी मीनोचेहरजी जोशी, डोसाभाई गोदरेज आदि परन्तु फिर भी आशानुसार सफलता प्राप्त नहीं हुई। अधिक लोकप्रियता इस नाटक को नहीं मिली। अन्त में दाराशा के लिए एक बेनीफ़िट नाइट में यह नाटक सफल हुआ।

दाराशा बेजन-मनीजेह नाटक में अफ़रासियाब का सफल अभिनय कर चुके थे। अब इस बेनीफ़िट नाइट के बाद दाराशा को पैसा कमाने का रोग लगा। कम्पनी की नौकरी छोड़ी और एक नयी मण्डली खड़ी की। नाम रखा 'दी खोजा ड्रामेटिक क्लब'। परन्तु क्लब की धन विषयक जोखमदारी अन्य खोजों पर थी। इस क्लब के लिए दाराशा ने एक अन्य नाटक लिखा जिसका नाम था 'कैकाऊस अने सऊदाबा'। इसकी मूल कथा शाहनामा से ली गयी थी। दाराशा ने सतत प्रयत्न किया कि सोदाबा का पार्ट किसी खोजा छोकरे को ही दिया जाय, परन्तु आशा फलवती नहीं हुई। एक दिन अकस्मात् ग्राण्ट रोड ऊपर के काउसजी खटाऊ से दाराशा की भेंट हो गयी। अपनी कठिनाई उन्होंने खटाऊ के सामने रखी। काउसजी खटाऊ सऊदाबा का पार्ट करने के लिए खोजा क्लब के रंगमंच पर उतर गये। कई बार उन्होंने इस मण्डली में अभिनय किया परन्तु बाद में इसे छोड़ दिया। दाराशा फिर निराश हो गये।

दाराशा अभी तक रुबेतीनो स्टीम नेवीगेशन कम्पनी में नौकर थे। अब उन्हें एक लाटरी निकालने की सूझी। लाटरी 'तूरीन' में होनेवाली प्रदर्शनी की सहायता निमित्त थी। जीतनेवालों के लिए अच्छे-अच्छे पुरस्कारों की घोषणा की गयी। पीआनो, ओरगन, घोड़ा, गाड़ी, सोफ़ा आदि पुरस्कारों का विज्ञापन दिया गया। काफ़ी पैसा जमा हो गया पर इनाम

किसी को नहीं दिया गया। टिकट ख़रीदनेवाले धोखे में ही रहे। दाराशा के सम्मान को धक्का पहुँचा।

काउसजी खटाऊ ने पुराने अभिनेताओं को एकत्र कर एक खेल जो कावराजी का लिखा था 'गेयटी थियेटर' में खेला। उसमें भी दाराशा का पार्ट सफल नहीं रहा। परिणाम यह हुआ कि अपने समस्त सम्मान को खोकर दाराशा रंगून सिंगापुर चले गये और बेकरी का धन्धा करने लगे। अन्त में पारसी जनरल हास्पिटल, बम्बई में इनकी मृत्यु हुई।

पारसी स्टेज प्लेयर्स

श्याबक्ष के लेखानुसार इसकी स्थापना एक स्कूल मास्टर ने की थी, जिनका नाम फ़रदूनजी कावसजी संजाणा था।[1] इसमें सबसे पहले 'सरवर्ट्रान' नाटक खेला गया, गुजराती में। डॉ. धनजी पटेल ने इसे चलानेवाले का नाम नशरवानजी दोराबजी आपख़्यार बताया है।[2] नशरवानजी लेखक, जर्नलिस्ट और गायक थे। यह महाशय अपने गाने स्वयं बनाते और गाते थे। धीरे-धीरे इनके गानों का नाटक रूप बन गया और अन्य मण्डलियों ने भी उसे अपनाना आरम्भ कर दिया। अपख़्यार का मण्डल 'स्केचेज़' करने लगा। उदाहरण रूप 'कजोड़ा नो स्केच' में एक बूढ़ा वर दस-बारह बरस की कन्या से विवाह करते हुए बताया गया है। इस स्केच में आपख़्यार का एक गाना भी है। दर्शकों को यह स्केच बहुत पसन्द आया। इस प्रकार के अनेक सुधारपरक स्केच दिखाये गये थे। इन्हें दिखाने के लिए अनेक गानेवाले छोकरों की आवश्यकता होती थी। आपख़्यार को जब माणिकजी बारभाया के गायन-कौशल का पता चला तो उन्होंने उनसे मिलकर उन्हें अपनी मण्डली में ले लिया। अब नशरवानजी के मस्तिष्क में एक नयी बात आयी। स्वयं कवि थे, गायक थे और गाने के शिक्षक भी थे। उन दिनों दलपतराम और बन्देखुदा दोनों नाटककारों के पास दूसरे क्लबवाले गाने बनवाने के लिए आया-जाया करते थे परन्तु आपख़्यार मनपसन्द राग-रागिनी की चाल पर अपने खेल में स्वयं गायन जोड़ लेते थे।

आपख़्यार अपने समय के बड़े सम्माननीय पारसी व्यक्ति थे। अतएव उनके खेलों में, जो शंकर शेठ की नाटकशाला में होते थे, सभी पारसी प्रायः जाते थे। एक दिन उन्होंने सोचा कि सोहराब रुस्तम का कथानक लेकर उसे संगीतबद्ध करके खेला जाय। इस 'ओपेरा' की ख़बर अख़बारों में आते ही काफ़ी चर्चा होने लगी। कावराजी को भी इसका पता चला। उन्हें सुनते ही बड़ी हँसी आयी और काग़ज़ क़लम लेकर बैठ गये। अस्तु।

रुस्तम-सोहराब नामक ओपेरा में माणिकजी बारभाया सोहराब बनकर, ज़िरह-बख़्तर पहनकर और तलवार लेकर लड़ाई के मैदान में अपनी तूरानी फ़ौज के साथ रंगमंच पर प्रविष्ट हुआ और बड़ी आतुरता के साथ गाने लगा—

1. पा. ना. त., पृ. 172
2. पा. त. त., पृ. 48

(हिम्मत) *''शूँ मकदूर सोहराबनी सामे कोई आवे,*
आ गुरज, आ समशीर, आ कमन्द कोई उठावे।''

दर्शक इस आवाज़ को सुनते ही स्तब्ध हो गये। सारा हाउस मौन हो गया और सभी गृहस्थी ध्यान से देखने लगे कि क्या होनेवाला है। इसी बीच सोहराब के सामनेवाले पक्ष से एक गठीले शरीरवाला, ऊँचे क़द का जवान नशरवानजी आपख़्त्यार, ऊँचे स्वर से, अपने हाथ में गदा पकड़कर कहने लगा—

''मगरूर ना था नादान, जवान, बेधयान
एक पलमां थशे खाक परेशान।''

इस दृश्य को देखते ही सब पारसी अपने वतन के पुराने पहलवानों के इतिहास से झूम उठे। कुछ दिनों तक माणिकजी सोहराब का पार्ट करते रहे, फिर पता नहीं क्या हुआ कि एक दिन देखा गया माणिकजी के स्थान पर पेशोतन दादा भाई पावरी सोहराब की भूमिका में स्टेज पर आये। यह पहले ज़ोरास्टि ्रयन क्लब के मुख्य अभिनेताओं में से थे, उसके भागीदार भी थे और 'खुसरो-शीरीं' नाटक में खुसरो का पार्ट कर चुके थे।

सोहराब-रुस्तम का यह ओपेरा वास्तव में विक्टोरिया मण्डली में होनेवाले बेजन-मनीजेह तथा सोहराब-रुस्तम नाटक की प्रतिस्पर्द्धा के रूप में लिखा और खेला गया था। एदलजी खोरी लिखित सोहराब-रुस्तम में गायन तो थे परन्तु वे केवल इतने ही थे जितने उस समय प्रायः नाटकों में हुआ करते थे। नशरवानजी आपख़्त्यार के ओपेरा की लोकप्रियता का कारण उनका स्वयं संगीत एवं अन्य पात्रों की संगीतकला मात्र थी जिसका समस्त श्रेय निस्सन्देह आपख़्त्यार को दिया जा सकता है।

पारसी स्टेज प्लेयर्स मण्डली केवल अपने स्केचेज़ के लिए ही प्रसिद्ध रही। संगीतबद्ध ये रेखाचित्र आगे आनेवाले नाटकों के अग्रज थे।

पारसी बारोनेट नाटक मण्डली

इस कम्पनी की स्थापना सन् 1875 में हुई।[1] इसके संस्थापक नशरवानजी फ़ारब्सजी थे। अपने भाई एदलजी फ़ारब्स से उन्हें इसमें बड़ी सहायता मिली थी। नशरवानजी पहले ज़ोरास्ट्रियन क्लब में काम करते थे। ज़ोरास्ट्रियन क्लब में 'सलाम' गाने का एक रिवाज़ प्रचलित किया गया था। इसे नशरवानजी ही गाते थे। उस समय सम्पूर्ण बैण्ड बजाया जाता था। ज़ोरास्ट्रियन क्लब छोड़कर ही पारसी बारोनेट क्लब की स्थापना नशरवानजी ने की थी। मण्डली का समस्त कार्य-प्रबन्ध उन्होंने अपने हाथ में रखा था। डाइरेक्टर का कार्य एलफ़िन्स्टन स्कूल के अध्यापक पेस्तनजी कावसजी संजाणा के सुपुर्द कर दिया। अन्य मान्य पारसी खिलाड़ी भी इस मण्डली में सम्मिलित थे।

1. पा. त. त., पृ. 103

मण्डली ने 'मेहरसीमनोज़ार' नाम के नाटक का अभिनय किया। मण्डली के वास्ते नशरवानजी ने एक विशेष ड्राप सीन बनवाया था जिसमें सर जीजीभाई का चित्र था और नीचे अस्पताल भेंट किया गया था। वास्तव में यह अस्पताल जीजीभाई की उदारता और दान का यशस्वी स्मारक आज तक बम्बई में जे. जे. हास्पिटल के नाम से प्रसिद्ध है। प्रत्येक नाटक के आरम्भ होने से पहले नशरवानजी इस परदे के बाहर आकर जीजीभाई की स्तुति में एक गीत गाते थे जिसकी दो पंक्तियाँ इस प्रकार हैं—

"आ परदो रंगीन नसीहत करे, कीरतिं कांई करो
अगर जो कीरती करो तो हरगज नहीं मरो।"

इस गीत के लेखक बन्दे ख़ुदा थे। यद्यपि इस मण्डली ने कई नाटक खेले परन्तु दुःख की बात है कि धनजी भाई तक को उनका कोई स्मरण नहीं रहा।

जेण्टेलमैन अम्योच्यर्स एवं ज़ोरास्ट्रियन क्लब से नशरवानजी का बड़ा घनिष्ठ सम्बन्ध रहा। उनका व्यक्तित्व बड़े ऊँचे दरजे का था। बहुत दिनों तक वह सर दीनशा पेटिट के सेक्रेटरी रहे। उन्हें अँगरेज़ी भाषा पर बड़ा अधिकार था और सफल ऐक्टर तो थे ही।

अलबर्ट नाटक मण्डली

माणिकजी मास्टर इसके स्थापक थे। इनका प्रसिद्ध नाम 'माकु जेरीआ' था। यह ज़ोरास्ट्रियन क्लब को भंग करने के स्वप्न देखते थे। क्यों? इसका उत्तर तो वही जानें। परन्तु जब उन्हें मालूम हुआ कि सरकार ने शेठ वेहरामजी जीजीभाई को लेजिस्लेटिव काउन्सलर बनाकर सम्मानित किया है तो तत्काल उन्होंने शंकर शेठ की नाटकशाला अपनी मण्डली के नाटक के लिए किराये पर ले ली और तत्काल ही शेठ वेहरामजी के बँगले जाकर उनकी संरक्षता प्राप्त करने के लिए, उन्हें मान-पान अर्पित करने की दौड़-धूप आरम्भ कर दी। ज़ोरास्ट्रियन रंगमंच पीछे रह गया। इस आवभगत में बन्देखुदा की निम्नलिखित ग़ज़ल भी गायी—

कुदरथी वरसी छे रेहम, खुशी बेशुमार रे,
शेठ वेहरामजी काऊन्सीलर, थया बीजी बार रे।। 1।।
सरकार अने रईयत खुशी, खुशी छे मुम्बई तमाम
आशीरवाद आलवर्टना छे, जीवो ए! सरदार रे।। 2।।
केलवणी ने उत्तेजना, बीधा ने ऊलट बहु
प्रजान हीतकारी भारी, सर्वेमा आशकार रे।। 3।।

मण्डली द्वारा नाटकीय जीवन के विस्तृत इतिहास का पता नहीं चलता।

नवो पारसी विक्टोरिया नाटक मण्डली

कम्पनी के मालिक कावशा दीनशा इन्जीनियर थे। 'हार-जीत' नाटक के 'ओपेरा' में जो प्रस्तावना दी गयी है उससे पता चलता है कि 'हार-जीत' नामक रूपान्तर, उर्दू भाषा

में, मुन्शी मुराद अली ने ' किंग लीयर' से किया था। उस समय उक्त कम्पनी के निर्देशक खु. मा. बिलिमोरिया थे।

कम्पनी मालिक कावशा दीनशा इन्जीनियर 'हार-जीत' की प्रस्तावना में लिखता है—"कुदरत ना खावीन्दगी करम बक्षीस थी टुक मुद्दत दरमियान बे नवानाटको मुम्बईना नाटक तख्ता पर रजुकरवा शकतीवान थया पछी... मशहूर कवी अने उस्ताद नाटककार शेक्सपियरना नामांकित नाटक 'किंग लियर' ने आधारे उरदू माँ रचायलो पोतानो त्रीजो नवो नाटक' 'हार-जीत' आज रोजे (28 दिसम्बर, सन् 1904) शोकीन आलम सन्मुख रजु करवाने आ कम्पनी नसीबवान नीवड़ी छे।"

इस भूमिका से यह भी पता चलता है कि उक्त कम्पनी का सर्वप्रथम नाटक 'धूप-छाँव' था जो लगभग एक सौ बार अभिनीत हुआ था। इस नाटक की कथावस्तु अँगरेज़ी लेखक लिटन के उपन्यास 'लेडी आफ़ लिआन्स' से ली गयी थी। लेखक मुन्शी मुराद अली 'मुराद' ही थे। वास्तव में सन् 1868 में एदलजी खोरी ने 'लेडी आफ़ लिआन' नाम से ही एक नाटक लिखा था। मुराद अली ने सन् 1892 ई. में इसे 'धूप-छाँव' के नाम से लिखा।[1]

'धूप-छाँव' नाटक पर 'हार-जीत' की तरह जोसफ़ डेविड का नाम भी लिखा है जिससे कल्पना की जा सकती है कि अँगरेज़ी की कथा सुनाकर डेविड ने 'मुराद' को सहायता प्रदान की।

'धूप-छाँव' नाटक में एक ज़मींदार की लड़की माहरू को अपने उद्यान में सैर करते दिखाया गया है। उसी समय एक युवक जिसका नाम मुहब्बत ख़ाँ है उसके पास जाकर विवाह का प्रस्ताव करता है परन्तु माहरू उसे वहाँ से निकलवा देती है। मुहब्बत ख़ाँ के प्रस्थान के बाद बाँके खाँ नाम का बागवान आता है और उसे फूल भेंट करता है। माहरू उसे स्वीकार कर लेती है। जब मुहब्बत ख़ाँ को यह समाचार मिलता है तो उसे बड़ा क्रोध आता है और वह अपने मित्र दिलावर ख़ाँ की सहायता से माहरू के प्रेमी को अनेकों प्रकार से कष्ट पहुँचवाता है।"[2]

डॉ. नामी ने न्यू पारसी विक्टोरिया नाटक मण्डली का मालिक नौरोज़जी रुस्तमजी संजाना को बताया है।[3] परन्तु जैसा ऊपर लिखा जा चुका है। 'हार-जीत' के ओपेरा की भूमिका में कावशा दीनशा इन्जीनियर का नाम कम्पनी मालिक के रूप में लिखा हुआ है।[4] डॉ. नामी ने अपने कथन का कोई प्रमाण नहीं दिया।

यह कम्पनी अपने नाटक बम्बई रायल थियेटर में खेला करती थी। भूमिका में 'हार-जीत' से पहले दो नाटकों का उल्लेख हुआ है। उनमें से एक 'धूप-छाँव' है दूसरा

1. उ. थि. 2, पृ. 318
2. धूप-छाँव नाटक
3. वही, पृ. 314
4. प्रस्तावना, हार-जीत खेलमाँ गवाताँ गायनाँ।

कौन-सा है पता नहीं चलता। रमणिक भाई ने अपनी सूची में नवो पारसी विक्टोरिया नाटक मण्डली का नाम ही नहीं दिया।

मण्डली के निर्देशक खु. मा. बिलिमोरिया थे जैसा गायन की पुस्तक के मुखपृष्ठ से पता चलता है।

हिन्दी नाटक मण्डली

एक समय था जब दादी पटेल तथा दादी भाई ठूँठी दोनों विक्टोरिया नाटक मण्डली में भागीदार थे। परन्तु दादी पटेल सदा से ही अपना हाथ ऊपर रखना चाहते थे। अतएव दोनों दादियों में परस्पर तेल-पानी जैसा सम्बन्ध हो गया। दादी पटेल चाहते थे कि दादी भाई ठूँठी को यह परिस्थिति पसन्द न आये। अन्त में दोनों एक-दूसरे से पृथक् हो गये।

परस्पर का मनोमालिन्य इतना बढ़ गया था कि एक दिन 'बदरेमुनीर' के ओपेरा के सम्बन्ध में दोनों में कुछ गरमागरम बात हो गयी। इस नाटक में माहरुख़ परी को बेनज़ीर के ऊपर मोहित दिखाया गया है। परिणामस्वरूप सोते हुए बेनज़ीर को पलँग सहित माहरुख़ हवा में उड़ाकर अपने परिस्तान में ले जाती है। दादी पटेल ने यह यान्त्रिक दृश्य अल्फ्रेड नाटक मण्डली के दादी रतनजी दलाल की सहायता से तैयार किया था। इसे देखकर दादी ठूँठी ने दादी पटेल से कहा—''ईश्वर के लिए यह रीति परिवर्तन कर दो। यह तो बच्चों के खेल जैसी लगती है।'' दादी पटेल को यह टीका अच्छी नहीं लगी। उन्होंने उसी वक़्त कहा—''मैं तो बेनज़ीर का पलँग ऐसी ही अच्छी रीति से उड़वाता हूँ। तुम अपनी नाटक मण्डली में उड़ाकर दिखाना।''

दादी ठूँठी को भी यह बात लग गयी और वह अपनी बात पूरी करने का अवसर सोचने लगी। वहाँ से उठकर अपने रिहर्सल रूम में आये। उस समय तो बात ठण्डी पड़ गयी। दादी पृथक् होने पर नयी विचारधारा में बहने लगे। अन्त में उन्होंने ग्राण्ट रोड पर 'कारोनेशन थियेटर' के बराबर उसके सामने एक खुली जगह पसन्द की और वहाँ पर अमेरिकन ढब का एक थियेटर बनवाया जिसका नाम रखा 'हिन्दी थियेटर'। सम्भवतः 'हिन्दी' शब्द का प्रयोग दादी पटेल के 'उर्दू प्रेम' के विरोध में ही दादी ठूँठी ने किया था।

यह थियेटर बन रहा था कि इसी बीच में दादी ठूँठी ने एक क्लब का भी निर्माण कर लिया। इस नये क्लब का नाम रखा 'हिन्दी नाटक मण्डली'। इधर थियेटर बन रहा था और उधर नाटक का रिहर्सल हो रहा था। नाटक था 'बेनज़ीर-बदरेमुनीर'। यह नाटक अपने अग्रज इसी नाम के नाटक से भिन्न था। इसे किसी मुन्शी ने लिखा था जो दादी ठूँठी के पास नौकर था। भाषा उर्दू थी परन्तु सरल नहीं थी। प्रातः आकर दादी ठूँठी रात के दस-साढ़े दस तक स्वयं सब कामों पर अपनी दृष्टि रखते थे। उस समय उनके पास निम्नलिखित अभिनेता थे—

1. दादी रतनजी ठूँठी—मालिक मण्डली, अभिनेता और निदेशक
2. दादी अस्पन्दियारजी मिस्तरी—(दादी जादूबाज़)

3. अरदेशर शराफ़—(व्यापारी परन्तु खेल के शैक़ीन)
4. जहाँगीर पेस्तनजी खम्बाता—(लम्बा जहाँगीर)
5. कावसजी कलींगर—(काऊ कलींगर)
6. नवरोजी बाटला
7. नवरोजी एदलजी तँबोली
8. कावसजी पालनजी खटाऊ
9. कावसजी मिस्तरी—(काऊ हाण्डो)
10. फ़रामजी गुस्तादजी दलाल—(विक्टोरिया के एक भागीदार)
11. जमशेदजी का. दाजी—(जमसु मनीजेह)
12. जहाँगीर नवरोजी मीनवाला—(छोटा जहाँगीर)
13. डोसाभाई फ़रामजी काँगा—(व्यापारी)
14. माणिकजी अ. मिस्तरी—(माकु घानसाख)
15. बरज़ोरजी कुटार इत्यादि, इत्यादि।

दादी ठूँठी को 'बेनज़ीर' ओपेरावाली बात का ध्यान था अतएव वह ऐसे व्यक्ति की खोज में थे जो उनकी इच्छानुसार यान्त्रिक दृश्य बना सके। ढूँढ़ने पर उन्हें वह व्यक्ति भी मिल गया। वह एक मराठी था और उसका नाम था 'भाऊजी'। भाऊजी ने जो यान्त्रिक दृश्य बनाया उसमें कालादेव (काऊ कलींगर) पलँग पर सोते हुए बेनज़ीर (अरदेशर शराफ़) को अपने दोनों हाथों में पलँग से उठाकर हवा में उड़ाता है और उसे माररुख़ परी के महल में ले जाकर सुला देता है। बेनज़ीर के उड़ते ही उसका दीवानख़ाना आँख से ओझल हो जाता है और पचास फुट की ऊँचाई पर उड़ता हुआ कालादेव, एक बियावान जंगल में से जाते हुए दिखायी देता है। दृश्य की तैयारी बड़ी कठिनता से की गयी थी। उसमें काम करनेवाले दोनों अभिनेताओं की जान जोखम में थी परन्तु काऊ कलींगर एक बड़ा बलवान् और साहसी युवक था। अरदेशर बड़ा डर रहा था परन्तु काऊ ने कहा—"अरे पण मारा बाप, मारा हाथमाँ तुं बिलकुल सलामत छे।" फिर भी दादी ठूँठी ने यह प्रबन्ध कर लिया था कि रंगमंच पर रुई के गद्दे बिछवा दिये थे। यदि अकस्मात् कोई संकट आ जाये तो गिरनेवाले को कम-से-कम चोट लगे। इस दृश्य को देखते ही लोगों की तालियों से सारा थियेटर गूँज उठा। दादी ठूँठी ने दादी पटेल से जो बात कही थी वह करके दिखा दी। बाद को एक दिन दादी रतनजी दलाल को बुलाया और ताना मारते हुए कहा "तुमने भी बेनज़ीर का पलँग उड़ते हुए दिखाया है, और अब आकर देख जाओ कि मैं बेनज़ीर को किस प्रकार उड़ाता हूँ।" दादी रतन दलाल ने कहा—"अच्छा है, देखूँगा-देखूँगा। परन्तु यह दृश्य किसने बनाया है? भाऊजी ने बनाया होगा।"

दादी ठूँठी ने नये खेल के साथ नये परदे, नयी पोशाकें बनवायी थीं परन्तु उसमें गीत नहीं थे। यह बड़ी कमी थी। सम्भवतः इसी कारण नाटक अधिक सफल नहीं रहा।

अपनी असफलता पर दादी ठूँठी ने हिम्मत नहीं हारी। वह सहायता के लिए कैखशरू कावरा जी के पास गये। कावरा जी ने 'फ़रीदून' नाटक ठूँठी को दिया। कावरा जी ने दादी से नाटक की कोई कीमत नहीं माँगी। शर्त यह रही कि जब दादी 100 रुपये कावराजी को दे देंगे तो नाटक पर उनका अधिकार हो जायगा।

यह फ़रीदून नाटक हिन्दी नाटकशाला में खेला भी नहीं गया कि दादी ठूँठी को भावनगर के ठाकुर साहब ने भावनगर आने का आमन्त्रण भेज दिया। कोई तैयारी न होने पर दादी ठूँठी भावनगर पहुँचे। वहाँ 'बेजन-मनीजेह' तथा उसके साथ 'ज़फ़र और केसर' नाम की नक़ल तथा बेनज़ीर नाटक और 'ले पड़ूँ गले पड़ूँ' शीर्षक नक़ल का अभिनय किया। इस प्रकार हिन्दी नाटक मण्डली, भावनगर का सीज़न समाप्त कर बम्बई वापस आ गयी। यहाँ आने पर 'फ़रीदून' नाटक खेला। परन्तु यह भी सफल न रहा।

अन्त में एक साहूकार ने अपने ऋण की एवज़ में नाटक मण्डली के समस्त सामान पर क़ब्ज़ा कर लिया। इस प्रकार दादी ठूँठी आगे किसी अन्य नाटक के करने से वंचित हो गये और मण्डली बन्द हो गयी। ठूँठी ने कावरा जी को रुपये नहीं दिये परन्तु फिर भी उन्होंने 'फ़रीदून' का अधिकार उन्हें दे दिया।

इण्डियन थियेट्रिकल नाटक मण्डली

इसने सन् 1868 में 'नाना साहब' नाम का नाटक अभिनीत किया। इसके लेखक फ़रामजी कोनद्राड थे। नाटक में सन् 1857 के प्रसिद्ध नेता नाना साहब का चरित्र बताया गया है। उन्हें देशप्रेमी न बताकर देशद्रोही चित्रित किया गया है। इससे पारसियों को अँगरेज़परस्ती प्रकट होती है। नाटक हिन्दुस्तानी में था। अतएव सुगमता से उसे हिन्दी रंगमंचीय नाटकों की परम्परा में गिना जा सकता है।

दी पारसी इम्पीरियल नाटक मण्डली

इस मण्डली को आरम्भ करनेवाला कौन था और उस समय इसके मालिक कौन थे, इसका पता नहीं चलता। परन्तु सन् 1913 में इसका अस्तित्व था क्योंकि यह सूचना मिलती है कि गुलाम मोहीउद्दीन 'नाज़ा' का ड्रामा 'हूरे-अरब' उसी वर्ष जोज़ेफ़ डेविड के निर्देशन में इस मण्डली ने अभिनीत किया था। फिर सन् 1914 में नाज़ा का दूसरा नाटक 'ख़ाकी पुतला' भी डेविड के निर्देशन में मण्डली द्वारा खेला गया। 'नाज़ा' के नाटक 'मतलबी दुनिया' का अभिनय भी इसी कम्पनी में हुआ। यद्यपि यह नाटक सन् 1916 में मौजूद था परन्तु इसके गायन-संग्रह की तीसरी आवृत्ति सन् 1917 की छपी है। इसका निर्देशन भी जोज़ेफ़ डेविड ने किया था। इसके पश्चात् 'नूरे-वतन' और 'बाग़े-ईरान' क्रमशः 1919 तथा 1920 में अभिनीत हुए।

श्री रमणीक देसाई ने सन् 1915-20 तक उक्त मण्डली का प्रथम सोपान माना है।[1] ''उपर्युक्त नाटकों के अतिरिक्त उन्होंने 'एशियाई सितारा', 'ग़ाफ़िल मुसाफ़िर',

1. गुजराती नाट्य शताब्दी महोत्सव संग्रह, पृ. 120

'क़ौमी दिलेर' और 'विराटपर्व' नामक नाटकों को भी इसी काल में मण्डली द्वारा अभिनीत बताया है। उर्दू के अतिरिक्त गुजराती के 'जौहरगढ़' तथा 'संसारा-नौका' का भी उल्लेख किया है।

डॉ. नामी ने 'क़ौमी दिलेर' का रचनाकाल सन् 1923 बताया है।[1] यदि यह नाटक 1923 में लिखा गया तो 1920 तक के काल में कैसे अभिनीत हो सकता था। अतएव दोनों में से एक कथन सत्य नहीं है। मेरे विचार में रचनाकाल सन् 1913 होगा और डॉ. नामी के हाथ जो संस्करण आया उस पर 1920 छपा होगा जिसके कारण उन्होंने उसके रचनाकाल की यह धारणा बनायी।

पारसी इम्पीरियल नाटक मण्डली का दूसरा सोपान, रमणीक भाई के अनुसार, सन् 1920 से 1924 तक है। इस काल में मण्डली के मालिक शेठ रामदास कल्याणदास थे।[2] इन चार वर्षों में खेले जानेवाले नाटकों में उन्होंने केवल 'संसार-नौका' (गुजराती में) और 'नूरे-वतन' का नाम दिया है। डॉ. नामी के अनुसार 'नूरे-वतन' सन् 1919 में लिखा गया था और वह भी इसी कम्पनी के लिए। मैंने भी 'नूरे-वतन' के गायन-संग्रह में सन् 1919 ही देखा है। अतएव 'नूरे-वतन' निश्चय ही पहले सोपान में खेला गया था। दूसरे सोपान में उसकी पुनरावृत्ति रही होगी जिसके कारण रमणीक भाई ने उसे दूसरे सोपान में स्थान दिया है। इसके अतिरिक्त 'नाज़ा' ने डॉ. नामी के अनुसार, 'शेरे-काबुल', 'रूखी लुटेरा', 'गाज़ी सलाहउद्दीन फ़ातह', 'खूनी-शराब' तथा 'नूर में नार' और 'कृष्ण कुमारी' शीर्षक नाटक क्रमशः 1921, 1922, 1923 और 1924 में लिखे। इनमें से अन्तिम तीन के विषय में डॉ. नामी ने यह नहीं लिखा कि वे किस नाटक मण्डली के लिए लिखे गये। शेष निस्सन्देह उक्त मण्डली के लिए लिखे गये और उसमें अभिनीत हुए होंगे। इनके अभिनय के विषय में रमणीक भाई भी मौन हैं।

रमणीक भाई ने तीसरा सोपान सन् 1926 में माना है। इस वर्ष के मालिक का नाम नहीं दिया परन्तु 'शरीफ़-ख़ून' के अभिनय की सूचना दी है। सन् 1927 में डेनियल डेविड मण्डली के मालिक बने और इस वर्ष में 'असमत का डाकू', 'वीर गर्जना', 'वीर अमरसिंह', 'पयामे हक़' के खेले जाने का उल्लेख किया गया है। 'नाज़ा' ने इस बीच में 'बोलता हंस' (1927) लिखा था परन्तु उसके अभिनय की कोई सूचना नहीं है। सन् 1928 में 'नाज़ा' के 'सुलताना चाँद बीबी' नाटक का अभिनय किया गया। रमणीक भाई के वर्णन से प्रतीत होता है कि या तो मण्डली की मिल्कियत बदल गयी अथवा उनके पास के गायन-संग्रह पर मालिक का नाम नहीं छपा है। क्योंकि उन्होंने 1928 में 'साचो सेवक' का उल्लेख किया है। सम्भवतः जैसा नाम से पता चलता है, यह नाटक गुजराती का था।

---

1. उर्दू थियेटर, भाग 2, पृ. 330
2. वही।

अन्त में यह कम्पनी मादन थियेटर्स के हाथ में चली गयी। उस समय केवल 'तलवार का धनी' नाटक के अभिनय की सूचना रमणीक भाई ने दी है। परन्तु सन् 1929 तक 'नाज़ा' इस कम्पनी के लिए नाटक लिखते रहे। 1928 में उन्होंने 'फूलों का हार' और 1929 में 'लाले-चमन' लिखा।

उपर्युक्त विवरण से स्पष्ट है कि इम्पीरियल नाटक मण्डली ने पर्याप्त काल तक नाटक अभिनय में अपना योगदान दिया।

मोहीउददीन 'नाज़ा' का योगदान

यद्यपि अन्य मुन्शियों की तरह 'नाज़ा' ने भी अपने अधिकांश नाटकों का घटनास्थल भारत के बाहर के देशों में ही रखा है परन्तु उनकी कथावस्तु के कथ्यों में विभिन्नता है और वे सामान्य मुसलमानी कथानकों के समान नहीं हैं। उदाहरण के लिए 'शेरे-दिल' नाटक को ही ले लीजिये। इसका कथानक कुछ ऐतिहासिक आधार रखता है जिसका सम्बन्ध नादिरशाह के भरत आक्रमण के पश्चात् भारत की राजनीतिक दशा के एक पक्ष से है। नादिरशाह के प्रयाण के बाद बंगाल में मुरशिद कुली ख़ाँ हाकिम बन बैठा। उसका कोई पुत्र नहीं था अतएव उसका उत्तराधिकारी उसका दामाद शुजा ख़ाँ (1725-39) बना, फिर उसी का पुत्र सरफ़राज़ ख़ाँ (1739-40) और उसके बाद उसका काका अलीवर्दी ख़ाँ (1740-56) बना, अलीवर्दी ख़ाँ के कोई पुत्र न था, केवल तीन लड़कियाँ थीं जो उसके भतीजे हाजी मोहम्मद के तीनों लड़कों से ब्याही थीं। इनमें से सबसे बड़ा फ़लकजाह उर्फ़ शहामतजंग इस नाटक का हीरो है। बिचला भाई सिराजुद्दौला ढाका और छोटा भाई जईनुद्दीन अहमद कटक के हाकिम थे। फ़लकजाह पटना का राज सँभालता था। उन्हीं के समकालीन राजा सुरेन्द्र सिंह मुँगेर के राजा थे। फ़लकजाह ने सुरेन्द्र सिंह पर चढ़ाई कर दी। सुरेन्द्र सिंह ने अपने सिपहसालार सफ़शिकन ख़ाँ को, जिसे उसके पिता ने 'शेरे-काबुल' की उपाधि दी थी, सहायता के लिए बुलाया। सफ़शिकन ख़ाँ ने फ़लकजाह को परास्त कर निम्न बातों पर सन्धि कर उसे छोड़ दिया—

1. युद्ध व्यय के चार लाख रुपये दण्डस्वरूप दिये जायें।
2. कोहनूर हीरा जो उसकी बीवी के पास था राजा को दिया जाये।
3. फ़लकजाह कोई आक्रमण बाद में न करे।

शर्तों की मंजूरी पर शेरे-काबुल ने अपने सिपहसालार कादिरबेग के नवाब को इज़्ज़त सहित सरहद पर छोड़ने के लिए और उसके चार लाख रुपया तथा कोहनूर ख़ज़ांची असदयार खाँ को सौंपने के लिए कहा।

सफ़शिकन के बाद फ़लकजाह ने कादिरबेग को बहकाया कि अगर वह सफ़शिकन को समाप्त कर दे और कोहनूर उसे वापस लाकर दे दे तो मैं तुझे अपना वज़ीर बना लूँगा। नमकहराम कादिरबेग ने 'हाँ' भर ली।

लड़ाई से वापसी पर सफ़शिकन का लड़का शहज़ोर अपनी भावी पत्नी असदयार ख़ाँ की लड़की मुनीरुन्निसा से मिलने आया। वहीं मुनीर की माँ चाँदनी बेगम भी आयी और उसने यह हठ पकड़ ली कि अगर शहज़ोर अपने बाप के पास गया उसके ख़ानदान का कोहनूर उसे वापस करे तो मुनीर की शादी शहज़ोर के साथ की जावे। परन्तु सफ़शिकन ने उसे राजा की सम्पत्ति कहकर देने से इन्कार कर दिया। शादी की बात अधूरी रह गयी।

राजा सुरेन्द्र अपनी रानी राधारानी से बात कर रहे थे कि कादिरबेग ने आकर विजय का समाचार सुनाया और कहा कि सफ़शिकन ने कोहनूर रिश्वत में लेकर फ़लकजाह को रिहा कर दिया। राजा को वहम पड़ा पर रानी ने उसे अनहोनी बताया। कादिरबेग ने कोहनूर को ख़ज़ाने में जमा न कर उसे सफ़शिकन के पास रख दिया। यह उसकी चालाकी थी। चाँदनी बेगम की हठ भी राजा से कादिरबेग ने बतायी। इस पर राजा बड़ा क्रुद्ध हुआ और सफ़शिकन को गिरफ़्तार करने की आज्ञा कादिरबेग को दे दी।

असदयार ख़ाँ ने मालूम कर लिया कि कोहनूर ख़जाने में जमा नहीं किया गया। इसी बीच कादिरबेग ने सफ़शिकन को गिरफ़्तार कर लिया। राजा ने सफ़शिकन को गुनहगार समझकर क़त्ल का हुक्म दे दिया।

कादिरबेग की तरफ़ से सफ़शिकन के कत्ल का हुक्म लेकर बेदाद ख़ाँ फ़लकजाह के पास पहुँचा। आधा काम होते देखकर उसे ख़ुशी हुई।

जंजीरबद्ध सफ़शिकन अपने गुरु ख़ाकीशाह से मिलने गया। गुरु ने राजा के विरुद्ध कुछ न करने की सलाह दी और सफ़शिकन वहाँ से वापस आ गया। पिता के वध की आज्ञा सुनकर शहज़ोर विद्रोह पर उतारू हो गया परन्तु बाप ने बेटे को किसी से वैर न लेने की बात बतायी। पुत्र ने पिता की आज्ञापालन का वचन दिया।

कोहनूर का लालच देकर कादिरबेग ने चाँदनी बेगम को अपने साथ मुनीर की शादी का वचन ले लिया।

शहज़ोर और मुनीर की छिपे-छिपे मुलाकात हुई। उसी समय चाँदनी बेगम कादिरबेग को लेकर वहाँ आयी और शादी की बातचीत करने लगी। मुनीर ने मना कर दिया। कादिरबेग ने प्रतिज्ञा की कि वह शहज़ोर का विनाश कर देगा।

शहज़ोर दरबान की नौकरी के लिए घर से निकल पड़ा और जंगल में कादिरबेग से उसकी भेंट हुई। कादिरबेग ने शहज़ोर को राजसी लिबास पहनकर ख़त्म करने से उकसाया। शहज़ोर ने इन्कार किया। कादिरबेग इस पर शहज़ोर को मार डालने की धमकी देने लगा। इसी बीच शहज़ोर की माँ वहाँ आ पहुँची। दोनों की आपसी तकरार में कादिरबेग निकल भागा।

मुनीर अपने बाप से माँ की बात कहती है और असदयार ख़ाँ नसीबन नाम की दासी को पालकी में बिठाकर निकाह पढ़े जाने की जगह मुनीर के स्थान पर भेजता है।

इधर राजा सुरेन्द्र सिंह से निहार सिंह कादिरबेग की बदमाशी का समाचार देकर सफ़शिकन को निर्दोष बताता है और चाँदनी बेगम के कोहनूर के लालच का रहस्य खोलता है। दोनों सच्ची बात जानने के लिए निकल पड़ते हैं।

कादिरबेग और मुनीर भी गुप्त शादी के समय पालकी में से नसीबन को निकलते देखकर कोहनूर लेकर फ़लकजाह के पास जाने की फ़िकर करता है। यह ख़बर शहज़ोर और निहार सिंह को मिलती है, शहज़ोर कादिरबेग को पकड़ने निकल पड़ता है।

जिस समय निहार सिंह सफ़शिकन को वध के लिए वध-स्थल में ले जाता है उस समय एक गैबी आवाज़ सुनायी देती है और निहार सिंह सफ़शिकन को छिपाकर उसे एक अरब के लिबास में रखता है। राजा सुरेन्द्र पर संकट आता है। जंगल में रहते हुए सफ़शिकन को पता चलता है कि कादिरबेग फ़लकजाह से सरहद पर मिलकर, चढ़ाई करवाना चाहता है। सफ़शिकन फ़लकजाह की तलाश में जाता है। दोनों की अकस्मात् भेंट होती है और सफ़शिकन उसे क़ैद कर लेता है। उसी जंगल में राजा सुरेन्द्र अपने साथियों से अलग होकर अकेला आ निकलता है। कादिरबेग उसे घेरकर क़ैद कर लेता है। इतने में शहज़ोर भी वहाँ पहुँच जाता है। निहार सिंह और अरब के भेष में सफ़शिकन वहाँ आते हैं। राजा मुक्त होता है और कादिरबेग शहज़ोर के हाथों मारा जाता है।

राजा उन्हें दरबार में बुलाकर अपना उपकार प्रकट करता है। सफ़शिकन का इन्साफ होता है। फ़लकजाह भी उसे निर्दोष बताता है। राजा पश्चात्ताप करता है। नाटक सुख में समाप्त होता है।

इस नाटक में एक फ़ार्स भी है जिसमें त्रियाचरित्र प्रकट किया गया है। नाटक में सब मिलाकर केवल 19 गाने हैं।

इसी प्रकार नाज़ा के अन्य नाटक भी अपना पृथक् स्थान रखते हैं। इनके नाटकों के निर्देशक जोज़ेफ़ डेविड थे जो पारसी थियेटर के प्रसिद्ध और सफल निर्देशक माने जाते हैं।

'नूरे-वतन' में मूरों और इज़रायलियों की लड़ाई के परिवेश में पिता की प्रतिज्ञा का बड़ा भावावेशपूर्ण वर्णन है। अपने समय का यह बड़ा लोकप्रिय नाटक था।

●

6

पारसी अभिनेता

अंजूरबाग, धनजी भाई बरजोरजी : अपने अभिनय का श्रीगणेश एलफ़िन्स्टन नाटक मण्डली से किया। बाद में विक्टोरिया नाटक मण्डली में प्रविष्ट हुए। बालीवाला के साथ इनका बड़ा घनिष्ठ सम्बन्ध था और उनकी विक्टोरिया मण्डली के लिए धनजी भाई अंजूरबाग बड़े उपयोगी सिद्ध हुए।

विदेश-यात्रा में बैंकाक नगर में अंजूरबाग हैज़े की बीमारी के कारण परलोक सिधारे।

धनजी भाई अंजूरबाग बड़े आकर्षक अभिनेता और दृश्यपरक कलाकार थे। रंगमंच की साज-सज्जा में उनकी बड़ी रुचि थी।

इनका एक नाटक प्रसिद्ध है जिसका नाम था 'चाल मारा बाप'।

अपु फ़रामजी दादाभाई : कुँवरजी नाज़िर ने मन में विचार किया कि एक ऐसा नाटक खेला जाय जिसका सम्बन्ध गुजरात के इतिहास से हो और जिसमें हिन्दू रीति-रिवाज़ों का भी प्रदर्शन हो। परिणामस्वरूप उन्होंने 'राज करण घेला' नामक नाटक तैयार कराया। पारसियों द्वारा अभिनीत होनेवाला यह प्रथम गुजराती नाटक था। इसके अभिनीत होने के समय तक न तो नाटक उत्तेजक मण्डली बनी थी और न विक्टोरिया नाटक मण्डली का ही जन्म हुआ था।

'करण घेला' में फ़रामजी अपु ने राजा करण का अभिनय किया था। सम्भवतः यही उनके अभिनय का श्रीगणेश था। बाद में फ़रामजी अपु विक्टोरिया नाटक मण्डली में प्रविष्ट हुए। विक्टोरिया मण्डली में इन्हें ऊँचे दर्जे का अभिनेता माना जाता था और उसी के अनुकूल इन्हें मासिक वेतन भी मिलता था। मण्डली के साथ-साथ इन्होंने कलकत्ता, दिल्ली, लाहौर और जयपुर आदि की भी यात्रा की थी। इन स्थानों से लौटने पर विक्टोरिया मण्डली के मालिक कुँवरजी नाज़र ने एक ख़ानगी सभा बुलायी और सब बड़े-बड़े अभिनेताओं से मण्डली को स्वयं आगे चलाने में असमर्थता प्रकट की। संक्षेप में विक्टोरिया नाटक मण्डली भागीदारों की नाटक मण्डली बन गयी। इन भागीदारों में एक भागीदार फ़रामजी अपु भी थे। अतएव फ़रामजी अपु अभिनेता भी रहे और मण्डली के मालिक भी।

विक्टोरिया नाटक मण्डली में कई बार उलट-फेर हुए। एक परिवर्तन में फ़रामजी अपु और दादी ठूँठी विक्टोरिया मण्डली से पृथक् हो गये।

अन्य भागीदारों के साथ फ़रामजी अपु 'दी पारसी नाटक मण्डली' के भी भागीदार थे। इसी मण्डली में लतीफ़ा बेगम ने अपने नाच के कारण ग्राण्ट रोड पर धूम मचा दी थी।

फ़रामजी अपु के एक भाई दीनशा दादाभाई अपु भी थे जो पहले 'बम्बई नाटक मण्डली' में भागीदार रहे।

दीनशा अपु बड़े ठण्डे स्वभाव के व्यक्ति थे। सभी अभिनेता इन्हें पसन्द करते थे। इनकी मृत्यु मद्रास में हुई।

आण्टिया, होरमसजी जमशेदजी : ख़ान बहादुर होरमसजी आण्टिया एक अवैतनिक और अव्यवसायी अभिनेता थे। इन्हें अँगरेज़ी के नाटकों में भाग लेने की विशेष रुचि थी। यह 'शेक्सपियर नाटक मण्डली' के, जिसकी स्थापना सन् 1876 ई. में हुई थी, एक सदस्य थे।

यह मण्डली शेक्सपियर के नाटकों को गुजराती भाषा में अनुवादों द्वारा अभिनीत किया करती थी। होरमसजी ने इसके 'रोमियो जूलियट' में भाग लिया था।

होरमसजी अभिनेता थे, राजकर्मचारी थे और राजनीतिक सेवाओं से प्रसिद्धि प्राप्त करनेवाले व्यक्ति थे।

आपख़्त्यार, नशरवानजी दोराबजी : इनका जन्म सन् 1835 में हुआ था। असली अटक 'कीका दावर' थी परन्तु सन् 1854 में नशरवानजी ने एक समाचार-पत्र निकाला जिसका नाम 'आपख़्त्यार' (स्वतन्त्र) था और जो सन् 1866 तक चलता रहा। इस समाचार-पत्र के आधार पर इनकी अटक 'आपख़्त्यार' पड़ गयी। नशरवानजी ने सन् 1878 में 'पारसी पंच' नाम का समाचार-पत्र भी प्रकाशित किया था। उसे ये मरण-पर्यन्त चलाते रहे। इनके पश्चात् इनके भतीजे बरज़ोरजी नवरोजी आपख़्त्यार ने इस पत्र को जारी रखा। परन्तु नाम 'पारसी पंच' से 'हिन्दू पंच' हो गया था।

नशरवानजी एक लेखक, कवि, गायक और अभिनेता थे। कैख़शरु कावराजी से बहुत दिनों तक इनका विरोध चलता रहा। नौबत यहाँ तक पहुँची कि मुक़दमा सेशन्स तक चला गया, परन्तु डोसाभाई फ़रामजी काँगा के कहने पर मुक़दमा वापस ले लिया गया और दोनों में मेल हो गया। घटना सन् 1874-75 की है।

नशरवानजी आपख़्त्यार कोई बड़े नाटक करने के शौक़ीन नहीं थे। उनकी रुचि संगीत में बहुत अधिक थी। आरम्भ में संगीतबद्ध Sketches किया और करवाया करते थे। उस समय यह 'Parsi Stage Players' नाटक मण्डली के मालिक थे।[1]

जब माणिकजी बारभाया का साथ हो गया तो उन्होंने 'सोहराब रुस्तम' की कथा लेकर एक 'ओपेरा' बनाया। इन दिनों विक्टोरिया नाटक मण्डली में कावराजी का 'बेजन-मनीजेह' और एदलजी खोरी का 'रुस्तम-सोहराब' खेला जाता था। 'बेजन-मनीजेह' के गाने उस्ताद इमदाद ख़ाँ की सहायता से रखे गये थे। एदलजी के नाटक के गाने

1. पा. त. त., पृ. 48

दलपतराम ने बनाये थे। ऐसा प्रतीत होता है कि दोनों से बाज़ी लेने के लिए ही आपख़्यार ने 'सोहराब-रुस्तम' की रचना की थी। 'रुस्तम-सोहराब' में रुस्तम के चरित्र को प्रधानता दी गयी है परन्तु आपख़्यार ने सोहराब को प्रमुख माना है। एदलजी के नाटक में शाहनामा को आधार मानकर पूरी कथा का समावेश नाटक में किया गया है इसी कारण उसमें अनेक पात्र हैं। परन्तु 'सोहराब-रुस्तम' में सोहराब और रुस्तम तथा तहमीना तीन ही प्रधान पात्र हैं। रुस्तम का अभिनय नशरवानजी स्वयं और सोहराब का पार्ट माणिकजी बारभाया किया करते थे। तीसरा पात्र स्त्री पात्र था—सोहराब की माँ तहमीना। यह स्त्री पात्र अलबर्ट क्लब के एक गायक दीनीयारजी करते थे। दीनीयार एक अच्छा गायक छोकरा था। एक दिन अकस्मात् रिहर्सल से गायब हो गया। जब तीन-चार दिन तक पता न चला तो जमसु काँदावाला को उसके स्थान पर रखा गया।

आपख़्यार इतने सफल अभिनेता थे कि सोहराब की मृत्यु पर पश्चात्ताप रूप में उन्होंने जो गाना गाया था उसके कारण दर्शक आठ-आठ आँसू रोने लगे थे।

आपख़्यार की यह भी एक ख़ूबी थी कि गाते-गाते वह रंगमंच पर ही निर्देशन दे देते थे—व्यवस्थापक से कहते—'लाइट धीमी कर, लाइट धीमी कर।' दर्शकों को रुलानेवाली पंक्तियाँ थीं—

सन्देसो तहमीना ने, जइ कोई कहेजो रे।
बापने हाथे बेटो मुवे छे खुन थयु अंजाणा विगेर।

संक्षेप में नशरवानजी आपख़्यार एक कवि, गायक और सफल अभिनेता थे। उनका स्वभाव सरल था। मई, सन् 1878 में झाँसी नगर में नशरवानजी दोराबजी आपख़्यार का मरण हुआ। वहीं उन्हें दफ़नाया गया।

ओगरा, सोहराबजी फ़रामजी : सोहराबजी ओगरा ने दादी पटेल के निर्देशन में अपनी अभिनय-कला का श्रीगणेश किया था। वह बड़े ऊँचे दर्जे के कामेडियन थे। उनका अधिकांश जीवन न्यू अल्फ्रेड नाटक कम्पनी में व्यतीत हुआ था।

ओगरा बड़े हँसमुख, मौजीले स्वभाववाले और मिलनसार व्यक्ति थे। स्वस्थ शरीर और सुरीली आवाज़ दोनों गुणों ने उनके व्यक्तित्व को बड़ा आकर्षक बना दिया था। परन्तु निर्देशक के रूप में वह अनुशासन के बड़े पक्के थे। किसी अभिनेता का यह साहस नहीं था कि रिहर्सल घर में निश्चित समय से एक मिनट भी देर से पहुँच जाय। इस सम्बन्ध में उनके मालिक तक किसी अभिनेता द्वारा उनकी शिकायत सुनते नहीं थे। पं. राधेश्याम पर इस विषय में उनका बड़ा भरोसा था। सोहराबजी की अनुपस्थिति में उक्त पण्डितजी ही रिहर्सल का काम सँभालते थे।

ओगरा का अभिनय मैंने स्वयं अभिमन्यु नाटक के अन्तर्गत 'राजा बहादुर' नामक प्रहसन में देखा था। इस प्रहसन में ख़ुशामदपसन्द व्यक्ति का मज़ाक़ उड़ाया गया है। ऐसे ही व्यक्तियों को उन दिनों अँगरेज़ों द्वारा 'राजा बहादुर' और 'राय बहादुर' आदि पदवियाँ दी जाया करती थीं। सोहराबजी की चाल-ढाल, स्वर का उतार-चढ़ाव, उच्चारण

की शुद्धता और अंग-भंगिमा सभी बड़े प्राकृतिक और मनमोहक थे। इस प्रहसन में उनका तकिया-कलाम था—'तारीफ़ तो यही है।' ये वाक्य उनकी मूर्ति के मानो पर्याय हो गये थे। उन्हें देखते ही दर्शकगण चिल्ला उठते थे 'तारीफ़ तो यही है।' यही स्थिति अभिनेता और दर्शक के सामंजस्य की हुआ करती थी। सोहराबजी इस दृष्टि से बड़े भाग्यशाली थे।

सोहराबजी को रंगमंच पर स्त्री अभिनेत्रियों की उपस्थिति से चिढ़ थी। उनके रहते हुए कोई स्त्री अभिनेत्री न्यू अल्फ्रेड में प्रविष्ट नहीं हो सकी।

लकवे की बीमारी से सोहराबजी का अन्त हुआ।

कन्त्राक्टर, कावसजी माणिकजी : कावसजी माणिकजी पारसी स्टेज के प्रसिद्ध कुँवरजी नाज़रजी के बड़े कृपापात्र अभिनेता थे। यह सदा स्त्री पार्ट किया करते थे और नाज़रजी इन्हें 'बहुजी' के लाड़वाले नाम से पुकारा करते थे। 'करण-घेला' नामक गुजराती नाटक में इन्होंने रूपसुन्दरी का अभिनय किया था। 'हरिश्चन्द्र नाटक' में जोगिन का पार्ट बड़ी सफलता से पूर्ण किया था। लोटन का पार्ट करनेवाले खुरशेदजी कालीवाला के जोगिन ने जो असंख्य कोड़े लगाये थे और उस पर लोटन ने जो नाच नाचा था उसकी कल्पना आज भी सुख-दुःख मिश्रित शब्दों में व्यक्त की जा सकती है।

कावसजी बड़े पतले-दुबले शरीरवाले व्यक्ति थे। काला चोगा पहने हुए उनकी एक तस्वीर क़ैसरे-हिन्द (1931) में प्रकाशित हुई थी।

काँगा, डोसाभाई फ़रामजी : यद्यपि व्यवसाय के आदमी न होकर वेतनभोगी थे परन्तु नाटक का शौक़ था। अबीसीनिया की लड़ाई में अफ्रीका से वापस आने पर बम्बई में बूट, शूज़ और घोड़ों की ज़ीन आदि का व्यवसाय ग्रहण किया।

'ज़ोरास्ट्रियन नाटक मण्डली' में 'जालम जोर' नाटक में 'जालम जोर' का अभिनय बड़ी सफलता से किया। बाद में दादाभाई ठूँठी की स्थापित 'हिन्दी नाटक मण्डली' में चले गये। 'हिन्दी नाटक मण्डली' ने जब कावराजी का लिखा 'फ़रेदून' नाटक खेला तो उसमें 'जोहाक' के सिपहसालार 'जरसाह' का अभिनय बड़ी सन्तोषप्रद रीति से किया।

तत्पश्चात् डोसाभाई काँगा अपने जन्मस्थान नवसारी में चले गये और वहीं उनका शरीरान्त हुआ।

काँगा, पेस्तनजी दीनशाह : 'शेक्सपियर नाटक मण्डली' के भंग होने पर एक नयी नाटक मण्डली की स्थापना सन् 1879-80 में हुई। इसका नाम था The Zorastrian Dramatic Society। इसके स्थापकों में डॉ. धनजीभाई पटेल एवं पेस्तनजी दीनशाह काँगा प्रमुख थे। पेस्तन जी काँगा क्रिकेट के प्रसिद्ध खिलाड़ी थे।

डॉ. धनजी भाई ने एदलजी खोरी के नाटक 'रुस्तम-सोहराब' को परिष्कृत कर उसे गीतबद्ध Opera बनाया था। इस नाटक में पेस्तनजी काँगा ने बादशाह 'केकाऊस' का अभिनय किया था।

कावराजी, कैखुशरु नवरोजी : कैखुशरु कावराजी का जन्म 21 अगस्त, सन् 1842 में हुआ था और शरीरान्त 25 अप्रैल, सन् 1904 में। इनका बासठ वर्ष का दीर्घ जीवन

पारसी समाज के लिए बड़ा उपयोगी और शिक्षाप्रद रहा। कैखुशरु जीवन भर अपनी जाति के उद्धार और विकास योजनाओं में व्यस्त रहे। बहुत ही छोटी अवस्था में वह 'रास्त गोफ़्तार' नामक पत्र के अधिपति और सम्पादक बन गये थे। जब तक उन्होंने उसका सम्पादन किया तब तक महान् उत्तरदायित्व, सत्यवादिता, निर्लिप्तता और निर्भयता का निर्वाह किया।

सन् 1867 में उन्होंने पारसी कसरतशाला को एक दृढ़ भित्ति पर स्थापित किया। ऐसा करने के लिए उन्होंने तत्कालीन सभी पारसी चालू नाटक मण्डलियों को एकत्रित कर सहायतार्थ एक नाटक का प्रदर्शन किया। इस नाटक का नाम 'कॉमेडी आफ एरर्स' था। दो रात के अभिनय से जो धनराशि एकत्रित हुई उसे कसरतशाला के स्थायी कोष में जमा कराकर क्षतिपूर्ति कर दी।

अब कावराजी के सामने प्रश्न यह था कि एकत्रित अभिनेताओं का क्या किया जाये? उन्हें बिखेर दिया जाय या संगठित कर कोई बड़ी भारी-भरकम मण्डली स्थापित की जाय। निश्चय यही हुआ कि नयी नाटक मण्डली बनायी जाय। बस कावराजी की मन्त्रणा से ''विक्टोरिया नाटक मण्डली'' की स्थापना हो गयी। कावराजी ने आरम्भ में ही तीन नाटक लिखकर मण्डली को दिये और उनका निर्देशन स्वयं किया।

एक नाटक 'बेजन-मनीजेह' में जमशेदजी दाजी ने इतना सुन्दर पार्ट किया कि कावराजी ने 'जमसु मनीजेह' के लिए एक 'बेनीफिट नाइट' निश्चित की। परन्तु कुछ लोगों के कहने से जमसु मनीजेह को उसमें भाग लेने से मना कर दिया। परिणाम यह हुआ कि स्वयं कैखुशरु जी कावराजी ने मनीजेह की भूमिका सँभाली। उनके अभिनय को देखकर सभी स्तम्भित हो गये। यही उनका प्रथम एवं अन्तिम अभिनय था।

कैखुशरु बड़े साहसी, विद्वान, आलोचक और सुधारवादी व्यक्ति थे। पारसी उन्हें सत्य ही 'पारसी नाटक तख्तानों बाप' मानते हैं।

कल्याणीवाला, भीखाजी न. : हीरजी खम्बाता के शिष्य थे। अपनी अभिनय-कला का आरम्भ (पुरानी) 'अल्फ्रेड नाटक मण्डली' से किया था। ''शहजादा श्याबक्ष' नाटक में श्याबक्ष की भूमिका बड़ी सफलता और उत्कृष्टता से सम्पन्न की थी। इसी से दर्शकगण उन्हें 'भीखु श्याबक्ष' के नाम से पुकारा करते थे।

केरॉवाला, धनजी भाई रुस्तमजी : आरम्भ में 'फलुघुस' के Gentlemen's Amateurs मण्डली में सम्मिलित हुए। उसमें स्त्री-भूमिका किया करते थे। 'फलुघुस' की मण्डली प्रायः Comedy of Errors गुजराती भाषा में खेला करती थी। केरॉवला उसमें स्त्री-पार्ट ही करते थे।

महिला-पार्ट करते-करते धनजी भाई को पुरुष भूमिका मिलने लगी। विक्टोरिया नाटक मण्डली में सम्मिलित होकर धनजी भाई ने 'बेजन' का पार्ट किया था। अपनी अद्‌भुत सफलता के कारण धनजी भाई भी 'धनजी बेजन' ही कहलाने लगे थे।

'बेजन' के पश्चात् इन्होंने 'जमशेद' नाटक में 'कारम' पहलवान का पार्ट बड़ी

सुन्दरता से किया। जब विक्टोरिया मण्डली गुजराती के अतिरिक्त उर्दू-हिन्दी के नाटक खेलने लगी तो धनजी भाई भी उस रंग में शामिल हो गये। 'सोने के मोल की खुरशेद' धनजी भाई ने कोतवाल का पार्ट किया। इस भूमिका की उत्कृष्टता के कारण उन्हें बड़ी प्रसिद्धि प्राप्त हुई।

कोलेजर, एदलजी दादाभाई उर्फ़ एदू : पायध्वनि का रहनेवाला एक छोकरा था। जब विक्टोरिया मण्डली नाज़रजी की मिल्कियत में देहली जा रही थी तो उन्हें स्त्री-भूमिका के लिए एक-दो छोकरों की आवश्यकता थी क्योंकि कन्त्राक्टर को छोड़कर पेसु आवान तो दादी पटेल की नयी मण्डली में सम्मिलित हो गया था। नाज़रजी के दूतों ने जैसे-तैसे 'कोलेजर' को ढूँढ़ निकाला और उसे देहली ले गये।

एदू का गला बड़ा मधुर था और आवाज़ बड़ी सुरीली थी। अपने गाने के कारण वह बड़ा लोकप्रिय था। 'अलादूदीन' नाटक में उसने चीन की शहज़ादी की भूमिका से दर्शकों का मन इतना मोह लिया था कि टिकट खरीदते समय लोग यह पूछा करते थे कि 'एदू पार्ट करेगा क्या?'

खम्बाता, जहाँगीर : चुलबुले मिज़ाज और शरारती स्वभाव का छोकरा था। स्कूल में जाता परन्तु पढ़ने में मन नहीं लगता था। रुचि नाटक की ओर थी। परिणामस्वरूप स्कूल जाना ही छोड़ दिया। अब निठल्ला बैठे तो कैसे। आख़िर जहाँ कहीं रिहर्सल में जाना आरम्भ किया। एक बार एक अभिनेता को स्वयं उसका पार्ट करके बताया। यह देखकर दूसरे अभिनेता उसकी अभिनय-कला से बड़े प्रसन्न हुए। उनकी सिफ़ारिश से जहाँगीर विक्टोरिया नाटक मण्डली में ले लिये गये। जहाँगीर ने स्त्री-भूमिका सँभाली परन्तु उसमें तो बड़े अवगुण थे। लम्बा होने के कारण उसकी चाल-ढाल में नारीगत शोभा न थी। दूसरे उसकी वाणी में बड़ी शीघ्रता थी। दादाभाई ठूँठी उसे अनेकों बार जल्दी-जल्दी बोलने पर फटकारते रहते थे। कभी-कभी मार भी देते थे।

जहाँगीर ने विक्टोरिया नाटक मण्डली में जमशेद नाटक की 'अरूनबाज' की स्त्री-भूमिका निभायी थी। जहाँगीर में एक कमी थी। वह जमकर एक स्थान पर काम नहीं कर सकता था। विक्टोरिया मण्डली से वह अल्फ्रेड मण्डली में चला गया। उसमें भी अधिक नहीं टिका। देहली में जाकर उसने अपनी ही एक नयी कम्पनी स्थापित कर ली। धनजी भाई पटेल उसे 'भमता भूत' कहते थे।

जहाँगीर कुछ दिन दादा भाई ठूँठी के हिन्दी नाटक मण्डली में भी रहा। इस मण्डली में उसने 'बेनज़ीर-बदरेमुनीर' में माहरुख़ परी का पार्ट किया। जहाँगीर इस समय अपनी अभिनय-कला की उच्च चोटी पर था। एक बार उसने विलायत जाकर अभिनय-कला सीखने की प्रबल इच्छा की थी और जैसे-तैसे वहाँ पहुँच भी गया था। परन्तु वहाँ से कुछ हासिल करके नहीं लौटा। यूँ परोक्ष रूप से उस पर जो कुछ भी प्रभाव पड़ा हो।

जहाँगीर प्रायः टिबोली थियेटर में अभिनय करता। उसने उर्दू नाटक 'जफ़ल्मे नारवा' में भी पार्ट किया था। यह नाटक शेक्सपियर के नाटक Cymbeline अथवा Othello

का रूपान्तर था। उसे Pantomime का भी बड़ा शौक़ था और नशरवानजी सरकारी के साथ वह उसमें भाग लेता था। जहाँगीर स्वयं एक डॉक्टर बनता था और नशरवानजी उसका कम्पाउण्डर।

जहाँगीर अभिनय-कला और 'मेक-अप' में अपने मामा हीरजी खम्बाता का योग्य और कुशल शिष्य था। कावसजी खटाऊ ने उसी की नाटक मण्डली में अभिनय-कला सीखी और फिर अपनी अल्फ्रेण्ड मण्डली चलायी।

जहाँगीर खम्बाता ने कुछ नाटक भी लिखे हैं। उसका 'जुद्दीन झगड़ो' बड़ा लोकप्रिय गुजराती नाटक था। दूसरे दो नाटकों के नाम थे 'धरती कम्प' और 'कोहीयार कनफ़्यूज़न'।

जहाँगीर की एक अन्य पुस्तक भी बड़ी रोचक और उपयोगी है। नाम है 'मारो नाटकी अनुभव।'

खम्बाता नवशेरजी सं. : आरम्भ में छोटी-मोटी नाटक मण्डलियों में स्त्री-पार्ट किया करते थे। बाद को बालीवाला की विक्टोरिया मण्डली में आ गये। आँखें चली जाने पर भी इन्होंने अभिनय-कला का अच्छा प्रदर्शन किया। बाद में स्वतन्त्र मण्डली स्थापित कर ली। मंच पर एक पारसी स्त्री से पार्ट कराया जिसके कारण पारसी जाति में पर्याप्त चर्चा चली। अन्त में वह स्त्री स्वेच्छा से मण्डली छोड़कर अन्यत्र चली गयी।

इन्होंने बहुत दिनों तक मंच पर काम किया। बालीवाला के स्वामिभक्तों में इनकी भी गणना होती है।

खम्बाता, हीरजी : एक अव्यवसायी अभिनेता के रूप में अपना नाटकीय जीवन आरम्भ किया। अँगरेज़ी का विशेष शौक़ था, अतएव आरम्भ में अभिनय भी अँगरेज़ी नाटकों में ही करते थे। बाद में अपना सम्बन्ध अल्फ्रेड नाटक मण्डली में कर लिया। वहाँ इनकी प्रतिष्ठा ऐसी ही थी जैसी विक्टोरिया नाटक मण्डली में कावराजी की अथवा जोरास्ट्रियन नाटक मण्डली में एदलजी खोरी की।

अल्फ्रेड मण्डली के लिए हीरजी ने 'शहजादा श्याबक्ष' और 'जहाँबख़्श गुल रुख़सार' नाम के दो नाटक तैयार किये। इन दोनों के लेखक खुरशेदजी वमनजी फ़रामरोज़ थे। दोनों गुजराती के नाटक थे। हीरजी की यह विशेषता थी कि निर्देशक के रूप में वह पत्थर जैसे मामूली अभिनेता को भी रगड़-रगड़कर हीरा बना देते थे।

'मेक-अप' की कला में तो हीरजी खम्बाता बहुत ही दक्ष थे। उन जैसा कुशल शृंगारकर्त्ता पारसी जाति में दूसरा न था। उन्होंने अन्तिम अभिनय 'आबे-इबलीस' नाटक में किया था। यह उर्दू का नाटक था और अल्फ्रेड मण्डली के प्रसिद्ध नाटककार मुन्शी मुराद अली 'मुराद' का लिखा हुआ था। हीरजी का उर्दू उच्चारण प्रशंसनीय था।

'आबे-इबलीस'' नाटक में भाग लेने के उपरान्त वह रंगमंच से पृथक् हो गये। हीरजी भाई अभिनेता थे, डाइरेक्टर थे और लेखक भी थे। आबे-इबलीस इन्हीं का लिखा हुआ

गुजराती नाटक था।[1] मालूम होता है 'मुराद' ने अपना उर्दू नाटक उसी के आधार पर लिखा था।

खटाऊ, कावसजी पालनजी : कावसजी पालनजी खटाऊ एक ग़रीब परिवार के व्यक्ति थे। धोबी तालाब के ऊपर एक छोट-से मकान में अपने भाइयों के साथ रहते थे। यह मकान एक छोटी-सी गली में था जिसका निकास डुक्कर बाज़ार के सामनेवाली सँकरी गली में था।

कावसजी का अभिनय-जीवन सन् 1875-76 से आरम्भ हुआ। शुरू-शुरू में डोलु धामर की कम्पनी The Shahe Alam Natak Mandli में अभिनय करते थे। बाद में जहाँगीर खम्बाता की ''एम्प्रेस विक्टोरिया नाटक मण्डली'' में आ गये। इनकी अभिनय-कला के वास्तविक गुरु जहाँगीर खम्बाता ही थे। जहाँगीर खम्बाता-जैसा शिक्षक मिलना भी एक बड़े सौभाग्य की बात थी। जहाँगीर भी, कावसजी-जैसा कुशल और दक्ष शिष्य प्राप्त करने में कम भाग्यशाली नहीं थे। अपनी कला-कुशलता के कारण खटाऊ जहाँगीर के दाहिने हाथ बन गये थे।

कावसजी ने 'गोरखधन्धा', 'महाभारत' और 'ख़ूने नाहक़' तथा 'असीरेहिर्स' में अपने अभिनय के कारण धूम मचा दी थी। गाने में कुशल होने के कारण उनकी कला में चार चाँद लग गये थे। कावसजी को नाटक लिखने में भी रुचि थी। खम्बाता के साथ मिलकर उन्होंने विक्टोरिया नाटक मण्डली में खेली जानेवाली प्रथम 'इन्दर-सभा' तैयार की थी। 'अलीबाबा और चालीस चोर' को ओपेरा में परिवर्तित करने का श्रेय उन्हें ही दिया गया है।

कावसजी को ट्रैनिक भूमिका अति प्रिय थी। हैमलेट का पार्ट उन्होंने इतनी अच्छी तरह किया था कि लोग उन्हें Henry Irving के नाम से पुकारा करते थे। कावसजी की अभिनय-कला पर मोहित होकर ही मिस मेरी फैण्टम अपने पिता को छोड़कर उसके साथ चली आयी थी और बहुत दिनों तक उनके साथ रहकर रंगमंच की रानी रही थी। कहा जाता है जहाँगीर खटाऊ उसी का पुत्र था।

सन् 1916 में जब कावसजी की अल्फ्रेड नाटक मण्डली लाहौर में थी, वह वहीं बीमार पड़े और डायबिटीज़ की बीमारी में 11 अगस्त को परलोक सिधारे।

कावसजी की लोकप्रियता इतनी अधिक थी कि लोगों ने उनके शव को गाड़ी में रखकर आरामगाह तक नहीं ले जाने दिया। अभिनेता अपने कन्धों पर रखकर उन्हें श्मशान ले गये। शव-यात्रा में हज़ारों दर्शक थे।

कावसजी उन भाग्यशालियों में से थे जो अपनी कला व संचित अच्छी सम्पत्ति अपने पीछे छोड़ गये।

1. पारसी तख़्तानी तवारीख, पृ. 371

चीनाई, अरदेशर : अरदेशर ने ज़ोरास्ट्रियन मण्डली में होनेवाले 'हनीमून' में स्त्री-पार्ट किया था। वहाँ से वह विक्टोरिया नाटक मण्डली में आये और नाज़र जी की मिल्कियत के समय काफ़ी दिन उसमें रहे। यहाँ लोग उसे 'अरदेशर मामी' कहकर पुकारा करते थे।

विक्टोरिया मण्डली के बाद वह कई अन्य मण्डलियों में चले गये। खम्बाता की मण्डली में 'ज़ुल्मे-नारवाँ' में भाग लिया।

अभिनय-कला में वह डॉ. नशरवानजी पारख को अपना प्रतिमान (Model) मानते थे।

चीनाई, खुरशेदजी अरफन्दियार जी : एक बड़ा सुन्दर जवान पारसी छोकरा था जो स्कूल पढ़ने जाया करता था। उन दिनों नाटक मण्डलीवाले अपने यहाँ स्त्री-पार्ट कराने के लिए ऐसे लड़कों की ताक-झाँक में रहा करते थे। एक दिन खुरशेद जी जैसी मछली उनके जाल में फँस गयी।

अल्फ्रेड मण्डली में नानाभाई राणीना का लिखा हुआ 'होमला हाउ' नाटक खेला गया। कावसजी गुरगीन ने उसमें एक भरूचा पारसी एदलहरीम का पार्ट किया और खुरशेदजी ने हीरा भरूची का। खुरशेद जी के पार्ट की कुशलता और उसके हाव-भाव के कारण दर्शक उस पर मोहित हो गये। अलीबाबा और चालीस चोर में उसने चोरों के सरदार का पुरुष-पार्ट किया।

दादी पटेल की Original Victoria Mandli में भी खुरशेद जी चीनाई, अपनी मण्डली छोड़कर आ गये थे। बाद में पुनः अल्फ्रेड में सम्मिलित हो गये।

यह दुर्भाग्य की बात थी कि अल्फ्रेड की नाट्यशाला जलकर राख हो गयी और खुरशेदजी चीनाई जैसा अभिनेता भी एकान्तवासी हो गया।

चीचगर, एदलजी वेहरामजी (सेलानी) : विट्ठलदास नामक एक नाटक के शौक़ीन ने 25,000 रुपये लगाकर एक नाटक मण्डली खोली। नाम रखा The Bombay Volunteer Theatrical Co. Ltd.। इसमें नशरवानजी मेरवानजी ख़ाँ साहब का लिखा एक उर्दू नाटक खेला गया जिसका नाम 'हीरा' था। इस नाटक में मुख्य भाग एदलजी का ही था। नाटक की समाप्ति पर एक प्रहसन भी खेला जाता था जिसका नाम था 'भगलो हजाम'। भगलो हजाम का पार्ट भी एदलजी चीचगर ही करते थे।

इस प्रहसन के गाने बड़े ही लोकप्रिय थे और सत्य बात यह थी कि वे अधिकतर एदलजी के ही बनाये हुए थे। उनमें से एक अतिप्रिय गीत की पंक्ति यह थी—

"मारु नाम भगलो हजाम, हजाम रे हूँ अमदाबाद नो,
लाल महाराज नो—भजलो हजाम।

विट्ठलदास की मण्डली छोड़कर एदलजी चीचगर अल्फ्रेड मण्डली में चले आये। उस समय अल्फ्रेड के मालिक माणिकजी मास्टर थे, नानाभाई राणीना डाइरेक्टर थे और

कावसजी पालनजी खटाऊ तथा मेरी फैण्टम उसके प्रसिद्ध अभिनेताओं में थे। जब मण्डली रावलपिण्डी गयी तो एदलजी भी उसके साथ थे।

एदलजी को अभिनय के अतिरिक्त गाने और नाचने का भी अच्छा अभ्यास था। रावलपिण्डी से लौटने पर अल्फ्रेड मण्डली भंग हो गयी और उसका स्थान नयी अल्फ्रेड ने ले लिया। उस समय एदलजी को उसमें नृत्य की शिक्षा देने के लिए नियुक्त कर लिया गया।

जाम्बुली, रुस्तमजी कावसजी : सन् 1860 के प्रसिद्ध लेखकों में से थे। इनकी रचनाओं के दो संग्रह इनके मित्र ने प्रकाशित किये थे। यह ज़ोरास्ट्रियन क्लब के स्तम्भ थे। इनकी वास्तविक अटक 'सुरती' थी, परन्तु जाम्बुली कैसे हुई पता नहीं चलता।

जोशी, फ़रामरोज़ रुस्तमजी : सन् 1868 में मैट्रिक पास किया। इनके साथियों में धनजी शाह नवरोज पारख (Lt. Col.) तथा जहाँगीरजी वेहरामजी मर्ज़बान (लेखक और जाम-जमशेद के मालिक) थे। फ़रामरोज़ ने सरकारी नौकरी में अपना जीवन व्यतीत किया। वह सरकारी सेण्ट्रल प्रेस के सुपरिण्टेण्डेण्ट थे। फ्रीमेसन भी थे।

फ़रामज़ी गुस्तादजी के Gentlemen Amateurs की ओर से Grant Theatre में एक नाटक Lady of Lyon गुजराती भाषा में अभिनीत हुआ था। इस नाटक में फ़रामरोज़ जोशी ने प्रमुख नारी-पार्ट किया था। एलफ़िन्स्टन से सम्बन्धित न होने के कारण फ़रामरोज़ उस मण्डली के नारी-पात्र का अभिनय करनेवाले नशरवानजी पारख और डी. एन. वाडिया के सम्पर्क में नहीं आये थे। सम्भवतया अपनी कलाकुशलता से फ़रामरोज़ को कोई-न-कोई मण्डली उड़ा लेती परन्तु फलुघुस के तीव्र स्वभाव से सब कोई डरता था अतएव उनकी मण्डली के किसी अभिनेता को उड़ा लेना सुगम कार्य नहीं था।

फ़रामरोज़ को गाने का भी बड़ा शौक़ था। यद्यपि वह कोई तानसेन नहीं थे परन्तु अपने पार्ट में आनेवाले संगीत को बड़ी मधुरता और कुशलता से अभिव्यक्त कर दर्शकों को अपनी ओर आकृष्ट कर लेते थे।

Lady of Lyon के बाद अन्य कोई नाटक करने के विचार में फलुघुस मग्न थे कि उनके कान में यह बात पहुँची की फ़रामरोज़ कोई नयी मण्डली की स्थापना करना चाहते हैं। यह सुनते ही फलुघुस का पारा ऊँचा चढ़ गया। सीधे रिहर्सल रूम में जाकर कहने लगा—

"शेठीयाओ ! आपणे तो आ नाटक फ़कत शोख़ताने खातर करयेछ, अने तमे साहेबीबी फ़कत 'कम्प्लीमेण्टरी' टिकटो लई नाटक करोछ। मारे माथे आ कलब चलावामां मोटो जोखम छे। वास्ते तयुंने कोई वीज़ी कलबवाला ओ ऊंघु चतु (उल्टी राय देकर) समजावी पीताने त्यां लई जवा कहे, तो मारी जोखम दारी नो वीचार करीने जाजो। मारा विरोधीओ जाणता न थी, के हुं जो छेल्ले पाटले वेसश, (जो अपनी असलियत पर आ जाऊँगा) तो ते लोकने 'पातरे पाणी पावश'। मारा कोई बी एक्टरनी अडासे ते लोके जबुं नहीं।" इस पर किसी अभिनेता ने कहा—"साहेब! पहले नयी कलबवाला फ़रामरोज़ जोशी को क्या समझाते थे?" यह सुनते ही फलुघुस के मानो आग लग गयी और वह फ़रामरोज़ पर बुरी तरह बिगड़ने लगा। दोनों में खूब गरमागरमी रही। परिणाम

यह हुआ कि फ़रामरोज़ जोशी वहाँ से बाहर निकल आये और आगे का कार्यक्रम सोचने लगे।

फ़रामरोज़ जोशी द्वारा Gentlemen Amateurs त्यागने का फलुघुस को बड़ा दुःख हुआ परन्तु चिड़िया हाथ में से उड़ चुकी थी। अब Gentlemen Amateurs भंग हो गया था। यह घटना लगभग 1868 की है। फलुघुस ने किसी अच्छी नाटक मण्डली में घुसने का विचार किया। उनकी मुराद पूरी हो गयी। सन् 1867 में कैखशरु कावराजी ने विक्टोरिया नाटक मण्डली स्थापित की थी। सन् 1868 में फ़रामज़ी गुस्ताद उसमें सम्मिलित हो गये।

इधर फ़रामरोज़ जोशी भी अपने लिये चिन्ता में थे ही क्योंकि नाटक करने का उन्हें अद्भुत व्यसन था। अतएव उस समय चलती हुई अल्फ्रेड नाटक मण्डली में सम्मिलित हो गये। सन् 1871 में उन्होंने अल्फ्रेड में शहजादा श्याबक्ष नाटक में फिरंगीस का पार्ट किया था। दूसरा नाटक था जेहाँबक्ष। इसमें फ़रामरोज़ जोशी ने गुलरुख़सार का पार्ट किया था।

फ़रामरोज़ जोशी अप्रैल, सन् 1871 में नाट्य-रंगमंच से पृथक् हो गये।

ठूँठी दादाभाई रतनजी : दादाभाई ठूँठी पारसी रंगमंच के बड़े प्रसिद्ध अभिनेता, डाइरेक्टर और भागीदार व्यक्तियों में से थे। उन्होंने नाटक मण्डली में आकर कब से काम करना आरम्भ किया, इसका पता नहीं चलता। परन्तु सन् 1874 में जब कुँवर जी नाज़र अपनी विक्टोरिया नाटक मण्डली को लेकर प्रवास यात्रा पर गये तो एलफ़िन्स्टन नाटक मण्डली की बागडोर दादाभाई ठूँठी को ही सौंपकर गये थे। उस समय दादी ठूँठी ने एदलजी ख़ोरी से गुजराती भाषा में 'सितमगर' नामक नाटक लिखाकर अभिनीत किया था। सितमगर की भूमिका में स्वयं दादाभाई अवतीर्ण हुए थे। कहने की आवश्यकता नहीं कि दादाभाई की अभिनय-कला ने दर्शकों के मन को मोह लिया था। यह नाटक ईरानी वेश-भूषा में खेला गया था। इसी नाटक में एक लुटेरों की टोली किसी छोकरे के पीछे उसकी ख़ोज करते हुए जंगल में जाती है। उस अवसर पर एक 'कोरस' के गाने की व्यवस्था नाटक में है। उन दिनों नाटकों में गाने की रीति प्रचलित नहीं हुई थी। पारसी छोकरे और छोकरियाँ सभी के लिए संगीत की शिक्षा बुरी दृष्टि से देखी जाती थी। परन्तु मण्डली में गानेवाले के अभाव में स्वयं दादाभाई ठूँठी वेश बदलकर लुटेरों की टोली में सम्मिलित हो जाते हैं और उस कोरस में अग्र भाग लेते हैं। कोरस की कुछ पंक्तियाँ ये हैं—

"दर चाले हाले दीलमाँ नोंधी लो,
मंजल दीठ हरगम जो जो—
जीव लई नक्कीज नाठो छे,
खीन पर कुदी गयो छे,
हीयाँ कोई नक्की आयो छे,
बतावो हमनो छोकरो—" आदि।

जब विक्टोरिया नाटक मण्डली कलकत्ते गयी हुई थी तो वहाँ पर इन्दर-सभा में पार्ट करने के लिए नाज़रजी ने बम्बई से दादाभाई ठूँठी को बुलाया था। दादाभाई ठूँठी वहाँ का काम समाप्त करके (इन्दर-सभा में इन्दर का अभिनय कर) बम्बई चले आये और अपने निर्देशन में एलफ़िन्स्टन नाटक मण्डली को चलाने लगे। एलफ़िन्स्टन में उन्हें एक सौ रुपया मासिक वेतन निर्देशक के रूप में मिलता था।

नाटक आरम्भ करने से पहले 'जलसा' के आविष्कारक दादाभाई ठूँठी ही थे। इस जलसे में मण्डली के सभी गानेवाले नाटक आरम्भ करने से पहले रंगमंच पर आकर बैठते और गाते थे। इस प्रयोग से दादी ठूँठी ने जनता को पहले से ही अपनी ओर आकर्षित करने की बात पूरी की थी। संगीत का आनन्द भी दर्शकों को नाटक के अतिरिक्त प्राप्त हो जाया करता था। बाद में अन्य मण्डलियों ने भी इस प्रयोग की नकल आरम्भ कर दी थी।

जब दादी ठूँठी एलफ़िन्स्टन में डाइरेक्टर थे तो उन्होंने एक नाटक 'नेक बख़्ते वगाडेला वार' अभिनीत कराया था। इस नाटक के लेखक एदलजी खोरी थे। दर्शकों ने इसे बड़ा पसन्द किया था। बाद में विक्टोरिया मण्डली ने इसे मुन्शी रौनक़ से ओपेरा में परिवर्तित कराकर अभिनीत किया था। धनजी भाई का कथन है कि "एज खेलने विक्टोरिया क्लब ना मुन्शी रोनके, पाछल थी काव्यवन्धीयाँ रची, विक्टोरियाना खेलाडिओ ए ते स्टेज करी, असल खेलनूं खून कीं धू हतुं।... असल लखेलो खोरीनो खेल कोण पासे रही गयो?"[1]

पूना के सीज़न को समाप्त करके जब विक्टोरिया मण्डली बम्बई वापस आयी तो नाज़रजी ने उसकी बागडोर सँभालने के लिए मण्डली के अभिनेताओं को उत्तेजित किया। परिणामस्वरूप खुरशेद जी बालीवाला, डोसाभाई दंगोल, धनजीभाई घड़ियाली और फ़रामजी अपु उसके सम्मिलित भागीदार बने। यह घटना जनवरी, सन् 1876 की है। परन्तु बिना दादाभाई ठूँठी की सहायता के उन्हें सफलता की कोई आशा नहीं थी। अतएव उन्होंने दादी ठूँठी को, जो अब भी एलफ़िन्स्टन के वेतनभोगी डाइरेक्टर थे, मना लिया। दादी ठूँठी नयी बनी इस विक्टोरिया मण्डली के भागीदार और डाइरेक्टर दोनों हो गये। मण्डली के भी चार के स्थान में पाँच मालिक बन गये। विक्टोरिया मण्डली की मालिकी और डाइरेक्टरी हाथ में आते ही दादी ठूँठी ने उसकी सारी नयी ड्रेसें और पर्दे आदि बनवा डाले। एक नया समाँ बँधा।

सन् 1877 में ठूँठी ने विक्टोरिया की भागीदारी छोड़ दी। सम्भवतः इसका कारण यह था कि अन्य मालिकों ने मण्डली को समुद्र पार बर्मा, रंगून, सिंगापुर आदि ले जाने का इरादा कर लिया था और ठूँठी को यह समुद्र यात्रा जँचती नहीं थी।

1. पा. ना. त., पृ. 145

दादी ठूँठी ने विक्टोरिया मण्डली के 'अलादीन याने अजीबो ग़रीब चिराग़' में भी बड़ा सफल अभिनय किया। यह नाटक एक ओपेरा था और दादी ठूँठी अपने गायन से दर्शकों को उसी तरह मुग्ध करते थे जिस प्रकार वह सोहराब रुस्तम ओपेरा में करते थे।

यह तथ्य तो सभी को मालूम है कि दादी पटेल और दादी ठूँठी की परस्पर बनती नहीं थी। अतएव एक दिन दादी ठूँठी विक्टोरिया मण्डली की भागीदारी से मुक्त हो गये। परन्तु नाटक का धन्धा उनकी नस-नस में पैठ चुका था अतएव उसे छोड़ना उनके लिए असम्भव था। तुरन्त दादी ठूँठी के मस्तिष्क में एक नयी कम्पनी खोलने की बात उठी और उन्होंने 'हिन्दी थियेटर' की नींव रखी। एक ओर यह नयी नाटकशाला निर्मित होनी आरम्भ हुई, दूसरी ओर उन्होंने बेनज़ीर बदरेमुनीर की रिहर्सल भी आरम्भ कर दी। नये क्लब का नाम रखा 'हिन्दी क्लब'। इस हिन्दी क्लब के कुछ ऐक्टर थे—

1. दादी रतनजी ठूँठी—मालिक, ऐक्टर तथा डाइरेक्टर
2. दादी अस्पन्दियार जी मिस्तरी—दादी जादूबाज़
3. अरदेशर शराफ़—एक व्यापारी
4. जहाँगीर पेस्तनजी खम्बाता
5. कावसजी कलींगर (काऊ कलींगर)
6. नवरोजजी बाटला
7. नवरोजजी एदलजी तँबोली
8. कावसजी पालनजी खटाऊ
9. कावसजी मिस्तरी (काऊ हाण्डो)
10. फ़रामजी गुस्तादजी दलाल (विक्टोरिया के एक भागीदार)
11. जमेशदजी का. दाजी (जमसू मनीजेह)
12. जहाँगीर नवरोजजी मीनवाला
13. डोसाभाई फ़रामजी काँगा
14. माणिकजी अ. मिस्तरी
15. बरज़ोरजी कुटार आदि आदि।

बेनज़ीर-बदरेमुनीर में दादी ठूँठी ने बेनज़ीर के उड़ाने का जो दृश्य उपस्थित किया था वह बड़ा विचित्र था। दादी पटेल ने माहरुख़ परी को स्वयं बेनज़ीर का पलँग उड़ाते दिखाया था परन्तु दादी ठूँठी ने माहरुख़ की आज्ञा से कालादेव को बेनज़ीर को अपनी बगल में दबाकर उड़ाते दिखाया था। कालादेव का पार्ट काऊ कलींगर ने किया था। इस यान्त्रिक दृश्य के कर्त्ता एक मराठी सज्जन थे जिनका नाम 'भावे' था।

दादी ठूँठी ने हिन्दी नाटक मण्डली में दूसरा नाटक 'फ़रेदून' करने का विचार किया परन्तु भावनगर से निमन्त्रण मिलने पर वह अपनी मण्डली लेकर वहाँ चले गये। बम्बई लौटने पर फ़रेदून नाटक का अभिनय किया। परन्तु ऋण का बोझ इतना अधिक हो

गया था कि दादी ठूँठी उसे सँभाल नहीं पाये। मण्डली भंग हुई और उसकी समस्त सामग्री ऋणदाता के हाथ में पड़ गयी। दादी ठूँठी का सारा खेल बिखर गया।

तवेलेवाला, अरदेशर षीरोशाह : एक अविख्यात छोकरा बम्बई के पायेधोनी भाग में रहता था। गाने की ओर रुचि थी। प्रकृति ने गले में मिठास और वाणी में लोच देकर उसे अलंकृत किया था। जब नाज़रजी विक्टोरिया नाटक मण्डली को लेकर प्रवास पर जाने लगे तो पता चला कि उनकी मण्डली का प्रमुख स्त्री-पार्ट करनेवाला अभिनेता दादी पटेल की मण्डली में चला गया है। बड़ी बाधा खड़ी हो गयी। ऐसे छोकरे की खोज होने लगी जो सिखा-पढ़ाकर अभाव की पूर्ति में काम आ सके। जासूस छोड़े गये और अरदेशर अकस्मात् उनके हाथ लग गया। दिल्ली आदि स्थानों से इसने अच्छी ख्याति प्राप्त की।

दादी ठूँठी का इस पर विशेष स्नेह था। जब महाराज रामसिंह के कहने से दादी ठूँठी जयपुर में रुक गये तो 'अदो' को भी उन्होंने अपने पास रख लिया। 'अदो' का नाचना और चाल-ढाल बड़ी मोहक थी। दुर्भाग्य से अपनी जवानी में ही वह रक्त-पित्त रोग से पीड़ित हो गया। नाचना-गाना बन्द करना पड़ा। तभी से रंगमंच से उसका सम्बन्ध टूट गया।

तांतरा, वेहरामजी बरज़ोरजी—आरम्भ में अव्यवसायी रूप से अभिनय किया। पीछे से विक्टोरिया नाटक मण्डली में सम्मिलित हो गये।

यह 'पेसु पुखराज' के नाम से पुकारे जाते थे।

'लैला-मजनूँ' नाटक में लैला का पार्ट करके प्रसिद्धि प्राप्त की। बाद में विक्टोरिया नाटक मण्डली में चले गये और तरक़्क़ी करते-करते उसमें डाइरेक्टर पद तक पहुँच गये।

विक्टोरिया नाटक मण्डली जब श्रीलंका गयी थी तो उसके डाइरेक्टर होरमसजी तांतरा ही थे। श्रीलंका में मण्डली ने अनेकों खेल खेले और पर्याप्त ख्याति अर्जित की। मण्डली के मालिक खुरशेदजी बालीवाला थे।

तारापोरवाला, दाराशा सोहराबजी—वैसे व्यवसाय में लगे हुए थे। परन्तु नाटक की ओर रुचि थी। स्वयं भी एक नाटक लिखा था जिसका नाम था 'रुस्तम अने सफ़ेद देव'। इस नाटक का आधार फ़िरदौसी का शाहनामा था। दाटी पटेल इसे अपनी हैदराबाद यात्रा में साथ ले गये परन्तु वहाँ उनका सम्पुट नहीं बैठा। बम्बई लौटने पर उन्होंने एक छोटे परन्तु मज़बूत स्टाफ को उसे सपुर्द कर दिया। परन्तु नाटक चला नहीं।

दाराशा ने बेजन-मनीजेह में अफ़रासियाब का पार्ट सफलता से किया था। बाद में स्वयं के नाटक को अभिनीत किया। दाराशा स्वयं सफ़ेद देव बने। कावसजी गुरगीन, होरमसजी काकावाल, फ़रामजी गुस्तादजी दलाल, खुरशेदजी मीनो चहरजी जोशी, डोसाभाई गोदरेज आदि खिलाड़ी भी विभिन्न भूमिकाओं में रंगमंच पर आये। परन्तु

नाटक निष्फल रहा। दादी रतनजी दलाल ने इस खेल में एक यान्त्रिक मायाजाल (illusion) पैदा किया परन्तु इस पर भी सफलता नहीं मिली।

दादी पटेल का दाराशा पर बड़ा अनुग्रह था। उन्होंने दाराशा के लिए एक बेनीफिट नाइट का प्रबन्ध किया। उस रात दाराशा ने अफ़रासियाब की भूमिका की। यह भूमिका एक स्मरणीय घटना थी। सारी आमदनी दाराशा को मिली।

पैसे के लोभ में पड़कर दाराशा ने एक नयी नाटक मण्डली खोली। नाम रखा The Khoja Dramatic Club इसमें एक ईरानी नाटक खेला गया जिसका शीर्षक था 'कैकाऊस अने सऊदाबा'। यह भी दाराशा की रचना थी। दुर्भाग्य यह था कि इस नाटक में सौदाबे का पार्ट करनेवाला अलभ्य था। अकस्मात् इस समय काऊ खटाऊ दाराशा को मिल गया। वह पार्ट करने के लिए राज़ी हो गया। परन्तु इस पर भी नाटक सफल नहीं हुआ।

रंगमंच पर असफल होता देखकर दाराशा ने एक लाटरी का ढोंग रचा। उसमें भी बहुतों का रुपया खा डाला। एक बार पुनः कावसजी खटाऊ द्वारा व्यवस्थित और वमनजी कावराजी द्वारा लिखित एक नाटक में दाराशा ने प्रधान भूमिका ली परन्तु अब की बार अपनी अर्जित ख्याति भी गँवा दी।

कहा जाता है कि बाद को दाराशा भारत छोड़कर रंगून चला गया; वहाँ एक बेकरी (Bakery) खोल ली। अन्त में मरणासन्न अवस्था में बम्बई आकर पारसी जनरल हास्पिटल में शरीर त्याग दिया।

दलाल, दादाभाई रतनजी—दादाभाई रतनजी प्रधानतया मैकेनिक थे। उन्होंने अल्फ्रेड और विक्टोरिया नाटक मण्डलियों के कई नाटकों के लिए यान्त्रिक दृश्यों का बड़ी सफलता से निर्माण किया था। बेनज़ीर-बदरेमुनीर में बेनज़ीर को सोते हुए उठा ले जानेवाला दृश्य दादाभाई रतनजी दलाल के ही मस्तिष्क की उपज थी।

बाद में दादाभाई अभिनय में भाग लेने लगे थे।

दलाल फ़रामजी गुस्तादजी (फलुघुस)—पारसी रंगमंच से सम्बन्धित पारसियों में सर्वप्रथम व्यक्तियों में से थे। Gentlemen's Amateures इन्हीं की मण्डली थी। बाद में विक्टोरिया नाटक मण्डली के संस्थापक भागीदारों में से थे। इन्होंने Lady of Lyons को गुजराती भाषा में अभिनीत किया था। सन् 1853 में स्थापित होनेवाली 'पारसी नाटक मण्डली' के भी यह अधिपति थे। नाटक मण्डलियों में 'पारसी नाटक मण्डली' सर्वप्रथम पारसी नाटक मण्डली थी। इस प्रकार सन् 1853 ई. से ही फलुघुस ने अपना नाट्यकला-जीवन आरम्भ किया।

जब कैखुशरु कावराजी ने नाटक उत्तेजक मण्डली की स्थापना की तो फ़रामजी दलाल उसके भी एक भागीदार थे। यह बात सन् 1874-75 की है। हरिश्चन्द्र नाटक इसी मण्डली में खेला गया था। नाटक की अभूतपूर्व सफलता देखकर विक्टोरिया नाटक मण्डली बम्बई छोड़कर भारत यात्रा पर निकल गयी थी। इस नाटक में विश्वामित्र का

पार्ट करनेवाले यही दलाल महाशय थे। उनके अन्य साथियों में से हरिश्चन्द्र का पार्ट काकावाल (होरमसजी धनजीभाई मोदी) और नक्षत्र का पार्ट कावसजी गुरगीन करते थे। तारामती का पार्ट अरदेशर हीरामाणिक करते थे।

गुस्तादजी दलाल वह उग्र स्वभाव के व्यक्ति थे। उन्होंने नाटक व्यवसाय के अनेक उतार-चढ़ाव देखे थे।

जीवन पर्यन्त फलुघुस नाटक के धन्धे में लगे रहे।

दारुवाला, कावराजी नशरवानजी—बदन का छरहरा, आकर्षक पारसी जवान स्त्री-पार्ट करने में कुशल था। आरम्भ में ईरानी नाटक मण्डली में प्रवेश किया और 'काऊ रोदाबे' के नाम से प्रसिद्धि पायी।

कावराजी दारुवाला घर से सम्पन्न था परन्तु नाटक का चस्का बचपन से ही लग गया था। अपने मित्र 'नसलु तहमीना' के साथ ईरानी मण्डली से निकलकर विक्टोरिया नाटक मण्डली में चला गया। वहाँ से दादी पटेल के साथ The Original Victoria Club में प्रविष्ट हो गया।

प्रथम श्रेणी का नहीं, द्वितीय श्रेणी का अभिनेता था।

दावर, रतनशाह जीवाजी—आरम्भ पारसी नाटक मण्डली से किया। बाद में पीछे के मार्ग से ज़ोरास्ट्रियन नाटक मण्डली में प्रविष्ट हुए। बात यह थी कि ज़ोरास्ट्रियन नाटक मण्डली को अपने नाटक में ख़ोजा का पार्ट करनेवाले एक व्यक्ति की आवश्यकता थी। एक दिन रतनशाह दावर रिहर्सल में पहुँचे और उक्त पार्ट करके दिखाया। पार्ट डाइरेक्टर को पसन्द आया और तत्काल मण्डली में ले लिये गये।

कुछ दिनों बाद उनकी बारी दादी पटेल की The Original Victoria Theatrical Company में आ गयी। यहाँ उन्हें प्रमुख भूमिकाएँ मिलने लगीं। परन्तु दादी पटेल की मण्डली का जीवन बहुत थोड़ा रहा, अतएव यह नानाभाई राणीना की अल्फ्रेड नाटक मण्डली में चले गये। परन्तु इस मण्डली में मेरी फैण्टम के कारण दावर और कावसजी खटाऊ में कुछ कचोट होने लगी। कावसजी मेरी फैण्टम पर ज़रा कड़ी निगाह रखने लगे। परिणाम यह हुआ कि मेरी फैण्टम मण्डली छोड़कर अन्यत्र चली गयी। परन्तु रतनशाह दावर वहीं बने रहे और गद्य-पद्यपरक प्रत्येक नाटक में भाग लेते रहे।

रतनशाह अपने काम में चुस्त और अनुशासन के बड़े पक्के थे। प्रसिद्ध है कि एक शनिवार को रात्रि में होनेवाले खेल में उनका प्रमुख पार्ट था। वह नाटकशाला में आकर अपना पार्ट कर रहे थे और घर पर उनके पिता कॉलिक (Colic) के दर्द से अपना शरीर त्याग चुके थे। पिता पत्थरों पर पड़ा था और बेटा रंगमंच पर बोल रहा था। जब नाटक समाप्त हो गया तो रतनशाह ने घर जाकर पिता का क्रिया-कर्म पूरा किया।

दितीया, नवरोजी दोराबजी—नाटक उत्तेजक मण्डली में एक सामान्य अभिनेता के रूप में जीवन आरम्भ किया। 'सीताहरण' नाटक में इन्द्रजीत की छोटी-सी भूमिका निभायी। अभिनय का जिगरी शौक़ था।

बजाँ, दोराबजी कावसजी—आरम्भ नाटक उत्तेजक मण्डली से किया। बाद में विक्टोरिया नाटक मण्डली में आ गये। बालीवाला अब अपनी मण्डली को माण्डले ले गये तो दोराबजी बजाँ उनके साथ थे।

नाटक उत्तेजक मण्डली में जब दोराबजी ने 'राम-सीता' नाटक में राम का पार्ट किया तो उसे देखकर कैखुशरु कावराजी बड़े प्रसन्न हुए। इनका मासिक वेतन सात रुपये से एकदम अठारह रुपये कर दिया गया। परन्तु कुछ दिनों बाद दोराबजी नाटक उत्तेजक मण्डली को छोड़कर 'बम्बई नाटक मण्डली' में चले गये। इसमें दादी ठूँठी ने इन्हें नायक का पार्ट देना आरम्भ कर दिया। 'बकावली' नाटक में बजाँ ने अपंग बादशाह का पार्ट बड़ी कुशलता से किया और गाने का अभ्यास न होने पर भी एक गाना गाया जिसकी पंक्ति थी—

"अफ़सोस आँखों से दिखायी नहीं देता।"

इस गाने पर दर्शक मण्डली न्योछावर हो गयी और बजाँ को अब गाने का पार्ट मिलने लगा। सुन्दर शरीर और हाव-भाव पर दर्शक मुग्ध रहने लगे। बम्बई नाटक मण्डली में आकर बजाँ की मित्रता नवलू मज़गाँववाला से हो गयी। दोनों ने बरसों तक दादी ठूँठी के निर्देशन में काम किया। साथ ही दोनों दादी ठूँठी के साथ मण्डली के भागीदार भी बन गये। 'हामान' और 'चतरा बकावली' नाटक में ये दोनों महान् ख्यातिवान् हो गये। परन्तु किसी के उकसाने से दोनों मित्रों ने बम्बई नाटक मण्डली का परित्याग कर दिया और परिणामस्वरूप मण्डली भंग हो गयी।

अब एक नयी नाटक मण्डली खुली। नाम रखा गया 'दी पारसी नाटक मण्डली'। इसमें इन दोनों के अतिरिक्त दीनशा अप्पु और फ़रामजी अप्पु भी सम्मिलित थे। इस नयी मण्डली में ही लतीफ़ा बेगम ने अपने नाच से ग्राण्ट रोड पर धूम मचा दी थी।

धामर दोराबजी रुस्तम जी—डोसु धामर के नाम से पुकारे जाते थे। मस्तिष्क में एक विचार उठा "यदि दादी पटेल उर्दू नाटक चला सकते हैं, यदि पेसु बेलाती क्लब स्थापना कर ईरानी नाटक खेल सकते हैं तो मैं नाटक क्यों नहीं चला सकता।" स्वयं तुर्रा-ख़याल के गायक, कुशल अभिनेता, कवि और नाटक लेखक थे। बड़ी-बड़ी गलमूँछें रखते थे। बस, एक नाटक मण्डली स्थापित कर डाली और नाम रखा 'शाहे आलम नाटक मण्डली'। दादी पटेल से बाज़ी लेने की धुन में नाटकशाला भी, उनके विक्टोरिया थियेटर के पास ही, एलफ़िन्स्टन थियेटरवाली पसन्द की। उनके भाई सोहराब धामर ने कुछ पारसी छोकरों को एकत्रित कर लिया।

डोसु धामर ने पहला नाटक अभिनीत किया "जान आलम और अंजुमन आरा"। नाटक का कथानक 'फ़साने अजायब' से लिया गया था। इसमें डोसु ने जान आलम का पार्ट किया। मेक-अप इतना अच्छा था कि लोगों ने समझा दादी पटेल रंगमंच पर आये हैं, परन्तु भेद तब खुला जब डोसु ने बोलना आरम्भ किया।

एक अन्य नाटक डोसु ने किया, जिसका नाम था—

"जाबुली सेलम अने अफ़लातुन जीन,
गुललाला परी ने पाक दामन शीरीन।"

इस नाम में 'जाबुली सेलम', 'अफ़लातून' और 'पाक दामन शीरीन' नाटकों के नाम हैं तथा गुललाला एक पात्र का नाम है जिसे जमसु ने किया था और 'जमसु गुललाला' नाम पाया था।

डोसु धामर के निर्देशन में नाटक बड़ा सफल रहा। डोसु स्वयं एक सफल अभिनेता थे। हीजड़े से लेकर बादशाह तक की भूमिका बड़ी सफलता से निभाते थे। एक नाटक में उन्होंने अफ़ीमची का पार्ट भी बड़ी ख़ूबी के साथ किया था।

डोसु नाचना भी जानते थे। उर्दू भाषा पर इनका अच्छा अधिकार था। इनके कई उर्दू नाटकों को विक्टोरिया मण्डली ने अपने नाटककार से सुधरवाकर लिखवाया था।

घोण्डी, सोहराबजी खुरशेदजी—बालीवाला के अति प्रशंसक और शुभचिन्तक उत्साही कार्यकर्त्ता थे।

नाज़रजी, कुँवरजी सोहराबजी—कुँवरजी सोहराबजी ने सन् 1863 में मैट्रीक्यूलेशन परीक्षा पास की और उसी वर्ष एलफ़िन्स्टन कॉलेज में प्रवेश किया।[1] दादाभाई सोहराबजी पटेल रुस्तमजी मेरवानजी पटेल और होरमसजी अरदेशर वाडिया इनके सहपाठी थे। इस कॉलेज में श्री नाज़रजी के उद्योग से एलफ़िन्स्टन ड्रामेटिक क्लब की स्थापना हुई। परन्तु इस क्लब के सम्बन्ध में एक बात विचारणीय है। धनजी भाई ने इस क्लब की स्थापना सन् 1861-62 में मानी है।[2] यदि क्लब की स्थापना का श्रेय नाज़रजी को ही देना है तो दोनों में से एक तिथि ग़लत है। जब तक नाज़रजी कॉलेज में नहीं गये तब तक अर्थात् 1861-62 में क्लब की स्थापना असम्भव है। हाँ, यदि उनके प्रवेश से एक वर्ष पहले क्लब स्थापित हो चुका हो तो बात दूसरी है। दूसरे इतिहास लेखक क्लब की स्थापना की तिथि पर मौन हैं।

यह क्लब अँगरेज़ी नाटक अँगरेज़ी पोशाक में खेला करता था। नाज़रजी सदैव इसमें अग्रणी रहते थे।

नाटक करने का जो शौक़ कॉलेज काल में लग गया था वह अन्त तक बना रहा। एलफ़िन्स्टन ड्रामेटिक क्लब एक अव्यवसायी क्लब था और इसके नाटक शंकर शेठ की पुरानी नाट्यशाला में हुआ करते थे। सन् 1863 तक अनेक नाटक मण्डलियों की स्थापना बम्बई में हो चुकी थी।

एलफ़िन्स्टन ड्रामेटिक क्लब भी धीरे-धीरे विकसित होता गया। अँगरेज़ी नाटकों के बाद उसमें गुजराती नाटक खेले जाने लगे और पीछे से उर्दू-हिन्दी नाटकों के अभिनय की भी बारी आयी। गुजराती नाटकों के अभिनय के साथ उसका संगठन और रूप भी बदला। क्लब अव्यावसायिक से व्यावसायिक बना। इस विकास में नाज़रजी का बड़ा

1. प. त. नी. त., पृ. 8
2. पा. त. नी. त., पृ. 3

हाथ था। एक समय ऐसा भी आया जब एलफ़िन्स्टन नाटक मण्डली (अब एलफ़िन्स्टन ड्रामेटिक क्लब का) का एकमात्र मालिक कुँवरजी सोहराबजी नाज़र था।

गुजराती नाटकों में सर्वप्रथम अभिनीत नाटक 'राजा करण घेला' था। उसके बाद 'इन्दर-सभा' का अभिनय हुआ। इन्दर-सभा में नाज़रजी ने 'लाइम लाइट' का बड़ा लाभ उठाया। राजा इन्दर का दरबार प्रत्येक परी की वेशभूषा के रंग के समान, उसके प्रवेश पर उसी रंग का दिखाया जाता था। दर्शकों को यह बात बहुत पसन्द आयी। 'अलाउद्दीन अने जादुई फ़ानस' नामक नाटक भी बड़ा लोकप्रिय रहा। नाज़रजी को ही इस सफलता का अधिकांश श्रेय दिया जाता है।

सन् 1885 में नाज़रजी बालीवाला की विक्टोरिया नाटक मण्डली के साथ उनके एजेण्ट एवं 'दुभाषिये' के रूप में लन्दन भी गये थे। अँगरेज़ी भाषा पर उनका बड़ा अधिकार था। The First Parsi Baronet शीर्षक उन्होंने एक काव्य-पुस्तक अँगरेज़ी में लिखी थी। कुछ अँगरेज़ी नाटकों के Prologue 'प्रवेश कथन' भी उनकी लेखनी से निकले थे।

नाज़रजी विक्टोरिया नाटक मण्डली के भी भागीदार थे। परन्तु घाटा देखने पर और दादाभाई पटेल से मेल न होने के कारण उससे पृथक् हो गये। बाद में पुनः सम्मिलित हो गये और पीछे फिर अलग हो गये। यह लुका-छिपी का खेल काफ़ी दिनों चला।

उन दिनों कोर्ट के क्षेत्र में जो आजकल चर्चगेट के नाम से अधिक प्रसिद्ध है, कोई नाट्यशाला ऐसी नहीं थी जहाँ अँगरेज़ी अथवा गुजराती में नाटकों के अभिनय हो सकते थे। अतएव नाज़रजी के मन में आया कि ग्राण्ट रोड की नाट्यशाला के समकक्ष एक नाट्यशाला बम्बई कोर्ट के क्षेत्र में भी होनी चाहिए। आख़िर इस विचार को काम में लाने के लिए बोरीबन्दर (विक्टोरिया टर्मिनस) के सामने एक स्थान पर ऐसी नाट्यशाला का निर्माण करने का निश्चय नाज़रजी ने किया जिसमें बाहर की अँगरेज़ी कम्पनियाँ बम्बई में आकर अपने नाटक खेल सकें। इस नाटकशाला का नाम 'गेईटी थियेटर' (Gaiety Theatre) रखा गया। अँगरेज़ी कम्पनियाँ इस गेईटी थियेटर में आकर नाटक करती थीं। कभी-कभी नाज़रजी भी उनके रिहर्सल में सम्मिलित होकर अपना निर्देशन देते थे। यह बात अँगरेज़ों और विशेष रूप से गोरी स्त्रियों के गले नहीं उतरती थी। फिर भी एक बार मिस बरचनफ़ के साथ नाज़रजी रंगमंच पर उतरे। नाटक का नाम 'हनीमून' था। नायिका मिस बरचनफ़ थीं और नायक कुँवरजी नाज़र। कुँवरजी नाज़र की लिखी एक अँगरेज़ी कविता मिस डारलिंग ने शंकर शेठ की नाटकशाला में भी गायी थी।

सन् 1885 में नाज़रजी ने The Jubilee Theatrical Club की स्थापना की। इस क्लब में उर्दू के नाटकों में नाज़रजी ने अभिनय करने का काम आरम्भ किया। यह मण्डली प्रायः बम्बई से बाहर रहती थी। कुछ नहीं कहा जा सकता कि नाज़रजी का अभिनय कैसा होता था। केवल कल्पना की जा सकती है कि अँगरेज़ी नाटकों की तरह उर्दू खेलों में भी उनका प्रवेश और प्रस्थान बड़ा शोभनीय रहता होगा।

नाज़रजी अपनी इसी नयी मण्डली को लेकर रजवाड़ों में यात्रा करते थे। उसी यात्रा

में गर्मी के दिनों में ताप की अधिकता से टोंक में उन्हें ज्वर हुआ और वहीं उनका देहावसान हुआ। वहाँ से नाज़रजी का शव जयपुर लाया गया और जयपुर में पारसी 'आरामगाह' में उनके पुत्र रुस्तमजी कुँवरजी नाज़र बी.ए., एल-एल. बी. की उपस्थिति में उन्हें दफ़ना दिया गया।

पटेल, जमशेदजी धनजी भाई फ़रामजी—दादी पटेल के काका थे। स्वयं अभिनय करते थे अथवा नहीं, पता नहीं चलता। परन्तु ईरानी नाटक मण्डलियों को अवश्य प्रोत्साहन दिया था।

पटेल, दाराशा नवरोजजी (नाज़ामाय नसकोरु)—नाटक उत्तेजक मण्डली के अभिनेता थे। स्त्री-पार्ट में कुशल थे। उसी में प्रसिद्धि भी प्राप्त की थी। सदैव स्त्री की भूमिका में ही जीवन बिताया। विशेषता यही थी कि जिस स्त्री का पार्ट करते उसी में अद्‌भुत कौशल प्रदर्शित करते। मानो उसकी आत्मा में उतर गये हों। 'निंदाखानुं' में नाज़ामाय का पार्ट बड़ी ख़ूबी से निभाया। मूल पात्र में एक गुण यह था कि वह नाक में बोलती थी। उसकी वास्तविक प्रतिमूर्ति के अभिनय के कारण ही लोगों ने इन्हें 'नाज़ामाय नसकोरु' की उपाधि दी थी। एक अन्य संसारी प्रहसन 'कालां मेंढावाला' (नानाभाई रुस्तम प्रणीत) में इन्होंने शीरीन की भूमिका में उपस्थित होकर समस्त नाटक को देदीप्यमान कर दिया था। नलदमयन्ती में दमयन्ती, सुभद्राहरण में सुभद्रा, आबे-इबलीस में 'उरीका' और रुस्तम-सोहराब में तहमीना का पार्ट अति सुन्दर रूप से किया था। 'परशियन नाटक मण्डली' के नाटक 'फ़रेदून अने ज़ोहाद' नामक फ़ारसी नाटक में 'बाल-फ़रेदून' का पार्ट अत्यन्त कुशलता से किया था।

पटेल, दादाभाई सोहराबजी फ़रामजी—कैखशरु कावराजी ने विक्टोरिया नाटक मण्डली के सचिव पद से त्याग-पत्र दे दिया। यह घटना अगस्त, सन् 1869 की है। पहले ही कहा जा चुका है कि मण्डली की स्थापना मई, सन् 1868 में हुई थी। मालिक मण्डली को इसकी चिन्ता हुई कि नया सचिव किसे बनाया जाय। छानबीन के बाद दादाभाई सोहराबजी पटेल एम. ए. को नया सचिव बनाया गया।

दादी पटेल एलफ़िन्स्टन नाटक मण्डली के एक अव्यवसायी अभिनेता थे और कई बरस से अव्यवसायी अभिनेता के तरीके से नाटकों में भाग लेते थे। वैसे दादी पटेल एक सम्पन्न परिवार के पुत्र थे और दो हज़ार मासिक वेतन पाते थे परन्तु नाटक में रुचि होने के कारण उनका अपने पिता से मनमुटाव तक हो गया था।

विक्टोरिया नाटक मण्डली के सचिव होने पर दादी पटेल ने अपना ऐसा सिक्का जमाया कि कमेटी एक प्रकार से भंग हो गयी और दादी पटेल ही व्यवहारतः उसके सर्वेसर्वा बन गये। दादी पटेल ने अपनी नाटकपरक आकांक्षाओं की पूर्ति में एक काम यह भी किया कि वह गुप्त रूप से ईरानी नाटक मण्डली के डाइरेक्टर बन गये।

दादी पटेल सन् 1872 में विक्टोरिया नाटक मण्डली के मालिक थे और इन्हीं दिनों वह कुँवरजी नाज़र के साथ एलफ़िन्स्टन क्लब में भागीदार भी थे। एलफ़िन्स्टन में रहते हुए ही सन् 1872 में उन्होंने 'नूरजहाँ' नाम के उर्दू नाटक का अभिनय शंकर शेठ की नाट्यशाला में कराया था। वास्तव में उर्दू नाटक का श्रीगणेश दादी पटेल के मस्तिष्क की ही उपज थी जो सन् 1871 में चालू हुई और जिसके अनुसार एदलजी खोरी के गुजराती नाटक 'सोनेना मूलनीं खुरशेद' को उर्दू में अनुवाद कराकर सर्वप्रथम अभिनीत कराया गया था। यही 'सोने के मूल की खुरशेद' उर्दू का सर्वप्रथम रंगमंचीय पारसी नाटक था। यह अभिनय विक्टोरिया नाटक मण्डली द्वारा 'विक्टोरिया थियेटर' में ही अभिनीत हुआ था। सन् 1874 में विक्टोरिया नाटक मण्डली नाज़रजी को देकर वह उससे पृथक् हो गये। एक ओर दादी पटेल ने उर्दू नाटक का आरम्भ किया दूसरी ओर उन्होंने गद्य को छोड़कर संगीतबद्ध पद्य-नाटक ओपेरा (Opera) का भी श्रीगणेश किया। उन्होंने नशरवानजी खाँ साहब से "बेनज़ीर-बदरेमुनीर" नाम का ओपेरा लिखवाया। दादी पटेल को इस नाटक में पर्याप्त सफलता मिली।

दादी पटेल ने एक अन्य कार्य यह किया कि अभिनेताओं को समझा-बुझाकर इस बात पर राज़ी कर लिया कि वे रात में रिहर्सल करने की बजाय दिन में ही रिहर्सल करने आ जायेंगे और इसलिए उनका मासिक वेतन भी बढ़ा दिया। इस चाल का अभिप्राय यह था कि खिलाड़ी एक प्रकार से चौबीसों घण्टे के वेतनभोगी कार्यकर्त्ता बन गये। निश्चय ही कुछ अभिनेताओं ने जो दिन में अन्य स्थान पर काम कर रात में रंगमंच पर आते, इस विचार का विरोध किया परन्तु दादी पटेल को इसकी विशेष चिन्ता नहीं हुई। उनका विशेष ध्यान तो 'खुशरु कोवाद' (खुरशेदजी बालीवाला) तथा 'पेसु आवान' (पेस्तनजी मादन) की ओर था। इन दो अभिनेताओं के ऊपर उनकी ख्याति स्थित थी। ये दोनों Day Club में आने को तैयार थे। बात पक्की हो गयी। आगे बढ़ने का मार्ग प्रशस्त हो गया।

दादी पटेल सर सालारजंग (हैदराबाद के प्रधानमन्त्री) के आमन्त्रण को स्वीकार कर, अनेकों कष्ट और जोखमें उठाकर हैदराबाद पहुँचे। हैदराबाद की यात्रा बड़ी सफल रही।

दादी पटेल ने ईरानी नाटक मण्डली के निर्देशन में अनेकों यान्त्रिक दृश्यों का समावेश कराकर एक अद्भुत जादुई परिवेश को जन्म दिया। समस्त रंगमंच पर खेतों की हरियाली और उसमें उदय होता हुआ सूर्य उस काल के विज्ञानपरक मस्तिष्क की अद्भुत उपज थी। सजीव घोड़ों पर चढ़कर रुस्तम और बरजोर का मंच पर आकर एक-दूसरे को युद्ध के लिए ललकारना एक कल्पनातीत दृश्य था। दादी पटेल अभिनेताओं का निर्देशन करने में ही सिद्धहस्त न थे बल्कि 'हातिम बिन ताई' नाटक में हातिम की भूमिका जिस कला-कुशलतापूर्वक दादी पटेल ने पूरी की थी, वह दृश्य बरसों तक दर्शकों को याद रहा। विक्टोरिया नाटक मण्डली का यह खेल उसके सर्वोत्कृष्ट और पूर्ण सफल नाटकों में से था।

दादी पटेल का अभिनय बड़ा सजीव, बड़ा आकर्षक और बड़ा स्वाभाविक हुआ करता था। हातिम का पार्ट करने के लिए दादी पटेल ने जो विशेष पोशाक बनवायी थी उसकी नक़ल पीछे से कई अभिनेताओं ने की थी। 'हातिम बिन ताई' में दादी पटेल के दो दृश्य बड़े प्रभावशाली थे। हातिम का पत्थर में परिवर्तित होना और बाद में पानी में बदलना। इसी प्रकार आलमगीर नाटक में भी बढ़ा सफल अभिनय था। एक व्यक्ति चेतन और अचेतन अवस्था में किस प्रकार पृथ्वी पर खड़ा रहता है, किस प्रकार गिर पड़ता है, उसके तन-मन की अवस्था कैसी होती है—आदि मानसिक एवं शारीरिक अवस्थाओं का बड़ा आकर्षक प्रदर्शन था।

पारसी रंगमंच और थियेटर के दुर्भाग्य से 32 वर्ष की आयु में यह नौजवान पारसी युवक बंगलौर में बीमार पड़ा और अन्त में 17वीं मार्च, सन् 1876 में अपने स्नेहियों की गोद में प्राण त्याग, अपनी कार्य-कुशलता की अमर कीर्ति छोड़ गया।

पस्ताकिया, दादाभाई मंचेरजी—ज़ोरास्ट्रियन क्लब के एक भागीदार तथा आल-राउण्ड अभिनेता थे। हास्यरस में तो उन्हें जैसे कोई सिद्धि ही प्राप्त थी।

आपख़्यार के मित्र होने के नाते प्रायः उनके रिहर्सल में जाते थे। उनके स्केचों में भी भाग लेते थे। इनके साथी इन्हें 'दादी चीकोन' के नाम से पुकारा करते थे।

पारख, नशरवानजी नवरोजजी—सन् 1873 में मैट्रिक पास किया। इनके साथी थे—दोराबजी दस्तूर पेशोतन जी संजाणा (बाद में दस्तूर दाराब दस्तूर पेशोतन संजाणा), बालनजी बरजोरजी देशाई, जहाँगीर डोसाभाई कराका, वेहरामजी मेरवानजी मलबारी। यह कुँवरजी सोहराबजी नाज़र से दस बरस बाद मैट्रिक पास हुए। पास होते ही ग्राण्ट मेडिकल कॉलेज में प्रवेश किया।

इन्हें डॉक्टरी के अभ्यास के साथ-साथ नाटक का भी बड़ा शौक़ था। नाटक लिखने की भी रुचि थी। इस प्रकार नशरवानजी की त्रिमुखी प्रतिभा व्यक्त होने लगी। सन् 1873 में मैट्रिक पास किया, उसी वर्ष 'सुलेमानी शमशीर' नाटक लिखा और उसी वर्ष एलफ़िन्स्टन नाटक मण्डली की ओर से ग्राण्ट रोड थियेटर में अभिनीत किया। इस नाटक का दूसरा नाम 'निर्दोष नुरांनी' भी था। पाँच अंक में विभाजित था। इसकी कथावस्तु का सम्बन्ध था किसी रहस्यमयी विपदा में घिर जाना। नुरांनी का पार्ट एक पारसी छोकरे का था जिसे लोग 'पेसु नुरांनी' कहकर पुकारने लगे। नशरवानजी पारख ने इसमें एक प्रहसन भी जोड़ दिया था जिसका शीर्षक था 'आसमान चलली'। 'चलली' गुजराती भाषा में गौरैया पक्षी को कहते हैं। यह आसमान चलली का पार्ट नशरवानजी एदलजी वाच्छा करता था। नाटक का मुख्य पार्ट स्वयं लेखक का रहता था। नायिका का पार्ट जमशेदजी फ़रामजी मादन करता था।

नशरवानजी का शरीर बड़ा सुन्दर और सुडौल था। उनका स्वास्थ्य सदैव ठीक रहता था।

सन् 1874 में एक पत्र में निकला कि एलफ़िन्स्टन नाटक मण्डली नशरवानजी पारख का एक नया नाटक 'फलकसूर सलीम' का अभिनय करने जा रही है जो तीन अंक का है। यह अभिनय Grand Theatre में हुआ था। फिर तो नशरवानजी ने कई नाटक लिखे। वे सब एलफ़िन्स्टन मण्डली में खेले गये।

पाकदामन गुलनार में गुलनार का पार्ट पारख ने किया। बाल गन्धर्व श्याबक्ष मास्टर का पार्ट भी देखने योग्य था। एक परी के रूप में वह एक गाना गाते—

"सबर रे सबुरी तूं पकड़ गुलनार
साँच मन न ख्याल करी, खुननी तलवार।"

यान्त्रिक दिखावों में भी नशरवानजी पारख काफ़ी भाग लेते थे। फ़रामजी भरूचा का लिखा अलादीन अने जादुई फ़ानुस (ओपेरा) नाटक में पारख के जो चोट लगी थी उसका वर्णन अन्य स्थान पर आ गया है। नशरवानजी अब्नेज़ार का पार्ट कर रहे थे। अब्नेज़ार अपने जादू के चिराग़ से अलादीन की अनुपस्थिति में उसका सारा महल उड़ाकर अफ्रीका में ले जा रहा था। इस उड़ते महल में लगभग छह-सात अभिनेता बैठे थे—बदरुल बदर, तीन-चार बदरुल बदर की सखियाँ, दो जिन और नशरवान अब्नेज़ार।

एक दिन नशरवानजी के अभिनय जीवन का अन्त आया। सारा खेल छोड़कर वह विलायत चले गये और वहाँ से डॉक्टरी की सनद लेकर लौटे।

आख़िर में नाटक उत्तेजक मण्डली के एस्प्लेनेड थियेटर में उन्हें एक बेनीफ़िट नाइट दी गयी। इसमें अन्य नाटक मण्डलीवाले सम्मिलित थे। नशरवानजी एलफ़िन्स्टन के एक साझीदार थे।

उन्होंने रंगून जाकर अपनी प्रैक्टिस शुरू की और वहीं बस गये।

पारख, नशरवानजी नवरोजजी (डॉक्टर)—इन्होंने एलफ़िन्स्टन नाटक मण्डली में रहकर 'इन्दर-सभा' नाटक में गुलफ़ाम का पार्ट किया और प्रसिद्धि प्राप्त की। यह समस्त नाटक गायनयुक्त था। सारे गायन एक ही तर्ज़ पर बनाये गये थे। बड़ी भारी जोख़म उठाकर नाज़रजी ने इस नाटक का अभिनय कराया था क्योंकि उन दिनों गायनपरक नाटक बिलकुल नयी चीज़ थी।

नशरवानजी पारख नाज़रजी के बड़े मददगार थे। एलफ़िन्स्टन का रूप परिवर्तन हो जाने पर भी नशरवानजी पारख नाज़रजी के साथ ही लगे रहे यद्यपि उनके अन्य साथी मण्डली छोड़कर अन्यत्र चले गये थे।

यह धनजी शाह नवरोजजी पारख के भाई थे। इनके पिता का नाम नवरोजजी वेहरामजी पारख था। 45 वर्ष की आयु में 12 सितम्बर, सन् 1872 में मृत्यु को प्राप्त हुए।

पावरी, पेस्तनजी दादाभाई—यह ज़ोरास्ट्रियन क्लब के प्रमुख खिलाड़ी थे। ऊँचे दर्जे के अभिनेता थे। हास्यरस विशेष रूप से प्रिय था। परन्तु सस्ते हाव-भाव दिखाकर दर्शकों

को हँसाने की अपेक्षा गम्भीर हास्य द्वारा दर्शकों का मनोरंजन करने के इच्छुक रहते थे। उनका हास्य निर्दोष और निष्कलंक रहता था। खुसरो-शीरीन नाटक में खुसरो परवेज़ का पार्ट करके जो कीर्ति पेस्तनजी पावरी अपने पीछे छोड़ गये वह किसी अन्य अभिनेता को प्राप्त नहीं हो सकी।

पेस्तन पावरी एक मौजीले और मिलनसार अभिनेता थे। एदलजी खोरी के एक अन्य नाटक में ख़ुदाबख़्श का पार्ट लेकर पेस्तन पावरी ने बड़ी अभिनय कुशलता का परिचय दिया था।

प्राम्पटर, नशरवानजी—नशरवानजी प्रधानतया प्राम्पटर ही थे और इसी नाम से प्रसिद्ध थे। कभी-कभी स्त्री पार्ट कर लिया करते थे। 'गुल सनोवर' में उसने एक दहक़ानी स्त्री का पार्ट किया था और बड़ी सफलता प्राप्त की थी।

परन्तु मण्डली मालिक उसे अभिनय करने नहीं देना चाहते थे क्योंकि उसके प्राम्पटिंग के बिना नाटक चलना कठिन हो जाता था।

नशरवानजी ने विक्टोरिया नाटक मण्डली और ओरिजिनल विक्टोरिया नाटक मण्डली दोनों में काम किया।

फ़ारबस, नशरवानजी वेहरामजी—ज़ोरास्ट्रियन क्लब के एक प्रधान अंग थे। एदलजी खोरी पर उनका बड़ा प्रभाव था। ज़ोरास्ट्रियन के एक भागीदार मालिक होने के नाते उन्होंने एदलजी खोरी को केवल अपने क्लब के लिए ही नाटक लिखने को मजबूर किया परन्तु खोरी ने यह बात नहीं मानी। केवल इतना विश्वास दिलाया कि अपना प्रत्येक नाटक वह पहले ज़ोरास्ट्रियन क्लब को देंगे और उसके 'ना' करने पर दूसरी नाटक मण्डली को दे देंगे। फलस्वरूप 'ख़ुदाबख़्श' नाटक उन्होंने ज़ोरास्ट्रियन को दिया। यद्यपि यह नाटक विक्टोरिया मण्डली के लिए लिखा गया था, परन्तु उनके आनाकानी करने पर वह ज़ोरास्ट्रियन क्लब को दिया गया। सन् 1871 में शंकर शेठ की नाटकशाला में ज़ोरास्ट्रियन ने यह नाटक खेला और बड़ी कीर्ति प्राप्त की।

नशरवानजी फ़ारबस बड़े संजीदा विचारों के गम्भीर स्वभाववाले आदमी थे। उनका अँगरेज़ी भाषा का ज्ञान एवं शिक्षा उच्चकोटि की थी। यह पहले Sir Dinsaw Petit के सेक्रेटरी रहे। नाटक विषयक उनका प्रथम सम्बन्ध Gentlemen Amateures से था। बाद में ज़ोरास्ट्रियन से हुआ। ख़ुदाबख़्श नाटक से पहले 'खुशरु-अने-शीरीन' नाटक में, जो बन्देखुदा का लिखा था और ज़ोरास्ट्रियन ही में खेला गया था, नशरवानजी ने परवेज़ के रफ़ीक़ शाहपुर का पार्ट इतनी अच्छी तरह से किया था वह दर्शकवृन्द पर छा गये थे। ऐसा लगता है कि किसी कारणवश नशरवानजी ज़ोरास्ट्रियन क्लब को छोड़ गये।

ज़ोरास्ट्रियन क्लब छोड़कर उन्होंने अपने भाई एदलजी फ़ारबस के साथ Baronet नाटक मण्डली की स्थापना कर ली। उसके लिए उन्होंने एक नया ड्राप सीन बनवाया जिस पर सर जमशेदजी जीजीभाई का रंगीन चित्र था और साथ में उनके द्वारा निर्मित

अस्पताल का भवन। उन्होंने सर जमशेद की प्रशंसा में एक गीत भी बन्देख़ुदा से लिखाया था। खेल शुरू होने से पहले नशरवानजी स्वयं ड्राप सीन से बाहर आकर यह गाते थे—

"आ परदो रंगीन नसीहत करे, कीरती काँई करो
अगर जो कीरती करो तो हरगेज नहीं मरो।"

बारोनेट मण्डली के बन्द हो जाने पर नशरवानजी फ़ारबस भी नाटक संसार से पृथक् हो गये।

बरज़ोरजी बा उर्फ़ बदलु फीतुरी—बालीवाला की विक्टोरिया मण्डली के एक पुराने अभिनेता थे। 'सैफ़ुस्सुलेमान' में शैतान का अभिनय कर प्रसिद्धि प्राप्त की थी। बड़े हँसमुख तथा मीठे स्वभाव के व्यक्ति थे।

नाटक का धन्धा छोड़कर बाद में 'फ़रेदून बरजोर सुखदबाला' कम्पनी में भागीदार हो गये थे।

बाटलीवाला, पेस्तनजी उर्फ़ पेसु पुखराज—पेसु ने अपने अभिनय जीवन का आरम्भ धामर की नाटक मण्डली शाहे आलम से किया। स्त्री-पार्ट करने में पेसु को गर्दन के मोड़, उसके हाव-भाव और सुरीली मीठी आवाज़ उसकी कला में चार चाँद लगा देनेवाले उपकरण थे। ये उपकरण उसमें इतने स्वाभाविक थे कि दर्शक हठात् ही उसकी ओर खिंच जाते थे। वैसे भी पेसु बड़ा हँसमुख स्वभाव और निरभिमान व्यक्ति था।

एक दिन विक्टोरिया नाटक मण्डली में पेसु ने इन्दर-सभा नाटक में पुखराज परी का अभिनय किया। उसके हाव-भाव, नाच-गान और अभिनय-छटा पर दर्शक इतने मोहित हो गये कि उसका नाम ही पेसु पुखराज रख डाला। अब मण्डली के अन्दर और बाहर वह इसी नाम से पुकारा जाने लगा।

अपनी प्रवास यात्रा में जब विक्टोरिया नाटक मण्डली जयपुर आयी तो महाराज रामसिंहजी पेसु पुखराज के अभिनय से इतने प्रसन्न हुए कि उसे अपने यहाँ नौकर रख लिया। आयु की वृद्धि के साथ-साथ पेसु स्त्री-भूमिका से पुरुष-भूमिका की ओर आ गया। महमूदशाह गज़नवी नाटक में पेसु ने वजूलक़मर की पासवान 'यकीन' का पार्ट बड़े कौशल से किया।

बालीवाला की माण्डले यात्रा में पेसु उनके साथ गया था परन्तु लन्दन यात्रा में उसके भाग्य ने साथ नहीं दिया। इंग्लैण्ड न जाने का एक लाभ पेसु को यह हुआ कि जयपुर के अन्तर्गत खेतरी नामक ठिकाने में वह नौकर हो गया और वहाँ के ठाकुर साहब के निजी सचिव के रूप में कई बार उनके साथ उसने विलायत की यात्रा की।

पेसु का रोब-दाब अच्छा था और सभी उसका आदर करते थे। पेसु ने बहुत दिनों तक स्त्री-पार्ट किया। एक दिन बालीवाला ने दादी ठूँठी का ध्यान उसके क़द पर आकर्षित किया। तब से दादी ठूँठी पेसु को कामिक पार्ट देने लगे। परन्तु पेसु उसमें भी किसी से कम नहीं उतरा। उसके दोस्त उसका बहुत मज़ाक़ उड़ाते थे। यही कारण

था कि कुछ दिनों बाद उसने जयपुर में एक 'गेस्ट हाउस' खोल लिया और धन्धे में पड़ गया। बाद में आगरे जाकर 'सेवाय' होटल भी उसी ने चलाया। मरते समय पेसु ने पारसी जाति को एक लाख रुपया दान किया। दादर में पारसियों की जो अगियारी बनी है वह उसी की देन है। उसके अतिरिक्त एक धर्मशाला भी पेसु ने आगरे में बनवायी। ये दोनों काम उसके नाम को अमर रखने के लिए पर्याप्त हैं।

एक अभिनेता अपने जीवन में सादे रहकर इससे ज़्यादा और क्या कमा सकता है तथा नाम पैदा कर सकता है।

वामजी, रुस्तमजी होरमसजी—ज़ोरास्ट्रियन ड्रामेटिक सोसाइटी के पाँचवें मालिक थे। 'रुस्तम-सोहराब' नाटक (ओपेरा) में इन्होंने अफ़रासियाब वज़ीर के पहलवान 'होमान' का पार्ट लिया था। होमान ने सोहराब को धोखे में रखकर उसे अपने पिता रुस्तम से नहीं मिलने दिया। उसकी धूर्तता पर लोग उसे देखते ही धिक्कार देने लगते थे। रुस्तमजी वामजी अपनी धूर्तता में इतने सफल अभिनेता प्रमाणित हुए कि उन्हें रंगमंच पर देखते ही दर्शक मण्डली 'शेम, शेम' पुकारने लगती थी।

वामजी को जितनी सफलता गम्भीर पात्र का अभिनय करने में मिलती थी उतनी ही हास्य का अभिनय करने में भी मिलती थी। 'रताई मेदम' नामक प्रहसन में इन्होंने 'मोवेद' (पारसी धर्मोपदेशक) का इतनी सफलता से अभिनय किया कि कुछ दादा लोग इनसे बिगड़ गये।

बारभाया, माणिकजी होरमसजी—बम्बई में एक पेढ़ी थी जो बारभाया के नाम से प्रसिद्ध थी। इसमें प्रेमजी भवानीदास आदि बारह भाई और सम्बन्धी सम्मिलित थे। अतएव 'बारभाया' इसका नाम पड़ा। माणिकजी होरमसजी बारभाया आदि में बारभाया न होकर 'पटेल' थे। परन्तु फ़र्म से सम्बन्धित होने से बारभाया के नाम से ही प्रसिद्ध हो गये।

माणिकजी बारभाया को गाने में बड़ी रुचि थी। प्रकृति ने उपहारस्वरूप उन्हें बड़ा मीठा गला प्रदान किया था। उन दिनों स्थान-स्थान पर संगीत सीखने की सुविधा नहीं थी, अतएव उन्होंने जो सीखा वह अधिकांश स्वयं ही। वैसे भी पारसियों में उन दिनों संगीत बुरा समझा जाता था और लड़कियों तक के लिए स्कूलों में संगीत सीखने की आज्ञा नहीं थी।

फ़िरदौसी के शाहनामे के आधार पर 'रुस्तम अने सोहराब' नामक एक संगीतपरक तथा काव्यबद्ध नाटक नशरवानजी होरमसजी आपख़्यार ने बनवाया। इस नाटक को 'ओपेरा' कहा गया। इस नाटक में माणिकजी बारभाया ने सोहराब का पार्ट किया। तूरानी लश्कर के अगवा बनकर सोहराब ने लड़ाई के मैदान में रुस्तम को पुकारते हुए कहा—

"शूंमकदूर सोहराबनी सामे कोई आवे;
आ गुरज, आ समशीर, आ कमंद कोई उठावे।"

इस गज़ल से सारे पण्डाल में सन्नाटा छा गया। उसी समय सामने की ओर से एक क़दावर जवान ने ऊँचे स्वर से गरजकर कहा—

"मगरूर ना था नाँदान जवान, बेध्यान,
एक पलमां थशे खाक परेशान।"

दर्शक मण्डली इन शब्दों को सुनकर अवाक् रह गयी। उनके मन में जन्मभूमि के प्रति प्रेम का स्रोत फूट निकला।

माणिकजी बारभाया बहुत दिनों तक सोहराब का पार्ट करने में समर्थ नहीं रहे। उनका स्थान पेशोतन दादाभाई पावर ने ले लिया। पेशोतन पावरी का सम्बन्ध उन दिनों ज़ोरास्ट्रियन क्लब से था। वह उसमें अभिनेता भी थे और भागीदार भी। परन्तु माणिकजी बारभाया ने रंगमंच क्यों छोड़ दिया इसके कारण का पता न चला।

इनकी एक किताब 'रागे दिलचमन' 1858 में निकली जिसमें 312 ग़जलें थीं।

बालीवाला, खुरशेदजी मेरवानजी मनचोरजी—बालीवाला के पिता मेरवानजी बालीवाला बहुत अच्छी आर्थिक स्थिति के आदमी नहीं थे। अतएव पुत्र को थोड़ा-सा व्यावहारिक ज्ञान दिलाकर उन्होंने खुरशेदजी को एक छापाख़ाना में कम्पोज़ीटरी का काम सीखने के लिए भेज दिया। खुरशेद का पर्याप्त समय इसी लाइन में व्यतीत हुआ। उन दिनों ग्राण्ट रोड पर रायल थियेटर में 'राबिन्सन क्रूसो' का नाटक विक्टोरिया नाटक मण्डली किया करती थी। राबिन्सन क्रूसो का विकट अभिनय धनजी सोला करते थे। एक दिन खुरशेदजी को यह नाटक देखने का अवसर मिला। कुछ अच्छे-अच्छे वाक्य उन्होंने इस नाटक के याद कर लिये। समय मिलने पर किसी दिन इन वाक्यों का अभिनय उन्होंने कुछ अभिनेताओं को दिखाया तो वे बड़े प्रसन्न हुए। उन्होंने विचारा कि खुरशेद को विक्टोरिया नाटक मण्डली में खींचना चाहिए। खुरशेद के पिता से जाकर प्रार्थना की और खुरशेदजी बालीवाला थियेटर की दुनिया में शामिल हो गये।

विक्टोरिया थियेट्रिकल मण्डली अपना नया नाटक 'बेजन-मनीजेह' खेलने का प्रबन्ध कर रही थी। खुरशेदजी को 'कोवाद' की भूमिका मिली। यह भूमिका उन्होंने इतनी सफलता और सुन्दरता से निभायी कि दर्शक मण्डली उन्हें 'खुशरु कोवाद' के नाम से पुकारने लगी। उसके पश्चात् 'रुस्तम-सोहराब' में उन्होंने 'गोर्द आफ़रीद' का पार्ट बड़े मोहक रूप से सम्पन्न किया। साथी अभिनेता ईर्ष्या छोड़कर स्थान-स्थान पर खरशेद बालीवाला की प्रशंसा करने लगे।

विक्टोरिया थियेट्रिकल मण्डली अपना नया नाटक 'बेजन-मनीजेह' खेलने का प्रबन्ध कर रही थी। खुरशेदजी को 'कोवाद' की भूमिका मिली। यह भूमिका उन्होंने इतनी सफलता और सुन्दरता से निभायी कि दर्शक मण्डली उन्हें 'खुशरु कोवाद' के नाम से पुकारने लगी। उसके पश्चात् 'रुस्तम-सोहराब' में उन्होंने 'गोर्द आफ़रीद' का पार्ट बड़े मोहक रूप से सम्पन्न किया। साथी अभिनेता ईर्ष्या छोड़कर स्थान-स्थान पर खुरशेद बालीवाला की प्रशंसा करने लगे।

जहाँगीर खम्बाता खुशरु कोवाद को 'खुशरु रैबिट' के नाम से पुकारा करते थे। अपने साथ उन्होंने खुशरु रैबिट को अभिनय-कला में बड़ी सहायता दी थी। एक बार इन दोनों

ने मिलकर कुछ छोकरों को एकत्रित किया और एक ड्रामेटिक कान्फ्रेन्स कर तय किया कि कोई नाटक अभिनीत किया जाय। इधर-उधर से इकट्ठा करके खिचड़ी-पुलाव की तरह नाटक बनाया गया। उसके सब गाने बालीवाला ने बनाये। नाटक व्यवस्था देखकर जहाँगीर ने भविष्यवाणी की—"...भविष्यमां खुरशेदजी बालीवाला नाटकनी लाइनमां मोटुं नाम काढशे।" और वास्तव में जहाँगीर की यह बात सोलह आने सच्ची निकली। जहाँगीर और बालीवाला का जोड़ा काफ़ी दिन तक ख़ूब धूम मचाता रहा।

विक्टोरिया नाटक मण्डली ने सबसे पहला उर्दू खेल 'सोने के मोल की खुरशेद' प्रस्तुत किया। यह नाटक गुजराती नाटक का अनुवाद था। अनुवाद फ़रदून जी मर्ज़्वान ने किया था। बालीवाला ने इसमें 'फ़ीरोज़' का अभिनय किया था। कहा जाता है कि बाज़ार में खुरशेद को खरीदने के लिए जिस समय फ़ीरोज़ सौदागर बनकर बालीवाला रंगमंच पर प्रवेश करते उस समय उनकी भाव-भंगिमा और अभिनय-कला दर्शकों को अनायास आकर्षित करती थी। उनके मीठे स्वर से निकला संगीत लोगों को उन्मत्त बना देता था। सन् 1871 में इसी नाटक के गुजराती संस्करण में उन्होंने खुशरु कोवाद की ख्याति प्राप्त की थी। इसी प्रकार 'बेनज़ीर-बदरेमुनीर' नाटक में 'बेनज़ीर' की भूमिका में भी बालीवाला ने बड़ी प्रसिद्धि प्राप्त की थी। 'भोलीजान' नाटक में 'हीजो ताड़ीवाला' बनकर बालीवाला एक गीत गाते थे—

"तरसाँ छीये ताडीकरण रे, टट लाट असह्य केम सहीयै।"
ताडी ते माडी नूं दूध मरदानी महीयारी वाघण रे। तरसाँ...
ताडी ते नाडीनी तनदरोस्ती शान्त करे तन मन रे। तरसाँ...
सुख काटक अे सुकाल वही गायो, आज बे रुपीये मण रे।
गाम गमेरना रडे गरीबो, टालो अे काल म्हाजन रे।"

(अंक 1, प्रवेश 2)

इस गीत को सुनने के लिए लोगों की टोलियाँ नावेल्टी थियेटर में जमा हो जाती थीं। इसी प्रकार 'तकदीरनी तासीर' नाटक में 'नशरवानजी अेशकी' की भूमिका दर्शकों को भारी संख्या में स्वयं ही खींच लेती थी।

अब तो अपनी कम्पोज़ीटर की नौकरी छोड़कर बालीवाला पन्द्रह रुपये मासिक पर विक्टोरिया नाटक मण्डली में नौकर हो गये। जिस समय विक्टोरिया नाटक मण्डली दादी पटेल के हाथ में आयी उस समय बालीवाला को चालीस रुपया वेतन मिलता था जो प्रायः सभी बड़े ऐक्टरों को दिया जाया करता था। परन्तु ग़रीबी की दशा यह थी कि उन दिनों भी केवल एक चादर और एक दरी लेकर कड़कती ठण्ड में हैदराबाद की यात्रा के लिए मण्डली के साथ निकल खड़े हुए।

हैदराबाद से आकर मण्डली की मालिकी में पुनः परिवर्तन हुआ। मण्डली के मालिक बने दादाभाई ठूँठी, फ़रामजी अपु, डोसू मंगोल और धनजी घड़ियाली, परन्तु कम्पनी

चलाने की ज़िम्मेदारी कुँवरजी ने बालीवाला को ही सौंपी। मण्डली नये मालिकों के समय में पहले कलकत्ते गयी और वहाँ से समस्त भारत की यात्रा पर निकली। इसी यात्रा में दादाभाई ठूँठी जयपुर महाराजा की नौकरी में रह गये। कुछ अन्य अभिनेताओं ने भी ऐसा ही किया। परिणामस्वरूप मण्डली में फिर घाटा हुआ। परन्तु बालीवाला ने कुछ नये नाटक तैयार कराये—अलाउद्दीन, हुमायूँ नासीर, पूरन भगत, हीर राँझा और सितम हामान। इससे वह एक उपयुक्त डाइरेक्टर भी समझे जाने लगे। अब विक्टोरिया नाटक मण्डली के मालिक बालीवाला ही थे।

सन् 1878 में विक्टोरिया नाटक मण्डली ने रंगून और सिंगापुर जैसे नगरों की यात्रा की और वहाँ नाटक दिखाये, बालीवाला उसके साथ थे। सन् 1881 में बालीवाला स्वयं विक्टोरिया मण्डली के स्वामी बने और माण्डले के राजा थीबू के निमन्त्रण पर अपनी मण्डली माण्डले ले गये। वहाँ उनकी मण्डली का बड़ा स्वागत हुआ। 35 नाटक उन्होंने माण्डले में अभिनीत किये जिसके लिए राजा थीबू ने उन्हें 43,000 रुपये नकद दिये। बालीवाला के लिए यह बड़े साहस का कार्य था क्योंकि माण्डले उन दिनों अँगरेज़ी राज्य की संरक्षा में नहीं था।

सन् 1885 में बालीवाला अपनी मण्डली को लन्दन ले गये जहाँ उपनिवेशीय प्रदर्शनी लगी हुई थी। यहाँ उन्होंने 'सयफ़स सुलेमान' नाटक खेला। इसमें 'पागलखाँ' का पार्ट स्वयं बालीवाला ने किया। उनके अभिनय से प्रसन्न होकर गेयटी और ड्रयरीलेन थियेटर के मालिक ने उन्हें चालीस पौण्ड मासिक वेतन पर अपने यहाँ अभिनय करने का आफ़र दिया। लन्दन में बालीवाला ने 'हरिश्चन्द्र', 'महमूदशाह', 'हुमायूँ नासिर' और 'आशिक का खून' आदि नाटक खेले। परन्तु सफलता अधिक न मिली। बर्मा की कमायी इंग्लैण्ड में गँवायी। इसका सबसे बड़ा कारण नाटकों की भाषा न थी क्योंकि दर्शकों को समझाने के लिए बालीवाला ने एक दुभाषिये की नियुक्ति कर ली थी जो प्रत्येक दृश्य का सार देखनेवालों को समझा देता था। वरन् इसका कारण जुर्माने की वह भारी रकम थी जो मण्डली को इसलिए देनी पड़ी कि देश के क़ानून के अनुसार, अपनी अज्ञानता के कारण, उसने नाटक खेलने का सरकारी आज्ञापत्र प्राप्त नहीं किया था। अपनी लन्दन-यात्रा में बालीवाला की सबसे बड़ी सफलता वह बधाई थी जो उन्हें महारानी विक्टोरिया और सप्तम एडवर्ड के सामने अपने 'हरिश्चन्द्र' और 'अलादीन' नाटकों का अभिनय दिखाने के लिए प्राप्त हुई थी।

बालीवाला के जीवन की सफलता का एक रहस्य उनका भानजा दारावशा भी था। वह मण्डली का प्रबन्धक और आवक-जावक का स्वामी था। एक बार रंगून में कुछ लोगों की इच्छा थी कि गुजराती नाटक खेला जाय। वे दारावशा के पास गये और अपनी इच्छा प्रकट की। दारावशा इस शर्त पर राज़ी हो गये कि यदि आरकेस्ट्रा क्लास के सब टिकट वे खरीद लें तो गुजराती नाटक खेला जा सकता है। बात पक्की हो गयी। दारावशा ने 'चन्द्रकला' नाटक पसन्द किया। परन्तु मण्डली के डाइरेक्टर होरमसजी तांतरा को जब

यह मालूम हुआ तो वह अभिनेताओं को लेकर बालीवाला के पास पहुँचे और खेल रोकने की मनाही करने को कहा। परन्तु उनकी एक न चली। दारावशा ने कहा कि वह 500 रुपये में काण्ट्रैक्ट कर चुके हैं और वचन वापस नहीं लिया जा सकता। आख़िर 'चन्द्रकला' खेलने का निश्चय रहा। रात्रि को खेल में बालीवाला ने देखा कि दर्शकों की धूम मची है। हज़ारों की संख्या में लोग नाटक देखने आये हैं तो उन्हें बड़ा दुःख हुआ कि केवल 500 रुपये में ही यह काण्ट्रैक्ट क्यों दे दिया गया। परन्तु खेल के बाद जब पता चला कि दारावशा ने कोई काण्ट्रैक्ट नहीं किया था और उस खेल से उन्हें दो हज़ार की आय हुई है तो बालीवाला बड़े खुश हुए और अपने प्रबन्धक की बड़ी प्रशंसा की।

बालीवाला केवल नाटक अभिनय का काम ही नहीं करते थे, उनका एक व्यवसाय फेण्टा बनाना भी था। स्वयं इस कला में बड़े कुशल थे और उन दिनों एक-एक फेण्टा सात रुपये में मिलता था। अतएव इस व्यवसाय से भी उन्हें पर्याप्त आय थी।

खुरशेदजी के जीवन में पाँच बड़े-बड़े झटके आये। पहली घटना हैदराबाद की है। दादी पटेल विक्टोरिया नाटक मण्डली को लेकर हैदराबाद पहुँचे। उन दिनों वह रोज़ शूटिंग के लिए नदी किनारे जाया करते थे और एक बोतल रखकर उस पर संधान प्रयोग किया करते थे। एक दिन वह शूटिंग के लिए बाहर निकले। उनके पीछे-पीछे पेस्तनजी मादन (पेसु आवान) अपने कन्धे पर बन्दूक लिये हुए चले। उनके पीछे बालीवाला आ रहे थे। पेस्तनजी को मालूम न था कि बन्दूक में गोली भरी है। किसी वजह से गोली छूटी और बालीवाला के कान के पास से निकल गयी। परमात्मा ने बचा लिया। दूसरी घटना रायबरेली की है। नाटक मण्डली खेल कर रही थी। उन्हीं दिनों बालीवाला निमोनिया में ग्रस्त हो गये। डॉक्टरों ने जीवन की आशा छोड़ दी, परन्तु ईश्वर की ऐसी कृपा हुई कि वह सही सलामत पलँग से उठ खड़े हुए। तीसरी घटना सिंगापुर में घटी। वहाँ पहली बार 'फ़साने अजायब' नाटक का अभिनय हो रहा था। उसमें नायक जाने आलम अपना प्राण छोड़कर एक बन्दर के शरीर में प्रवेश करता है और मूर्च्छित होकर रंगमंच पर गिर पड़ता है। यह अभिनय करते-करते बालीवाला पृथ्वी पर तो पड़ गये परन्तु उठ नहीं पाये। पर्दा डालकर उन्हें बड़ी कठिनता से उठाया गया। पता नहीं क्यों बेसुध हो गये। चौथी घटना उस समय हुई जब सिंगापुर से पेनांग जहाज़ पर आ रहे थे। एकदम तूफ़ान आया। बालीवाला राकिंग चेयर पर अख़बार पढ़ रह थे। एकदम कुर्सी टेढ़ी हो गयी, परन्तु बालीवाला समुद्र में गिरते-गिरते बचे। पाँचवीं घटना यह थी कि ज्वर से पीड़ित हुए। आशा नहीं थी परन्तु बच गये।

उनके कुछ शत्रु भी ऐसे थे जिन्होंने बर्मा और कराची से उनकी मृत्यु तक के झूठे समाचार उनके सम्बन्धियों के पास भेज दिये।

सितम्बर, सन् 1913 में बालीवाला को पक्षाघात का रोग लगा और उसी में उनका स्वर्गवास हो गया।

'सोने के मोल की खुरशेद' में एक हास्यजनक बनाव ऐसा था कि खुरशेदजी और उनके पिता दोनों अभिनय कर रहे थे। खुरशेद को बेचनेवाला बाप और खरीदनेवाला बेटा। लोग अनायास कह उठे देखा ''बाप एक दूसरी बीवी बेटे के गले मॉंड रहा है।''

बालीवाला को सफल अभिनेता होने के नाते निम्नलिखित उपहार भेंट में मिले—

1881-82 बर्मा के राजा द्वारा दो स्वर्णपदक

1889 लौहार के नागरिकों की ओर से दो स्वर्णपदक

पारसियों की ओर से एक स्वर्ण घड़ी

मेसानिक लाज की ओर से एक रजत पदक

1890 कोलम्बो के पारसियों की ओर से एक रजत घड़ी।[1]

बालीबाला, मेरवानजी मनचोरजी—प्रसिद्ध अभिनेता मेरवानजी बालीवाला के पिता थे। विक्टोरिया मण्डली में अभिनेता का काम करते थे। एक बार दादी पटेल ने इन्हें ऐसा पार्ट दिया जिसमें कुछ गाना भी पड़ता था। मेरवानजी यह जानकर बड़े असमंजस में पड़ गये और दादी पटेल को अपनी असमर्थता बताने लगे, परन्तु दादी पटेल कब माननेवाले थे। पिता और पुत्र दोनों रंगमंच पर आये और यथास्थान गाने लगे।

मेरवानजी बहुत ऊँचे दर्जे के अभिनेता तो नहीं थे परन्तु अभिनय-जगत् में उनका बड़ा मान था। 'बेजन-मनीजेह' नाटक में उन्होंने रुस्तम का पार्ट किया था। गायक के रूप में उन्होंने जो गीत गाया था उसकी पंक्ति थी—

''सुन महाराजा खुश हो मन में, खुशखबरी मैं लाया रे।''

वेलाती, पेस्तनजी, फ़रामजी—ईरानी नाटक मण्डली में 'बरज़ोर-अने-रुस्तम' नामक नाटक में गुरगीन पहलवान का पार्ट किया। फिर अपनी नाटक मण्डली बनायी जिसका नाम 'परशियन ज़ोरास्ट्रियन क्लब' रखा। इस मण्डली के नाटक-लेखक दादा भाई एदलजी पोहंचवाला थे, जिनका उपनाम 'बन्देख़ुदा' था। इन्होंने 'बरज़ोर-अने-मेहरसमीन औज़ार' नामक नाटक लिखा। इस नाटक में कई यान्त्रिक दृश्य थे जिन्हें पेस्तनजी वेलाती बड़ी अच्छी रीति से दिखाया करते थे। फ़ौलादी देव और मोरजान जादूगरनी विशेष ध्यान आकर्षित करते थे। वैसे तो पेस्तनजी वेलाती इस नाटक में कई पार्ट किया करते थे। परन्तु वह अपने अभिनय से अधिक लोकप्रिय नहीं बन सके। उनके एक पार्ट में कुछ शब्द इस प्रकार थे—'गेई! गेअेई! गेई-गेई'। एक बार गैलरी के लोग उनके अभिनय पर यही चिल्ला उठे 'गेई, गेई'। जब मोरजान जादूगरनी अपने तख़्त पर बैठकर ऊपर उड़ती तो पेस्तनजी ये बोल बोलते थे।

इस नाटक में पेस्तनजी को नुकसान हुआ। इसलिए उन्होंने एक उर्दू नाटक खेलने का विचार किया। यह बात सन् 1871 की थी। यद्यपि उर्दू खेल विशेष चालू नहीं हो पाये थे परन्तु पेस्तनजी ने यह प्रयोग करने की मन में ठान ही ली। स्त्री का पार्ट करने

1. प्रा. प्र. ख. 2, पृ. 253

के लिए जब उपयुक्त छोकरा नहीं मिला तो अपने सगे भाई कावसजी फ़रामजी वेलाती को स्त्री-पार्ट दिया। नाटक का नाम धनजीभाई ने नहीं दिया।

परन्तु पेस्तनजी को इस उर्दू नाटक में भी सफलता नहीं मिली। नाटक करने का धन्धा छोड़कर पेस्तनजी पारसी ईरानी और पीछे से उर्दू नाटकों का अभिनय कर एकाएक रंगमंच से लोप हो गये।

उनका भाई कावराजी फ़रामजी वेलाती भी कई नाटक मण्डलियों में काम करने के बाद नाटक उत्तेजक मण्डली में हिन्दू-गुजराती नाटकों में सेवा करता रहा और अन्त में अस्वस्थ होने के कारण रंगमंच से विदा हो गया।

मंगोल, डोसाभाई फ़रदूनजी—डोसाभाई ने विक्टोरिया नाटक मण्डली में अभिनय कर बड़ी ख्याति प्राप्त की। जब जनवरी, सन् 1876 में कावरजी नाज़र विक्टोरिया नाटक मण्डली से पृथक् हुए और मण्डली पाँच मालिकों की सम्पत्ति में चली गयी तो डोसाभाई मंगोल भी उसके एक मालिक थे। स्टेज, परदों और दृश्य आदि की व्यवस्था का भार डोसाभाई के हिस्से में आया था।

डोसाभाई स्वाभाव के बड़े उग्र थे। वाणी पर उनका अधिशासन नहीं रहता था। एक दिन रात के समय दिल्ली में "सोने के मोल की खुरशेद" का खेल रंगमंच पर हो रहा था। उसके एक दृश्य में शहर कोतवाल ज़फ़र ख़ाँ और एक राजवंशीय अधिकारी के बीच द्वन्द्व होता है जिसमें तलवार तक चल जाती है। द्वन्द्व में मंगोल (ज़ेहाँबक्ष) ने इतने ज़ोर से तलवार अपने विरोधी की तलवार पर मारी की उससे कोतवाल की तलवार बीच में से टूट गयी और उसका टुकड़ा उस स्थान पर जाकर गिरा जहाँ मण्डली मालिक नाज़रजी अपने दो-चार यूरोपीय मित्रों के साथ प्रथम पंक्ति में बैठे थे। नाज़रजी वहीं से चिल्ला उठे। डोसाभाई उस समय तो शान्त हो गये, परन्तु नाटक के अन्त में वह भी जो मुँह में आया वही बकने लगे और बम्बई वापस जाने को तैयार हो गये। परन्तु धनजीभाई घड़ियाली तथा पेसु लाली के बीच में पड़ने पर बात ठण्डी हो गयी।

डोसाभाई ने परशियन ज़ोरास्ट्रियन मण्डली में होनेवाले, बन्देखुदा द्वारा लिखित 'बरज़ोर अने सीमीन ओज़ार' में 'एकदस्त' का पार्ट बड़े प्रशंसा भरे ढंग से किया था। यह एक हबशी का पार्ट था और हबशी के चरित्र का अभिनय सुगम नहीं था। उस पार्ट की वजह से लोग डोसाभाई को 'डोसु एकदस्त' कहकर पुकारनें लगे थे। वैसे डोसाभाई का निजी धन्धा पारसी मिठाई बनाना था परन्तु बाद में उसे छोड़कर वह नाटक के धन्धे में पड़ गये।

डोसाभाई मंगोल वाणी के उग्र होते हुए भी स्वभाव के मिलनसार और मौजी जीव थे। उनकी मृत्यु मार्च, सन् 1889 में दिल्ली में हुई। इनके बाद मेरवानजी बालीवाला अकेले विक्टोरिया नाटक मण्डली के मालिक बने।

मादन, पेस्तनजी, फ़रामजी—पेस्तनजी फ़रामजी मादन उन अभिनेताओं में से थे जिन पर दादी पटेल का बड़ा स्नेह और विश्वास था। गुजराती नाटकों में अभिनय करने

के अतिरिक्त उर्दू के प्रायः प्रत्येक नाटक में, जो दादी पटेल के जीवन-काल में अभिनीत हुए, पेस्तनजी मादन का बड़ा महत्त्वपूर्ण योगदान था।

पेस्तनजी मादन की आकृति बड़ी सुन्दर और उनकी बोली बड़ी मधुर थी। उनके रूप और स्वर दोनों पर दर्शक लट्टू हो जाते थे। शेक्सपियर के Pericles का रूपान्तर गुजराती में 'दादे दरियाव याने खुशरुनो खाविन्द खुदा' के नाम से किया गया था। विक्टोरिया नाटक मण्डली ने इस नाटक को ईरानी वेश-भूषा में ही अभिनीत किया था। पेस्तनजी मादन ने उसमें आवान नामक एक नवयुवती का पार्ट इतनी कुशलता से किया कि लोग उन्हें 'पेसु आवान' के लाडले नाम से पुकारने लगे। 'सोनेना मूलनीं खुरशेद' में भी भाग लिया था। इन दोनों नाटकों के बाद दादी पटेल ने पेसु आवान को 'बेनज़ीर-बदरेमुनीर' नाटक में, जो एक गीतपरक ओपेरा था, पार्ट दिया। गद्य को छोड़कर पद्यबद्ध नाटक का अभिनय कराना दादी पटेल के ही मस्तिष्क की उपज थी। इस नाटक में पेस्तनजी मादन के बड़े भाई नशरवानजी फ़रामजी मादन ने जो 'नसलु तहमीना' के नाम से प्रसिद्ध थे, माहरू परी का अभिनय किया था। नसलु तहमीना के लिए गायक रूप में रंगमंच पर आने का यह प्रथम अवसर था।

दादी पटेल ने जिस समय अपनी नयी नाटक मण्डली The Original Victoria Theatrical Co. के नाम से बनायी तो दोनों भाई उसी में अभिनय किया करते थे। साथ ही मण्डली के भागीदार मालिक भी थे। दादी पटेल की मृत्यु के पश्चात् दोनों भाई बम्बई छोड़कर कलकत्ते चले गये और वहीं बस गये।

इनके एक भाई का नाम जमशेदजी फ़राम जी मादन था। डॉ. नशरवानजी पारख द्वारा लिखित 'सुलेमानी शमशीर' में जमशेदजी मादन ने लेखक के साथ-साथ अभिनय किया था।

'मादन थियेटर्स' इन्हीं भाइयों की सम्पत्ति थी।

मास्टर, धनजी भाई पेस्तनजी—एलफ़िन्स्टन के अभिनेता थे। गुजराती के 'अलाउद्दीन अने जादुई फ़ानस' में बड़ा सुन्दर अभिनय किया करते थे। इनका उपनाम 'पालखीवाला' था। प्रवेश, प्रस्थान बड़े शानदार होते थे।

दर्शकों में इनका बड़ा आदर और सम्मान था।

1853 में पारसियों की प्रथम नाटक कम्पनी 'पारसी नाटक मण्डली' के नाम से स्थापित की। यह गुजराती में नाटक खेलती थी। सन् 1868 में विक्टोरिया में डाइरेक्टर हो गये। इन्होंने 43 वर्ष की आयु पायी।[1]

मास्टर, धनजी भाई नशरवानजी—नाटक उत्तेजक मण्डली के अभिनेता थे। 'निंदाख़ानु' में बेहला भगत और 'सीताहरण' में रावण का पार्ट बड़ी कुशलता से करते थे।

1. पा. प्र. खं. 2, पृ. 534

आरम्भ अल्फ्रेड नाटक मण्डली से किया था। 'जहाँबख़्श' नाटक में 'वेहराजीन' का पार्ट कर ख्याति प्राप्त की। बाद में नाटक उत्तेजक मण्डली में प्रवेश किया।

इनकी एक विशेषता यह भी थी कि गुजराती और उर्दू दोनों भाषा के नाटकों में अभिनय करते थे।

मास्टर, माणिकजी जीवनजी—माणिकजी का सम्बन्ध अल्फ्रेड नाटक मण्डली से था। इसी मण्डली में उन्होंने 'शहज़ादा श्याबक्ष' नाटक में अफ़रासियाब के मन्त्री 'पीरान' का पार्ट किया था। इसी कारण से यह 'माणिकजी पीरान' के नाम से ही नाटक-जगत् में प्रसिद्ध हुए थे।

माणिकजी अभिनेता से आगे बढ़कर अल्फ्रेड मण्डली के एक मालिक भी हो गये। परन्तु कुछ दिनों बाद अल्फ्रेड मण्डली बन्द हो गयी।

जब नानाभाई रुस्तमजी राणीना ने इस मण्डली का उद्धार किया तब माणिकजी मास्टर उसके मैनेजिंग प्रोप्राइटर बने। दुर्भाग्यवश कुछ दिनों बाद यह मण्डली पुनः भंग हो गयी। तीसरी बार इसका उद्धार सोहराबजी फ़रामजी ओगरा ने किया। तब इसका नाम न्यू अल्फ्रेड थियेट्रिकल कम्पनी रखा गया।

मास्टर, श्याबक्ष रुस्तमजी—श्याबक्ष मास्टर ने कुँवरजी नाज़र की एलफ़िन्स्टन नाटक मण्डली में अभिनय आरम्भ किया। इन्दर-सभा नाटक में जब नशरवानजी पारख 'गुलफ़ाम' का पार्ट करते थे तो श्याबक्ष मास्टर 'सब्ज़-परी' का अभिनय करते थे। बाद में यह बैरिस्टर बन गये।

'पाक दामन गुलनार' में इन्होंने एक छोटी परी का अभिनय किया। इनका गला बड़ा मधुर था। अपने गानों के कारण भी इन्हें बड़ी प्रसिद्धि मिली। इनके एक गाने की पंक्तियाँ थीं—

"सबर रे सबुरी तूं पकड़ गुलनार।
खांच मनने ख्याल करी, खुनंनी तलवार।।"

मुन्शी, मेरवानजी—जब कुँवरजी नाज़र विक्टोरिया नाटक मण्डली के साथ यात्रा को चले गये और एलफ़िन्स्टन मण्डली का निर्देशन दादी ठूँठी के हाथ में बम्बई में छोड़ गये तो दादी ठूँठी ने कुछ नये जवानों को मण्डली में भरती किया। इनमें तीन विशेष रूप से उल्लेखनीय थे—मास्टर रतन नवरोजी मीनवाला, मेरवानजी मुन्शी और स्वयं दादी ठूँठी। दादी ठूँठी ने एदलजी खोरी से गुजराती भाषा में एक नाटक लिखाया जिसका शीर्षक था 'सितमगर'।

'सितमगर' में मेरवानजी मुन्शी पहली ही बार रंगमंच पर आये। बड़े रँगीले और हास्यप्रधान रूप से उन्होंने दर्शक मण्डली पर अपना सम्मोहन अस्त्र फेंका।

बाद में मेरवानजी विक्टोरिया कम्पनी में आ गये और जीवनपर्यन्त हास्यप्रधान चरित्र का पार्ट करते रहे। सन् 1872 में उन्होंने अभिनेता का कार्य आरम्भ किया था। सन् 1884 में एलफ़िन्स्टन छोड़कर विक्टोरिया मण्डली में प्रवेश किया। सन् 1885 में मण्डली के साथ लन्दन की सैर की। अन्त में पक्षाघात की बीमारी से प्राण छोड़े।

मिस्तरी, धनजी शाह र.—सन् 1890 में विक्टोरिया नाटक मण्डली में सम्मिलित हुए। इनकी मुख्य भूमिका स्त्री-पात्र की थी। हाव-भाव पर दर्शक बड़े मुग्ध थे।

धनजी शाह ने देश-विदेश की अनेक यात्राएँ की थीं। अपनी कार्य-कुशलता के कारण एक 'बेनीफ़िट नाइट' के मिलने का सौभाग्य भी प्राप्त हुआ था। स्वभाव के सरल और मधुर कण्ठवाले व्यक्ति थे। प्रायः अधिकांश मनुष्य इन्हें 'धनजी' के नाम से पुकारा करते थे।

वमनजी कावराजी की 'गामडेनी गोरी' और 'मासीनो माको' नाटकों में अभिनय द्वारा बड़ी प्रसिद्धि प्राप्त की थी। अन्तिम दिनों में आँखों की बीमारी से लाचार थे।

मेहता, फ़रामजी कावसजी—फ़रामजी कावसजी मेहता ज़ोरास्ट्रियन क्लब के एक स्तम्भ थे। इन्होंने ही सर्वप्रथम 'क़ैसरे-हिन्द' समाचार-पत्र का प्रकाशन आरम्भ किया था। नशरवानजी आपख़्त्यार के ज़ोरास्ट्रियन क्लब में नाटक की समाप्ति पर फ़रामजी मेहता अँगरेज़ी डान्स किया करते थे। यह नृत्य अँगरेज़ी बैण्ड तथा सरोद की चाल पर होता था। पोशाक अँगरेज़ी रहती थी और कभी-कभी हाथ में 'टिम्बोलीन' लेकर उसे बजाते हुए नृत्य किया करते थे।

फ़रामजी मेहता को संगीत के साथ-साथ फ़ोटोग्राफ़ी का भी बड़ा शौक था। इस रुचि के कारण उनके मित्र उन्हें 'फलु फ़ोटोग्राफ़र' के नाम से पुकारा करते थे।

मेहता, मेहरवान पेस्तनजी (मेहल्लु महतो)—सन् 1875 में पहले पहल नाटक उत्तेजक मण्डली में सम्मिलित हुए और 'सुडी बच्चे सोपारी' नाटक में काम किया। उसके बाद ज़ोरास्ट्रियन क्लब में 'जालमजोर' नाटक में स्त्री की भूमिका अति प्रशंसनीय रूप से निभायी। तत्पश्चात् विक्टोरिया नाटक मण्डली में चले गये।

मेहरवानजी मेहता बालीवाला के बड़े स्वामिभक्त अभिनेताओं में से थे। स्त्री और पुरुष दोनों प्रकार के अभिनय में दक्ष था। जिन्होंने 'पाकज़ाद परीन', नाटक देखा था वे कभी भी सुरीले और मीठे कण्ठवाले 'मेहल्लु महेतो' को भूल नहीं सकते। आरम्भ में मेहरवानजी पेस्तनजी मेहता सर दीनशा पेरिट की एक कपड़ा बुनने की मिल में नौकर थे और अच्छा वेतन पाते थे। परन्तु नाटक का चस्का लगने से सब-कुछ छोड़कर नाटक के ही धन्धे में आ गये।

मेहता उन अभागे पुरुषों में से थे जिन्होंने काफ़ी ख्याति प्रात की और जो अपने साथियों में काफ़ी लोकप्रिय रहे परन्तु अन्त में किसी ने भी उनकी सहायता न की। अपनी पुत्री के घर इन्दौर में उनका शरीरान्त हुआ।

राणीना, नानाभाई रुस्तमजी—सन् 1881 की बात है। अल्फ्रेड कम्पनी ने 'आबे इबलीस' नाटक का अभिनय दिखाया। हीरजी खम्बाता का उसमें प्रमुख पार्ट था। हीरजी अपना पार्ट करने के बाद पृथक् हो गये और कम्पनी बन्द हो गयी। तब एक पारसी गृहस्थ, जो पत्रकारिता में भी दक्ष था और नाटक-लेखक भी था, इस बन्द कम्पनी को पुनर्जन्म देने के लिए आगे आया। यह व्यक्ति नानाभाई रुस्तमजी राणीना ही थे।

अल्फ्रेड को कुम्भकरणी निद्रा से जगाकर सचेत किया और पृथक्-पृथक् नाटक मण्डलियों में से अभिनेताओं को एकत्रित कर अल्फ्रेड को जीवन दान दिया।

(पाठक इस परिस्थिति पर पहुँचकर पुरानी अल्फ्रेड को भूल जावें। बन्द पड़ने पर वह एक तरह से समाप्त हो गयी।) इस समय कावसजी खटाऊ एवं जहाँगीर खम्बाता की मण्डली से पृथक् होकर मेरी फैण्टम के साथ बम्बई में रहते थे। उन्होंने प्रयत्न किया कि मेरी फैण्टम के साथ नाटक में सफलता मिले परन्तु निष्फल रहे। पहला कारण यह था कि मेरी फैण्टम की अभिनय शिक्षा इतनी पूरी नहीं थी जिससे दर्शक उसके अभिनय की ओर आकर्षित होते, दूसरा कारण यह था कि कावसजी खटाऊ एक Operatic Actor तो थे परन्तु सिखाने की कला उन्हें नहीं आती थी और तीसरा कारण धन का अभाव था जिससे आवश्यक सामग्री जुट नहीं पाती थी। इन्हीं परिस्थितियों में उनकी भेंट नानाभाई राणीना से हुई और दोनों ने अल्फ्रेड नाटक मण्डली की स्थापना की। इनके सौभाग्य से धन एकत्रित करनेवाली प्रसिद्ध और प्रभावशाली नाटक-उत्तेजक मण्डली समाप्त हो गयी और उसका सारा सामान नानाभाई राणीना ने ख़रीद लिया। अब कम्पनी के भागीदार तीन थे—माणिकजी जीवनजी मास्टर, कावसजी पालनजी खटाऊ और वोरा मोहम्मदअली। माणिकजी क्लब के 'मैनेजिंग प्रोप्राइटर' बने। नानाभाई ने रुपये-पैसे का सब काम माणिकजी मास्टर के भरोसे पर उन्हें सौंप दिया। कुछ दिनों बाद यह मण्डली बन्द हो गयी और नानाभाई राणीना का नाम केवल नाटक-लेखकों में रह गया।

लाली, पेसु उर्फ़ दारूडियो पेसी—पूरा नाम पेस्तनजी रुस्तमजी लाली था। अलबर्ट नाटक क्लब में सजाना लिखित 'आइज़ाबेला' में पार्ट करते थे। 'माकुजेरी' में भी अभिनय किया था। इण्डियन क्लब के अन्तर्गत होनेवाले 'नानासाहब' नाटक में भी लाली ने भाग लिया था। इण्डियन क्लब से निकलकर लाली विक्टोरिया क्लब में पहुँचे। वहाँ अनेकों farces में अभिनय किया। अभिनेताओं में इनके जोड़ीदार काऊ रोदाबे के साथ ही इनकी बनती थी। विक्टोरिया से काकाबाल के चले जाने पर तो मानो उनकी बपौती लाली को ही प्राप्त हो गयी थी।

दुःख की बात यह थी कि जैसे-जैसे विक्टोरिया मण्डली में अनुशासन की कमी होती गयी अभिनेताओं के चरित्र में भी उसका प्रभाव लक्षित होने लगा। चाहे जिस कारण से भी हो पेसु लाली को शराब की लत लग गयी और वह चौबीसों घण्टे उसमें तल्लीन रहने लगे।

पेसु लाली एक मज़बूत जवान था। लाठी चलाने का शौक़ था। एक बार 'गुलबा सनोवर' नाटक में शहज़ादी के बाग़ में चौकीदार की भूमिका कर रहे थे। बालीवाला स्वयं बहादुर नामक नौकर का पार्ट कर रहे थे। दोनों की परस्पर बाग़ में तकरार हो गयी। पेसु ने ऐसी लाठी चलायी की बालीवाला की खोपड़ी फूटते-फूटते बच गयी। बालीवाला उसे इस प्रकार लाठी चलाने को कई बार मना कर चुके थे।

पेसु की दारू पीने की आदत बढ़ती ही गयी। वह उसके पीछे दीवाने हो गये।

अभिनय से छुट्टी लेनी पड़ी। होश-हवास जाते रहे। अस्पताल में भरती होना पड़ा और उसी में उनकी मृत्यु हो गयी।

वाडिया, पेस्तनजी नशरवानजी—जब नाज़रजी ने गुजराती और उर्दू खेलों की शुरुआत कर दी तो पुरातन एलफ़िन्स्टन ड्रामेटिक क्लब समाप्त हो गया। तत्पश्चात् पेस्तनजी वाडिया ने भी अपना सम्बन्ध नाज़र से भंग कर लिया। परन्तु यह देखकर कि कहीं पारसी जवानों की नाटक विषयक रुचि मन्द न पड़ जाय, उन्होंने स्वयं अमेच्युर रूप से उस परम्परा को जारी रखा। शेक्सपियर के नाटक करवाने और स्वयं उसमें भाग लेने का उनका बड़ा शौक था। परन्तु जब स्थानीय अभिनय बन्द हो गया, तो बाहर से Gaeity Theatre में जो अँगरेज़ी नाटक मण्डलियाँ आतीं उनके खेल देखने वे अवश्य जाते।

इन्होंने 14 नवम्बर, 1868 को G. Theatre में एक अँगरेज़ी खेल किया। इसके साथ The Seven Clerks नामक एक प्रहसन भी खेला गया। इसकी प्रशंसा Times of India, Bombay Gazettee और Hindu Reformer में निकली थी। उसी से पता चलता है कि यह नाटक मण्डल पारसियों का था और उसका नाम 'पारसी एलफ़िन्स्टन ड्रामेटिक क्लब था। इसके बाद 24 मई, 1869 को महारानी विक्टोरिया के जन्म-दिन पर उसी नाटकशाला में एक तीन अंकी ट्रेजेडी इन जवानों ने अभिनीत की थी। तत्पश्चात् Taming of the Shrew का अभिनय किया गया। इन सब में पेस्तनजी वाडिया का प्रमुख भाग था। सन् 1889 के दिसम्बर में पेस्तनजी ने एक अँगरेज़ी कामेडी नावेल्टी थियेटर में अभिनीत की थी। उसमें गवर्नर की पत्नी श्रीमती रेनी भी आयी थीं। इसकी सारी आय Countess of Dufferin Fund में दे दी गयी थी। पेस्तनजी वाडिया के अतिरिक्त जिन अन्य अभिनेताओं ने इन नाटकों में भाग लिया था वे थे—जहाँगीर ई. दावर, वी. आर. वमनजी, डी. ई. पटेल, एस. पी. वाडिया आदि। स्त्री पार्ट करनेवालों में एन. एस. सुज, रुस्तम के. आर. कामा तथा जे. एम. खुरशेद थे।

पेस्तनजी वाडिया इस प्रकार सभी को प्रोत्साहित करते रहते थे। परिणामस्वरूप एक बार गेइटी थियेटर में Othello नाटक खेला गया। इसमें अरदेशर ऊनवाला (सोलीसिटर), अरदेशर जमशेदजी विलिमोरिया (ताता कम्पनी का भागीदार) डेस्डीमोना की भूमिका में तथा जहाँगीर नीमचवाला (सोलीसीटर) ने भाग लिया था। जहाँगीर नीमचवाला ने 'इयागो' का अभिनय किया।

उस समय एक Prologue बोलने का भी रिवाज़ था जो अँगरेज़ी थियेटर से लिया गया था। नवम्बर, 1868 के एक खेल के प्रोग्राम में छपा था—"An Original Prologue, Composed by Mr. C.S. Nazar" इसी प्रकार एक दूसरे कार्यक्रम में छपा था—"An Original Prologue by Mr. P. N. Wadia"

ऐसा स्पष्ट प्रतीत होता है कि वाडिया बन्धुओं और नाज़रजी में 1868-69 तक परस्पर बड़ा मेल रहा। सब मिलकर अभिनय करते और धन-सम्पत्ति पैदा करने का लक्ष्य न रखते थे। सब-कुछ प्रस्तुतीकरण नाट्य-कला के लिए और सुरुचिपूर्ण मनोरंजन के

लिए होता था। परन्तु धन्धाधारी मण्डली स्थापित करने पर नाज़रजी अपना सम्बन्ध छोड़ते गये। पेस्तनजी वाडिया का सम्बन्ध तो तभी छूटा जब वह ट्रस्ट्र के सेक्रेटरी हो गये।

सर्वेयर, मेहरजी एन.—यह जहाँगीर खम्बाता की टोली के अभिनेता थे। हास्यपूरक भूमिका में इनकी विशेष रुचि थी। नाटक के धन्धे में पड़ने से पहले बेकार थे। 'जुल्मे नारवाँ' में इन्होंने कामिक पार्ट किया था। बाद में खम्बाता का साथ छोड़ दिया और अपनी निजी नाटक मण्डली स्थापित कर ली जिसका नाम था The Parsi Ripon Theatrical Company। यह मण्डली देश के कम-से-कम 50-52 नगरों में अपने अभिनय दिखाती फिरी। विदेश में भी गयी—बर्मा और स्ट्रेट सेटिलमेण्ट में।

खम्बाता से मेहरजी सर्वेयर ने मेक-अप की कला सीखी थी।

ऐसा प्रतीत होता है कि धनजीभाई ने ग़लती से इन्हें Ripon Theatrical Company का स्थापित करनेवाला माना है। 'कोरदिल' नामक नाटक के गायनों की पुस्तक पर इन्हें Parsi Curzon नाटक मण्डली का मालिक और डाइरेक्टर बताया गया है।

सचीन, रुस्तम—बालीवाला विक्टोरिया मण्डली के एक शोभावान तथा माने हुए लोकप्रिय अभिनेता थे। 'हरिश्चन्द्र' नाटक में तारामती की भूमिका में विशेष रूप से लोक-प्रशंसा प्राप्त की थी। 'पाकज़ाद परीन' में परीन का अभिनय करते थे।

स्वामिभक्त इतने थे कि बालीवाला की मृत्यु के पश्चात् भी यथाशक्ति नाटक मण्डली चलाने का यत्न किया। स्वयं उसमें भागीदारी कर ली। परन्तु सफलता नहीं मिली। मण्डली के साथ रुस्तम सचीन ने अनेक यात्राएँ की थीं।

हृदय रोग की पीड़ा से शरीरान्त हुआ।

सचीनवाला दोराबजी—विक्टोरिया नाटक मण्डली के एक माने हुए स्त्री-अभिनेता थे। अपनी मण्डली के साथ इन्होंने लन्दन की भी यात्रा की थी। बालीवाला के मनपसन्द थे।

बाद में थियासोफ़ी का चस्का लग गया। नाटक मण्डली छोड़ दी और थियोसोफ़िस्ट बन गये।

सिपई, कुँवरजी—कावराजी लिखित 'भोजीजान' में धन नामक स्त्री-पात्र का अभिनय बड़ी कुशलता और सिद्धहस्तता से किया। सफलता की मात्रा यह थी कि दर्शक मण्डली यह न समझ पायी कि अभिनेता स्त्री है या पुरुष।

सीनोर, रतनशाह—सोहराब मोदी के कथनानुसार बहुत अच्छे अभिनेता थे। 'नूरेवतन' नामक नाटक में इन्होंने हवशी का प्रशंसाप्रद अभिनय किया। पारसी इम्पीरियल नाटक कम्पनी में काम करते थे। 'ख़ाकी पुतले' में भी काम किया था।

हाथीराम, खुरशेदजी वेहरामजी—मैट्रीक्यूलेशन पास करके चिकित्सा महाविद्यालय में प्रवेश लिया। बाघजी भाई के साथ मिलकर एक केमिस्ट की दूकान खोली, परन्तु सफलता तो नाटक के धन्धे में ही मिलनी थी।

इनकी सर्वाधिक प्रसिद्धि 'खुसरो-शीरीन' नाटक में हुई। यह नाटक ज़ोरास्ट्रियन मण्डली की ओर से शंकर शेठ की नाट्यशाला में खेला गया था। खुरशेदजी हाथीराम ने उसमें शीरीन का पार्ट किया था। शीरीन का पार्ट करते समय इनके हाव-भाव, सुरीली आवाज़ और शालीन चाल-ढाल देखनेवालों को मनोमुग्ध कर लेते थे।

स्वर इतना मधुर था कि सुनने के लिए दर्शक बार-बार नाटक देखने आते। यद्यपि ज़ोरास्ट्रियन मण्डली ने कई ईरानी नाटकों का अभिनय किया परन्तु 'खुसरो-शीरीन' की बात बिलकुल ही निराली थी। एक दृश्य में शीरीन जंगल में जाते समय एक चश्मे में अपने धूल-धूसरित बालों को धोने के लिए घुसती है। यह दृश्य लोगों को बड़ा ही प्रिय लगता था।

खुरशेदज़ी ने इन्दर-सभा में (एलफ़िन्स्टन नाटक मण्डली) राजा इन्दर का पार्ट किया था। इससे निष्कर्ष निकलता है कि स्त्री और पुरुष दोनों की भूमिकाओं में वह समान रूप से कुशल थे।

मिस्तरी, दादाभाई असफ़न्दियारजी—दादाभाई मिस्तरी का निजी धन्धा सुथार (खाती या बढ़ई) का था। परन्तु बढ़ते-बढ़ते नाटक के दृश्य आदि तैयार करने का काम हाथ में ले लिया। नाटक का कार्य सर्वप्रथम अल्फ्रेड नाटक मण्डली में आरम्भ किया। आरम्भ में 'जहाँबख़्श' नाटक में छोटा-सा पार्ट किया फिर बड़ा पार्ट करने लगे। जहाँबख़्श नाटक में एक दृश्य आता है जिसमें गुलरुख़सार को हवा में उड़ाये जाते दिखाया जाता है। उसे एक देव अपनी बग़ल में पकड़कर ले उड़ता है। इस यान्त्रिक दृश्य में कोई भी अभिनेता काम करने के लिए तत्पर नहीं होता था। जोखम का काम था। सभी को समझाया गया कि डर की कोई बात नहीं परन्तु कोई भी तैयार नहीं हुआ।

इस दृश्य की बनावट एवं व्यवस्था में दादी मिस्तरी, अभिनेता एवं मिस्तरी होने के नाते, तैयार हो गये। अपने साहस और विश्वास में दादी मिस्तरी को सफलता मिली और दर्शकवृन्द उन पर फ़िदा हो गये।

दादी मिस्तरी की जीवनयात्रा सीधी सड़क पर आरम्भ हो गयी। छोटे-मोटे क्लबों में उनकी माँग होने लगी। शरीर से स्वस्थ और सुर के मधुर होने के कारण सफलता ने उनका साथ दिया।

दादी मिस्तरी को गाने का बड़ा शौक़ था। अपने परिश्रम और अभिनय के कारण बढ़ते-बढ़ते दादी मिस्तरी फ़रामजी अपु की पारसी नाटक मण्डली के एक प्रमुख भागीदार तथा स्तम्भ बन गये थे।

हाथीराम, होरमसजी वेहरामजी—संसारी खेलों में स्त्री का पार्ट करते थे। अपने आकर्षक अंग-संचालन के कारण दर्शकों के प्रिय अभिनेता थे।

इन्होंने ज़ोरास्ट्रियन क्लब से अपना अभिनय-जीवन आरम्भ किया था। परन्तु बाद में किसी कारण रंगमंच से पृथक् हो गये और मिल उद्योग में लग गये। नाटक-संसार भी इन्हें भूल गया।

हीरामाणिक अरदेशर उर्फ़ अदो तारामती—आरम्भ में ईरानी नाटक मण्डली के अभिनेता थे। प्रायः रामीशगर की भूमिका में प्रकट हुआ करते थे। इनके गानों से दर्शकों को बड़ी प्रसन्नता होती थी। इनका गला इतना मधुर और सुरीला था कि ज़मशेदजी पटेल अपने बँगले पर बुलवाकर सकुटुम्ब इनका गाना सुना करते थे।

ईरानी मण्डली से निकलकर अरदेशर नाटक उत्तेजक मण्डली में आ गये। इस मण्डली में हरिश्चन्द्र नाटक में तारामती का पार्ट बड़ी कुशलता से किया। तत्पश्चात् अरदेशर विक्टोरिया नाटक मण्डली में सम्मिलित हुए।

धीरे-धीरे स्त्री भूमिका से पुरुष भूमिका में उतर आये और उसमें भी ख्याति प्राप्त की।

ये भी बालीवाला के मित्रों में से थे।

7

पारसी रंगमंच की कुछ आरम्भिक अभिनेत्रियाँ

आरम्भ में पारसी जनता रंगमंच पर स्त्रियों के अभिनय की घोर विरोधी थी। कैखुशरु कावराजी ने भी स्त्री-जाति की स्वतन्त्रता का स्वर ऊँचा करने पर भी, अभिनेत्रियों को रंगमंच पर लाने का विरोध किया था और इस सम्बन्ध में उन दिनों 'रास्त गोफ़्तार' आदि पत्रों में इस विषय पर पर्याप्त विवाद चला था। परन्तु समय की गति को कोई नहीं रोक सकता।

कहा जाता है कि दादाभाई पटेल ने सर्वप्रथम यह साहस किया था और वे दो मुसलमान महिलाओं को हैदराबाद से लाये थे, उनमें से लतीफ़ा बेगम नाच में बड़ी सिद्धहस्त थी। ग्राण्ट रोड की नाट्यशालाओं को उसने अपनी नृत्य-कला से गुँजा डाला था और दर्शक उसके नृत्य पर मन्त्र-मुग्ध होकर नाट्यशाला में नृत्य देखने आया करते थे। यह नृत्य इन्दर-सभा में हुआ करता था। प्रसिद्ध है कि नाचते-नाचते उसके पैर के मोज़े तक फट जाया करते थे। एक दिन ऐसी घटना घटी कि लतीफ़ा बेगम इन्दर सभा में नाचकर वापस आयी कि एक सज्जन चुपचाप रंगमंच की विंग से उसे अपने ओवरकोट में छिपाकर पिछले द्वार से एक फ़िटन में बैठाकर ले गये और उसे अपने घर में डाल लिया। कम्पनी मालिकों की हिम्मत न पड़ी कि इस घटना में विघ्न डालते।

अमीरजान और मोतीजान दो पंजाबी महिलाएँ थीं जो नाचने में इतनी कुशल नहीं थीं जितनी गाने में। अमीरजान विशेष रूप से सूफ़ी ग़ज़लों के गाने में बड़ी सिद्धहस्त थी। मुसलमान जनता उसके गाने पर फ़िदा हो जाती थी। अनेकों अमीर व्यापारी मुसलमान उससे भेंट करने को लालायित रहते थे। अमीरजान के रंगमंचीय कैरियर का भी वही अन्त हुआ जो लतीफ़ा बेग़म का हुआ था। किसी मुसलमान मालदार व्यापारी ने उसके साथ निकाह करके अपने घर में बिठा लिया। उसकी बहन मोतीजान भी नाटक मण्डली को छोड़ गयी। इस प्रकार बड़ी विवादास्पद अवस्था में पारसी नाटक मण्डली भंग हो गयी।

उपर्युक्त अभिनेत्रियों के अतिरिक्त जिन महिलाओं ने रंगमंच पर पदार्पण किया उनमें प्रसिद्धि प्राप्त करनेवाली थीं—

मिस गौहर—यह सर्वप्रथम बालीवाला की विक्टोरिया नाटक मण्डली में आयी थीं परन्तु बाद में कई मण्डलियों में इन्होंने काम किया।

मिस फातमा—यह भी बालीवाला की मण्डली में काम करती थीं। कहा जाता है कि एक दिन यह बालीवाला के कमरे में पहुँचीं। वह सो रहे थे। इनके कारण एकदम जागकर उठे और उसी समय उन्हें पक्षाघात हो गया जिससे बालीवाला फिर उठ न सके।

मिस मलका—यह पहले विक्टोरिया मण्डली में रहीं, पीछे अन्य मण्डलियों में चली गयीं।

मिस खातून—कहा जाता है कि यह मिस गौहर की बहन थीं। इनके विषय में प्रसिद्ध है कि इनके किसी प्रेमी ने इनकी नाक काट ली जिसके कारण इन्हें बहुत दिनों तक अस्पताल में रहना पड़ा।

मिस गुलनार—यह रंगून में पान की दूकान करती थीं। बाद में नाटक मण्डली में सम्मिलित हो गयीं।

मिस बिजली, मिस कमली, मिस गुलाब, मिस गंगा, मिस उमदाजान और मिस हीस आदि अन्य महिलाएँ भी अभिनेत्रियाँ बनीं परन्तु उनके विषय में कोई विवरण नहीं मिलता।

मिस जमीला—यह एक यहूदी लड़की थी।

परन्तु इन सब में सबसे अधिक नाम मिस मेरी फैण्टम का था। मेरी फैण्टम का पिता आयरलैण्ड का निवासी था, फ़ौज से कार्यरत होकर कुछ जादू के खेल दिखाकर देहली में अपनी आजीविका चलाता था। जिन दिनों जहाँगीर खम्बाता अपनी मण्डली में देहली में नाटक दिखा रहे थे उन्हीं दिनों एक दिन दोपहर के समय मेरी फैण्टम मण्डली मालिक के पास आयी और नाटक की छुट्टी के दिन उसके हाल में अपने पिता को जादू के खेल दिखाने की इजाज़त माँगी। इजाज़त मिल गयी। उसी समय कावसजी खटाऊ जो खम्बाता की मण्डली में अभिनेता थे, मेरी फैण्टम से मिले। दोनों का परिचय गाढ़ा होता गया। रोज़ रात को नाटक देखने का एक पास भी मेरी फैण्टम को मिल गया। मेरी फैण्टम और कावसजी खटाऊ के परस्पर रोमान्स का श्रीगणेश इसी प्रकार हुआ। बाद में मेरी फैण्टम कावसजी के साथ बम्बई गयी और उन्हीं के घर में रहने लगी। कावसजी ने बड़ी मेहनत से मेरी फैण्टम को अभिनय की शिक्षा दी। आरम्भ में मेरी फैण्टम को अधिक सफलता नहीं मिली। परन्तु बाद में तो गुजराती और उर्दू-हिन्दी पर उसका पूरा अधिकार हो गया। वह पारसी वेश में रहने लगी। नाम भी मेहरबाई रख दिया गया।

मेरी फैण्टम ने अनेकों नाटकों में काम किया। 'तालिब' के हरिश्चन्द्र में उसने जोगिन का पार्ट किया था। जिस प्रकार गुजराती में भोलीगुल की भूमिका में उसे सफलता प्राप्त हुई थी, उसी प्रकार जोगिन की भूमिका में भी वह खूब चमकी। कावसजी और मेरी फैण्टम का विवाह हो गया परन्तु अन्त में दोनों की निभी नहीं। मेरी फैण्टम ने अनेकों मण्डलियों में जाकर काम किया और अन्त में अस्पताल में उसकी मृत्यु हुई।

अपने समय की वह निस्सन्देह एक सफल, आकर्षक और लोकप्रिय अभिनेत्री थी।

अब मार्ग साफ़ हो गया था। प्रत्येक नाटक मण्डली अभिनेत्रियाँ रखती थीं। केवल न्यू अल्फ्रेड ही एकमात्र ऐसी मण्डली थी जिसमें महिलाओं का प्रवेश नहीं हुआ था और वह भी तब तक ही जब तक सोहराबजी ओगरा उसके निर्देशक थे।

बीसवीं शताब्दी के आरम्भ में अनेकों महिलाएँ रंगमंच पर काम करती थीं। मिस कज्जन, मिस गौहर, मुन्नीबाई आदि।

●

8

पारसी थियेटर के अन्य उपकरण

(1) **दर्शक मण्डली**—दर्शक मण्डली के अभाव में थियेटर की कल्पना एक निराधार वस्तु है। अतएव यह भी जान लेना अति आवश्यक है कि पारसी थियेटर ने किन लोगों को ध्यान में रखते हुए नाट्य-कला पर इतना परिश्रम किया।

पारसी नाटक मण्डलियों के आरम्भ में लगभग सन् 1870 तक थियेटर की दर्शक मण्डली विशेष रूप से पारसी और ईरानी थी। उन दिनों पारसी अधिकतर दो स्थानों में निवास करते थे—धोबी तालाब, कोर्ट क्षेत्र और बोरीबन्दर क्षेत्र, जो आजकल चर्चगेट के नाम से प्रसिद्ध है। इसी क्षेत्र में पारसियों का कोट-बाज़ार, पारसी बाज़ार और पारसी घर-गृहस्थी का बाहुल्य था। दूसरा क्षेत्र ग्राण्ट रोड के आस-पास वर्तमान चरनीक्रास रोड आदि का क्षेत्र था। यही कारण है कि आरम्भ की पारसी नाट्यशालाएँ इन्हीं दो स्थानों पर बनीं। पारसियों की देखा-देखी ईरानियों ने भी, जो अधिकतर सोडा, लेमनेड या आइसक्रीम आदि बेचा करते थे, अपनी नाट्य मण्डली बनायी और अपनी ईरानी भाषा में नाटक खेले परन्तु दर्शकों की अपर्याप्त संख्या एवं धनाभाव के कारण उन्हें अधिक सफलता न मिली।

सन् 1870 में जब दादी पटेल के मस्तिष्क में उर्दू नाटक खेलने का विचार उत्पन्न हुआ तब अवश्य गुजराती भाषा के नाटकों की अपेक्षा उन्होंने उर्दू नाटक लिखवाये और उनका अभिनय किया जिसके कारण हिन्दू-मुसलमान दर्शक भी नाट्यशाला में आने लगे। अँगरेज़ भी ग्राण्ट रोड थियेटर में 'हिन्दू ड्रामा' देखने आते थे परन्तु उनकी रुचि इतनी नहीं रह गयी थी जितनी अँगरेज़ी के नाटक देखने में थी।

अतएव यह मानना ही पड़ेगा कि पारसी नाटक मण्डलियों के अभिनय में आनेवालों में आरम्भ में पारसियों की बहुलता थी। फिर धीरे-धीरे ईरानी, मुसलमान और हिन्दू भी सम्मिलित होने लगे। कभी-कभी बड़े-बड़े अफ़सर और उनका परिवार भी नाट्यशाला में आ जाया करता था।

प्रारम्भ में पारसी स्त्रियों का नाट्यशाला में जाना बुरा समझा जाता था, परन्तु कैखुशरु कावरजी ने स्त्रियों की स्वतन्त्रता के लिए बड़ा आन्दोलन चलाया। अन्त में पारसी स्त्रियाँ अपने पति या भाई आदि सम्बन्धी के साथ खेल देखने जाने लगीं। कभी-कभी ये नाटक मण्डलियाँ केवल स्त्रियों के लिए ही खेल दिखाया करती थीं। उन खेलों में स्त्रियों का जाना बुरा नहीं समझा जाता था। धीरे-धीरे आज़ादी मिलती गयी और

स्त्री-पुरुष दोनों ही नाट्यशाला में जाकर अभिनय का आनन्द उठाने लगे। प्रसिद्ध है कि नाटक उत्तेजक मण्डली में 'हरिश्चन्द्र' नाटक देखने के लिए स्त्रियाँ इतनी संख्या में जाती थीं कि मण्डलीवालों ने उनके बच्चों के खेलने और सुलाने के लिए नाट्यशाला के बाहर ऐसा प्रबन्ध कर दिया था कि माँएँ निस्संकोच अपने शिशुओं को वहाँ छोड़ जातीं और निश्चिन्तता से नाटक देखतीं। यदि बीच में कोई बालक रोता तो प्रबन्धकर्त्ता तत्काल प्रेक्षण-स्थल (मण्डोवा) में जाकर उसकी माँ को सूचना देता और माँ थोड़ी-सी देर के लिए उठकर बाहर चली आती तथा अपने बालक को शान्त कर पुनः अभिनय देखने अन्दर चली जाती।

इन दर्शकों के कई वर्ग थे। अँगरेज़ी ड्रामों में प्रवेश फीस इस प्रकार थी—

स्टाल्स या बाक्स	6 रुपये
अपर बाक्स	4 रुपये
पिट	3 रुपये

परन्तु कभी-कभी इन दरों को घटकर क्रमशः 5, 3 और 2 रुपया कर दिया जाता था। सन् 1853 में जब विष्णुदास भावे ने अपने नाटक 'राजा गोपीचन्द और जलन्धर' का अभिनय ग्राण्ट रोड थियेटर में किया था तो उस समय प्रवेश फ़ीस इस प्रकार थी—

ड्रेस सर्किल	3 रुपये
स्टाल	2 रुपये
गैलेरी	1.50 रुपये
पिट	1 रुपये

परन्तु जब पारसी थियेट्रिकल कम्पनियों ने बम्बई और बम्बई से बाहर जाकर अपने नाटक खेलने आरम्भ किये तो उनके टिकटों की दरें इस प्रकार थीं—

1. दर्जा ख़ासुलख़ास	यह फ्री-पास और निमन्त्रण का दर्जा था जिसमें नगर के उच्च अधिकारी बुलाये जाते थे।
2. दर्जा ख़ास	5 रुपये
3. दर्जा अव्वल	3 रुपये
4. दर्जा दोयम	2 रुपये
5. दर्जा सोयम	1 रुपये

6. प्लेटफ़ार्म (सबसे पीछे उठा हुआ)—आठ आने

उपर्युक्त प्रवेश दरों से सुगमता से कल्पना की जाती है कि दर्शक मण्डली कैसी होती थी। पर्दानशीन स्त्रियों के लिए पृथक् एक ओर स्थान बनाया जाता था जिसकी प्रवेश फ़ीस निश्चित रूप से एक ही होती थी। नगर की वेश्याएँ भी उसी में बैठती थीं।

दर्शकों को आकर्षित करने का एक सुगम उपाय नगर में मुनादी करना था। ताँगों में बैठकर कुछ लोग नाटक के विज्ञापन बाँटा करते थे। इन विज्ञापनों में रात्रि-विशेष में अभिनीत होनेवाले नाटकों के विषय, चमत्कारी दृश्य, साज-सज्जा और अभिनेताओं के नाम हुआ करते थे। जब रंगमंच पर महिला अभिनेत्रियाँ भी आने लगीं तो उनके नाम और कभी-कभी फ़ोटो भी विज्ञापन में दिये जाते थे। रात्रि के समय नाटक-विशेष के समाप्त होने से पहले एक व्यक्ति ड्रापसीन से बाहर आकर अगले दिन होनेवाले नाटक की सूचना देता था। न्यू अल्फ्रेड मण्डली में वह कहा करता था—

''कम्पनी तहे-दिल से आपकी तशरीफ़ आवरी का शुक्रिया अदा करती है और उम्मीद करती है कि फिर तशरीफ़ लाकर कम्पनी को मशकूर व ममूनन कीजियेगा।''

दर्शकगण जहाँ अभिनेताओं के गानों पर 'वन्स मोर' करते वहाँ कभी-कभी ड्रापसीन पर भी 'वन्स मोर' कर दिया करते थे और गाने तथा दृश्य दिखाने का काम पुनः जारी हो जाता था। दो-दो तीन-तीन बार 'वन्स मोर' की आवाज़ पर मण्डली व्यवस्थापक अपने दर्शकों की इच्छा की पूर्ति करता था। कभी-कभी वह दृश्य बड़ा हास्यप्रद लगता था जिसमें संघर्ष करते-करते प्रायः सभी अभिनेता धराशायी हो जाते, पर्दा गिर जाता और 'वन्स मोर' की आवाज़ पर वे सभी मरे हुए फिर से उठकर लड़ने लगते।

चमत्कारी यान्त्रिक दृश्यों को दर्शक मण्डली विशेष रूप से पसन्द करती थी। आकाश से देवताओं का उतरना, पृथ्वी के फटने पर देवों और राक्षसों का प्रकट होना, देवों द्वारा किसी सोते हुए राजकुमार को हाथों पर उठाकर आकाश में उड़ाकर किसी परी के पास ले जाना, रेलगाड़ी का पुल टूट जाने पर नदी में गिरना आदि अनेक ऐसे यान्त्रिक दृश्य थे जो नाटक मण्डलियाँ रंगमंच पर दिखाती थीं और जिनके कारण उत्सुक जनता उमड़ पड़ती थी।

यद्यपि प्रत्येक नाटक मण्डली यह सूचना दे देती थी कि टिकट प्राप्त व्यक्ति को प्रवेश देने या न देने का अधिकार व्यवस्थापक को है, परन्तु कभी-कभी भंगेड़े और शराबी मण्डवे में आ ही जाते और शोर-शराबा करते। खेल रुक जाता और जब तक शान्ति न हो जाती भले आदमी परेशान ही रहते। ऐसी अवांछित घटनाएँ अँगरेज़ी नाटकों में भी हो जाया करती थीं जिनमें फ़ौज और नौ-सेना के जवान मनोरंजन के लिए खेल देखने जाते थे।

प्रत्येक नाटक में कम-से-कम एक और अधिक-से-अधिक दो विश्राम अवश्य हो जाते थे। इन विश्रामों के क्षणों में मूँगफली और चना जोर गरमवाले एक स्वर से फेरी लगाते और सोडा-लेमनेड बेचनेवाले दूसरी ओर से पुकारते। उस समय दर्शक विशेषकर गैलरी में बैठनेवाले जो विभिन्न स्वरों से अद्‌भुत आवाज़ें लगाते और कभी-कभी अश्लील बातें कहते, उस समय सम्भ्रान्त परिवार के लोग लज्जा से मुँह नीचा कर लेते। मारते का हाथ एक बार पकड़ा जा सकता था परन्तु कहते की जीभ कैसे बन्द की जाती?

यहाँ यह प्रश्न भी इस प्रसंग में पैदा होता है कि नाटककार और दर्शक मण्डली का परस्पर क्या सम्बन्ध है? हमें यह नहीं भूलना चाहिए कि प्रत्येक नाटक देखनेवाले दर्शक दूसरे नाटक देखनेवालों से भिन्न मस्तिष्क रखते हैं। उनकी मनोभावना प्रत्येक नाटक के साथ परिवर्तित होती है। इसका कारण नाटककार का कथ्य और अभिनेताओं की अभिनय-कला ही है। प्रत्येक कथ्य प्रत्येक दर्शक को स्पन्दित नहीं करता और न प्रत्येक अभिनेता प्रत्येक देखनेवाले को संवेदनशील बनाने में समर्थ होता है। इन प्रक्रियाओं का कारण व्यक्ति के अपने संस्कार होते हैं। जहाँगीर खम्बाता, दादाभाई पटेल, दादी क्राइस्ट, कावसजी पालनजी खटाऊ और सोहराबजी ओगरा अपने समय के प्रख्यात अभिनेता थे। परन्तु आनेवाले व्यक्तियों में से सभी ने उन्हें सभी दिन और समान रूप से पसन्द किया हो, ऐसी बात सम्भव नहीं है। मैंने अनेकों बार देखा है कि कुछ दर्शक ऐसे होते हैं जो परस्पर नाटक की आलोचना करते हैं अन्यथा थियेटर हाल से निकलते ही उन पर नाटक की जो प्रतिक्रिया होती है वह अधिक-से-अधिक यही होती है कि नाटक 'अच्छा' लगा या 'बुरा'। नाटक की सूक्ष्मता में वे नहीं जाते। और बहुत बड़ी संख्या तो ऐसी होती है मानों थोड़ी-सी देर के लिए निश्चय ही केवल मन-बहलाव के लिए आयी थी और नाटक की समाप्ति पर वापस घर जा रही है मानो कुछ हुआ ही नहीं। उनके लिए न नाटक के व्यक्तिगत मनोविज्ञान के प्रभाव का प्रश्न है और न सामूहिक मनोविज्ञान का। उनका नाट्यशास्त्र विषयक ज्ञान न तो प्रचुर ही होता है और न सुसंस्कृत ही। उनका सौन्दर्यबोध बड़ा छिछला और अस्थायी होता है। वे कठिनता से नाटक के तथ्यों और विचारों को समझ पाते हैं। अतएव नाटक को जनतन्त्रवादी कहना, मेरे विचार में, उचित नहीं है। इसे जनतन्त्रवादी कला माननेवालों का सबसे बड़ा तर्क यही है कि नाटक अधिक संख्या के मनोरंजन की सामग्री है, परन्तु यह तभी सिद्ध हो सकता है जब वह अधिक संख्या नाटक की परख करना जानती हो। आज भी जितने सांस्कृतिक कार्यक्रम होते हैं उनमें जानेवाले दर्शक कथाकली या भारतनाट्यम् की सूक्ष्मताओं से अधिकांश में अपरिचित होते हैं, संगीत का उन्हें लेशमात्र भी ज्ञान नहीं होता और रसास्वादन से तो जैसे उनका कोई सम्बन्ध ही नहीं। परन्तु फिर भी वे जाते हैं इसलिए कि ऐसे कार्यक्रमों में जाने से अपने समान वर्ग के मित्रों से जानकारी बढ़ती है, नया परिचय होता है और सभी की यह मिथ्या धारणा रहती है कि हम सभ्य हैं, समाज-प्रिय हैं, कलाप्रिय हैं तथा प्रदर्शित वस्तुओं में रुचि लेनेवाले सुसंस्कृत प्राणी हैं। परस्पर संवाद में यदि कहीं किसी मुद्दे के ऊपर शास्त्रीय चर्चा चलने लगे तो इधर-उधर की बात कहकर वहाँ से नौ-दो-ग्यारह हो जाते हैं। अपना खोखलापन कौन प्रदर्शित करना चाहता है?

पारसी थियेटर की दर्शक मण्डली सदैव मध्यम एवं निम्न परिश्रमी वर्ग की प्रतिनिधि थी। उनमें से अधिकांश ऐसे थे जिनके सामने कुछ भी नया और अद्भुत रख देने से वाह-वाह मिल सकती थी। यही कारण था कि पारसी नाटक मण्डलियों ने उन्हें

कभी गद्य-नाटक दिखाये, कभी गद्य-पद्यमय और कभी पद्यमय। इन नाटकों के संगीत शब्दों को देखिये, उनमें कोई कविता नहीं, हाँ वे स्वरबद्ध हैं, लय सम्पूर्ण हैं। फिर भी दर्शक उन्हें पसन्द करते थे। तालियाँ पीटते थे जब लाहौरी लड़का 'वासी' अपना पार्ट 'चन्द्रावली' नाटक में करता हुआ गाता—

''दो फूल जानी ले लो।''

तो दर्शक चिल्ला उठते 'वासी तू जिन्दावासी।'

(2) नाटककार और दर्शक

नाटक के अन्य तत्त्वों की तरह 'दर्शक मण्डली' भी उसका एक प्रमुख तत्त्व है। दर्शक के अभाव में नाटक की सृष्टि एक असम्भावित कल्पना है। नाटककार अपनी रचना में केवल अपने को ही अभिव्यक्त नहीं करता वरन् वह उस समाज की अभिरुचि को भी व्यंजित करता है। जिसका वह स्वयं वैसा ही भागीदार है जैसे उसके नाटक के दर्शक। अतएव यदि वह अपनी कृति की सफलता चाहता है तो सफल करनेवाले पाठकों और दर्शकों के मनोभावों का ध्यान उसे रखना ही पड़ेगा। यदि आदि-यूनानी नाटक आज के परिवेश में लिखे और खेले गये होते और उनका रूप आकार पुराना ही रहता तो वे कभी भी सफल नहीं हो सकते थे। अब भी कलात्मक प्रदर्शन के लिए यदि कोई नाटक टोली 'एडीपस' या 'एण्टीगोना' का अभिनय करती है तो उसका कथ्य दर्शकों को ग्राह्य नहीं होता। उसका मूल्य केवल अतीत की एक झाँकी मात्र रहता है। शेक्सपियर के नाटक अपने काल की समाज-व्यवस्था और रुचि के अनुकूल थे। स्वयं शेक्सपियर का विश्वास भूत-प्रेत, पिशाचिनियों एवं अतिमानवीय पात्रों में रहा हो या न रहा हो, परन्तु उनका समाज उनके चित्रण में आनन्द लेता था। इसी कारण शेक्सपियर के नाटक नागरिकों में अति आनन्दप्रद होते थे। **मोत्रियर** की सफलता का भी यही रहस्य था। उन दिनों पिता-पुत्र एक ही स्त्री के समान प्रेमी होने के कारण परस्पर वैमनस्य और कलह के भागी हो सकते थे। आज फ्रांस में यह चीज़ देखने को नहीं मिलेगी। कालिदास ने गान्धर्व विवाह की रक्षा के लिए जो कथावस्तु निर्मित की थी वह उनके आश्रम-युग के अनुकूल थी, आज के लिए उपयुक्त नहीं। आज का नवयुवक और नवयुवती, निस्संकोच, अपने प्रेम का ढिंढोरा पीटते चलते हैं।

इसी प्रकार पारसी थियेटर के उद्भव के समय पारसियों में अपने देश के इतिहास के प्रति एक मोह था और अपने धर्म के प्रति एक भावभरी श्रद्धा थी। कैखुशरू कावराजी ने इस भूख को पहचाना था और इसीलिए 'बेजन-मनीजेह', 'जमशेद' और 'फ़रेदून' नाटकों की रचना की थी। पारसी जनता ने इस साहस का स्वागत किया था। अपनी तात्कालिक समाज-व्यवस्था का व्यंग्य तो उन प्रहसनों में मिलता था जो नाटक समाप्त होने के पश्चात् उसी रंगमंच पर खेले जाते थे।

जातीय प्रेम की प्रतिष्ठा के साथ-साथ अँगरेज़ों का सम्पर्क और उनकी संस्कृति का प्रभाव भी सम्भ्रान्त परिवारों पर पड़ रहा था। पारसी बाहर से आकर भारत में बसे थे।

उन्हें भारतवासियों के रहन-सहन की अपेक्षा अँगरेज़ों का रहन-सहन अधिक उत्कृष्ट जँचता था अतएव वे यथासम्भव उनकी नकल करते थे। नाटकों में भी अधिकांश अँगरेज़ी नाटकों के रूपान्तर पारसी रंगमंच पर खेले गये। कुछ नाटकों की कथावस्तु अँगरेज़ी उपन्यासों से भी ली गयी। परिणामस्वरूप दर्शकों को सुखी करने के लिए हैमलेट के कई रूपान्तर अभिनीत हुए। अन्य नाटकों का अभिनय भी किया गया और जब उनमें अँगरेज़ी भूत-प्रेतों की अपेक्षा मुसलमानी प्रभाववाली परियों, शहज़ादों, देवों और जादूगरों की ओर आकर्षण हुआ तो पारसी रंगमंच वैसे ही नाटक लेकर अपने संरक्षकों के सामने उपस्थित हुआ। 'इन्दरसभा', 'खुरशेद सभा', 'फ़र्रूख़ सभा', 'हवाई मजलिस', 'बेनज़ीर-बदरेमुनीर' पारसी रंगमंच के बड़े सफल नाटकों में से थे।

जब पारसी मण्डलियों ने हिन्दू दर्शकों की रुचि की ओर ध्यान दिया तो 'हरिश्चन्द्र', 'गोपीचन्द', 'महाभारत', 'रामलीला', 'भक्त प्रह्लाद' आदि नाटक लिखवाये गये और अभिनीत किये गये। राष्ट्र-प्रेम और धर्म-प्रेमपरक कथ्यों पर भी अच्छे-अच्छे नाटक अभिनीत हुए। अलेक्जेण्ड्रा नाटक कम्पनी का नाटक 'वतन' इस धारा का बड़ा प्रभावशाली नाटक था। 'ज़ख्मे पंजाब' को तो सरकार ने कई बरस तक बन्द रखा। थियेटर का यह लोकतन्त्रात्मक रूप दर्शकों की विभिन्नता से ही प्रमाणित होता है। यदि नाटक केवल एक आभिजात्य वर्ग को आधार मानकर लिखा जाता है तो उसकी असफलता निश्चित ही है। नाटककार तो अपने क्षेत्र द्वारा सामान्य जन से साक्षात्कार करता है फिर वह अपने को एक ही वर्ग से कैसे सम्बद्ध कर सकता है।

पारसी दर्शक मण्डली में यदि अधिकांश पारसी थे तो थोड़े-से मुसलमान, मरहठे और हिन्दू भी थे। अतएव व्यवसाय की दृष्टि से भी उन्हें अपनी दर्शक मण्डली को प्रसन्न रखना था और कलात्मक दृष्टि को भी आँखों से ओझल नहीं करना था। वास्तव में यह ठीक कहा गया है कि—

"नाटक के नियमों की रचना करनेवाले उसके संरक्षक (दर्शक) ही होते हैं; और हमको जिन्हें जीवन मनोरंजन प्रस्तुत करने के लिए जीना है, जीवित रहने के लिए मनोरंजन प्रस्तुत करना ही होगा।"[1]

(3) रंगस्थली या रंगमंच

[पारसी नाट्यशालाओं की सूची तथा उनका उपलब्ध इतिहास दिया जा चुका है। यह दुःख की बात है कि इन नाट्यशालाओं के कोई चित्र अथवा रेखाचित्र अभी तक कहीं नहीं मिले। डॉ. नामी ने कुछ चित्रों का उल्लेख एक दिन निजी वार्त्तालाप में किया था परन्तु उससे अधिक उन्होंने भी नहीं बताया। यदि प्रामाणिक विवरण सहित वह उन्हें प्रकाशित कर देते तो इस पक्ष पर पर्याप्त प्रकाश पड़ जाता। परन्तु अभी तो केवल सन्तोष और अज्ञान का ही सहारा है। अस्तु।]

---

1. The drama's laws, the drama's patrons give. For we that live to please must please to live. —Samuel Johnson.

यह निर्विवाद है कि नाटक के लिए जितना महत्त्व पाठ्य पुस्तक का है उतना ही महत्त्व रंगमंच का है क्योंकि रंगमंच पर ही नाटक का प्रस्तुतीकरण होता है। आरम्भ में पारसी थियेटरों के रंगमंच के आकार का कोई विवरण उपलब्ध न होने से, उसका निर्णय करना असम्भव है। परन्तु धनजीभाई ने ग्राण्ट रोड थियेटर के सम्बन्ध में लिखा है कि ईरानी नाटक मण्डली के खेल 'रुस्तम अने बरजो' में दोनों पहलवान वास्तविक घोड़ों पर सवार होकर रंगमंच पर आये थे और एक ने दूसरे को द्वन्द्व में ललकारा था।[1] इससे यह निष्कर्ष निकलता है कि रंगमंच लम्बाई और चौड़ाई या गहराई में काफ़ी बड़ा होना चाहिए अन्यथा जीवित घोड़ों पर सवार होकर लड़ाई करना, चाहे वह गदा से हो या तलवार से, सुगम नहीं है।

पारसी कम्पनियाँ, जो बाहर आती-जाती थीं और जिनके रंगमंच अस्थायी रहते थे, उनमें से 'नयी अल्फ्रेड मण्डली' के रंगमंच को देखने का अवसर मुझे अपने बाल्यकाल में मिला था। बाद में पता चला कि उसकी चौड़ाई (विंग समेत) 70 फुट, लम्बाई (ड्रेस रूम को छोड़कर) 60 फुट थी। दर्शकों के बैठने के स्थान का क्षेत्रफल 115×60=6900 वर्ग फुट था। इस रंगमंच के तीन भाग होते थे। प्रथम भाग 'रंगमंच' ही कहलाता था। अँगरेज़ी शब्द (स्टेज) भी इसके लिए प्रचलित था। स्टेज पर ही सारे पर्दे विंग समेत लगाये जाते थे। दूसरा भाग 'गर्की' कहलाता था। यह स्टेज के बीच में लोहे के मज़बूत स्प्रिंगों पर काम करती थी। यह एक तरह का कुआँ-सा था स्टेज के नीचे खोखली ज़मीन में लगी रहती थी। तीसरे हिस्से को 'बाक्स सीन' कहते थे। यह घूमता स्टेज था जो फिराने से इधर-उधर के दृश्य सामने आ जाते थे।

(4) रंगमंच की साज-सज्जा

रंगमंच पर प्रत्येक नाटक के कार्य-व्यापार के अनुसार चित्रित पर्दे लगे रहते थे जो गड़ारियों पर गिरते पड़ते थे। इनमें सबसे आगे 'ड्रापसीन' का पर्दा रहता था और उसके पीछे पर्दों का क्रम नाटक के अनुकूल परिवर्तित होता रहता था। परन्तु ड्रापसीन के पश्चात् 'स्ट्रीट सीन' प्रायः सभी नाटकों में रहता था क्योंकि इस पर्दे पर ही प्रार्थना करने के लिए अभिनेता खड़े रहते थे और ड्रापसीन के उठते ही बाजे के साथ स्तुति आरम्भ कर देते थे। यह पर्दा प्रहसन के काम में भी बहुत आता था। प्रायः संवादपरक प्रहसन के दृश्य, जब तक किसी स्थान विशेष का दिखाना अनिवार्य न हो, इसी पर्दे पर होते थे। अन्य पर्दों में जंगल-दृश्य', 'कट पर्दा', 'महल', 'उद्यान' और 'कैम्प' के दृश्य प्रायः समान रूप से पाये जाते थे।

इन पर्दों को चित्रित करनेवाले आरम्भ में विलायती चित्रकार थे जिनमें जर्मन चित्रकार 'क्राउस' (Kraus), इतालबी चित्रकार 'सीरोनी' (Sironi) और रुआ (Rua) प्रसिद्ध थे। बाद में पारसी चित्रकार पेस्तनजी मादन ने भी अच्छी ख्याति प्राप्त की थी। आनन्दराव नामक मराठी चित्रकार तो अपने चित्रपटों के कारण ज़ोरास्ट्रियन नाटक

1. पा. त. त., पृ. 117-119

मण्डली का भागीदार तक बन गया था। दूसरे मराठी चित्रकार दिवेकर ने इस दिशा में बड़ी ख्याति प्राप्त की थी। अल्फ्रेड के चित्रकार हुसैन ख़ाँ का बड़ा नाम था। पढ़ने-लिखने के नाम पर तो वह अँगूठा-छाप थे परन्तु उन दिनों उनका मासिक वेतन, मानकशाह वलसेरा के कथनानुसार, 1500 रुपये था। उसी का साथी दीनशा ईरानी था, परन्तु दीनशा इतना कुशल नहीं माना जाता था।

किसी-किसी नाटककार ने अपने नाटक में दृश्य के साथ पर्दे के क्रम की संख्या भी दे दी है जैसे हाजी अब्दुल्ला का नाटक 'सख़ावत खुदादोस्त बादशाह'। हाजी साहब इण्डियन इम्पीरियल थियेट्रिकल कम्पनी के मालिक थे और उनका उक्त नाटक अप्रैल, 1890 में लिखा और खेला गया था। नाटक का पहला दृश्य 'दरबार शाह यमन' का है और पर्दा नम्बर 13 पर उसे खेलने का संकेत नाटक में है। कुल मिलाकर इसमें 14 पर्दे हैं। पन्द्रहवाँ ड्रापसीन था। उनके शिष्य नज़ीर बेग ने भी यही पद्धति स्वीकार की है। उनके प्रसिद्ध नाटक 'सत हरिश्चन्दर' में पहला दृश्य 'नदी किनारा' है जो पर्दा संख्या 9 पर दिखाया गया है। कुल मिलाकर इसमें भी 14 पर्दे हैं। यह सन् 1888 ई. की रचना है।

दृश्यपटों के सम्बन्ध में एक जानकारी और उपलब्ध होती है और वह यह है कि प्रसिद्ध पारसी नाटक मण्डलियों ने अपने-अपने ड्रापसीन अपनी रुचि के अनुसार बनवा रखे थे।

ज़ोरास्ट्रियन नाटक मण्डली का ड्रापसीन धार्मिक आधार पर बना था। उसमें बादशाह गुस्तास्प का दरबार दिखाया गया है। दरबार में ईश्वर-दूत जरथुस्त्र अपने हाथ में आग का गोला लिये खड़े हैं। उनके पड़ोस में हकीम जामास्प, शहज़ादा असपन्दियार, पीशोतेन तथा पहलवान ज़रीर वगैरह अदब के साथ खड़े हुए हैं।

विक्टोरिया नाटक मण्डली के ड्रापसीन में सोहराबजी शापुरजी बंगाली के निर्देशन से जमशेद बादशाह का तख़्त चित्रित किया गया था। जब कैखुशरु कावराजी का नाटक 'जमशेद' अभिनीत हुआ तो इस ड्रापसीन की ओर विशेष ध्यान पारसी लोगों का आकर्षित हुआ।

एलफ़िन्स्टन नाटक मण्डली के ड्रापसीन में पेरिस नगर की प्रदर्शनी का चित्र अंकित था। यह नाटक मण्डली प्रायः अँगरेज़ी नाटक ही खेला करती थी। अतएव यह विचार बुरा नहीं था।

ओरिजिनल विक्टोरिया मण्डली के मालिक दादी पटेल थे। कुँवरजी नाज़र से, जो एक समय विक्टोरिया मण्डली में दादी पटेल के साथ भागीदार थे, दादी पटेल की नहीं बनी और दोनों पृथक् हो गये। इस पर दादी पटेल ने अपनी मण्डली के लिए जो ड्रापसीन बनवाया उसमें दिखाया पर्दे पर एक शक्तिशाली नाग चित्रित किया गया है। यह नाग और कोई नहीं 'कुँवरजी नाज़र' है। और एक ख़ूबसूरत शहज़ादा (दादी पटेल स्वयं) ऊपर छज्जे पर बैठा हुआ उस फुफकारते नाग को देख रहा है। नाग शहज़ादा को काटना चाहता है पर वह सुरक्षित है और उसका कुछ बिगाड़ नहीं सक रहा है।

बारोनेट नाटक मण्डली के ड्रापसीन के एक अंश पर सर जे.जे. हास्पिटल का चित्र अंकित था और उस पर सर जमशेदजी जीजीभाई का चित्र चित्रित किया गया था। हास्पिटल उनकी दानवीरता एवं समाजसेवा का प्रतीक था। प्रत्येक रात्रि को नाटक आरम्भ करने से पहले मण्डली मालिक नशरवानजी फ़ाखरु जीजीभाई की प्रशंसा में एक गज़ल उस ड्रापसीन के आगे आकर गाया करते थे।

दादी ठूँठी ने जो हिन्दी नाटक मण्डली स्थापित की थी उसके ड्रापसीन में उन्होंने हिन्दू महिला को मन्दिर में पूजा करते जाते हुए चित्रित कराया था। एक चित्र जो कुछ इसी विवरण के अनुकूल था मैंने 'दिवाकर' चित्रकार द्वारा चित्रित शाहजहाँ नाटक मण्डली के मालिक श्री माणिकलाल के पास देखा था। पता नहीं, क्या यही चित्र हिन्दी नाटक मण्डली का ड्रापसीन था?

(5) प्रकाश व्यवस्था

नाटक की प्रेषणीयता पर प्रकाश व्यवस्था का भी बड़ा प्रभाव पड़ता है। आरम्भिक काल में प्रकाश करने के लिए बिजली नहीं थी। आरम्भ में मोमबत्तियों से या कपास भरे दीयों में तेल डालकर अथवा मशालें जलाकर प्रकाश का काम लिया जाता था। उन दिनों तल-बत्तियाँ (Foot-lights) नहीं होती थीं। धीरे-धीरे घासलेट की लालटेनें काम में आने लगीं। गैस (कारबाइड) का सर्वप्रथम प्रयोग कुँवरजी नाज़र ने अपनी 'इन्दर-सभा' के अभिनय में किया था जबकि विभिन्न काँचों द्वारा उन्होंने राजा इन्दर की सभा को उसी रंग में परिवर्तित कर दिया था जिस रंग की वेश-भूषा पहनकर परियाँ दरबार में प्रवेश करती थीं। बाद में बिजली के आविष्कार ने प्रकाश की व्यवस्था में चार चाँद लगा दिये। दृश्यों की मनोहरता में वृद्धि हो गयी और अनेक कल्पनातीत दृश्य रंगमंच पर दिखाये जाने लगे।

प्रकाश सम्बन्धी निर्देशन की एक विचित्र घटना का सम्बन्ध एक पारसी नाटक मण्डली से प्रसिद्ध है। नशरवानजी आपख़्यार अपने 'रुस्तम-सोहराब' में रुस्तम का पार्ट करते थे। द्वन्द्व में सोहराब की मृत्यु पर दुःख प्रकट करते हुए वह गाते हैं—

संदेसो तेहमीनाने, जई कोई कहेजोरे।
बाप ने हाथे बेटो मुवो छे, खून थयो अंजाण...

इस गाने को गाते-गाते आपख़्यार यह भूल गये कि वह रुस्तम हैं और यह समझकर कि स्टेज-मैनेजर हैं नारायण (रोशनी का मैनेजर) से कहने लगे—"नारायण, लाइट धीमी कर—लाइट-लाइट" और नारायण ने लाइट धीमी कर दी। लाइट धीमी होने पर आपख़्यार ने आगे की पंक्तियाँ गानी शुरू कीं। उन दिनों लाइट गैस-लाइट हो गयी थी।

पात्रों के विशिष्ट प्रवेश और प्रस्थान के लिए भी प्रकाश को बुझाने और जलाने का प्रयोग किया जाता था। आकाश में उतरना और पृथ्वी में धँसना क्षण भर के लिए प्रकाश बन्द करने पर ही पूर्ण होता था। कभी-कभी किसी दरबार में सामने खड़े खम्भों के पीछे

खड़ी होनेवाली नर्तकियों को एकदम दिखाने के लिए क्षण भर प्रकाश मन्द रहता, खम्भा टूटता और नर्तकियाँ प्रकट हो जातीं। परन्तु ये सब प्रयोग इतनी शीघ्रता से एक साथ होते कि दर्शकों को आश्चर्य के अतिरिक्त और कुछ भी दिखायी नहीं देता था। उन दिनों 'मैजिक लैण्टर्न' तो नहीं थी पर अन्य रूप से प्रकाश प्रेक्षण द्वारा किसी स्थान-विशेष अथवा पात्र-विशेष की भाव-मुद्रा को प्रकट किया जाता था।

जैसे-जैसे युग बीतता गया नयी-नयी वस्तुओं का प्रयोग होता गया। सूर्योदय दिखाने के लिए सर्वप्रथम 'मैग्नेशियम' का प्रयोग दादी पटेल के निर्देशन में एक ईरानी नाटक के अभिनय के समय किया गया था। अतएव प्रकाश आदि की व्यवस्था का ध्यान पारसी नाटक मण्डलियों में पूरा-पूरा रखा जाता था। इनसे प्रभावित होनेवाली अ-पारसी नाटक मण्डलियों ने इनसे इस विषय में बहुत-कुछ सीखा था।

(6) वेश-भूषा

ऐतिहासिक नाटक खेलते समय तो मण्डलियाँ वेश-भूषा का ध्यान रखती थीं, परन्तु सामान्यतया पोशाकें चमक-दमक और चटकीली हुआ करती थीं। बादशाहों और रानियों के ताज खूब चमकते हुए काँच के टुकड़े लगाकर बनाये जाते थे। महिलाओं के पहनने के सभी आभूषण झुट्टे होते थे परन्तु होते थे भिन्न-भिन्न प्रकार के। उनके गले में पहनने के हार, हाथों में बाँधने के आभूषण, पाँवों में पहनने के ज़ेवर सभी कृत्रिम वस्तुओं के बने होते थे। नर्तकियों की वेश-भूषा में इस बात का ध्यान अवश्य रखा जाता कि एक दृश्य के नृत्य में वे जो पोशाक पहनकर रंगमंच पर आवें, यथासम्भव वही पोशाक अन्य दृश्य के नृत्य में नहीं होनी चाहिए। इसका परिणाम यह होता कि कभी वे अँगरेज़ी फ्राक पहनकर निकलतीं तो कभी पंजाबी सलवार-कुर्ता तो कभी साड़ी-पोलका (ब्लाउज़)। परन्तु सब-कुछ होता था तड़क-भड़कवाला चमाचम। हिन्दू पात्रों की वेश-भूषा में धोती और खड़ाऊँ का भी प्रयोग होता था। ऋषि प्रायः श्वेत दाढ़ी और जटा लगाते। भृत्यगण चमकन पहनते और मुसलमान पात्रों के अधिकांश की दाढ़ी अवश्य होती। दाढ़ी का रूप और आकार एवं रंग पात्र की अवस्था एवं भूमिका के अनुकूल रहता। प्रायः तीन रंग काम में आते थे—सफ़ेद, काला और भूरा या मेंहदीवाला रंग।

चेहरे-मोहरे के लिए आजकल के 'मेक्सफ़ेक्टर' का सामान उन दिनों नहीं मिलता था। प्रायः पारसी गोरे रंग के होते ही थे परन्तु फिर भी यदि उन्हें सफ़ेद करने की आवश्यकता होती तो हलका 'जिंक-आक्साइड' (Zinc oxide) काम में लिया जाता था। गालों पर सुर्ख़ी लाने के लिए हलका सिन्दूर काम में आता और आँखों को बड़ा करने के लिए काजल का प्रयोग किया जाता था। प्रायः अभिनेता अपना-अपना शृंगार स्वयं करते थे फिर भी देखभाल करनेवाला एक कलाकार अवश्य रहता था। हीरजी खम्बाता 'मेक-अप' की कला में विशेष दक्ष थे। उनके भानजे जहाँगीर खम्बाता ने भी यह शिक्षा उनसे ली थी।

बालों की विग्ज़ (Wigs) बनी हुई आती थी। स्त्रियों के लिए, गंजों के लिए, बूढ़ों के लिए और जवानों के लहरदार घुँघराले बाल सब बने हुए मिलते थे। आरम्भ में ये

बाल सन या बारीक जूट से बनाये जाते थे परन्तु बाद में धीरे-धीरे इनके सौन्दर्य में भी बड़ा अन्तर आ गया। आज तो जैसे चाहिए वैसे बालों की विग मोल ली जा सकती है। फ़ैशनपरस्त लड़कियाँ तरह-तरह की विग्ज़ रखती हैं और समाज में विभिन्न पार्टियों में विभिन्न प्रकार के बाल बनाकर तथा लगाकर आती हैं। परियों के जामे कलाबत्तू से कढ़ी हुई मखमल के बने होते और उनके डैने (पर) गोटे और कलाबत्तू के जर्क़-बर्क़ काम से बनाये जाते थे।

सामाजिक नाटकों में वेश-भूषा पर कोई विशेष ध्यान नहीं दिया जाता था। गलमुच्छें रखने का उन दिनों बड़ा रिवाज़ था। पात्रों का मेक-अप भी प्रायः वैसा ही होता था।

देवों का रंग काला, उनके मुँह काले और सिर पर उगे हुए दो सींग दिखाये जाते थे। बीसवीं शताब्दी में आकर जब परियों और शहज़ादों के कथानक नाटक के विषय नहीं रहे और पारसी मण्डलियाँ भारत से बाहर जाकर लौटीं तो इन बातों पर बड़ा प्रभाव पड़ा। जहाँगीर खम्बाता तो विशेष रूप से इंग्लैण्ड इसीलिए गये कि अभिनय-कला सीख कर आयें। सन् 1885 में बालीवाला भी अपनी विक्टोरिया मण्डली को लेकर औपनिवेशिक प्रदर्शनी में इंग्लैण्ड गये परन्तु वहाँ से लौटने पर कुछ विशेष पल्ले नहीं पड़ा। जो चल रहा था उसी में थोड़ी उन्नति अवश्य हुई।

(7) अभिनय

नाटक का प्राण अभिनय है। परिस्थिति के अनुकूल अनुकृति अथवा भावानुकूल अनुकृति ही अभिनय की सफलता का मूल मन्त्र है। पारसी अभिनेताओं विशेषकर चोटी के अभिनेताओं ने इस बात पर बड़ा ध्यान दिया था। उनके स्वर के उतार-चढ़ाव, उनके प्रवेश-प्रस्थान, रंगमंच पर उनकी चाल-ढाल आदि सभी चीज़ों पर निर्देशक की विशेष दृष्टि रहती थी। निश्चय ही भाव-भंगिमा के कुशल अभिनेता अधिक ने थे परन्तु ट्रेजेडी में कावसजी पालनजी खटाऊ और कामेडी में सोहराबजी ओगरा अद्वितीय थे। बालीवाला, जहाँगीर खम्बाता, दादी ठूँण्ठी, दादी पटेल, पेस्तनजी मादन, डॉ. धनजी पारख, कैखुशरु कावरा आदि सर्वकलासम्पन्न अभिनेता थे। महिला पात्र के अभिनय में डॉ. धनजी पारख, हाथीराम पेसु आवान आदि अपना उदाहरण नहीं रखते थे और तो और तीन फुट ऊँचे जयसु काँदेवाला ने तहमीना की भूमिका में बड़ी कला-कुशलता का परिचय दिया था।

प्रसिद्ध है कि दादी पटेल ने एक मूर्च्छित व्यक्ति की भूमिका में अपने शारीरिक अवयवों का दिग्दर्शन दर्शकों को कराकर यह बताया था कि किस अवस्था में कौन-सा अवयव कैसा फड़कता है और फिर कैसे अपनी मूल अवस्था में आ जाता है। यह प्रदर्शन वही कर सकते हैं जिन्हें भरतनाट्यम की तरह अपने प्रत्येक अंग पर पूरा नियन्त्रण हो। परन्तु यह निश्चय है कि चाहे दादी ठूँठी हों, चाहे दादी पटेल, चाहे बालीवाला हों, चाहे सोहराबजी ओगरा और चाहे होरमसजी तांतरा हो, चाहे जहाँगीर खम्बाता, प्रत्येक की इच्छा अभिनय को उच्चतम कला की ओर ले जाना था।

जब अच्छे निर्देशकों का ह्रास हो गया और दर्शकों के स्तर में भी अन्तर आ गया तो स्वाभाविक था कि अभिनय कला ह्रास की ओर अग्रसर हो और होते-होते वह समाप्त ही हो गयी। अपने अन्तिम दिनों में भी जिस किसी ने सोहराबजी ओगरा, धनजी मास्टर, केशवलाल, भोगीलाल, नसीर और मोडक आदि का अभिनय देखा था, वे कह सकते हैं कि उन दिनों अभिनय-कला केवल खेमटेवालों की तरह मटकन नहीं था। उसमें और भी पोषक तत्त्व थे। मिस गौहर, मिस कज्जन, मुन्नीबाई आदि अभिनेत्रियाँ तो अपनी-अपनी कला में दक्ष थीं हीं परन्तु नरबदाशंकर, भोगीलाल, अम्बालाल आदि पुरुष भी महिला भूमिका में किसी से कम नहीं उतरते थे।

भारतेन्दु ने शकुन्तला नाटक का अभिनय देखकर उसकी निन्दा की थी। परन्तु उनकी आलोचना शकुन्तला उपाख्यान को जिस साँचे में ढालकर भारतीय संस्कृति की अवहेलना हो रही थी, उस दृष्टि से थी। वह यह सहन नहीं कर सके कि दुष्यन्त जैसा नायक छिछली शब्दावली में दर्शकों के सामने नृत्य करे। यह चरित्र-चित्रण का दोष था अभिनय-कला का नहीं। इस प्रकार के चरित्र-चित्रण की भूलें अनेक पारसी नाटकों में, विशेषकर जो हिन्दुओं के देवी-देवताओं और महान् पुरुषों के कथ्य को लेकर लिखे गये, मिलेंगी और वे भी हिन्दू लेखकों की रचनाओं में परन्तु इस दोष के कारण अभिनयकुशलता पर आक्षेप नहीं किया जा सकता।

(8) संगीत

पारसी नाटकों का संगीत थोड़ी-सी ग़ज़लों को छोड़कर शेष शास्त्रीय संगीत ही था—ठुमरी, दादरा, झिंझोटी, कालिंगड़ा आदि। कहीं-कहीं उनमें अँगरेज़ी का प्रभाव भी दिखायी देता है। केवल कमी इस बात की है कि गानों के शब्दों में कोई भावमयी कविता नहीं। वे भर्ती के शब्द मात्र लगते हैं जो अनुप्रास की दृष्टि से उपयुक्त हैं परन्तु हृदय पर प्रभाव डालनेवाले नहीं हैं। यही कारण है कि पारसी संगीत दर्शकों को स्पन्दित नहीं करता था, वह क्षणिक विश्राम के निमित्त एक परिवर्तन मात्र था।

आरम्भ के दिनों में पारसी नाटकों में संगीत रहता ही नहीं था। वे केवल गद्य में लिखे जाते थे। दादी पटेल के मस्तिष्क में सर्वप्रथम 'बेनज़ीर-बदरेमुनीर' ओपेरा की बात आयी और फिर तो ओपेरा की धूम मच गयी। बरसाती मेंढक की तरह जहाँ देखो ओपेरा। गाने का व्यसन इतना बढ़ा कि सुख के अवसर पर गाना, मृत्यु के समय गाना, युद्ध के समय गाना और बातें करते-करते गाना। इन गानों से नाटक की कथावस्तु के विकास में अथवा पात्रों के चरित्र-चित्रण में कोई सहायता नहीं मिलती। बस गाना होना चाहिए और गाना रख दिया गया। परिणाम यह हुआ कि गानेवालों की माँग बढ़ गयी और उनका व्यावसायिक मूल्य भी बढ़ गया। नशरवानजी आपख़्त्यार, अल्लादिया मेहरवान, मास्टर झण्डे ख़ाँ और मास्टर लाल अपने युग के प्रसिद्ध संगीतज्ञ थे।

कम-से-कम गानों के शब्दों से कविता की बड़ी छीछालेदर हुई।

●

9

इन्दर-सभा : उसका प्रभाव

मूल इन्दर-सभा के लेखक सैय्यद आग़ाहसन थे जिनका उपनाम 'अमानत' था। यह रचना 'अमानत की इन्दर-सभा' के नाम से ही प्रसिद्ध है। अमानत के पुत्र सैय्यद हसन 'लताफ़त' के कथनानुसार, 'मित्रों ने फ़रमाइश की कि क़िस्सा राजा इन्दर इस तरह नज़्म कीजिये (कविता में लिखिये) कि जिसमें ग़ज़लें और मसनवी (एक प्रकार का प्रबन्ध काव्य) और नस्र (गद्य) और ठुमरी और होलियाँ और बसन्त और सावन और दादरे और छन्द हों ताकि इस ज़बान में भी तबीयत की जूदत (दानशीलता) और ज़हन (मस्तिष्क) की रसाई (पहुँच) देखें। बे-सबब (कारण से) इसरार (ज़िद) हर दोस्त व यार चार ना चार...यह क़िस्सा तसनीफ़ (रचना) किया और 'इन्दर-सभा' इसका नाम रखा।''[1] इस कथन से यह स्पष्ट है कि इन्दर-सभा का कोई सम्बन्ध वाजिद अली शाह से नहीं था, यद्यपि सामान्य धारणा यही है कि इन्दर-सभा की रचना वाजिद अली शाह के कहने से हुई थी और वह स्वयं इन्दर का पार्ट किया करते थे।

स्वयं अमानत ने कहा है—''वज़ा के ख़याल से कहीं आता था न जाता था। ज़बान की वाबस्तगी (बन्धन) से घर में बैठे-बैठे जी घबराता था। एक रोज़ का ज़िक्र है कि हाजी मिरज़ा आबिद अली 'यगान-ए-अज़ली', 'रफ़ीके-शफ़ीक', 'मूनिसो ग़मगुसार', 'क़दीमी जाँ निसार' शागिर्द अव्वल, मौज़ुँ तबीयत, तख़ल्लुस 'इबादत', आशिक कलाम-ए-अमानत, उन्होंने अज़ राह मोहब्बत कहा कि बेकार बैठ-बैठे घबराना अबस है। ऐसा कोई जलसा रहास के तौर पर तबअज़ाद नज़्म किया जाना चाहिए कि दो-चार घड़ी दिल लगी कि सूरत होवे ख़ल्क में शोहरत होवे। आख़िर-ल अमर माफ़िक़ उनकी फ़रमाइश के बन्दा उसके कहने पर आमादा हुआ।''[2]

इससे स्पष्ट है कि इन्दर-सभा की रचना 'रहस' के तौर पर की गयी। अब प्रश्न यह है कि 'रहस' का अर्थ क्या है? 'रहस' शब्द उर्दू में हिन्दी के 'रास' का रूपान्तर है और अर्थ 'हल्क़े का नाचना' (गोल मण्डल में नृत्य करना) है। बाद में 'रहस' उस 'नाटक' को कहने लगे जिसमें कन्हैया और गोपियों के प्रेम की कहानी कही जाती थी। जब रासधारी मण्डलियाँ—रास खेलनेवाली व्यवसायी मण्डलियाँ—अन्य नाटक भी खेलने लगीं तो 'रहस' शब्द का प्रयोग उन नाटकों के लिए भी होने लगा। इन नाटकों का कथ्य धार्मिक हुआ करता था। डॉ. रिज़वी का कहना है कि जब 'वाज़िद अली शाह' ने राधा-कन्हैया का रहस तैयार करने के बाद दूसरे क़िस्सों के खेल तैयार किये और

1. लखनऊ का अबामी स्टेज : लेखक सैय्यद मसूद हसन रिज़वी, पृ. 44
2. वही, पृ. 44।

वह सब भी 'रहस' कहलाये तो लफ़्ज़ (शब्द) रहस के मफ़हूम (माने) में बहुत वसअत (विशालता) आ गयी। अब हर खेल ख़्वाह उसका मौजूअ (कथ्य) कुछ भी हो 'रहस' कहा जाने लगा। उसी बिना पर इन्दर-सभा भी इब्तदा में (आदि में) रहस ही समझी गयी। इन्दर-सभा की तीसरी तरतीब (संस्करण) में सरे-वर्क (प्रथम पृष्ठ) पर यह अलफ़ाज़ (शब्द) लिख गये—"जलसा रहस परीलका मारूफ़बे (नामधारी) इन्दर-सभा।" और मतबा अलताफ़ी (छापाख़ाना अलताफ़ी) कानपुर (सन् 1276 हिजरी) के छपे हुए नुस्ख़े (प्रति) के सरे-वर्क पर ये अल्फ़ाज़ दर्ज हैं—"जलसा रहस मादन हुसन व सफ़ा मुसम्मी बे इन्दरसभा।"....खुद अमानत ने कहा है—

"छपी किताब रहस की जो दूसरी बारी।"[1]
"सेवारा (तीसरी बार) छपी जो रहस की किताब।"[2]

डॉ. रिज़वी ने यह भी कहा है कि "अमानत के ज़माने में 'रहस' का लफ़्ज़ नाटक के मानों में बोला जाता था।"[3]

इन्दर-सभा इतनी लोकप्रिय हुई कि घर-घर उसकी चर्चा होने लगी। स्वयं अमानत का कहना है—

"हुई इन्दर-सभा जिस दम मुरत्तब, जहाँ ने सुन के तौसीफ़ोसना की।
बुतों ने दी सदा अल्लाह अल्लाह, हरएक मिसरा है या कुदरत ख़ुदा की।।
हुआ जो याद जिसको ले उड़ा वह, ज़बान किस किस ने गमेपर न बाकी।।
किसी ने याद की लिक्खी किसी ने, किसी ने जुस्तजू लाइन्तहा की।।
उड़ी शोहरत जब उसकी लखनऊ में, 'अमानत' सब ने ख़्वाहिश जाबजाकी।"[4]

इन्दर-सभा अपने समय में ही इतनी ख्याति प्राप्त कर चुकी थी कि उसकी कल्पना करना भी सुगम नहीं है। उसका अनुवाद देश-विदेश की भाषाओं में हुआ। उसके गाने और उनकी तर्ज़ें गानेवालों की जिह्वा पर रहने लगीं। विस्मृत शास्त्रीय संगीत को उसके द्वारा संजीवनी मिल गयी। मराठी में उसका अनुवाद हुआ, जर्मन में उसका अनुवाद हुआ। श्रीलंका में उसका प्रभाव सिंहली भाषा के नाटकों में पाया जाता है। यहाँ तक उसका प्रभाव पड़ा कि कुछ नाटक कम्पनियों के नाटकों में मूल नाटक के पहले इन्दर-सभा का कुछ-न-कुछ अंश दिखाया जाता था जिससे दर्शक आकृष्ट हो सकें। अपने विस्तृत प्रभाव में देव, परी, इन्दर और शहज़ादों के रूमानी क़िस्से और उनका नाटकीय प्रदर्शन ही इन्दर-सभा के नाम से मशहूर हो गया। मुसलमानी लेखक नज़ीर बेग़ ने अपने नाटक 'हरिश्चन्दर' में विश्वामित्र जी को कोह-क़ाफ़ (काकेशस पहाड़) पर, जो परियों के रहने का स्थान माना जाता था, इसलिए भेज दिया कि, उनसे

---

1. लखनऊ का अवामी स्टेज, पृ. 45-46
2. वही, पृ. 45-46
3. वही, पृ. 47
4. वही।

हरिश्चन्द्र को सत्य से डिगाने में सहायता लें। यह प्रसंग एक ओर तो कथावस्तु की दृष्टि से असंगत और अनर्गल है परन्तु दूसरी ओर उसके प्रभाव का द्योतक है।

इन्दर-सभा के प्रभाव के कारण ही कई 'सभाएँ' और 'जलसे' लिखे गये। कुछ प्रसिद्ध रचनाएँ इस प्रकार हैं—

1. **परियों की हवाई मजलिस—**'मजलिस' और 'सभा' दोनों पर्यायवाची शब्द हैं। यह नाटक ख़ाँ साहब नशरवानजी मेहरवानजी 'आराम' ने लिखा था। इसका दूसरा नाम 'क़मरुलज़माँ-मैलक़ा' भी था।

क़मरुलज़माँ सोते हुए स्वप्न में महलक़ा को देखता है और उस पर आसक्त हो जाता है। जागने पर अपनी प्रेमिका की खोज में निकल पड़ता है और अन्त में उसे पा भी लेता है।

2. इसी कथानक को लेकर और यही नाम देकर मुन्शी मोहम्मद मियाँ 'मंजूर' ने अपने नाटक की रचना की थी जो बम्बई की विक्टोरिया थियेट्रिकल कम्पनी में खेला जाता था। यह तीन अंक का नाटक है और कविताबद्ध है।

हलब नामक नगर के राजा जहाँदारशाह का बेटा क़मरुलज़माँ एक रात को सोते समय स्वप्न में, कोह-काफ़ अर्थात् काकेशस पहाड़ के बादशाह शाहजीन की पुत्री महलक़ा का दर्शन करता है और उस पर आसक्त हो जाता है। वह स्वप्न देख ही रहा था कि प्रातःकाल हो गया और उसके नौकर ने आकर उसे जगा दिया। अपने स्वप्न के आनन्द में बाधा देखकर उसे बड़ा क्रोध आया और वह तलवार उठाकर नौकर को मारना ही चाहता था कि वज़ीर ने प्रवेश किया। क़मरुलज़माँ वज़ीर पर ही हाथ साफ़ करने दौड़ा परन्तु उसके समझाने-बुझाने और वायदा करने पर कि वह शहज़ादी महलक़ा को ढूँढ़ लायेगा क़मरुलज़माँ का गुस्सा ठण्डा हो गया। अब वज़ीर और शहज़ादा दोनों महलक़ा की खोज में निकले।

परिस्तान के बादशाह की लड़की होने से महलक़ा एक ऐसे महल में रहती थी जो देवों से सुरक्षित था और जिस तक पहुँचने के लिए तिलस्म और जादू के जानकारी की आवश्यकता थी। जब क़मरुलज़माँ अपनी साहसपूर्ण प्रेम-यात्रा पर जा रहा था तो मार्ग में उसे एक सिद्धपुरुष के दर्शन हुए। उन्होंने अपनी अन्तरात्मा द्वारा उसकी जिज्ञासा को जानकर उसे एक 'असा' (गदा) दी और कहा कि उसकी सहायता से क़मरुलज़माँ की सारी कठिनाइयाँ दूर हो जायेंगी और वह अपने लक्ष्य तक पहुँचने में सफल होगा। और ऐसा हुआ भी। तिलस्म और जादू तथा महलक़ा के महल की रक्षा करनेवाले देवों को मारकर क़मरुलज़माँ कोह-काफ़ तक पहुँच गया।

परिस्तान में परियों की हवाई मजलिस होती है। परियाँ शहज़ादी महलक़ा के लिए ग़ज़ल गाती हैं और शहज़ादी हवा में से प्रकट होती है। वह भी उनसे अपना दुःख इस प्रकार प्रकट करती है—

क्यों बुलाती हो जिगर है मेरा पारा पारा।।
.ख्वाब में देखा है एक माहरु प्यारा प्यारा।।
शहज़ादा था वह गुलफ़ाम गुलदाम हसीन।
जिसकी जुल्फ़ों का फँसा (दिल) फिरता है मारा मारा।।
आदमीज़ाद मेरा लूट गया सब्रोक़रार।
जिन्दगी कटने का अब क्या है सहारा यारा।।

इस पर उसकी दाया क़मरुलज़माँ के वहाँ पहुँच जाने की सूचना देती है परन्तु शहज़ादी फिर भी वियोग में व्यस्त कहती है—

अब उसके सिवा जीना भी मंजूर नहीं है।
वह दूर हैं तो मौत यहाँ दूर नहीं है।।
हम तड़पें तेरी चाह में आराम तुझे हो।
उल्फ़त का सितमगर यह तो दस्तूर नहीं है।।

दाया फिर भी उसे सान्त्वना देती है और कहती है कि समझ ले तेरा ब्याह उससे हो गया।

उधर क़मरुलज़माँ के पहुँचने पर देव बड़ा आश्चर्य प्रकट करता है परन्तु जादुई असा देखकर विनम्र हो जाता है। शहज़ादा उससे कहता है—

आशक़े महलक़ा हूँ मैं रानी पै मुबतिला हूँ मैं
जामे मोहब्बत उसका अब मैंने पिया, जो हो सो हो,
देवोपरी से मिला, मौला तेरा करे भला
हाले ग़मों आलमबयाँ मैंने किया, जो हो सो हो।।

इस पर देव ताली बजाता है और महलक़ा एकदम प्रकट होती है। क़मरुलज़माँ और महलक़ा आमने-सामने एक-दूसरे को देखकर अपना प्रेम प्रकट करते हैं। इसी बीच शाहजीन वहाँ पहुँच जाता है और सारा दृश्य देखकर आश्चर्यान्वित होकर शहज़ादे से हाल पूछता है। शहज़ादा कहता है—

जो शहज़ादी है आपकी माहे पैकर
सदा जिसको हशमत से सेरी रहेगी,
हुआ मैं उसे .ख्वाब में देख आशिक
सदा दिल पै उस ग़म की देरी रहेगी।।
मैं इसके लिए आया मेहनत उठाकर
हरएक हूर बन इसकी चेरी रहेगी
न उनसे अगर बियाह कर दोगे मेरा
तो हरगिज़ न फिर जान मेरी रहेगी।।

इसी सुर में सुर मिलाकर शहज़ादी भी कहती है—

जो शादी की बात इससे मेरी रहेगी
तो फिर क़ौल की बात तेरी रहेगी।।
जो शहज़ादा सपने में देखा था मैंने
यही है ये यहाँ इसकी देरी रहेगी
कहा हाल यह तब दिया क़ौल तुमने
कि निस्वत उसी से ही तेरी रहेगी।
सो अब ब्याह कर दो कि दिल शाद होवे।
नहीं तो मुसीबत ये घेरे रहेगी।
करोगे यह एहसान गर मुझ पै अय शाह
तो ममनून दायम यह चेरी रहेगी।

बस शाहजीन महलक़ा का हाथ क़मरुलज़माँ के हाथ में देता है। नाचो गान के बाद नाटक समाप्त होता है।

3. इसी कथानक को लेकर हाजी अब्दुल्ला ने 'हवाई मजलिस व हतफ़ नैरंग तिलस्म' नाम से अपना नाटक लिखा था जो उन्हीं की नाटक कम्पनी 'इण्डियन थियेट्रिकल कम्पनी' में खेला गया।

4. कहा जाता है कि मुन्शी 'रौनक़' ने भी एक नाटक परियों की हवाई मजलिस के नाम से लिखा था।

मौलवी मोहम्मद अब्दुल वहीद 'क़ैस' ने एक नाटक 'जलस-ए-परिस्तान' के नाम से लिखा। क़ैस साहब हाजी अब्दुल्ला के शिष्य थे और उन्हीं के कहने पर नाटक लिखा करते थे। इनके नाटक भी 'इण्डियन थियेट्रिकल कम्पनी' में खेले जाते थे।

5. 'सभा' के नाम से 'आराम' ने 'फ़र्रुख़-सभा' नाटक लिखा। यह भी कविताबद्ध नाटक है। इसका दूसरा नाम ''क़मरुलज़माँ व वज्म़आरा' है। इसका रचना-काल सन् 1883 माना जाता है और यह भी विक्टोरिया कम्पनी के लिए लिखा गया था।

कथावस्तु क़रीब-क़रीब एक-सी है। हुसैनाबाद राज्य के राजा आलमशाह का एक बेटा है जिसका नाम है क़मरुलज़माँ। हवाई मजलिसवाले क़मरुलज़माँ की तरह यह हज़रत भी स्वप्न में 'वज्म़आरा' को देखकर आसक्त हो जाते हैं। वज्म़आरा भी क़मरुलज़माँ को स्वप्नग्रस्त देखकर आसक्त होती है और उसे लाने के लिए एक देव को भेजती है। शहज़ादा अपना स्वप्न और व्याकुलता की अभिव्यक्ति अपने पिता के सामने करता है। ज्योतिषियों और तिलस्मकारों को बुलाकर स्वप्न के फल की बात चलाती है। वे कहते हैं कि शहज़ादा के बिस्तर पर एक हबशी को सुला दिया जाय। वह हबशी शहज़ादा क़मरुलज़माँ समझकर उड़ा दिया जाता है परन्तु वज्म़आरा अपने प्रेमी को न पाकर व्याकुल होती है। उसका गुरु उसे सलाह देता है कि वह नौकर बनकर

क़मरुलज़माँ के पास रहे और जब अवसर उपयुक्त हो उसे उड़ाकर ले आये। वज्मआरा मौक़ा आने पर सीमतन परी द्वारा शहज़ादे को उड़वा लेती है। परन्तु शहज़ादा उसके प्रेम-कलाप का घृणास्पद उत्तर देता है। परी उसे क़ैद कर देती है। परिस्तान के हाकिम शाह फ़र्रुख़ को जब यह पता चलता है तो वह वज्मआरा का विवाह क़मरुलज़माँ और सीमतन परी का हबशी के साथ कर देता है।

नाटक सुखान्त है। क़मरुलज़माँ नाम होने से उपर्युक्त नाटक का भ्रम कभी-कभी हो जाता है।

6. 'खुरशैद-सभा' का दूसरा नाम 'सानी इन्दर-सभा' भी है। इसके लेखक उर्दू साहित्य के प्रसिद्ध लेखक शमसुल उलमा मौलवी मोहम्मद हुसैन 'आज़ाद' देहलवी हैं। इन्होंने दो नाटक लिखे थे। एक का नाम 'कामिल क़िस्सा महारानी व छैलबटाऊ जबीब' रखा और दूसरे का 'खुरशैद सभा सानी इन्दर-सभा' रखा।

'खुरशैद-सभा' की कथावस्तु में कुछ अपनी विशेषताएँ हैं। खुरशैद नामक राजा के यहाँ देव और परियाँ गफ़लाम की तरह रहती हैं। जब सोसन परी और अख़्तर परी दरबार में आती हैं तो अपने परिचय में अपनी प्रशंसा करती हैं। इनका परिचय कुछ-कुछ अमानत की इन्दर-सभा की पुखराज परी जैसा है। एक तीसरी परी और है जिसका नाम लाल परी है। वह भी दरबार में आती है परन्तु मार्ग में एक शहज़ादे को देखकर प्रेम का शिकार होती है। शहज़ादे का नाम माहमनव्वर है। बस वह एकदम अपने सफ़ेद देव को हुक्म देती है कि शहज़ादा माहमनव्वर उसके विश्राम कक्ष में पहुँचा दिया जाय। आज्ञा का पालन होता है और शहज़ादा देव द्वारा लाल परी के कक्ष में लाया जाता है। लाल परी उससे भेंट कर फिर दरबार में हाज़िर होती है।

एक दिन शहज़ादा माहमनव्वर अपने उड़न-खटोले पर बाग़ की सैर कर रहा था कि उसकी दृष्टि मलिका शहज़ादी नूरआरा पर पड़ी। उसे देखकर वह नीचे उतरा और भेंट की। इस दृश्य को देखकर ज़मर्रुद परी बड़ी अप्रसन्न हुई और शहज़ादे को वहाँ से उठा ले गयी।

नूरआरा के सौन्दर्य का बखान देव ने राजा खुरशैद से किया। उसके रूप-गुण वर्णन पर खुरशैद भी नूरआरा पर आसक्त हो गया। सफ़ेद देव द्वारा उसने नूरआरा को अपने पास बुला भेजा। वहाँ पर माहमनव्वर और नूरआरा एक-दूसरे को देखकर बड़े प्रसन्न हुए। परियाँ दोनों को बधाई देती हैं और लाल परी पुनः शहज़ादे को उठाकर ले जाती है। परन्तु शहज़ादा लाल परी से प्रेम नहीं करता। वह नूरआरा के वियोग में व्याकुल रहता है और एक दिन जोगी बनकर उसे ढूँढ़ने निकल पड़ता है। ढूँढ़ते-ढूँढ़ते वह एक जंगल में पहुँचता है जहाँ उसे एक जादूगरनी बैल बना देती है। जब लाल परी को इसका पता चलता है तो वह उस जादूगरनी को कुत्ता और उसके बाप को मेंढा बना देती है। कुछ समय तक यह तिलस्मी युद्ध चलता है बाद में लाल परी सबको मनुष्य बना देती है। माहमनव्वर उसके प्रति कृतज्ञता प्रकट करता है। लाल परी के साथ उसका विवाह हो जाता है।

इस नाटक की सबसे बड़ी विचित्रता यही है कि शहज़ादी नूरआरा के साथ माह-मनव्वर की शादी नहीं होती।

7. 'इशरत-सभा' का दूसरा नाम 'लज्जते-इश्क' भी है। इसके ऊपर किसी लेखक का नाम न होकर उसके प्रकाशक का नाम है। परन्तु अन्त में कुछ पंक्तियाँ दी गयी हैं जिनसे मालूम होता है कि पुस्तक के लेखक कोई अमीरुद्दीन हैं।

कथानक इस प्रकार है। खुतन नामक नगर के राजा का पुत्र फ़ीरोज़ बख़्त अपने पिता से सैर और शिकार पर जाने की आज्ञा माँगता है। राजा उसे मन्त्री-पुत्र वेदराबख़्त के साथ जाने की आज्ञा दे देता है। मार्ग में उन्हें एक सुन्दर और आकर्षक उद्यान दिखायी देता है जहाँ दोनों जाकर थोड़ा विश्राम करते हैं। इसी बीच राजकुमारी जानवाज़ और मन्त्री-पुत्री सर्वनाज़ उद्यान की सैर को आती हैं और दोनों युवकों को देखते ही दिल से हाथ धो बैठती हैं। दोनों युवक उद्यान के एक भाग में विश्राम करते रहते हैं।

एक दिन जब राजकुमार स्वप्नग्रस्त था तो ज़मर्रुद परी उधर से निकली और उसके सौन्दर्य पर मुग्ध हो गयी। इतना ही नहीं उसने अपने देव से कहकर युवराज को उठवा मँगवाया। अपना प्रेम प्रकट करते ही युवराज ने उसे घृणा की दृष्टि से देखा। इधर जब मन्त्री-पुत्र ने अपने मित्र को न देखा तो वह बहुत व्याकुल हुआ और उसकी खोज में निकला। चलते-चलते उसे एक शाहजी मिल गये। उनकी सहायता से उसने राजकुमार को बुलवा भेजा।

अन्त में राजकुमार और राजकुमारी तथा मन्त्री-पुत्र और मन्त्री-कुमारी की परस्पर शादी हो गयी।

नाटक की कथावस्तु का गठन बड़ा ढीला और लचर है।

8. 'नागर-सभा' के लेखक कालीप्रसाद जी हैं। यह सन् 1874 की प्रकाशित रचना मानी जाती है, परन्तु इसका विवरण प्राप्त नहीं है।

9. इसी नाम का एक नाटक और भी है। उसके लेखक बख़्श इलाही 'नामी' है। इसका भी विवरण प्राप्त नहीं हो सका। इन्हीं लेखक की एक अन्य रचना 'आशिक़ सभा' भी है परन्तु वह भी कहीं नहीं मिलती।

10. 'बन्दर-सभा' भारतेन्दु हरिश्चन्द्र ने लिखी थी और वास्तव में यह रचना अपनी पर्यायवाची रचनाओं पर एक व्यंग्य मात्र था। इसका मुख्य लक्ष्य इन्दर-सभा की 'पैरोडी' है जैसा उसके प्रत्येक छन्द से प्रतीत होता है—

"सभा में दोस्तों बन्दर की आमद आमद है
गधे औ फूलों के अफ़सर की आमद आमद है।।
मरे जो घोड़े तो गदहा या बादशाह बना
उसी मसीह के पैकर की आमद आमद है।।
व मोटा तन व थुँदला थुँदला मू व कुच्ची आँख
व मोटो ओंठ मुछन्दर की आमद आमद है।।
है खर्च खर्च तो आमद नहीं खरे-मुहरे की
उसी विचारे नये खर की आमद आमद है।।

इस बन्दर-सभा की परियों में एक शुतुरमुर्ग़ परी है। यह रचना इतनी सुन्दर है कि मलाल रह जाता है लेखक ने केवल एक अंश की पैरोडी ही क्यों की? यदि वह समस्त इन्दर-सभा को इसी रूप में ढाल देते तो हिन्दी साहित्य की एक चीज़ हो जाती।

11. हुसैनी मियाँ 'ज़रीफ़' ने भी एक इन्दर-सभा लिखी है जिसका नाम रखा है 'नयी जनकवाटी इन्दर-सभा' उर्फ़ 'गुलशन पुर फ़िज़ा'। आरम्भ के कुछ अंश को छोड़कर शेष इन्दर-सभा अमानत की इन्दर-सभा ही है। लेखक ने आरम्भ में दिखाया है कि गुलज़रशाह बादशाह के युवराज गुलफ़ाम को चौकीदार आकर यह सूचना देता है कि कुछ गवैये आये हैं। युवराज उन्हें अन्दर आने की आज्ञा देते हैं। गवैयों का गाना सुनकर युवराज अपने शयन-कक्ष में चले जाते हैं।

सब्ज़ परी शहज़ादे पर आसक्त हो जाती है और उसे उठाकर अपने घर ले जाती है और वहाँ परिस्तान में रखती है। आगे का कथानक वही है जो अमानत की इन्दर-सभा का है।

ऊपर जिन 'सभा' या 'मजलिस' नाम के नाटकों का उल्लेख हुआ है उनके विश्लेषण करने पर उनमें निम्नलिखित लक्षण पाये जाते हैं—

1. सभी नाटक कविताबद्ध नाटक हैं जिनमें विभिन्न छन्दों और राग-रागिनियों का समावेश किया गया है।

2. सब नाटकों की भाषा उर्दूमिश्रित हिन्दी है। यही भाषा अधिकांश दर्शकों की समझ में आनेवाली भाषा थी। जिन स्थानों पर कठिन उर्दू का प्रयोग हुआ है वे उन दर्शकों के दृष्टिकोण से उनकी समझ के बाहर रहे होंगे परन्तु संगीत की बहुलता और सन्दर्भ ने उनकी कठिनाइयों को दूर कर दिया होगा।

3. सारे नाटक अधिक-से-अधिक तीन अंक के और कम-से-कम दो अंक के हैं। गद्यप्रधान नाटकों की अपेक्षा इनके छोटे होने का कारण इनकी संगीत प्रधानता है।

4. सारे नाटकों का कथानक एक ही विचारधारा में चलता है। या तो कोई परी किसी मानव पर पहले आसक्त होती है और फिर वह मानव उस पर आसक्त होता है अथवा इसके विपरीत घटना घटित होती है परन्तु अन्त में दोनों का मिलन अवश्य हो जाता है। देवों की सहायता उद्देश्य सिद्धि में ली जाती है। सभी देव और परी किसी-न-किसी राजा के अधीन हैं। स्थान प्रायः वही परिस्तान या कोह-काफ़ (काफ़ नाम का पहाड़) है। राजा का नाम जुदाजुदा है। साहित्य में इन उड़नखटोलों, देवों, परियों का आगमन मुसलमानों की देन है।

5. सारे नाटक तिलस्म और जादूपरक परिवेश से भरे हैं। नायक उसे दूर करने पर ही नायिका की प्राप्ति करता है और इसमें उसकी सफलता का कारण वह मन्त्र या कोई 'असा' होता है जो उसे सिद्ध संन्यासी से प्राप्त होता है।

6. तिलस्म और जादू की दुनिया दृश्य जगत् में चमत्कार की सृष्टि करती है जिसे रंगमंच पर दिखाने में पारसी थियेट्रिकल कम्पनियाँ हज़ारों रुपये ख़र्च करती थीं। इसी 'अद्भुत' के कारण दर्शकों की पर्याप्त संख्या नाटक देखने आती थी। ये दृश्य विज्ञापित भी किये जाते थे।

उपसंहार में यह मानना पड़ेगा कि अमानत की इन्दर-सभा ने अनेकों अद्भुत और चमत्कारपूर्ण संगीतप्रधान नाटकों को जन्म दिया तो अपने मूलग्रन्थ का अनुकरण उनके द्वारा होने से इन्दर-सभा की ख्याति भी चारों ओर जहाँ-जहाँ यह नाटक मण्डलियाँ गयीं फैलाती गयी। और भी कई ऐसे नाटक लिखे गये जो इन्दर-सभा से प्रभावित थे और जिनमें 'देवमाला' का आश्रय लिया गया था। लेखकों की दृष्टि किसी अनीति की ओर नहीं थी। वे केवल प्रभाव को ही ध्यान में रखते थे। काल, स्थान और समय के समन्वय का अभाव ही इनके शिल्प में अधिक था, उनका समावेश नहीं। इन्दर-सभा की लोकप्रियता उसके गाने और तर्ज़ें थीं जिनका प्रभाव देशव्यापी था। भारत ही नहीं सिंहल द्वीप तक में इन्दर-सभा का प्रभाव फैल गया था। सिंहली भाषा के आदि नाटक-लेखक श्री फ़रनेनडीज़ उससे विशेष प्रभावित थे।

●

10

पारसी नाटक मण्डलियों का प्रभाव

मण्डलियों के संक्षिप्त विवरण से पता चलता है कि केवल बम्बई नगर में ही कितनी मण्डलियाँ पारसियों द्वारा स्थापित हुईं और उनमें से कौन-कौन-सी प्रतिद्वन्द्विता में खड़ी रह सकीं। इन मण्डलियों ने केवल बम्बई को ही नहीं वरन् भारत के अनेक भागों में घूम-घूमकर पर्याप्त धन और यश कमाया। कुछ मण्डलियाँ तो विदेशों तक गयीं और वहाँ कीर्तिलाभ किया।

अपने देश में भी इनका प्रभाव सभी दिशाओं में पड़ा। बम्बई से दक्षिण-पश्चिम हैदराबाद और मद्रास में नाटक मण्डलियों की स्थापना हुई जिनमें उर्दू के अनेक नाटक खेले गये। महाराष्ट्र में कई नाट्यशालाएँ और मण्डलियाँ बनीं जिन पर पारसी मण्डलियों का प्रभाव स्पष्ट था। सुदूर उत्तर में पेशावर, लाहौर, अमृतसर और लुधियाने में इनकी अनुकृति पर अनेकों कम्पनियाँ खुलीं। उत्तर प्रदेश में भी नाटक मण्डलियों की स्थापना पर्याप्त मात्रा में हुई। उत्तर प्रदेश में अव्यावसायिक नाटक मण्डलियाँ भी बनीं और उन्होंने शुद्ध हिन्दी के नाटकों का अभिनय किया। इन मण्डलियों के अभिनेताओं में पं. मदन मोहन मालवीय, पं. माधव शुक्ल, पं. प्रतापनारायण मिश्र आदि अनेकों का नाम लिया जा सकता है।

नाटकों के युग की समाप्ति पर जब सवाक् चलचित्रों की प्रतिष्ठा हुई तो 'आलमआरा' और 'ख़ूने-नाहक़' जैसी फ़िल्मों में पारसी नाट्य-मंच के नाटक जैसे-के-तैसे उतार दिये गये। बाद में नाटक और फ़िल्म दोनों की तकनीकी बारीकियों का विकास पृथक्-पृथक् रूप से हुआ। लोग सस्ते मनोरंजन की ओर झुके और नाटकों का तो जैसे अन्त ही हो गया।

अन्य नाटक मण्डलियाँ

1. पारसी अमेच्युअर्स ड्रामेटिक क्लब—यह क्लब बहुत पुराना प्रतीत होता है। इस क्लब के मोनोग्राम से युक्त तालिब कृत 'हरिश्चन्द्र' नाटक की एक प्रति मेरे पास है जिस पर लिखा है 'नाट फार सेल, रिहर्सल कापी'।

2. डायमण्ड जुबली थियेट्रिकल कम्पनी—इसके उन्नायकों में धनजीभाई पटेल थे। रुस्तम फ़िडलर ने इसी मण्डली में सर्वप्रथम ख्याति प्राप्त की थी।

3. पारसी जुबली नाटक मण्डली—इसके संस्थापक कुँवरजी नाज़िर थे। विक्टोरिया और एलफ़िन्स्टन नाटक मण्डलियों से पृथक् होकर उन्होंने यह मण्डली बनायी थी। इसी

को लेकर वह बाहर विशेषकर रजवाड़ों में घूमते थे। जब टोंक में इस मण्डली का नाटक हो रहा था तो वहीं वह बीमार पड़े और देहान्त होने पर जयपुर में पारसी आरामगाह में दफन हुए।

4. दी बाम्बे पारसी ओरिजिलन ओपेरा कम्पनी—जैसा नाम से प्रकट होता है यह मण्डली केवल 'ओपेराओं' के अभिनय करने में विशेष दक्ष थी।

5. आर्यभूषण नाटक मण्डली—यह पूना की एक प्रसिद्ध नाटक मण्डली थी जिसका प्रधान लक्ष्य महाराष्ट्री नाटकों का अभिनय करना था। परन्तु हिन्दुस्तानी के भी नाटक किया करती थी। 'हारुन रशीद' नाटक का अभिनय इसी के द्वारा हुआ था।

6. आर्य-सुबोध नाटक मण्डली—यह भी पूना में स्थापित हुई थी। इसके मालिकों में रुस्तम मोदी (सोहराब मोदी के बड़े भाई) थे।[1] इसमें जोज़ेफ़ डेविड ने निर्देशक का कार्य किया था। स्वयं भी डेविड 'ख़ूने-नाहक़' में हैमलेट का अभिनय करते थे जो बाद में सोहराब मोदी ने किया था। इसमें मराठी के नाटक और उनके हिन्दी रूपान्तर भी होते थे। मण्डली अधिक दिन नहीं चल पायी।

7. नेशनल नाटक मण्डली—इसके निर्देशक जोज़ेफ़ डेविड थे। 'आफ़ताबे दकिन' नाटक का अभिनय इसमें हुआ था।

8. न्यू पारसी थियेट्रिकल कम्पनी—इसमें 'धूप-छाँह', 'हार-जीत', 'काली नागन' और 'दुख़्तर-फ़रोश' का अभिनय जोज़ेफ़ डेविड के निर्देशन में हुआ था।

9. इम्पीरियल नाटक मण्डली—यह एक प्रसिद्ध मण्डली थी परन्तु इसके विषय में केवल इतना ही पता चलता है कि जोज़ेफ़ डेविड के निर्देशन में इसमें 'नक़ली शहज़ादा', 'अन्दाज़े-जफ़ा', 'भोला शिकार', 'तीरे हविस', 'हूरे-अरब', 'खाक़ी', दुतला', 'मतलबी दुनिया', 'ग़ाफ़िल मुसाफ़िर', 'एशियाई सितारा', 'नूरे वतन', 'संसार-नौका', 'बाग़े-ईरान', 'कर्म प्रभाव', 'शेरे-काबुल', 'क़ौमी दिलेर' और 'नूर में नार' आदि नाटकों का अभिनय हुआ था।

10. अलेक्जेण्ड्रिया नाटक मण्डली—यह मण्डली ज़ेब भाई और उनके भाई की थी। इसमें भी जोज़ेफ़ डेविड निर्देशक रहे। इसके प्रसिद्ध नाटक 'इन्तेक़ाम', 'आह मज़लूम', 'सुनहरी ख़ंजर', 'हसीन क़ातिल', 'खूनी शेरनी' और 'वतन' थे। मैंने स्वयं बचपन में 'वतन' का अभिनय देखा था। राष्ट्रीय जागृति की दृष्टि से यह अद्भुत नाटक था। अपनी राष्ट्रीय भावना के कारण ही इसे कई बार सरकार ने ज़ब्त कर लिया परन्तु मण्डली अपने लक्ष्य पर डटी रही। 'वतन' में नैयर की शायरी देखने योग्य थी। उसकी एक ग़ज़ल की पंक्ति थी—

'मकां से बाहर मकानवाले पड़े हुए हैं।'

यह संकेत अँगरेज़ों के उस दुर्व्यवहार की ओर है जो उन्होंने भारतवासियों के साथ किया था। यह घटना सन् 1919-20 की है। असहयोग का वह चरम उत्कर्ष काल था।

1. प्रसिद्ध फ़िल्मी अभिनेता सोहराब मोदी के इण्टरव्यू से।

उपर्युक्त मण्डलियों के अतिरिक्त बम्बई के बाहर अनेकों नाटक मण्डलियों की स्थापना हुई। यथा—

1. अलबर्ट कम्पनी—यह मद्रास में स्थापित हुई। इसमें 'तिलस्मे-इश्क़', 'नमूना-अस्मत' और अल ज़ोहरा-मुश्तरी' अभिनीत हुए।

2. निज़ामी कम्पनी—यह हैदराबाद में बनी। इसमें 'आधा निकाह' उर्फ़ 'मसदर लुत्फ़' तथा 'अजीब इश्क़' नामक दो नाटकों के खेले जाने का पता चलता है। इनके लेखक मुन्शी मोहम्मद शम्सुद्दीन अमीर हमज़ा 'अमीर' थे।

3. महबूब शाही नाटक कम्पनी—यह भी हैदराबाद में थी। इसमें 'अमीर' का लिखा 'साहिर-सभा' उर्फ़ 'मीना बाजार' खेला गया।

4. देकिन ड्रामेटिक कम्पनी—इसमें 'अमीर' के लिखे हुए 'सहर-खामरी' और 'ज़ौहर ख़ंजर' नाम के नाटक खेले गये।

5. बालरूम कम्पनी—इसमें 'अमीर' का 'लाल वी की नक़ल' अभिनीत हुआ।

6. अलबर्ट नाटक कम्पनी—इसकी स्थापना भी मद्रास में हुई। इसमें 'अमीर' के 'तिलस्म इश्क़', 'नमूना अस्मत' और 'ज़ोहरा मुश्तरी' अभिनीत हुए।

उत्तर भारत में भी कुछ कम्पनियों का पता चलता है। यथा—

1. रिपन इण्डियन क्लब—यह पेशावर की मण्डली थी।

2. सिविलाइज़्ड थियेट्रिकल कम्पनी—लाहौर में थी।

3. ओरियण्टल ओपेरा एण्ड ड्रामेटिक कम्पनी—यह भी लाहौर में थी। इसमें सन् 1887 ई. में सैय्यद बजुर्गशाह मैनेजर ने गुजराती नाटक का अनुवाद 'तिलस्मात सुलेमानी' के नाम से अभिनीत किया था।

4. विक्टोरिया थियेट्रिकल कम्पनी—यह अमृतसर की कम्पनी थी।

5. न्यू इण्डियन ओपेरा थियेट्रिकल कम्पनी—यह सक्कर (सिन्ध) की मण्डली मालूम होती है। इसमें 'अफ़सूने इश्क़' नामक नाटक अभिनीत हुआ था।

अलेक्जेण्ड्रिया थियेट्रिकल कम्पनी—इसके संस्थापक मोहम्मद शेठ और ज़ेब शेठ थे। सन् 1908 में इसके मैनेजिंग प्रोप्राइटर जोजेफ़ डेविड थे जैसा कि उनके एक दीवाचे से पता लगता है।[1]

इस मण्डली का सर्वप्रथम खेल 'इन्तक़ाम' था जिसके लेखक मुन्शी सुलेमान 'आसिफ़' थे। उसके बाद 'आहे-मज़लूम' खेला गया। इसके रचयिता मुन्शी ख़लीउल रहमान 'ख़लील' मुरादाबादी थे। तीसरा नाटक 'सुनहरी ख़ंजर' अभिनीत हुआ। इसकी रचना प्रसिद्ध लेखक इब्राहीम 'महशर' अम्बालवी ने की थी। बाद में और भी कई नाटकों का अभिनय हुआ जिसमें 'ख़ूनी शेरनी' लेखक इशरत हुसैन 'तैय्यर' और 'वतन' नाटक बड़े लोकप्रिय रहे। 'वतन' का अभिनय मैंने स्वयं सन् 1919-20 में मुरादाबाद में देखा था। यह राष्ट्रीय भावना से परिपूर्ण नाटक है और वे दिन असहयोग

1. दीबाचा गाय 'सुनहरी ख़ंजर' और 'आहमज़लूम'।

आन्दोलन के थे। अतएव 'वतन' की लोकप्रियता स्वाभाविक ही थी। उसके गानों में—

"जो आये मेहमाँ हमारे होकर लगे हुकूमत हमीं पै करने,
मकाँ से बाहर मकानवाले पड़े हुए हैं।"

बड़ा जोश भरनेवाली ग़ज़ल थी। कम्पनी को कई बार अपनी प्रवृत्तियों के कारण सरकार के कोप का भागी होना पड़ा था।

बम्बई में इस मण्डली के नाटक प्रायः 'रिपन थियेटर' में हुआ करते थे।

'सुनहरी ख़ंजर' का प्लाट मेरी करोली के उपन्यास 'बेण्डिटा' से लिया गया है। उसमें एक फ्रांसीसी कमेडी का प्रहसन 'जण्टल वा बुर्ज आम' शीर्षक भी सम्मिलित है। इसे हरिश्चन्द्र आनन्दराव तालरोडकर ने लिखा था। 'आहेमज़लूम' का प्लाट अँगरेज़ी लेखक 'ज्यार्ज डब्ल्यू एन. रेनाल्स' से लिया गया है।

नवी एलफ़िन्स्टन नाटक मण्डली—सन् 1894 में एक गीत की पुस्तक छपी थी जिसका शीर्षक था 'गुलज़ारे नेकी' नामनाँ उर्दू नाटक माँ गवांतां गायणो। प्रचलित परम्परा के अनुसार उस पर जो नाटक मण्डली का नाम लिखा है वह है 'नवी एलफ़िन्स्टन नाटक मण्डली'। इससे अधिक परिचय इस मण्डली का प्राप्त नहीं होता।

पारसी कर्ज़न नाटक मण्डली—इसके मैनेज़र और डाइरेक्टर मेहरजी नशरवानजी सर्वेयर थे।[1] 'कोरदिल' नाटक के लेखक कलकत्ते के एक विद्वान् मुन्शी जहीन थे। इसका अभिनय कलकत्ता, बर्मा तथा भारत के अनेक बड़े नगरों किया गया था। प्रस्तावना से पता चलता है कि यह नाटक बड़ा लोकप्रिय सिद्ध हुआ और जहाँ भी एक बार इसका अभिनय हुआ वहाँ के निवासियों ने इसे पुनः खेलने की फ़रमाइश की।

अराफ़ियस थियेट्रिकल कम्पनी—यह मण्डली किसकी थी इसका पता नहीं परन्तु इसमें 'लीजन आफ़ यूनान' उर्फ़ 'जोशे तौहीद' का अभिनय किया गया था। नाटक इब्राहीम 'महशर' की रचना थी। 'महशर' अपने समय के प्रसिद्ध लेखक थे, अतएव अनुमान हो सकता है कि यह मण्डली कोई अच्छी मण्डली रही होगी।

दी इण्डियन दिलपज़ीर थियेट्रिकल कम्पनी आफ़ इटावा—डॉ. नामी के लेखानुसार इसमें नाटक लेखक 'नामी' के नाटक 'गुलबकावली' उर्फ़ 'नाटक हिम्मत आली हिस्साव' का अभिनय हुआ था। यह रचना 1893 ई. में प्रकाशित हुई। नाटक पद्यबद्ध है और इसमें गुलबकावली का प्रसिद्ध कथानक लिया गया है।

राजपूताना-मालवा नाटक मण्डली आफ़ झालावाड़—केवल यह पता चलता है कि प्रसिद्ध नाटक लेखक और अभिनेता 'नज़ीर' इसके मैनेजिंग डाइरेक्टर थे।

दी इण्डियन इम्पीरियल थियेट्रिकल कम्पनी आफ़ आगरा—इसके मालिक हाफ़िज़ मोहम्मद अब्दुल्ला थे। संरक्षकों में धौलपुर के महाराज लोकेन्द्र बहादुर राना निहालसिंह थे। इसमें अब्दुल्ला के प्रायः सभी नाटकों का अभिनय होता था। कम्पनी धौलपुर, आगरा, कानपुर, ग्वालियर आदि अनेक नगरों में अपने खेल दिखाया करती थी।

---

1. 'कोरदिल' नाटक की प्रस्तावना।

नज़ीर बेग 'नज़ीर' जो बाद में स्वतन्त्र नाटक मण्डली के मालिक बन गये आरम्भ में इसी में एक अभिनेता थे।

दी मून आफ़ इण्डिया थियेट्रिकल कम्पनी—इसके मैनेजर का नाम मोहम्मद वज़ीर ख़ाँ बताया गया है। इनकी फ़रमाइश से 'नज़ीर' ने 'सितम इश्क़ मारूफ़वे नतीजा मोहब्बत' और 'तमाशा गर्दिशे तकदीर मारूफ़वे सत हरिश्चन्दर नाटक 'नज़ीर' ने लिखा था।

दी न्यू स्टार आफ़ इण्डिया थियेट्रिकल कम्पनी आफ़ आगरा—सन् 1904 ई. में इसके मालिक नज़ीर बेग 'नज़ीर' थे जैसा उनके नाटक 'तमाशा इश्क़ व आशिक़ी का गंजीना मारूफ़वे नयी तरज़ गुलरु-ज़रीना' के मुखपृष्ठ से प्रकट होता है। नज़ीर के अनेकों नाटकों का अभिनय इस मण्डली में हुआ था।

लाइटनिंग आफ़ इण्डिया थियेट्रिकल कम्पनी—इसके मैनेजिंग डाइरेक्टर भी नज़ीर बेग ही थे। स्वाभाविक है कि इसमें भी उनके कई नाटकों का अभिनय हुआ था।

दी पारसी जुबली थियेट्रिकल कम्पनी आफ़ बम्बई—किसी समय में इसके मैंनेजिंग डाइरेक्टर नज़ीरबेग 'नज़ीर' थे। इसकी चीफ़ ऐक्ट्रेस शीरीन जान थीं जिनकी सिफ़ारिश से नज़ीर ने कई नाटकों की रचना की थी।

मेरे विचार में यह मण्डली वर्तमान उत्तर प्रदेश की ही थी 'आफ़ बम्बई' केवल प्रसिद्धि के लिए एक पुरछल्ला लगा दिया गया था।

स्टूडेण्ट्स अमेच्युअर्स क्लब—जैसा नाम से प्रकट होता है यह केवल अव्यावसायिक युवकों के द्वारा नाटकीय मनोरंजन के लिए स्थापित किया गया था। इसके विषय में केवल यह पता चलता है कि सन् 1858 में इसमें 'रोमियो-जूलियट' का गुजराती अनुवाद अभिनीत हुआ था। यह नाटक वही था जिसे सन् 1876 ई. में डोसाभाई राण्डेलिया ने 'डेल्टा' उपनाम से लिखकर शेक्सपियर थियेट्रिकल मण्डली को दिया था।

दी इण्डियन थियेट्रिकल क्लब—सन् 1868 में यह क्लब वर्तमान था। इसमें 'नाना साहब' नाम का नाटक हिन्दुस्तानी भाषा में खेला गया था। इसमें नाना साहब को राष्ट्रद्रोही बताकर उनकी निन्दा की गयी है और अंगरेज़ी राज्य की सराहना है।

भारत व्याकुल कम्पनी—विश्वम्भर सहाय जी 'व्याकुल' के उद्योग से यह मण्डली मेरठ में स्थापित हुई। इसका सबसे प्रसिद्ध नाटक 'गौतम बुद्ध' था जिसके लेखक 'व्याकुल' जी स्वयं थे। अन्य नाटकों में 'मायल' के दो-एक नाटकों का अभिनय भी इसमें हुआ करता था।

कुछ वर्षों तक मण्डली अच्छी धूम मचाती रही। परन्तु 'व्याकुल' जी को जिह्वा का कैन्सर हो जाने से उनकी मृत्यु के पश्चात् यह बिखर गयी।

कोरिन्थियन नाटक मण्डली—कलकत्ते में इसकी स्थापना मादन बन्धुओं द्वारा हुई। ये पारसी थे और बम्बई में अभिनय-कला की दक्षता प्राप्त कर चुके थे। धीरे-धीरे कोरिन्थियन ने 'बेताब', 'हश्र' आदि अच्छे-अच्छे सभी नाटककारों को अपनी ओर खींच लिया। अल्फ्रेड जैसी बड़ी और अनेक छोटी-छोटी नाटक मण्डलियाँ इसमें आत्मसात् हो गयीं। नये नाटकों में 'बेताब' का 'पत्नी-प्रताप' अच्छा नाटक निकला।

उपसंहार

खोज से पता चलता है कि बम्बई में सबसे पहला थियेटर 'बाम्बे अमेच्योर्स थियेटर' था जो सन् 1776 ई. में वर्तमान 'सेण्ट्रल लाइब्रेरी' के सामने वर्तमान था। इसका निर्माण अँगरेज़ों द्वारा हुआ प्रतीत होता है और इसमें अँगरेज़ी के नाटक ही खेले जाया करते थे। अतएव इंग्लैण्ड के थियेटर का अनुकरण उसमें स्वाभाविक ही था। रंगस्थल, रंगशाला, वेश-भूषा और नाटकों तक का कथ्य सभी कुछ अँगरेज़ी था। अभिनेता और दर्शक भी अँगरेज़ ही थे। धीरे-धीरे इस थियेटर में व्यापारिक हानि होती रही और अन्त में इसे बेच देना पड़ा। सन् 1846 में इसके स्थान पर एक नया थियेटर ग्राण्ट रोड पर बना और वह ग्राण्ट रोड थियेटर कहलाया। इसमें भी आरम्भ में अँगरेज़ी नाटक ही अभिनीत हुए। सन् 1853 में यह नाट्यशाला पहले मराठी, फिर हिन्दी और फिर गुजराती नाटकों के अभिनय के काम में आने लगी।

अतएव अँगरेज़ी थियेटर की सारी अच्छाइयों और बुराइयों का उत्तराधिकार लेकर पारसी थियेटर का आरम्भ हुआ। अँगरेज़ अधिकांश में नौकर पेशा थे या व्यापारी थे। उनमें नाटक मनोरंजन का बड़ा साधन था। फिर अभिनेता और धनाभाव के कारण उनकी कुछ अपनी सीमाएँ भी थीं। परिणामस्वरूप अँगरेज़ी के केवल वे ही नाटक रंगमंच पर प्रस्तुत किये जाते थे जो अधिक गम्भीर न होकर हर्षप्रधान थे, जिनमें अधिक पात्र नहीं होते थे विशेषकर महिला पात्र, जिनके मिलने में उन दिनों भी कठिनता थी। उनकी वेश-भूषा पर धनाभाव के कारण विशेष ध्यान नहीं दिया जाता था। कभी-कभी तत्कालीन समाचार-पत्रों में वेश-भूषा की विचित्रता पर व्यंग्य भी कस दिये जाते थे। नाटक के साथ प्रहसन का चलन हो गया था। यह प्रहसन प्रायः नाटक की समाप्ति पर होता था। बीच-बीच में आरकेस्ट्रा की भी व्यवस्था रहती थी। रंगमंच का साज-सामान प्रत्येक नाटक के सर्वथा अनुकूल तो न होता था परन्तु कुर्सी-मेज़ का पर्याप्त चलन था। दृश्यपटों के अंकन में चित्रकला का सहारा लिया जाता था और विदेशी चित्रकार इस कार्य को करते थे। संक्षेप में इस 'अमेच्योर्स थियेटर' का यही रूपरंग था और पारसियों ने इसी को अपनाया।

परन्तु इसका यह अभिप्राय नहीं है कि उस युग में केवल अँगरेज़ी के अनुकरण पर नाटकशालाओं में नाटक खेले जाते थे। भारतीय लोकधर्मी परम्परा उन दिनों भी वर्तमान थी। नौटंकी और भवाईवाले नाटक तब भी बड़े मनोयोग से चलते थे और यह लोकधर्मी थियेटर काफ़ी दर्शकों को सन्तोष दिया करता था। 'खेतवाडी थियेटर' इसी

प्रकार का जनप्रिय थियेटर था जिसमें संस्कृत नाटकों के अनुवाद प्रस्तुत हुआ करते थे। सांगली के विष्णुदास भावे ने अपनी मण्डली लाकर सन् 1853 में लोकधर्मी थियेटर की धूम मचायी थी। उसके नाटक 'गीत-नाटक-आख्यान' कहलाते थे जो संगीतपरक अधिक थे। इन नाटकों का प्रदर्शन ग्राण्ट रोड थियेटर में भी हुआ था। उन दिनों पारसी नाटक मण्डलियों का कोई नाम न था। प्रस्तुतीकरण और वेश-भूषा आदि की दृष्टि से लोकधर्मी थियेटर अधिक उन्नत नहीं था।

अतएव पारसियों को एक ओर अँगरेज़ी थियेटर और दूसरी ओर भावेकृत नाटकों में लोकधर्मी थियेटर दोनों ही बपौती में प्राप्त हुए। ओपेरा की प्रधानता का श्रेय लोकधर्मी परम्परा को ही है।

पारसी नाटक मण्डलियों ने अपने नाटकों का आरम्भ अपने देश ईरान की कुछ ऐतिहासिक गाथाओं का नाटकीकरण करके किया। स्वाभाविक था कि अपने धर्म और इतिहास के प्रति उनका इतना मोह हो। कैखुशरु कावराजी ने 'बेजन-मनीजेह', 'जमशेद' और 'फ़रेदून' इसी परम्परा में लिखे। यही पारसी नाटकों और थियेटरों का आरम्भ कहा जा सकता है। यद्यपि इसके पहले कुछ पारसी नौजवान कई नाटक क्लबों की स्थापना कर अपना और दूसरों का मनोरंजन किया करते थे। उनमें एलफ़िन्स्टन कॉलेज का एलफ़िन्स्टन क्लब अँगरेज़ी नाटक—विशेषकर शेक्सपियर के—खेला करता था। संगीतबद्ध 'स्केच' का अभिनय भी चालू था। इस प्रकार नाटक के प्रायः सभी अवयव न्यूनाधिक मात्रा में पारसी थियेटर के परिवेशस्वरूप उपलब्ध थे।

मेरा विचार है कि पारसी थियेटर में प्रहसन (नक़ल) की जो परम्परा चली वह भी अँगरेज़ी नाटकों के प्रभाव के कारण थी। आरम्भ में ये प्रहसन मूल नाटक से भिन्न होते थे और उनमें प्रायः पारसी जाति पर व्यंग्य हुआ करता था परन्तु बाद में यह मूल नाटक का अंश बन गये यद्यपि इनकी कथा मूल से पृथक् हुआ करती थी। परन्तु धीरे-धीरे मूलकथ्य में ही इसका समावेश हो गया।

नाटकों की भाषा, जैसा लिखा जा चुका है, पहले गुजराती होती थी। फिर उर्दू का चलन हुआ। परन्तु सभी दर्शक उर्दू पसन्द करते हों ऐसी बात नहीं थी। हाँ, पंजाब और उत्तर प्रदेश में, जो उन दिनों 'संयुक्त प्रान्त' कहलाता था, उर्दू अच्छी तरह समझी जाती थी। एक बात यह भी थी कि आरम्भ में ही पारसियों को जो नाटककार मिले वे सभी उर्दू के जानकार थे और उसी भाषा में लिखने के अभ्यस्त थे। फिर भी व्यवसाय की दृष्टि से भाषा की समस्या बिलकुल सुलझ नहीं पायी थी। बेताब ने अपने नाटक 'महाभारत' की प्रस्तावना में भाषा विषयक नटी के उत्तर में सूत्रधार से कहलाया है—

"न खालिस उर्दू, न ठेठ हिन्दी, ज़ुबान गोया मिली जुली हो,
अलग रहे दूध से न मिसरी, डली डली दूध में घुली हो।"

ओपेरा में तो छन्दोबद्ध भाषा का प्रयोग होता ही था परन्तु गद्य की भाषा भी टेकयुक्त हुआ करती थी। इस शैली पर भी कुछ तो अँगरेज़ी की अमात्रिक भाषा का प्रभाव था

और कुछ लोकधर्मी छन्दोबद्ध भाषा का प्रभाव भी था। याद रखने में भी सरलता होती थी। दूर बैठनेवाले दर्शकों को—जिनको सन्तोष देना अति आवश्यक था—सुगमता से उच्च-स्वर से बोली जानेवाली भाषा छन्दबद्ध या टेकयुक्त गद्य ही हो सकती थी। यह भाषा के स्वरूप का व्यावहारिक पक्ष था।

पारसी नाटक मण्डलियों का प्रभाव, जैसा सूची से ज्ञात होगा, पारसी इतर जातियों पर भी पड़ा था। उन्होंने अपनी ही मण्डलियाँ स्थापित कीं। रजवाड़ों पर भी इनका प्रभाव पड़ा। जयपुर और पटियाला में नाट्यशालाएँ बनवायी गयीं। रजवाड़ों का नाट्य-साहित्य एक पृथक् भाग की आवश्यकता रखता है। इसीलिए उसे प्रस्तुत प्रबन्ध में सम्मिलित नहीं किया गया। पारसी थियेटर के भाग 2 में वे सब विवरण दिये जायेंगे और उनसे सम्बन्धित सामग्री का समावेश किया जायेगा।

आज अवश्य भारतीय थियेटर अपनी नयी दिशा खोज रहा है परन्तु वर्तमान और भविष्य दोनों में उसके स्वरूप ढालने के श्रेय से पारसी थियेटर वंचित नहीं किया जा सकता। पारसी थियेटर भी एक प्रकार से प्रयोगी थियेटर था। उसके प्रयोग उस समय के नाटकों में हमें मिल रहे हैं। क्या यह आशा की जाय कि हमारे नाटक निदेशक और उसको अपना ही एकाधिकार समझनेवाले महाजन नवीन निर्माण की खोज में पुरातन को भुलायेंगे नहीं।

परिशिष्ट 1

नाटकों के विज्ञापन

1
Hindu Theatre

The Hindu Dramatic Corps most respectfully beg to acquaint the Bombay Public, Native and European, that they will have the honour to appear on the boards of the Grant Road Theatre, on Saturday the 26th Instant, when the interesting play of 'Raja Gopichand and Jalunder' will be perfomed in Hindoostanee.

Prices of Admission

Dress Cricle	Rs. 3/-
Stall	Rs. 2/-
Gallery	Rs. $1^1/_2$ /-
Pit	Re. 1/-

Tickets to be had at the Theatre, performances to commence at 8 P.M. precisely (848)

Telegraph and Courier, Bombay.

Thursday, November 24, 1853.

•

2

1. पारसी ड्रामेटिक कोर ने अपना पहला खेल 'रुस्तम ज़बोली अने सोहराब' गुजराती भाषा में ग्राण्ट रोड थियेटर में, 29 अक्टूबर, सन् 1853 ई. के दिन अभिनीत किया।

2. इसके बाद दो अन्य गुजराती नाटकों का अभिनय क्रमशः 5 नवम्बर, सन् 1853 तथा 6 फ़रवरी, सन् 1854 को दिखाया गया।

3. सन् 1854 में पारसी थियेटर के नाम से नाटक हिन्दुस्तानी भाषा में अभिनीत हुए। एक का नाम 'श्याबक्ष की पैदायश' था जो 6 मई, सन् 1854 को अभिनीत हुआ।

(उर्दू अदब, मार्च, सन् 1855, पृ. 97)

3

श्री शृंगार संग्रह पुर्णरस इराणी नाटक मण्डली

पुणें येथील चैनीं लोकांकरितां 'जान आलम अणि अंजुमन आरा' ह्या नाँवाचा अति सुरस खेल हिन्दुस्थानी भाषेंत शनवार ता. 27 माहे डिसम्बर सन् 1873 रौजीं रात्रो आपा बलवंत यांच्या वाडयान्त केला जाईल, त्या मध्ये उत्तम, चकचकीत, सुन्दर मनोवन्धक पोशाक, मन-व्यापक सिनर्‍यां, चमत्कारिक देखावे ह्यात मोढ्या तरहवाईक रीती में राक्षस व अप्सरा त्यांचे एकदम अन्धातरी उडून जाणें व जमीनींत गडय होणें, डोंगर फाटून मनुष्याचें नीधूनयेणें आकाशान्त हूबेहूब सूर्य दाखवीणें, जलते आगींतून मनुष्याचें चालून जाणें व मनुष्याचें डोके कापलेलें पुनहा सांघले जाणें वगैरे उत्तम देखावे करण्यांत येतील।

ह्मांत मधूर गायनही गाण्यांत येतील—

ह्मांनतर

'भोले मीयाची भोलाई'

ह्मानांवाचा एक रमुजी हिन्दुस्थानीं भाषेंत फार्स केला जाईल।

दरवाजा 9 बाजतां उघडून, खेल 10 बाजतां सुरु होईल

''ज्ञान चक्षु', 24 दिसम्बर 1873, अंक 52, बुधवार सायंकाल; पूणे।

परिशिष्ट 2

बम्बई और महाराष्ट्र में हिन्दी नाटक का आरम्भ

हिन्दू थियेटर

बाम्बे थियेटर (1776-1846) में सदा से अँगरेज़ी के नाटक ही दिखाये जाते थे। यहाँ तक कि नव-निर्मित ग्राण्ट रोड थियेटर में भी अँगरेज़ी नाटकों के अभिनय का ही बोलबाला था। महाराष्ट्र सरकार के आलेख एवं पुरातत्त्व विभाग में दो जिल्दें 'थियेटर डायरीज़' की हैं जिनमें सन् 1816 से सन् 1819 तक अभिनीत नाटकों की सूची दी गयी है। इन दैनन्दिनियों में भारतीय भाषा के किसी नाटक का नाम नहीं है।

'बाम्बे टाइम्स एण्ड जर्नल आफ़ कामर्स' पत्र से जो दैनिक रूप में बम्बई से प्रकाशित होता था, एक समाचार दिया गया है। पत्र 16 फरवरी, सन् 1846 का है। उसके पढ़ने से पता चलता है कि 'हिन्दू ड्रामा' के पुनरुत्थान का प्रयत्न सन् 1846 में फरवरी के पहले से ही किया गया और उसमें सफलता भी मिली। परन्तु वे प्रयास कौन से थे तथा किन नाटकों का अभिनय किया गया इन प्रसंगों पर उसमें कोई प्रकाश नहीं डाला गया। केवल इतना पता चलता है कि थियेटरों के लिए एक 'थियेटर कमिटी' थी जो अभिनय का प्रबन्ध करती थी। इस कमिटी ने विज्ञापित किया कि आगामी सोमवार को 'खेतवाडी' में एक नाटक दिखाया जायगा। नाटक के सम्बन्ध में सम्पादक का कहना है कि वह किसी संस्कृत के नाटक का अनुवाद है जिसे एक ब्राह्मण ने किया है। यह ब्राह्मण स्वयं विदूषक बनकर रंगमंच पर उपस्थित होता है और नाटक का निर्देशन करता है।

ऐसा प्रतीत होता है कि टाइम्स में जो शब्दावली 'हिन्दू ड्रामा' तथा 'हिन्दू थियेटर' के रूप में व्यवहृत की गयी है उसका अपना महत्त्व है। सामान्यतया इस शब्दावली से यह प्रतीत होता है कि 'हिन्दू नाट्यशाला' अथवा 'हिन्दू ड्रामा' नाम की कोई स्थूल वस्तु का अस्तित्व है। परन्तु मेरा अनुमान है कि 'हिन्दू थियेटर' का प्रयोग समस्त हिन्दू नाटक कला का अभिव्यंजक है। यह शब्द श्री होरेस विल्सन की ईज़ाद है जिन्होंने 'हिन्दू थियेटर' के नाम से कुछ संस्कृत के नाटकों का अनुवाद और सारांश प्रकाशित किया था। संस्कृत के नाटकों को भी वह 'हिन्दू ड्रामा' के नाम से इसलिए पुकारते थे कि वे हिन्दू लेखकों द्वारा लिखे गये थे। तत्कालीन समाचार-पत्रों में ये दोनों शब्द हिन्दुओं द्वारा लिखे गये अथवा अभिनीत किये गये नाटकों के ही द्योतक हैं, किसी विशेष नाट्यशाला अथवा नाटक के नाम नहीं हैं। इस मत की पुष्टि टाइम्स के उस समाचार से होती है जो पृ. 316 के कालम 3 तथा 4 में दिया गया है। हेमेन्द्रनाथ दास ने भी 'हिन्दू थियेटर' शब्द का प्रयोग किया है।[1] अतएव जिन विद्वानों ने भारतीय भाषा

---

1. द इण्डियन स्टेज, वाल्यूम I, पार्ट II (1946), पृष्ठ 280

के नाटकों का अभिनय सन् 1853 में माना है—वैसे सांगली में तो विष्णुदास भावे ने सन् 1843 में ही 'सीता-स्वयंवर' का अभिनय मरहठी भाषा में किया था—उन्हें अपने मत पर पुनः विचार करना चाहिए।

सन् 1846 के रंगमंच, अभिनय तथा वेश-भूषा का भी थोड़ा परिचय उक्त समाचार-पत्र में प्राप्त होता है। रंगमंच कोई चबूतरा या वर्तमान प्लेटफार्म की तरह नहीं था। समतल भूमि पर दर्शकों के बैठने के लिए कुर्सियाँ नहीं होती थीं। बेंचों को चारों ओर एक के ऊपर दूसरी टाँड पर पंक्ति में लगा दिया जाता था और सैकड़ों दर्शक जिनमें अमीर, ग़रीब, बड़े-छोटे सभी सम्मिलित थे, उन पर बैठकर नाटक देखते थे। किसी प्रकार का जातिगत अथवा वर्गगत भेद-भाव नहीं था। अनुमान होता है कि स्थान 'खुला थियेटर' जैसा था।

नाटक के आरम्भ होने से पहले विदूषक का प्रवेश होता था जो नाटक की समस्त कथावस्तु से दर्शकों को अवगत कर देता था। तत्पश्चात् चमकीली तथा विचित्र वेश-भूषा से सजकर अभिनेता मंच पर प्रवेश करते थे और इस प्रकार नाटक गतिमान् होता था। विदूषक सभी दृश्यों में विद्यमान रहता था और यदा-कदा अपनी उक्तियों से दर्शकों का मनोरंजन किया करता था।

खेतवाडी में ये नाटक कब तक चलते रहे और कौन-कौन से नाटक अभिनीत हुए, इस सम्बन्ध में कोई सूचना प्राप्त नहीं होती। एक अन्य बात यह भी ध्यान देने की है कि नाटकों की भाषा का भी पता नहीं चलता। सम्भवतः मरहठी भाषा में थे। परन्तु इसका कोई भी उल्लेख प्रो. बनहट्टी के इतिहास[1] में नहीं है। हो सकता है कि हिन्दुस्तानी में ही लिखे गये हों।

मेरे विचार से सन् 1846 के इन नाटकों को भी उसी शृंखला की एक कड़ी मानना चाहिए जो सन् 1843 में विष्णुदास भावे द्वारा सांगली में 'सीता-स्वयंवर' के अभिनय से आरम्भ हुई थी। इस प्रकार सन् 1843 से सन् 1851 तक जो मरहठी नाटक भावे-मण्डली द्वारा खेले गये उनकी रीति-नीति में थोड़ा अन्तर था। निश्चय ही अनूदित नाटकों में संस्कृत गद्य का प्रयोग संवादों में किया गया होगा। यह गद्य भाग भावेकृत काव्य 'नाटकाख्यान' के पाठों में नहीं मिलता। अस्तु।

मरहठी नाटकों की दूसरी मंज़िल का श्रीगणेश विष्णुदास भावे की नाटक मण्डली के बम्बई आगमन से आरम्भ होता है। बम्बई आने की भावे की यह प्रथम यात्रा (सवारी) थी यद्यपि सांगली से वह एक बार पहले भी नाटक-यात्रा कर चुके थे जो पूना तक समाप्त हो चुकी थी।

बम्बई की प्रवास-यात्रा का समय फरवरी, सन् 1853 से अप्रैल, सन् 1853 माना जाता है। 'बाम्बे टाइम्स' दिनांक बुधवार 16 फरवरी, सन् 1853 के अनुसार प्रो. बनहट्टी ने भावे के नाटकों का सर्वप्रथम अभिनय 14 फरवरी, सन् 1853 को माना

1. देखिये, अनुसूची संख्या 7, बनहट्टी-कृत मराठी रंगभूमि चा इतिहास।

है। यह अभिनय विश्वनाथ आत्माराम शिम्पी के बाग में हुआ था। अभिनीत नाटक थे—'इन्द्रजीत वध', 'सुलोचना सहगमन', 'अश्वमेधयज्ञ' तथा 'लवकुशाख्यान'।[1]

उक्त समाचार-पत्र का कहना है कि नाटक का आरम्भ ठीक 7 बजे हुआ। प्रबन्ध-व्यवस्था यद्यपि उत्कृष्ट नहीं थी परन्तु जिन स्थानीय सज्जनों ने अपने ऊपर उसका भार लिया था, उनके लिए सराहनीय थी। उपस्थिति बहुत अधिक थी। कुशल अभिनेता पौने दस बजे तक सुलोचना का अभिनय करते रहे और शेष समय को लव-कुश आख्यान में व्यतीत किया। बालकों का अभिनय विशेष रूप से अच्छा था। उनमें एक बड़ा आदमी भी था जो अपने को महादेव कहता था और जिसने समय पड़ने पर ऐसा कोई अवसर हाथ से नहीं जाने दिया जहाँ हँसाने की आवश्यकता हो और वह चूक जाय। नाटक प्रातः 2 बजे समाप्त हुआ।[2]

भावे के यही नाटक बुधवार 9 मार्च, सन् 1853 को ग्राण्ट रोड थियेटर में पुनः अभिनीत हुए।[3]

प्रो. बनहट्टी ने 14 फरवरी, सन् 1853 और 9 मार्च, सन् 1853 के बीच भावे-मण्डली के किसी अभिनय का उल्लेख नहीं किया है। वास्तव में भावे-मण्डली ने शनिवार, 18 फरवरी, सन् 1853 को भी एक अभिनय मूलेघर मन्दिर में किया था। इस अभिनय के संरक्षक श्री आत्माराम केशो भण्डारी थे।[4] प्रबन्ध व्यवस्था सराहनातीत थी। न कुर्सियाँ थीं, न पिट और न रंगमंच—यद्यपि स्थान को रंगमंच की ही संज्ञा दी गयी थी। भूमि पर क़ालीन बिछा दिये गये थे और दर्शकगण उन्हीं पर बैठे थे। महिलाओं और पुरुषों के शोर के कारण अभिनेता दर्शकों का मनोरंजन न कर सके। राम-वनवास का अभिनय किया गया था। नाटक 9.30 बजे आरम्भ होकर प्रातः 2 बजे समाप्त हो गया।

इन विज्ञापनों से एक भ्रम पैदा होता है। क्या 'हिन्दू ड्रामेटिक कोर' तथा 'हिन्दी ड्रामेटिक कोर आव सांगली' दोनों नाम एक ही नाटक मण्डली के थे अथवा ये दोनों पृथक्-पृथक् मण्डलियाँ थीं?

16 फरवरी, 1853 के बाम्बे टाइम्स में जो विज्ञापन है उसके अनुसार भावे-मण्डली को 'द हिन्दू थियेटर' कहा गया है। यह शब्दावली भावे के नाटकों के लिए भी प्रयुक्त कही जा सकती है। 8 मार्च, सन् 1853 के विज्ञापन में उसे 'द हिन्दू ड्रामेटिक कोर, रीसेण्टली अराइव्ड फ्राम द डेक्कन' कहा गया है। पुनः 11 मार्च, 1853 के अंक में उसे 'द हिन्दू ड्रामेटिक कोर, रीसेण्टली अराइव्ड फ्राम सांगली' बताया गया है। शेष विज्ञप्तियों में उसे केवल 'हिन्दू ड्रामेटिक कोर' ही कहा गया है।

---

1. मरहठी रंगभूमि चा इतिहास, खण्ड 1
2. देखिये, अनुसूची संख्या 7, बनहट्टी-कृत मराठी रंगभूमि चा इतिहास।
3. वही
4. टाइम्स, 22 फरवरी, सन् 1853, पृ. 358-59, कालम 4 और 1

इन सब विज्ञप्तियों से यही निष्कर्ष निकलता है कि 'हिन्दू ड्रामेटिक कोर' और 'सांगली का हिन्दू ड्रामेटिक कोर' दोनों नाम 'भावे-नाटक मण्डली' के ही हैं तथा बम्बई आकर मण्डली का यह नामकरण इसलिए कर दिया गया था कि बम्बई में और भी नाटक मण्डलियाँ होंगी जो जातिपरक नाम से नाट्याभिनय करती होंगी। कम-से-कम अँगरेज़ों के नाट्याभिनय से भिन्न करने के लिए—जो 'बाम्बे थियेटर' में हुआ करते थे—तो यह नाम उचित ही प्रतीत होता है। अँगरेज़ी दर्शक मण्डली को सूचित करने के लिए भी उनकी नाट्य-मण्डली से भिन्न 'हिन्दू ड्रामेटिक कोर' की स्थापना मानी जा सकती है।

भावे नाटक मण्डली का नाम 'सांगलीकर हिन्दू नाटककार' पड़ गया था। इसका प्रमाण 'ज्ञानप्रकाश' पत्र का 21-1-1856 का अंक भी है जिसमें मण्डली का नाम 'सांगलीकर हिन्दू नाटककार' लिखा है।[1] 15वीं मई, सन् 1862 के 'ज्ञानप्रकाश' में इस मण्डली को 'कदीमी सांगलीकर नाटककार' कहा गया है जिससे प्रतीत होता है कि 'सांगलीकर नाटककार' के नाम से कोई नयी मण्डली और खड़ी हो गयी थी।

सारांश यह है कि सन् 1846 के लगभग बम्बई में भारतीय भाषा के नाटक का आरम्भ हो चुका था और सन् 1853 तक उसका अच्छा खासा विवरण हमें पत्रों से पता चल जाता है। परन्तु नाटक सम्भवतः मरहठी भाषा के थे।

हिन्दी नाटक :

अब प्रश्न यह है कि हिन्दी का नाटक बम्बई में कब अभिनीत हुआ?

24 नवम्बर, सन् 1853 के 'टेलीग्राफ़ एण्ड कोरियर' में एक विज्ञापन छपा है जिसका आशय यह है "बम्बई की भारतीय एवं यूरोपीय जनमण्डली को बड़े आदरपूर्वक सूचित किया जाता है कि 26 तारीख शनिवार को हिन्दू ड्रामेटिक कोर अपना अभिनय ग्राण्ट रोड थियेटर में करेगी। उस समय हिन्दुस्तानी भाषा में 'राजा गोपीचन्द और जलन्धर'[2] नाम का अत्यन्त रुचिकर नाटक दिखाया जायगा।"

लगभग एक वर्ष बाद 3 जनवरी, सन् 1854 में भी 'बाम्बे टाइम्स' में एक विज्ञापन निकला जिसमें कहा गया है कि 'राजा गोपीचन्द और जलन्धर' नाटक के दोनों भाग दिखाये जायेंगे। दर्शक मण्डली को अधिक-से-अधिक संख्या में आकर्षित करने के लिए टिकट की दरों में कमी कर दी गयी है। तत्पश्चात् सन् 1854 को उक्त पत्र में ही नाटक का सारांश और 9 जनवरी, 1854 के अंक में नाटक पर एक टिप्पणी भी प्रकाशित हुई।

नाटक के रचयिता :

'राजा गोपीचन्द और जलन्धर' नाटक के रचयिता कौन थे? विष्णुदास भावे ने अपनी पुस्तक 'नाट्यकाव्याख्यान' की भूमिका में लिखा है—"मी एक नवीनच नाटक

---

1. बनहट्टी, पृ. 108-109 तथा 212
2. देखिये अनुसूची।

वसवून ते थे प्रयोग केला।''... यह नवीन नाटक 'गोपीचन्द' ही था और हिन्दुस्तानी में लिखा गया था। इसके सम्बन्ध में विष्णुदास भावे के जीवनचरित के लेखक वासुदेव गणेश भावे का उद्धरण प्रो. बनहट्टी ने दिया है—

''ज्या दिवशीं नाटक व्हावयाचे त्याच्या आदले दिवसापासून तिकिटें एकन्दर 1800 रुपयांचीं खपलीं। खेलास शहरांतील शेठ-साबकार सरकारी नौकर, युरोपियन, पारशी वगैरे बहुतेक बड़ी मंडली आली होती। ते दिवशीं नाटकांत गणपति, सरस्वति याचें आवाहन 'अधर' दाखविलें गेलें! व जलंधरच्या डोक्यावरची अधर मोली, मैनावती व जालंदरचा महाल, वगैरे सीन उत्तम दाखबिले, यामुले खेल मंडलींस फार पसंत पडला।''[1]

उपर्युक्त दोनों उद्धरणों से 'राजा गोपीचन्द और जलन्धर' के लेखक विष्णुदास भावे ही थे तथा नाट्यकाव्य संग्रह में मुद्रित 'गोपीचन्दाख्यान' एवं ग्राण्ट रोड थियेटर में अभिनीत 'राजा गोपीचन्द और जलन्धर' एक ही नाटक हैं इसमें सन्देह करने का कोई स्थान नहीं रहता। डॉ. नामी ने राजा गोपीचन्द और जालन्धर को डॉ. भाऊदाजी लाड द्वारा रचित माना है जो सही नहीं है।[2] उन्होंने अपने निष्कर्ष के लिए कोई प्रमाण भी नहीं दिया। डॉ. लाड भावे तो ग्राण्ट रोड थियेटर में अभिनय दिखाने की प्रेरणा देनेवालों में से थे।

निष्कर्ष यह निकलता है कि यदि सन् 1846 में खेतवाडी थियेटर में अभिनीत होनेवाले संस्कृत से अनूदित नाटक हिन्दुस्तानी में नहीं थे तो हिन्दी का सर्वप्रथम बम्बई में अभिनीत होनेवाला नाटक भावेकृत 'गोपीचन्द और जलन्धर' था जिसका अभिनय सन् 1853 में प्रथम बार ग्राण्ट रोड थियेटर में किया गया।

राजा गोपीचन्द और जलन्धर नाटक की विशेषताएँ :

परिशिष्ट में प्रस्तुत 'गोपीचन्दाख्यान' से प्रकट होता है कि भावे ने मूल नाम 'गोपीचन्दाख्यान' ही रखा था परन्तु विज्ञापन के लिए उसे 'राजा गोपीचन्द और जलन्धर' कर दिया गया था। यह संगीतबद्ध नाटक लोकधर्मी नाट्यपरम्परा की शैली में लिखा गया है। अतएव इसमें गद्य का अभाव है। ऐसे नाटकों के अभिनय के समय यह शैली थी कि गद्य अंश अभिनेता यदा-कदा और यथासमय स्वयं जोड़ दिया करते थे। उनका यह कृत्य उनकी प्रत्युत्पन्नमति का द्योतक होता था और कथावस्तु के विभिन्न सूत्रों को एकत्रित कर उन्हें सामूहिक रूप देने में सहायक होता था। कभी-कभी दर्शक मण्डली में से भी कोई व्यक्ति चुटकला छोड़ देता था और अभिनेता तत्काल उत्तर देकर उसकी तुष्टि कर देता था।

प्रस्तुत नाटक में प्रथम दो पंक्तियाँ मंगलाचरण की हैं। परन्तु यह मंगलाचरण अन्य नाटकों की तरह नान्दी रूप में ही व्यवहृत हुआ है। लेखक अभिनय के समय चाहे

1. बनहट्टी : 'मराठी रंगभूमि चा इतिहास', पृ. 104-5
2. डॉ. नामी : 'उर्दू-थियेटर', खण्ड 1, पृ. 192

उसे किसी रूप से बढ़ा देता हो परन्तु पाठ्य की दृष्टि से वह सूक्ष्म ही है। इस मंगलाचरण के पश्चात् एकदम कथा का संक्षिप्त परिचय दर्शकों को दिया जाता है। यह परिचय तीसरी पंक्ति से आरम्भ होता है और 18 पंक्ति तक चलता है। उसके बाद अपनी सोलह सहेलियों के साथ मैनावती प्रवेश करती है और जलन्धर जोगी के घर की ओर बढ़कर वहाँ पहुँचती है तथा उनके चरण स्पर्श कर अपना अभिप्राय उनसे कहती है। दोनों की परस्पर वार्त्ता के पश्चात् 'साम्या' द्वारा नाटक निर्देशक दर्शक मण्डली को पुनः कथा की गति की ओर ले चलता है। समस्त नाटक में यही क्रम है। अर्थात् कहीं परस्पर संवाद है और बीच-बीच में कथावस्तु को शृंखला जोड़ने के लिए 'साम्या' है।

कथानक के विषय में कोई नवीनता नहीं है। लोकप्रिय राजा गोपीचन्द के जोग लेने और अपनी नश्वर काया को योग द्वारा शुद्ध कर उसकी रक्षा करने की कथा ही नाटक रूप में वर्णित है। प्रधान पात्र मैनावती, गोपीचन्द और जलन्धरनाथ जी हैं।

रचना के लेखक :

मूल रूप से विष्णुदास भावे हैं, यद्यपि उनका नाम केवल अन्तिम पद में ही आया है। परन्तु उन्होंने इसके सम्बन्ध में लिखा है कि "या आख्यानाची काही कविता पूर्वीच्या कवीची घेतली आहे व काही मीकेलेली आहे।" अर्थात् इसमें कुछ कविताएँ पहले के कवियों की हैं और कुछ मेरी हैं। पहले के कवियों में विश्वम्भरनाथ, गुरुनाथ और कबीर के कुछ पद हैं। सभी पद गेय हैं और राग-रागिनियों में लिखे गये हैं।

नाटक की भाषा हिन्दुस्तानी है। यह वह भाषा है जो उस समय दक्षिण भाग में प्रचलित थी। इसमें साहित्यिक पुट कुछ भी नहीं है। इस दृष्टि से भी इस नाटक की अपनी विशेषता है और यह इसका प्रमाण है कि राष्ट्रभाषा के रूप में हिन्दी कितनी दूर तक फैली थी और उस समय उसका क्या रूप था। वर्तमान व्याकरण की दृष्टि से इस भाषा में अनेक त्रुटियाँ हैं परन्तु उन पर ध्यान नहीं देना चाहिए। आख़िर यह भाषा बोल-चाल में एक सौ वर्ष से भी अधिक पुरानी हो गयी क्योंकि इस नाटक के अभिनय की सूची 'बम्बई कोरियर' पत्र में सन् 1853 में पहली बार निकली थी।

गोपीचन्द का अभिनय :

विष्णुदास भावे जब बम्बई में पहली बार आये तो उन्हें अपनी लोक-परम्परावाली अभिनय शैली का अभ्यास था जो उन्होंने कन्नड़ के 'यक्षगान' देखकर अपनायी थी और जिसका उन्हें तथा उनके अभिनेताओं को अभ्यास था। 18 फरवरी, सन् 1853 को आत्माराम केशो भण्डारी की संरक्षता में श्री मूलेधर के मन्दिर में तथा 14 फरवरी, सन् 1853 को विश्वनाथ आत्माराम शिम्पी की बगीची में जहाँ उनकी 'सांगलीकर नाटककार मण्डली' के प्रदर्शन हुए थे वे दोनों उनकी अभ्यस्त परम्परा के ही अन्तर्गत थे।

परन्तु गोपीचन्द नाटक का अभिनय उन दिनों हुआ जब भावे ग्राण्ट रोड थियेटर के नाटकों का प्रदर्शन देख चुके थे तथा उनकी यूरोपीय परम्परा से परिचित हो चुके थे। निश्चय ही इन प्रदर्शनों से उन पर यह प्रभाव पड़ा था कि वह भी उस थियेटर में, तथा दृश्य-चित्रों आदि की परम्परा में अपने नाटक दिखा सकते तो कैसा अच्छा होता। अपनी इस इच्छा को उन्होंने व्यक्त भी किया है। परन्तु नाट्यशाला का दैनिक भाड़ा उनकी इच्छापूर्ति में बाधक प्रतीत होता था। अपनी पुस्तक 'काव्यनाटकाख्यान' की भूमिका में उन्होंने नाट्यशाला की एक रात का भाड़ा पाँच सौ रुपया बताया है। वास्तव में वह लगभग पचास रुपये था। अंकों में एक शून्य मुद्रकों के कारण लग गया प्रतीत होता है। इसका प्रमाण यही है कि समाचार-पत्रों में गोपीचन्द के अभिनय का जो विज्ञापन छपा वह ग्राण्ट रोड थियेटर में ही उसका अभिनय किया जायगा—इस आशय का था। यह कल्पना की जा सकती है कि ग्राण्ट रोड थियेटर के रंगमंच के अनुकूल बनाने में मूल पाठ्य रूप में अवश्य ही कुछ परिवर्तन किया गया होगा। पदों का उचित प्रयोग करने के लिए कथावस्तु को दृश्यों और अंकों में विभाजित कर उसे आधुनिक नाटक के अनुरूप लाने के लिए अत्यधिक प्रयास हुआ होगा। ऐसी अवस्था में अभिनयवाली प्रति प्रकाशित प्रति से भिन्न होगी। फिर यह नाटक एक बार नहीं, एक वर्ष बाद भी खेला गया था। उस समय वह दो भागों में विभक्त था। अतएव यह हिन्दी का सौभाग्य ही मानना चाहिए कि उसके आदि-नाटकों में से गोपीचन्द नाटक को नितान्त आधुनिक रंगमंच का आश्रय प्राप्त हुआ।

तत्कालीन दर्शक मण्डली :

बम्बई थियेटर की जो दर्शक मण्डली अँगरेज़ी नाटकों में रुचि रखनेवाली थी उसके विषय में यहाँ इतना कहना ही पर्याप्त है कि उसमें भले और सम्भ्रान्त अँगरेज़ भी थे और जहाज़रानी तथा फ़ौज के ऐसे नौजवान भी थे जो कभी-कभी शोर-गुल से दूसरों को कुछ सुनने नहीं देते थे। परन्तु हिन्दू नाटकों की दर्शक मण्डली अधिकांश में ज़मीन पर बिछे हुए क़ालीनों पर बैठे रहकर नाटक देखा करती थी। उनके सामने कोई ऊँचा उठा हुआ मंच नहीं हुआ करता था। उनके खेलों के टिकट अपेक्षाकृत कम पैसों में आते थे। अतएव दर्शकों की संख्या पर्याप्त होती थी। उनमें पुरुष, स्त्री और बच्चे सभी होते थे। अतएव शोर-गुल होना स्वाभाविक था। फिर भी उनके बर्ताव में कोई अश्लीलता या उग्रता नहीं थी। हिन्दू नाटकों की कथा पौराणिक होने के कारण उसके देखने में दर्शकों का मनोभाव भक्तिपूर्ण हुआ करता था। इसलिए उन पर स्वाभाविक संयम रहता था।

पात्रों की वेशभूषा पर भी विशेष ध्यान नहीं दिया जाता था। यद्यपि 'हिन्दू ड्रामेटिक कोर' का कोई विस्तृत विवरण प्राप्त नहीं है परन्तु अनुमान यही होता है कि पुरुष और स्त्री पात्रों की पोशाकें जैसी उपलब्ध होती थीं वैसी ही प्रयोग में ले आयी जाती थीं। उनकी ऐतिहासिकता पर कोई विचार नहीं होता था।

निष्कर्ष :

उपर्युक्त विवरण से स्पष्ट है कि हिन्दी का बम्बई में खेला जानेवाला सर्वप्रथम ज्ञात नाटक भावे-कृत 'गोपीचन्द' अथवा 'गोपीचन्द और जलन्धर' है।

भारतेन्दु का यह कथन कि हिन्दी का सर्वप्रथम अभिनीत नाटक 'जानकी मंगल' था जो सन् 1868 में बनारस थियेटर में खेला गया, सत्य नहीं है।

मरहठी मण्डलियों द्वारा खेले गये एक अन्य नाटक का उल्लेख भी मिलता है। उसका नाम भी 'गोपीचन्द' ही है और लेखक हैं अन्नाजी गोविन्द इनामदार।

प्रसिद्ध मरहठी नाटक मण्डली 'इचलकरंजीकर' को जो प्रशस्तियाँ समय-समय पर नाट्य-कला विषयक ख्याति के कारण मिलीं उनमें से एक प्रशस्ति प्रो. बनहट्टी ने अपनी पुस्तक के परिशिष्ट 10 में दी है।[1] इन प्रशंसकों में एक नाम अन्नाजी गोविन्द इनामदार का भी है। अन्नाजी के विषय में इस उल्लेख से केवल इतना ही निष्कर्ष निकाला जा सकता है कि उन्हें नाटक में रुचि थी। वह नाट्य-कला के पारखी थे और उसको प्रोत्साहन देने में पीछे नहीं हटते थे।

इन्हीं इनामदार ने 'गोपीचन्द' नाटक की रचना की है। रचनाकाल का तो पता चलता नहीं, परन्तु यह निश्चय है कि नाटक के तीन संस्करण हुए थे। सर्वप्रथम संस्करण सोलापुर में सन् 1869 में छपा था। इस संस्करण की एक प्रति 'इण्डिया आफिस लाइब्रेरी, लन्दन' में सुरक्षित है।[2] दूसरा संस्करण बम्बई में भाऊ गोविन्द द्वारा सन् 1877 में मुद्रित हुआ और तीसरा संस्करण 22 फरवरी, सन् 1887 में 'ज्ञान-चक्षु' छापेख़ाने बुधवार पेंठ, पूना से निकला था। एक पुस्तक के तीन-तीन संस्करण हो जाना हिन्दी में आश्चर्य की ही बात है। यह तथ्य इस बात का द्योतक है कि नाटक कितना लोकप्रिय था। तीसरे संस्करण की प्रस्तावना से यह भी प्रतीत होता है कि नाटक के प्रत्येक संस्करण में कुछ-न-कुछ सुधार किया गया है। लेखक को जहाँ सम्बन्ध-सूत्र टूटता दिखायी दिया है वहाँ उसने उसे जोड़ने का बड़ा परिश्रम किया है।

कथा-वस्तु :

लेखक ने नाटक के आरम्भ में जो 'इस नाटक की हक़ीक़त' दी है उससे नाटक की कथा पर पूरा प्रकाश पड़ता है। अतएव उसे मूलरूप में दे दिया गया है जिससे फिर से उसे लिखने की आवश्यकता नहीं है।

अभिनय :

इस नाटक का अभिनय किस नाटक मण्डली ने किया, कहाँ किया और कब किया आदि प्रश्नों के उत्तर कहीं भी उपलब्ध नहीं होते। परन्तु अभिनय न किया गया हो यह समझ में नहीं आता।

---

1. म. रं. इ., पृ. 417-420
2. कृष्णाचार्य, 'हिन्दी के आदि मुद्रित ग्रन्थ, पृ. 5

नाटक के अभिनय के विषय में जो कुछ लेखक ने अपने पहले ही 'परवेश' में कह दिया है; वह उसकी शैली पर पर्याप्त प्रकाश डालता है।

शैली वही है जो नाट्य जगत् में प्रसिद्ध है। सूत्रधार, नटी, पारिपार्श्वक, विदूषक सभी पात्र प्रस्तावना में हैं। विदूषक की भूमिका स्वयं नट सँभालता है। यह विदूषक महाराज मरहठी नाटक की विशेषता है। उसका कार्य केवल हास्य की उत्पत्ति मात्र नहीं है। वह कथानक को आगे बढ़ाने का कार्य भी करता है।

इस नाटक की शैली पर ध्यान जाने की बात एक और भी है। यह लोकधर्मी परम्परा और आधुनिक नाट्यधर्मी परम्परा का मेल है। लोकधर्मी नाटक में यदि पद्य की प्रधानता है तो इसमें गद्य की। यह पहले कहा जा चुका है कि पद्यबद्ध नाटकों में यथास्थान गद्य का समन्वय पात्रों द्वारा स्वयं हो जाता था। यह गद्य नाटक का अंश होते हुए भी गौण अंश रहता था और मूल पाठ में उसे देने की आवश्यकता नहीं समझी जाती थी। परन्तु इनामदार ने पाठ में गद्य का समावेश कर उसे नितान्त आधुनिक बना दिया है।

भावे-कृत गोपीचन्द और इनामदार कृत गोपीचन्द के तुलनात्मक अध्ययन से प्रकट होता है कि लोकधर्मी परम्परा किस प्रकार नाट्यधर्मी परम्परा में विकसित हो रही थी। इस दृष्टि से इनामदार का नाटक बहुत ही महत्त्वपूर्ण है।

बलवन्तराव भास्कर मरहठे एक ऐसे व्यक्ति थे जिनका नाम केवल महाराष्ट्र में ही नहीं वरन् समस्त भारत व्यापी हो गया था। इन्होंने अपना जीवन 'सांगलीकर नाटककार मण्डली' में स्त्री-पार्ट करने से आरम्भ किया था परन्तु बाद में महादेव भट्ट के सहयोग से 'नूतन सांगलीकार नाटक मण्डली' स्थापित कर ली। यह स्थापना लगभग सन् 1867 में हुई थी। हिन्दी के लिए बलवन्तराव मरहठे का योगदान उनके हिन्दी नाटक हैं। इनकी संख्या 32 है और उनके नाम हैं—

1. सुभद्रा परिणय, 2. बाणासुर-चरित्र, 3. विक्रम चरित्र, 4. रुक्मांगद चरित्र, 5. गोपीचन्द आख्यान, 6. प्रमिला स्वयंवर, 7. शारंगधर, 8. प्रह्लाद, 9. पार्वती परिणय, 10. श्रिपाल चरित्र, 11. श्रीनिवास कल्याण, 12. शाकुन्तल, 13. चन्द्रकान्त, 14. ध्रुवचरित्र, 15. ध्रुवचरित्र (2रा), 16. हरिश्चन्द्र, 17. रामपट्टाभिषेक, 18. पारिजातक, 19. अलाउद्दीन, 20. शशि-रेखा परिणय, 21. शिवाजी, 22. प्रेमबन्धन, 23. पारिजातक कौस्तुभ, 24. रामजन्म, 25. द्रौपदी-वस्त्रहरण, 26. गालवचरित्र, 27. उषा परिणय, 28. जयन्त जयपाल, 29. इला, 30. भीमदेव, 31. वसन्तमाधव, 32. कीचक-वध।

प्रो. बनहट्टी का मत है कि इन नाटकों में से कुछ पौराणिक पद्धति की आख्यान शैली में थे, कुछ संवादपूर्ण थे और कुछ किर्लोस्कर कम्पनी के संगीत नाटकों के अनुरूप थे। यद्यपि इनकी पाण्डुलिपि उपलब्ध नहीं फिर भी यह उपेक्षणीय नहीं है।[1]

उपर्युक्त विवरण के देने का प्रमुख अभिप्राय यह है कि भारतेन्दु ने 'जानकी मंगल' नाटक को जो सन् 1868 ई. में बनारस थियेटर में अभिनीत माना है, उसके पहले

1. म. रं. इ., खं. 1, पृ. 190

ही हिन्दी नाटक आधुनिक रंगमंच पर आ चुके थे और लोकप्रिय भी हुए थे। अतएव यदि पूर्ण जानकारी के अभाव में सन् 1846 में 'खेतवाडी' में होनेवाले नाटकों को हिन्दी नाटक न भी माना जाय तो कम-से-कम सन् 1853 और 1854 में अभिनीत 'राजा गोपीचन्द और जलन्धर' तथा सन् 1867 के लगभग लिखित एवं अभिनीत बलवन्तराव मरहठे के हिन्दी नाटकों को एवं इनामदार के 'गोपीचन्द' नाटक को 'जानकी मंगल' के अग्रज मान लेना चाहिए और वहीं से हिन्दी रंगमंच तथा रंगमंचीय नाटकों का इतिहास आरम्भ कर देना चाहिए। तर्कसम्मत तथ्य तो यह है कि बम्बई नगर के अतिरिक्त अभिनीत नाटकों में नवाब वाज़िद अली शाह का लिखा 'राधा-कन्हैया' का क़िस्सा सर्वप्रथम अभिनीत हिन्दी नाटक है।

जानकी मंगल :

इसके रचयिता पं. शीतलाप्रसाद त्रिपाठी थे। वह हिन्दी-संस्कृत के विद्वान् थे। इस नाटक का अभिनय सन् 1868 में हुआ।

कथावस्तु :

'जानकी मंगल' की कथावस्तु बड़ी सरल और सीधी-सी है। प्रसंग पुष्पवाटिका में राम-सीता मिलन है।

नाटक की रचना प्रचलित संस्कृत के नाटकों के अनुकूल है। आरम्भ नान्दी पाठ से होता है और तदनन्तर सूत्रधार तथा नटी परस्पर के वार्त्तालाप में दर्शकों को नाटक की प्राचीन मर्यादा का रोना रोते हुए तत्कालीन बनारस नरेश महाराज श्री ईश्वरीनारायण सिंह जी की प्रशंसा करते हैं। नाटक कौन-सा दिखाया जाय इस पर परस्पर मतभेद होने पर सूत्रधार और नटी 'जानकी मंगल' खेलने पर एकमत हो जाते हैं।

शिल्प-विधान :

नाटक में तीन अंक हैं। प्रथम अंक का आरम्भ मिथिला में आये हुए दशरथकुमारों के दर्शन की लालसा से होता है। राम और लक्ष्मण राजा जनक की वाटिका में पुष्प-चयन के लिए जाते हैं और लक्ष्मण से शीघ्रता करने के लिए कहते हैं क्योंकि राम ने 'सुना है कि इस समय जनकराजकिशोरी इस बाग में गिरिजा पूजने आवेंगी।' वे दोनों मालियों से पुष्प-चयन की सहमति लेते ही हैं कि सीता का प्रवेश होता है और वह जगज्जननी की स्तुति में संलग्न हो जाती हैं। इस स्तुति का आशय वही है जो तुलसी के 'रामचरितमानस' में वर्णित है। शब्द लेखक के हैं तुलसी के नहीं। पूजा के पश्चात् प्रेमसखी आकर राम के सौन्दर्य का वर्णन तुलसी के 'स्याम गौर किमि कहौं बखानी' के साथ तो करती ही हैं परन्तु लेखक ने अपनी कविता द्वारा उस वर्णन को और अधिक चमका दिया है। उसका कहना

''चलत सोहाय मोर जियरा डराय,
हाय! गड़ि जनि जाय पाय पाँखुरी सुमन की''

स्त्रियोचित कोमलता को साकार कर देता है। चतुर सखी का वर्णन रीतिकालीन कविता की याद दिला देता है। गिरिजा की पुनर्पूजा और वरदान-प्राप्ति पर अंक समाप्त होता है।

त्रिपाठी जी ने दो बार सीता जी से गिरिजा की पूजा करायी है। एक बार एकदम वाटिका में प्रवेश करते ही और दूसरी बार लता की ओट से राम का दर्शन करने के पश्चात्। प्रथम पूजा में स्तुति के शब्द लेखक के हैं और दूसरी में तुलसीदास जी के। इन दोनों को देखते हुए यह निष्कर्ष निकलता है कि पहली पूजा सामान्य रूप से देवी की नित्य प्रतिवाली पूजा है और दूसरी पूजा अपने स्वार्थ के हित में की गयी है। एक बार गिरिजा-मन्दिर से निपटकर सीता पुनः राम को देखने के पश्चात् मन्दिर में आयी हैं। यह स्थिति कुछ समझ में नहीं आती। यदि त्रिपाठी जी मौलिक रहना चाहते थे तो दूसरा प्रवेश न कराते और यदि उन्हें केवल तुलसी का अनुगमन करना था तो अपनी कल्पना को संयम के साथ अपने मस्तिष्क में स्थान देते। यह खिचड़ी बड़ी अद्भुत और असंगत मालूम होती है। ऐसी प्रतीत होता है कि काशीवासी ब्राह्मण एक ही तीर से दो चिड़ियाँ मारना चाहता है। तुलसी के कथानक की रक्षा और अपने विचार की अभिव्यक्ति। परन्तु इस प्रयास के कारण नाटकीय प्रभाव की गरिमा का ह्रास हो गया।

दूसरा अंक धनुष-यज्ञ से सम्बन्धित है। बन्दीजन स्वयंवर में आये हुए राजाओं का पृथक्-पृथक् परिचय देते हैं। दसों राजाओं के प्रवेश एवं परिचय के अनन्तर रावण के प्रवेश से सब खल-भल पड़ जाती है। धनुष देखकर रावण आसन ग्रहण करते हैं और बाणासुर वहाँ आ पहुँचते हैं। राम-लक्ष्मण और विश्वामित्र का प्रवेश इसके पश्चात् होता है। उनके प्रवेश के बाद ही राजा जनक स्वयंवर के मूल कारण का परिचय देते हैं। राजा लोग धनुष उठाने तक में सफल नहीं हो पाते। अन्त में रामचन्द्रजी द्वारा धनुर्भंग और सीता द्वारा जयमाल डालने पर दूसरा अंक समाप्त होता है।

प्रथम अंक की तरह इसमें भी त्रिपाठी जी ने तुलसी के शब्दों का प्रयोग किया है। भाव तो बाबा जी के हैं ही। लेखक की मौलिकता उसके गद्य की भाषा है, जो तत्कालीन गद्य के स्वरूप की ओर इंगित करती है।

तीसरी अंक परशुराम और लक्ष्मण के परस्पर संवाद का अंक है। परशुराम द्वारा रामावतार का ज्ञान हो जाने पर इसकी समाप्ति होती है।

त्रिपाठी जी ने जिस प्रकार बाणासुर और रावण का प्रस्थान दिखाया है वह बड़ा हास्यास्पद है। चरित्र की कोई अभिव्यक्ति अथवा विकास उसमें नहीं है।

तुलसीदास जी ने भी दोनों का राजसभा में धनुष-भंग के लिए आने का वर्णन किया परन्तु वापस जाने का कारण भी बता दिया है। यह कारण चाहे किसी को मान्य हो या नहीं परन्तु त्रिपाठी जी ने तो दोनों को बिना कुछ कहे-सुने प्रस्थान करा दिया। नाटकीय न्याय पूछता है ऐसा क्यों? नाटककार की अकुशलता मात्र ही इस प्रश्न का उत्तर है।*

* काशी नागरी प्रचारिणी सभा ने इस नाटक का प्रकाशन कर दिया है।

हिन्दी के सर्वप्रथम मंचित नाटक का कुछ अंश गोपीचन्दाख्यान

अलख निरंजन जनन वसतु है चरन कमल मन ध्याये जू।। 1।।
अविचल निश्चल अगम अगोचर मैं पुजुं[1] प्रानम पांवजू।। 2।।
उत्तरखण्ड के त्रिलोक चन्द राजा गौड बंगाल वाकों देस जू।। 3।।
रानी मैनावती चन्दवदनि बाला नहीं गुरु उपदेस जू।। 4।।
बेटा गोपीचन्द घिर-बिर[2] नागर मदन मूरत महाराज जू।। 5।।
बारासों रानियां सोलासो खानियां सब सखि हैं सुखमान जू।। 6।।
नाथ जलन्दर रहन गलिनमों जोग जुगत संजोग जू।। 7।।
काया न छाया नहि मुलमाया जुगत जति से भोग जू।। 8।।
गले बनि कंथा बभुत बिराजे जोगि अलख जगावे दिन रात जू।। 9।।
खलक सो च्यारा जोगि पलख न लागे नयना किंगरि से करे
कुछ बात जू ।। 10।।
कुबरि[3] कमण्डलु निल[4] मृगछाला बेनु बजावे नाना बात जू।। 11।।
जगहि जगोटा[5] नितंक छोटा बाला भसम चढ़ावे दिन रात जू।। 12।।
सिद्ध समाधि सकल गुन गावत वेद वचन पढ़े पात जू।। 13।।
रहत उदासिन बास गलिन मों कोई नहीं वाकों साथ जू।। 14।।
जंगल में सो लाये लकरिया माथे न परे कुछ भार[6] जू। 15।।
देखे मैनावति अपने मेहेल[7] पर माथे लकरि निराधार जू।। 16।।
मन में मैनावति थकित वचन कहे जोगि नहीं जगदीस जू।। 17।।
करूं गुरुनाथ अनाथ कि नायक लेउँ निगम उपदेस जू।। 18।।

श्लोक भुंजग प्रयात

चली माय मैनावती साथ सोला।
सहेली लिये सिद्ध जोगी सलीला।
मढ़ीमों जहाँ, देख के साधजी कूं।
धरे पाव बोली दिनानाथ[8] जी कूं।। 1।।

या आख्यानाची कांही कविता पूर्वोच्या कवींजी घेतली आहे व कांही मी केलेलीं आहे।

1. पूजूँ, 2. धीर-बीर, 3. ?, 4. ?, 5. लंगोटी, 6. बोझ, 7. महल, 8. दीनानाथ।

पद : राग झिझटी, ताल दीपचन्दी

किजो[1] जी नाथ दया महाराज बिहारी।। ध्रु.।।
करहो सनाथ अनाथ के नाथजी अभिगत चूक परी।। 1।।
त्यजहो किलाफ[2] गुन्हा करो माफ तन बिच भूल परी।। 2।।
टूटे भवपास छुटे जन आस मैं दास उदास खरी।। 3।।
दास विश्वम्भरनाथ[3] कृपा कर जग मग जोत जरी।। 4।।

सावया

तूं तो गोपीचन्द की मैया मैनावति हूँ तो कलन्दर जोगि जू।। 1।।
रहत गलिन मों लावत लकरिया जोग नहीं भवरोगी जू।। 2।।
जोग न जानुँ कछु मन्त्र न जानुँ जानु नहीं उपदेस जू।। 3।।
जानुँ नहीं लय लछन मुद्रा बाला फिरूँ सब देस जू।। 4।।
नदि[4] रुख बीरुख बसवि हमारी मैया रहत उदासिन बास जू।। 5।।
भूत मसान स्मसान बासि मैया ओढ़ बिछावे सब घास जू।। 6।।

श्लोक पंचचामर

दयालया दयानिधे करी दया दयाधना।
त्वरें कृपा करून सोडवी कृतांतयातना।।
प्रताप पापहारका प्रभू पतीत[5] पावन।।
सदा उदास दास की दरिद्र दुख हारणा।। 1।।

श्लोक भुजंग प्रयात

दीनानाथ बोले महीपाल भाई। नहीं में किसे मंत्र माला सुनाई।
नहीं सार संसार की सूर्त पाई। नहीं जोग संजोग बानी बताई।। 1।।
गले बीचमों गर्क गाफिल मुन्यारा। न छाया कछू गर्द गलता न सारा।
किला कब्ज म्यानें किलेदार मारा। बजाया नहीं बम्ब बादल नगारा।। 2।।
नहीं काज कर्तुदं कन्था सवारी। मगन्यस्त मुद्रा नहीं सूर्त सारी।
नहीं मंत्र मौजू बै बात न्यारी। निगंतीत का बीज वातालकारी।। 3।।
दुना दुःख दर्या व दर्वार जागा। नहीं जोग ना जुक्तिना रोग लागा।
दारोग़ा नहीं दर्द का दूर भागा। कलदीर कामीनि का प्रान धागा।। 4।।

सावया

इतने वचन पर मैया मैनावती चरण कमल धरे ध्याय जू।। ध्रु.।।
करा हो दयानिधि कुमति उधारन करो कृपा अब नाथ जू।। 1।।
तब करुनाकर शिस पर धरे कर निज मनमन्त्र सुनावे जू।

1. कीजो, 2. ?, 3. लेखक का नाम, 4. नदी, 5. पतित।

सुख जप माला देइ जो उन्मनी तबहि भई सुख दासि जू।। 2।।
जनन मरन दुःख दरद न आवेवाला भव जल पार तरावे जू।
घट भट निकट निगमागम बोलत सुन्य सकल सुख पावे जू।। 3।।
कोरा जो कागद छर है अछर विन निरमल मन्त्र मढ़ावे जू।
बिन पानी दरिया भवरा जहाँ अविचल नाव चलावे जू।। 4।।
उन्मनि के संग सून्य भुवन विच अभिगत चित जु डावे जू।
निपट त्रिपुटि पट उन्मन मारग झटपट बन्द छुड़ावे जू।। 5।।
उलट कमल घट अलख जगाया जोगी अगमग जोति जगावे जू।
जागत जग में जोग जुगत जोगि जुग जुग जोति समाई जू।। 6।।
निस दिन पल पल नील कमल बिच सोहं निरामय भाव जू।
आध ऊर्ध्व की माला जो धरि बाला जपत जलन्धर नाथ जू।। 7।।
सहज समाधि उपाधि भूलि मन मगन मनोरथ जोग जू।
गुरुपद पंकज प्रानकला तहाँ लय लगी भव भागा जू।। 8।।
अजय अजप की जापै जपमाला कलख सब सुख पावे जू।
भसम भई जब दस्त भूवन बिच मस्त मनोरथ होवे जू।। 9।।
जागे कहाँ कछु रोग न आवे बाला रोग तहां नहिं भोग जू।
गुरुनाथ उपदेस सून कर लग गइ रानि समाधि जू।। 10।।

पद : राग काफी, ताल : धुमाली

वाहवा खूब बनी खूब बनी जोत लगी उन्मनी है।। ध्रु.।।
आँखों मैं निच अखवा देखे क्या समाधी चोंखा।। 1।।
आंत सखये फुलझडी नैनोबिच क्या उचला पड्या।। 2।।
गुरुनाथ का देना जनादन का बड़ा खजीना।। 3।।

सावया

येक दिन गोपीचन्द आपने मेहेल आया रानि सहेली सब साथ जू।। 1।।
वय मन कामिनि कहत सुनो राजा आछर सुनी एक बात जू।। 2।।
आपने नगरि मों रहत गलिन बिच जोगि जलंधर नाथ जू।। 3।।
निपट अकेली लपट रहतु है मय्या तुमारि दिन रात जू।। 4।।
आपने नगरि के लोक सगुन राजा बोलत है कछु और जू।। 5।।
तुम प्रभु भूप भुपाल भुवनपती भूपन मों सिरताज जू।। 6।।
तुम कुलसील कुलन के निर्मल सकल कला कुल काज जू।। 7।।
सब राजन के महाराज तुम राज्यन बिच भई लाज जू।। 8।।

परिशिष्ट 3

पारसी रंगमंच पर अभिनीत नाटक : कुछ दृश्य

1

फ़रेदून

लेखक : कैखसरू काबा

रचना-काल : अप्रैल, 1874

भाग 1लो—अंक 1लो

प्रवेश 1लो

वरेनमां एक गामडूं अने मेदान—गामडूं दूर देखाय

[मेदानमां एक पाणीना चश्मा आगल कबूतरखाना वांधेला छे, एकनां कंगुरा ऊपर एक पटंग भेरवाई गयुंछे। कोई वार कबूतरों फडफडे छे अने तेमने हांकवां मां आवे छे।]

एक खेडूतनो छोकरो एकेलो छे अने गाय छे, वीजाओ नाम परमांणे नीकली आवी गाय छे।

जीलानी ठुमरी

(''कगनवा मोरा कर से सडक गयो रे''—ए राहानी)

छोकरो	(एक लो गाय छे)...कनकवो मारो कंगुरे कवज केवोरे (2 बार)
जंघे	(नीकली आवी गाय छे)...तेनु कुटे केवुं हईआं?
तुस	('') दराववे सेनुं दंभीआ?
छोकरो	(वीजाओ ऊंचकी आपे) कनकवो मारो कंगुरे कवज केवोरे (2 बार)
फ़रहाद	(नीकली आवी गाय छे) शुं मारामारी रे?
जंघे	(तुसने देखाड़ी गाय छे) थई हेने ओकारी रे?
हुशंग	(नीकली आवीने गाय छे) ना तमे पछाड़ो जीव।
जंघे	(तुसने देखाडी गाय छे) कटारी दीठी मारी?
तुस	(जंगे ने देखाड़ी गाय छे) फुके फाटेलो भारी।
फ़रहाद ने हुशंग	(गाय छे) लगाम राखी मोहडांने मचक देवो रे।
छोकरो	(सघला ऊंचकी आपे) कनकवो मारो कंगुरे कवज केवो रे (2 बार)
तुस	(जंगेने देखाडी गाय छे) कोण तुंथी बीहेरे?

जंघे (तुसने देखाडी गाय छे) दम कोंने दीएरे?

फ़रहाद ने हुशंग (गाय छे) जुध नेजगाड़ो तम।

जंघे (फ़रहाद देखाड़ी गाय छे) देवानाथी शुं दरीए?

तुस (हुशंगने देखाड़ी गाय छे) लोंघड़ी से लडिए!

फ़रहाद ने हुशंग (गाय छे) अनाडी तो छे पवन से लड़े तेवो रे।

छोकरो (सघला ऊंचकी आपे) कनकवो मारो कंगुरे कवज केवो रे (2 बार)

तुस (जंघने देखाड़ी गायछे) चडीएल चण्डाल रे,

जंघे (तुमसे देखाड़ी गाय छे) कदरूपा कंगाल रे,

फ़रहाद ने हुशंग (गाय छे) मुगा मरो चीठ डेहाल,

जंघे (तुसने देखाड़ी गाय छे) मारश सोटे सोटा,

तुस (जंघेने देखाड़ी गाय छे) काहाडश खोटे खोटाँ

फ़रहाद ने हुशंग (गायछे) मरेछे काँहाँ ए कुवामाँ कड़क जेवो रे।

सघला (साथे गाय छे), कनकवो मारो कंगुरे कबज केवो रे (2 बार)

(आ गाएण चालतामां तेओ मारामारी ऊपर आवी जाय छे। फ़रहाद अन हुशंग बचे पडेछे।)

तुस अरे छोड़ रे भाई हुशंग तुं मने छोड़ हुँ एने हबाद देखाडुं, आ उजबख़ ऊखडाने ऊकरडाने मारनी बी अक्कल न थो तारे ऊंथरा जेबुं कद वधारीने नादान बालक हात लड़वा नीकलेलोकेनी

जंघे नहीं, जो फ़रहाद, तुंने मारा हम, जो तुं मने लडवादे, मारी चापडी चवरी रहेली ने हाथ ने हथोयी आवेली। एक हो पचाह मुका लगवा दे। ईए?

(उलटो फ़रहाद साथ मरावा जाय छे)

तुस (हुशंग ने) जो यार मने छोड़ मारू नाख जायछे। हुं ऐनी हाथे मारा बाप जनप हुधी लडवानो। हुं मरी जवाद तोबी लडाह, मरवा पछेवी लडाह, तखमें पैरो पैरो लडाह, पेली जीहानमांबी लडाह, तुं नहने छोड़। ईए? नहि छोडे।

(सामो हुसंग साथ मराय छे।)

जंघे (फ़रहादे धरेलो, तुसने कहे छे) एरे वेहरे बेह मोटा लडवावाला लेवटानो लेकटो आवेली केनी? लात ने लपडाक बेहु लगावह केनी तो लपां लईने लांबो थाई जाहे?

तुस (हुशंगनो धरेली-जंघेने) अरे तारोतो गुंद रोटलो करी ने तेनो गांहडो वांधु, ते गांहडाने गाडामां लाधु ने ते गाडांने गामेगाम गहड गहड धहडीने गांठे गाठ तुंने गपोगप धीपुं।

फ़रहाद अरे राखोरे राखो काडुशीनी जातयाँ एखला तमनेज लडतां आवडेलुं केहुं? फ़रेदुन पर वफ़ादारी वीहे आ तमारो वचन के? फ़रेदुन मोटो थईने आवे

तोहांवेर हलाह हंपज राखवाना हता पण आवे आलेकेनी ते फ़रेदुन आववा आगमच नायाख जुवाक आववानो। बचारो फ़रेदुन आवतो डोहो थयो, घण पाधरे पाधरो पाहाड़ पर जई पुगे तेटलातो हलाह राखो। माहो माहे लडहोतो दुहमन हाथ लडवानुं हुं वाकी राखहो?

हुशंग चालो कोटी करीने पाछा भली जाओ।

तुस भाई तारूं नाम जंघे छे पण तुं कोई जंगीछे ने वली जंगली जेवो छे, तारी हात लड़तां नहीं पालवे। (कोटी करे छे। अंदरथी शोहर अने चीचारी)

फ़रहाद हाय, हाय, ए हुं थाऊं? (थोड़ा गांमडी आ गभराय्यां आवे छे)

1 गांमडी (रउतो) ओ दीकरारे मारो। दुनिया वरणनो दीकरो कचाइ गयो रे। (गभराटयां जतो रहे छे)

2 गांमडी अरे एम कांहां मरे? ए तेनो आववानो रह तो।

3 गांमडी तो तांहां समां लइने लडीएनी। (तओ जाय छे अने जुऊ आवे छे।)

जुऊ अरे देवानाओ तमो हईआं शुंकरो? जुवांकी देनो आपणा गाम पर आवे लाने?

जंघे मारो भालो, मारो भालो। (दोडी जायछे)

जुऊ अरे फ़रहाद ताटां घर पर वधी धाडछे। फ़रेदुन आ गाममां जन मेलो, ने तारी ओरत फरंग तेनी दाई हती, ने हईना लोके सारी पेठे पइसा आपाने एनी मातने नसाडेली ए संधुं जुवाए कोणजांणे केम जाणेलुं, ते सांभलीने शोधमां मोटुं लशकर मोकलेलुं। दोड यार दोड।

फ़रहाद हे नरवोद दादार मदद करजे। मारु घर, मारी ओरत, जुलम जुलम। (जातो रहे छे)

जुऊ (मोटे) अरे थुवरनी जाहाडी पाछलथी जा। (मनश) हां ए रस्ते जा बचाके तुं पहेले पकडवानों, तारां घर पर मारो आवेलो तो जुवाखनां करतां मारो मारो वधारे छे। वचाजी, फ़रेदूननी मां फटानक साथनी तारी छुपी खवर तें मने नहीं कही पण में जुवाखने कही। तारो में विसवास नहीं मेलव्यो पण जुवाखनुं इनाम में मेलवीऊं। तारी माहताबी मुखरावी ओरत फरंगनो हाथ मेलव वापर मारूं दिल धरकेछे ने तेनुं दील मेलववानो मारग मारा हाथ मां छे। (जरसा थोड़ाक सिपाहियों साथ आवे छे) ओहो दोसत जुऊ हुँ तारीज राह जोतो हतो। आपणां लशकरे गाममां अचवुच तूरी पडी एटली कतल चलावी छे के मोहोलामां मुंदनांना ढगला पडयाछे।

जुऊ पेसा फ़रेदुनना मानीता फरहादने में हमनाज एवे रस्ते मोक लेलो के पकडावा वगर रहेशे नहीं। हवे तेनी माहाताब हेरनी ओरतज रही; ते घरमां न थी, पण तुं शेर मरदना सुरा सी पाहोना हाथ थी ते कांहां जवानी छे? देलावर सरदार मारु जो कहयुं मानोतो फ़रहाद ने तेनी ओरत फरंग थी जुदी पाडजी।

फ़रहादनां भेजां शेहेनशाह जोहाकनां। खभां ऊपर बांधवा तेने मोकलाकी दई फ़रंगने आपणी छावनीमांज राखशो तो पछे हईआंथी फ़रेदुननी शोधमां ते आपण ने कोई पण काममीज थई पडशे। (मंनशे) मारां कामनी वधारे थाशे।

जरसा ए तारी सलाह धणी वाजवी छे। पण जुऊ आपणी छावनीनों चोधरी ओलीयो शीयामक कांहां छे? तेने तें केथे वारुं? केदीओ तेने हवाले करवाना छे।

जुऊ जारथी आपणे गांममां दाखल थया त्यारथी ते केथे भुलो पड़ेलो। ओलियापणयां न ओलियापणसां रखे दुश्मनो हाथ पकडायो होय? अगर नहीं तो कोई गामडी आओनी आगल पोते मोरा होशियारनो जने लो होय तेम भारी भारी वोलोनी दफांस मारतो हश, ने नहीं ते वोलो पोते समजतो हशे के नहीं गामडीया समझता हशे। पणनामदार सददार मारी सलाह मूजिव फरंगने छावनी सां राखवानुं मुलताना। (अंदरथी शोहोर अने चीचारी)

जरसा (मोटा पुकारथी) मारो—लडो—दोडो।

(बेहूजन दोडी आवेछे। फरंग दोडती आवेछे। तेनी पाछल शीयामक फ़सडातो ने हांकतो आवेछे।)

फरंग ओ वापरे! कोई आवो रे! खोदायजु रे! अरे-रे!

शीयामक मुगी रेहे ओ! मारी फरेसता पनाहाबाद, पतेत पसेमानीवाद, पांचे वखतनी साते धेहेवाद, धेहेसारनावाद, आफरगांऩ एदुनवाद एदुना शाखवाद, गोशनो बोटावाद, वाफेलां, ईडांवाद, शरावना शीशा वाद, मलीदानी ने आट वाद, तूं ऊभी रेहे।

फरंग ओहुं कांहां जाऊं? (दोड़ते फरेछे)

शीयामक मारा तांहां चाल। मुगी रेहे, जो वारूं। तारे पगेलागुं, ने तारे हाथ लागुं, ने तारे माथे लागुं, ने तेरे गलेबी लागुं। जोनावीह। मारा सम।

फरंग नीकल, नीकल, नापाख हेवान निकल। (दोड़ती फरेछे)

शीयामक शुं निकल? जो मारी शीकल, जो माटी नकल, जो माटी अकल, जो मारी वगल, जो मारी तीखल, जो मारी धांधल, जो मारी आगल, जो मारी पाछल। (आगल पाँछल फ़रिने)

फरंग ओ फ़रहाद-रे पीयारा फ़रहाद, ओ मारा धणी। (दोड़ती फरेछे)

शीयामक अरे चमरे मारां दिलनी गोर (सुधारी ने) अरे धोएर चाल मारी साथ (तेने पकडे छे)

फरंग (चीस पाडीने) कोई आवोरे। (जंघे दोड़ी आवेछे)

जंघे हुंछे? अरे हेठानी हुंछे?

शीयामक शुं हुंछे? ए तो हुंछे (छाती ठोकीने) तुं सानो छे, हुं के वो छेऊं।

जंघे हुं?

शीयामक शुं हुं? तुं नहीं हुं ऐनो वरछुं।

जंघे हुं-हुं? फरीथी बोल? ए कोणनी मोहोरदार।

शीयामक केथो वेहेरो भुवेलो छे (मोटे) एरे एतो मारी मोहोरनी वरदा छे, पटपट कीधीगे मारी नाखश।

जंघे लाख—लाखनी जोऊँ लाखनी।

शीयामक शुं लाखनी? अरे ए तो करोड़ो नी छे, अवज, माहापदम, अंती, मधीने पराधनी छे, छोड।

जंघे अरे छोकरे छोकरी (तेने आंच ऊपर मालोलई धसे छे, जरसा सिपाहियों साथ दोडी आवेछे)

(सिपाहियों जंघेने पकड़वा जाय छे, जंघे ते ओ साथ लड़े छे अने एकाद बेने मारी नारवे छे। आ लड़ाई चाले छे तेवा मां फ़रहाद, तुस, होसंग अने बीजाओ जोहाकना सिपाहियों साथ लड़ता आवे छे। मोटी लडाइ थायन्छे। जोहाकना सिपाही होरे छे)

फ़रहाद फ़रेदुनना नामपर नापाको नुं नावुद करो।

फरंग (घबराट मां) ओ फ़रहाद मारा धणी।

(जोहाकनुं वधारे लशकर आवी जंघे, हुशंग वगरेने मारी नारवेछे फ़रहाद, फरंग, तुस वगेरे केद पकड़ाय छे)

फ़रहाद (मुवेलाओने) वाहादुरो तमोतो आखर छुटा। ओ दादार, हुं हमारो दाहाडोज वुरो आएवो।

फरंग ओ फ़रहाद आ हुं आफत! ओ हरदार हमारो हुं वांक?

जरसा वरांनीयन देवो—तमारा जवुन अनीयायनी तपास इनसाफना ते जागता ज़हरा जोहाकनी दरवारसां काशे, अने तमो नापाको नां भेजां पादशाहा जुहाकना छावमां ऊपर सरपोनो खोराक काशे। (सिपाहियों मदर ओरत नां एक टो लांने लावेछे, जुऊ छुपातो छुपातो आवेछे, मारा वाहादुरो आ चंडाल अने कंगाल केदीओने एरेदवो दरफ सामे वालाँ पायतरन्त बखडी खाते एकदम मोकलवानी तईयारी करो।)

जुऊ (पाछवा संताईने) पेली ओरतने आयणी साथे राखो।

जरसा मारा फतहमंद सवारो आ केदीओ मांथी आ खुश चेहेर नारने वकात राखो। फ़रेदुननी नशल अने पटो पकडी आयवानुं जे वीडुं में जहड फीयुंछे तेनी शोधमां ए मेहेबूब ने मारी साथ लई जवानुं में मुकरर करे लुं छे। छेले आ वरेन मुलकने एकदमवाली वेरान करो।

(गामया मोटी आग लागे छे, जरसा, जुऊ, शीयामक वगेरे एक रस्ते जाय छे। केदीओने नेओनी कलापीट वचे वीजे रस्ते लई जाय छे।)

फ़रहाद (जतां जतां) फरंग!—रे फरंग! हवे आपणे कांहां मलीहूं। तेने लाई जायछे।

फरंग हाय, हाय, फ़रहाद—मारा धणी—खोदाने वार मने जलदी तेडी लेजे। जरा यारीगम जो एक छेली भेट—एक कोटी, एक चुमी, एक मुलाकातनो भी ओरतो रही गयो। पण खेर। हवेतो नहीब तारे। ताबे छेऊं। आ पापी ओना हाथ मा खोदाय यने मेलीतो कांई हारुज थवानुं होए। खोदाने हाजर नाजर जांणी हुं हो गंद खा ऊंछ के मारा पर गमे ते गुजरो, जोईए धरती फाटो, जोईए वादल तुटी पडो तोपण मारा खावींद तरफनी वफादारी भुलुं नहीं, फ़रेदुन तरफ दगो रमुनहीं न मारी हेठानी फरानक तरफ नीमकहराम थाऊं नहीं। (सघला जायछे)

इस नाटक के पात्र हैं—

1. जोहाक
2. जरसा—तेनो एक सरदार
3. शीयामक—जरसानी छावणी नो चोधरी
4. फ़रहाद—वरेनमां एक गामनो पटेल
5. जंघे—ते गामनो एक सीपाह
6. होशंग— } गामडी याओ
7. तुस— } गामडी याओ
8. छोकरो— } गामडी याओ
9. जुऊ—एक गामडीनो एक रेहवासी
10. फ़रेदून—धावतु एक बालक
11. फरानक—फ़रेदुननीं माँ
12. फरंग—फ़रहादनी ओरत अने फरानकनी आगली दासी

2

सावित्री

लेखक : नानाभाई रुस्तम जी राणीना।

रचना-काल : 10 दिसम्बर, सन 1882।

अंक 1लो, प्रवेश 1लो।

स्थल— [मध्यहिन्दुस्तान माहेलुं एक जंगल—चोगर्दम फेलाई रहेलां झाडोना वेलाथी विटलाएली एक पर्णकुटीर मांथी वृद्ध अने आंधलो राजा ध्युमतसेन पोताना सत्यवान नामना पुत्रनी खांधे हाथ नाखी प्रवेश करेछे। पडखामां निर्मल पाणीनां झरानुं वेहतुं एक विशाल सरोवर देखाय छे सरोवरमां कमल फूलो बच्चे केटलाक हंसी तरतां जणाय छे।]

ध्युमतसेन तथा सत्यवान

विलावल-ग़ज़ल

आवो पीतम आवो पीतम—अथवा
नन्दजी को लाला मोरे—ए राहा।

सत्यवान आणी कोर आवो पिता आणी कोरे आवो,
वर्षातो छे गयो बही ने आयो कारतक, आवो—आणी...
छाई घटा छे झाड झुण्ड पास, सुगंध छे जासुसनी खास
चोगरदमथी फरीमे ले छे, मधमाखी तेनो लावो—आणी...
मन्द मन्द वायु वही वही, करी स्पर्श फूलोने, स्वास हरी,
द्वेष भावथी मांखी साथे, करे छे सरसीनो दावो। आणी...

ध्युमतसेन ठीक कहयछे पुत्र पियारा, सुगन्ध वहु पन्दराई छे,
फरेछे आँखु ब्रह्माण्ड, जेथी घटा गती फेरवाई छे—ठीक...
मने उलट आवे छे घणी, तुं मूक सूर्यनां कीर्ण भणी,
खीले रुतना वाहारथी मांहरी, गती जे नवली थाई छे। ठीक...
लीला बसन्ती सृष्टि श्रृंगार, वैभव ने जे देखाऽनार,
बन्धे माँहरी आँखों, ते तो दृष्टि बिना झँखवाई छे। ठीक...
चातुरमासनी सर्दीथी जबरी, रगमा गयुंछे लोही ठरी,
गरम करूं ने सूर्य तेजथी, स्थिति बहु दुखदाई छे। ठीक...

सत्यवान प्रिय पिताजी आम तमे छेक हाम हारशो नहीं! भगा अन पराव्रिक नामना आन्धला ऋषिओए ईश्वर प्रत्ये पोताना बन्धे हाथा डरगामी अश्वनिकुमारनी उपासना करीने एवुं वरदान मांग्युं हतुं के हमारां नेत्र हमने प्राप्त थाय एम करो; तो धर्मराजे प्रसन्न थई, तेमने तेमनां नेत्र आप्यां हतां, तेज प्रमाणे तमने तमारां नेत्र पांछां प्राप्त थाय एम हुं ईश्वर प्रार्थना करी जाची लईश।

ध्युमतसेन ते शूरबीरोज एवा अद्भुत वनावोने योग्य हता; पर हुं तेमना सरदवो योग्य न थी। में मारी पडोसनी प्रजाने गले दासपणानी सांकली धालवाना गर्व कीधो तेने लीधे परमेश्वरे मने नीचो पाडी धूलमां अवत्यां मारतो कीधोछे— में मारा प्रमाणीक प्रधाणोने पदभ्रष्ट करी, खुनी अने लुच्चा लोमोने भरुशे रही, मारी रांक प्रजाने पीडी, तेमनी वेदनामां सुख मान्युं-गांडी धेली रमुजे ने तुच्छ प्रकारनां दुर्व्यशनों मां गरक थई जवाथी धीमे-धीमे बुद्धिर्बल मन्द थतां साथे आंखोए पण अपंग थयो; ते वामां एकाएक शत्रु प्रबल थई मारा मोहल पर चढ़ी आव्या, एवी वख्ते बहादुर सत्यवान तारुं शूरातन अने वीर्य प्रजामां प्रकाशावी, ते जगतने देखाडी आप्युं छे केतुं केवा वीर पुरुषोनां कुलमांनी उत्पत्ति पाम्योछे। योग्य रीते क्रोधामयान थयला देवताओए, युद्धमां तारां पराक्रम अने सद्गुण साक्षात् जोईने सानंदाश्चर्य पामवाथी, मने जेके दैवहीन राख्योछे, तो पण रणक्षेत्र मो तारां महा पराक्रमथी शत्रुओ एक पोते छक थईने, तारा यशनो जे डंको वगाडयोछे ते काने सांभली, तेथी उत्पन्न थतो आनंद भोगवी शकुं एटलो भाग्यवान्, हजी तेज दयावान ईश्वरनी कृपाथी हूं रह्योछुं; मारे हे पुत्र देवताओ तारा प्रत्ये प्रसन्न छे।

सत्यवान देवताओ ऊपरज आपणे विश्वास राखवो जोईएछे, ने खात्री थी मानुंछुं प्रिय पिताजी के ते ओज आपणुं रक्षण करी आपणी चढ़ती कला पाछी करश।

ध्युमतसेन मारां राज्यमा करलां अघोर पापनो पश्चात्ताप करवा पछे कदाच देवताओ ऊपर मारो विश्वास रहे, वे त्यारेज मारीथी मारा हाथ जोडी तेमनी भक्ति करी शकाय। पण में संख्या बन्ध पापकरी, मारा जीवन्तने जे डाधा लगाइयाछे, तेनो पूरतो पश्चात्ताप करी शकुं एटलो मारा आयुष्यनो वखत हवे वाकी रह्यो होय एम मन भासतुं नथी। सदानो पापी तो छुंज, न मने हमरगा परग़ एमज लागेछे के सृष्टिजन्य ईश्वरनी भक्ति करी शकुं एवुं मारुं अन्तःकरण स्वच्छ नथी। अन्तःकरण स्वच्छ होयतोज भक्ति कारगत; पणजे हैडायां घणाक पापी कर्मीना काला डाघा पडेला तेवां हैडामां परमेश्वर वशेज केम? सत्ययुगमां लोको खरा भावथी ईश्वर भक्ति करता ने ते थी ईश्वर तेमनां हैडामां वसतो पण तेवा जमानाना भोलां मन साथनो तेमनो भक्ति भाव आ जमानाना लोको धरावी शकतां न थी, तेवे समे खरो भक्ति भाव मजसरखा एक दुराचारीनां

मनमां ते कयम आवे! जेम एक गलीच ने रोगिष्ट कीडो मिढ़ढां पाणीनां वेहता झरामां एक बार प्रबेश पाभ्यो के ते पाणीने झेरी ने नाशकारक करी नारवतां वार लगाडतो नथी तेम अन्तःकरणमां एकबार पापबुद्धि प्रवेश पामी के जिन्दगानीना निर्मल झराने एकदम वगडी जतांवार लगती नथी। मारा पुत्र तुं शुद्धात्मा छे, तारी श्रद्धापूर्वक प्रार्थना विश्वासनी पांख ऊपर स्वार थई ईश्वर द्वारे जाय तो कदाच तेथी रूठेला देवताओनो रोष शान्त थायने अन्धकारनां अन्धारांमां जे हुं गोतां खाऊंछुं तेमांथी तेमांथी मारो घूटक थायतो थाय अने मारा आगला दाहाडानी खुशी भरेली याद पडी मारां मननुं समाधान वले; माटे मोटे परोढीए सूर्यदेवनां दर्शन थतां, जगत आंखं झगमगतां वस्त्रोना शृंगारथी दिपवा मांडे ते वेला ए, मारा पुत्र तुं देव प्रार्थना करश मारी श्रद्धा जे उठी गईछे ते पाछी पामवानी हुं आशा राखी शकतो नथी, केमके नदीनां पाणी तेनां मूल आगलथी वेहतां आगल वध्यां जाय छे, पण ते पाछां मूल यणी जतां नथी; पण हुं एकान्त बेसी अन्तःकरण थीर राखी, तुं जे प्रार्थना करे ते ऊपर एकाग्रह चित्त राखी मारां मनने कंईक रीते आशा भरयुं राखुंछुं।

सत्यवान ठीक छे, पिताजी हुं तेम करीश, पण तेटलीवार तमे तमारूं मन मधन रारवो; आनंदथी तमारूँ वदन खिलवादो। अरे तमे खुशाल लागो छ खरायण जोई शकता नथी; पेली झाडीओमां तुलसीन छोड वच्चे थी सूर्य अस्त पामतो देखायछे त्यां तमे थोडीवार बेसो तेटले हुं आ पडोस माहेलां झाडो ऊपर थी थोडांक वनफल तोडी आणुं छुं। (ते जाय छे)

ध्युमतसेन खरेज। हूँ आ दशाने पुगीश एवुं में भाग्येज धारूयुं हतुं। हशे!!

आसावरी-ग़ज़ल

अब आजा नज़र तालिबे दीदार अथवा कोई घड़ी न वस्ल की आई तमाम रात-ए राहा।
नां कोई करो गर्व, सुनो, स्नेह प्यारा, थया छे अहंकार थी आहाल माहारा-नां कोई..
ए गर्वथी शो हाल थयो दुर्योधननो, पातालमां पोताना काहारेछे दाहारा—
समजीने अभिमान कर्युं रांक प्रजा पर, दुःखी थयोछुं हूं, ने सुखी छे ते विचारा—
में राज खोयुं, ताज खोयुं, साज खोयोछे, न प्राप्त कीधा छे में भारे पापना भारा—
आकाशनां छो नेत्र तमो सूर्य चन्द्र तो, 'रोशन' न थी कांजुवो माहरी आँखनां तारा।

●

3

जहाँगीरशाह और गौहर

(रचना-काल 1874 ई.)

बाब दूसरा—परदा तीसरा

गौहर का मकान

(एक ऐवान में सेज पलँग पर गौहर और जहाँगीरशाह साथ बैठे हैं। जहाँगीरशाह के चेहरे पर ग़मग़ीन का साया पड़ता है।)

ग़ज़ल (भैरवी)

"दिल के देने से किसी राह मुझे इन्कार नहीं है।"—इस राह पर

गौहर जानी बोसे के लिए हमसे कर तकरार नहीं, क्या हुआ जो एक दिया,
छीन के लेंगे हम तो आपके रुख़सार नहीं—लेंगे फ़क़त उनका मज़ा
लबे लालीन का चख लेने दे कुछ भी तौ रस, ज़रा फिर के यूँ हँस।
चाहे ज़नक़दा में तेरे हाय गया दिल यह फँस, हुआ तंग हाल मेरा।
शानो शोखी से तेरे होश भी उड़ जाते हैं, आँखें झपकाती हैं,
नरगिसे मख़मूर की अमवाज़ जी बहाती है, होश में आओ भला।
क़हर अदाएँ हैं तेरी और ग़ज़ब है अशवाए अय संगदिल होशरुबा
करशमे में है सितम, फ़ितने से नख़रा भरा, नाज़ तो अल्ला अल्ला
यही अरमान दिल में रखके मैं मर जाऊँगी, जी से गुज़र जाऊँगी
फ़र्श पे मौत के राहत न कभी पाऊँगी, लुत्फ़ों करम कर तू ज़रा।
(जहाँगीरशाह का बाजू फेरकर अन्देशा करता है)

ग़ज़ल (सोरठ)

"लागी है लगन तुमसे छुड़ा कौन सकेगा।" इस राह पर

जहाँगीरशाह बदमस्ती के मैं देव को अटकाऊँ किस तरह
नाजफ़कतरी को ऐसी में फँसाऊँ किस तरह
इसके जमालो अशवे ने माइल किया मुझे
ख़ाहिश का दस्त अपना अब बढ़ाऊँ किस तरह।
आहुए दिल है दामे मोहब्बत में मुबतिला,
सर इश्क़ के फन्दे से फिर छुड़ाऊँ किस तरह?
पयमान मेरा मुझसे तो तोड़ा न जायगा
आहदशिकन आलम में कहलाऊँ किस तरह।
आतिशदाने-सीने में भड़के हैं शोले शौक़,

आबे सबर से उसको अब बुझाऊँ किस तरह?
दिल पर मेरे गुबार है यज़दान तू बचा,
अस्पे हविस को क़ब्ज़े में मैं लाऊँ किस तरह।।
क़ीलो क़सम से मेरे नहीं बाज़ आऊँगा
निकला सखुन ज़वां से फिराऊँ किस तरह।।
(गौहर उसे ग़मग़ीना देख समझाती है)

ठुमरी (देस)

''फ़ैज़ रसिया प्रीत कैसी कीनी रे''—इस राह पर

गौहर नयन लगियाँ प्रान छीन लीनो रे
भाये दिन न रैन मन सुख न चैन
भयो वदन ख़ाक—कछु सोहन मान—नयन लगियाँ
आँसू टपकत है—आग जब भड़कत
रोये रही सारी रात वही
रस रंग की मोय बात न भावे
काहे अँखियाँ मोड़त—मोय करत सैन—नयन लगियाँ

ठुमरी (पीलु)

''ना लिखी सैयाँ पतियाँ आवन की''—इस राह पर

जहाँगीरशाह ना कहु सजनी, बतियाँ मनकी
बतियाँ करत-मोरा जिअरा जलत है।
जादुआ डारे मोय अँखियाँ मोहन की—ना कहुँ सजनी।

जिला (झिंझोरी)

''बंसी बाजी सो मोरा मन बस गयो रे''—इस राह पर

गौहर न चैना मारी सों मोरी जान छीन लीनी रे
बसी बसी सूरत तोरी मन मेरे-न चैना मारी सौं
जोरा जोरी, लुटा मन हमरा
बाबरी बहुत तूने मोहे कीनी रे
बसी बसी सूरत तोरी मन मेरे—न चैना मारी सौं।

(जहाँगीरशाह अन्देशा करता हुआ एक बाजू जा खड़ा होता है गौहर सर नीचा कर सेज पर गिरती है।)

लावनी

''फ़स्त मजनूँ की तय्यारी।'' इस राह पर

जहाँगीरशाह सख़्त मुश्किल है बीच आयी
जिन पास मैंने क़सम खायी।

इस मोहब्बत ने मुझे है घेरा।
फिर सर पै इश्क़ का फेरा।
अगर तोडुं वचन में मेंरा
एक पल भी न हो यहाँ बसेरा
शैदा हुआ है दिल मेरा, हुआ शिकस्ता वक़्त
पेच में गया हूँ लपटाया आफ़त है गिरी सख़्त
होगी दुनिया में रुसवाई, जिन पास मैंने क़सम खायी।।
दिल में हमने है यही ठाना।
शिकस्त हविनस से नहीं खाना।
फ़क़त मोहब्बत का करके बहाना।
इसको शाहजीन पास ले जाना।
दिल मेरा गर टूटेगा—टूटने दो एक बार।
ताबे मैं में तो न हूँगा—इस ख़ाहिश के ज़ीनहार
न करूँ इश्क़ से आशनाई, सख़्त मुश्किल है बीच आयी।।

(एक तरफ़ खड़ा हो शाहज़ीन की अँगूठी घिसता हुआ बोलता है)

गत—(काफ़ी)

जहाँगीरशाह तोरी नारी लाया कुँवारी
संग शाहके तू आ पुखराज परी।
लाया मोहन पियारी
मोरा मन फेर लिया री,
पूरा वचन किया री
संग शाह के तू आ पुखराज परी।।
(शाहजीन, पुखराज परी, देव और जिन उतर आते हैं)
Lucy Kucel—इस राह पर

सब जीओ जीओ आदम—जीओ अय शेरमन!
वफ़ा किया पयेमाँ तूने—बजा लाया बचन।

शाहजीन हबस पै क़ाबू पाया तू अटकाया अपना दस्त।
मुराद का है आरास्ता किया—तेरे लिये तख़्त।

सब जिओ जिओ आदम—जिओ अय शेरमन।
वफ़ा किया पयेमाँ तूने—बजा लाया बचन।।

शाहजीन राह ले अपने मुलक की तू जल्द अय नेक अंजाम।
ख़ूबसूरत एक मूरत का वहाँ तू पायगा इनाम,

सब जिओ, जिओ आदम—जिओ अय शेरमन!
वफ़ा किया पयेमाँ तूने—बजा लाया बचन।

शाहजीन शाहजीन हुआ है अब से तेरा ख़ैरख़्वाह,
पाक दामनो यह तेरी देख, जहाँगीरशाह।।

सब जिओ जिओ आदम—जिओ अय शेरमन।
वफ़ा किया पयेमाँ तूने—बजा लाया बचन।।

(शाहजीन इशारा करता है कि फिलफौर वहीं सेज पर सोयी हुई गौहर ग़ायब होती है। जिन, देव, शाहजीन और पुखराज परी ग़ायब होते हैं।)

नोट : जहाँगीरशाह गुलज़ारशहर का निवासी; गौहर जहाँगीरशाह की प्रेमिका, शाहजीन जिनों का बादशाह।

●

4

बेनज़ीर-बदरेमुनीर

लेखक : रौनक़

प्रकाशक : विक्टोरिया ग्रूप।

कथावस्तु :

पहला अंक—माहरुख़ नाम की परी पूरब के शहज़ादे बेनज़ीर को उड़ाकर ले जाती है। अपने प्रेम को प्रकट करती है परन्तु शहज़ादा इन्कार करता है। परी उसे ख़ुश रखने के लिए एक उड़नखटोला देती है। बेनज़ीर के माँ-बाप उसके विरह में जोगी होकर घर से निकल जाते हैं।

दूसरा अंक—सरनदीप की राजकुमारी बदरेमुनीर अपने बाग़ में सैर करती हुई दिखायी देती है। बेनज़ीर उड़नखटोले पर चढ़कर उधर से निकलता है और बदरेमुनीर को देखकर आसक्त हो जाता है। यही दशा बदरेमुनीर की भी होती है। माहरुख़ के पास यह समाचार एक देव के द्वारा पहुँचता है। इस पर वह बेनज़ीर को कुएँ में क़ैद कर देती है।

बदरेमुनीर अपने प्रेमी के अभाव में विलाप करती है और अपनी विशिष्ट सहेली नजमुन्निसां को उसे ढूँढ़ने भेजती है। जोगन के वेश में नजमुन्निसां बेनज़ीर की खोज में निकलती है।

तीसरा अंक—बदरेमुनीर के साथ बेनज़ीर के माँ-बाप की भेंट होती है। वे सब बेनज़ीर की खोज में निकलते हैं।

एक जंगल में नजमुन्निसां और जीन के बादशाह फ़ीरोज़शाह का मिलन होता है। उसकी सहायता से बेनज़ीर का छुटकारा होता है। फ़ीरोज़ बदरेमुनीर और बेनज़ीर के माँ-बाप को बुलवा के मँगाता है और दोनों का विवाह करा देता है। माहरुख़ परी को माफ़ी मिलती है। आगे किसी पर आसक्त न होने की आगाही होती हैं।

परदा पहला

स्थान बाग़

(बेनज़ीर का एक झूले पर बैठे दिखायी देना—ख़वासों का फूल के तुरे, पान की गिलौरियाँ बेनज़ीर को देना)।

जुल्ला जंगला

''शोभे शुंशुं शोभीत''

साक़ी कर कर परवर का शुक्र मादाम

गुलाम सर पर रखकर ताज दिल आराम—कर...

वगैरह हर घर सरासर ए दिलवर
तेरे पैदा होने की धूम तमाम—सर...
हशमत दौलत, अशरत सब
शहजादे हासिल है तुझे ला कलाम—सर...

1 साक़ी लो बीड़े

2 साक़ी लो गुलदस्ते जनाब

साक़ी दम ब दम मयका पीजिये जाम—सर...

सब क़ायम, दायम, हो बेनज़ीर
यह ही दुआ हक़ से कीजे तमाम—सर... .

कलीवान-ठुमरी।
''या लंगरवा चतर सुगर''

बेनज़ीर भर जोवन में मनमोहन-सी, आँखों में आती है नींद रे—भर...
मतवाली आँखें कर कर अपनी, ग़मज़े दिखाती हैं नींद रे
नाज़ो अदा से दिल का मेरे, अब तो, लुभाती है नींद रे—भर...
वादानोशी करके उडावो, तुम तो भले, मैं सोता हूँ
जोश से अपने मदहोश मुझको चारों बनाती हैं नींद रे—भर...
(बेनज़ीर का बिसतरे इस्तेराहत पर जाना)
परज—कालिंगड़ा
''तन नुम बाँसुरी बाजे''

सब सब अब शादरे होके मिलके करेंगे बादानोशी,
क्यूँ न भये धूमधाम, धाम धूमजी
गट गट गट करो नोश तुम, नोश तुम, शादरे होके—सब
(गुलामों का साक़ी को छोड़ना)

दोनों गफ़लाम छैल छबीली छल छल छलके

1 साक़ी परे खड़े हो चलके रे

1 गफ़लाम दिल से सदक़ै

2 गफ़लाम जान से बलके

1 साक़ी दूर दूर

2 साक़ी मुवे दूर

दोनों गफ़लाम हम दूर दुवे, शादरे होके—

(सब खवासों का बेखुद होकर गिरना और माहरुख़ परी का आना)

वेत

माहरुख़ किया किसने है ऐसा तामीर बाग़
हुआ इश्क़ से जिसके लाला को दाग़
हमें वाहारी से गुल लेहै लेहै
चमन सारे शादाव और है है है है,
चमन से फिरा बाग़ गुल से चमन
कहीं नरगिसो गुल, कहीं या समन
चमेली कहीं और कहीं मोतिया,
कहीं रायबेल और कहीं मोगरा।

(बेनज़ीर को देखकर)

मगर कौन सोया है वो गुलबदन
मोअत्तर है ख़ुशबू से जिसके चमन।
यहाँ सब को तो आलमे ख़्वाब है
मगर जागता एक माहताब है
है आशिक़ पै खुरशीदरुका ही मोह।
जो करता है इसके तरफ ही निगाह।

(माहरुख़ का अन्दर जाकर बेनज़ीर के छपरखट को उठाना)

भैरव ठुमरी

''अरे कहाँ पाऊँ कहाँ पाऊँ यार''
अरे मैं हूँ सदक़े हूँ सदक़े यार—अरे...
मन को मैं वारूँ के जी को निसारूँ
अब तोहे पर वारो वार—अरे...
होठ तिहारे मीठे-मीठे
चुस्त हैं होके निसार—अरे...
परस्ताँ में तोहे ले जाके प्यारे
करूँगी दिन रैन प्यार—अरे...

(मय छपरखट के माहरुख़ का बेनज़ीर को लेकर हवा होना)

बाब पहला—परदा दूसरा

स्थान—दीवानख़ाना

(दाख़िल होना शहरयार का ख़वासों से हाल पूछते हुए)

परज—कालिंगड़ा

''अरे सांभल मानवी वेगांना''

शहरयार गुम हुए कैसे वो मेरे प्यारे, तुम निगहवान थे उसके सारे
खोके लख़्ते जिगर को हमारे, हमको बेमौत ही तुमने मारे

ख़वास क्या कहें तुमसे शाहे मोअज़्ज़म, कोठे में सोये थे जानेआलम
दाखल मांदर
ले गया कोई उन्हें, और सब हम, करते-करते यहाँ आये मातम

मांदर कौन जाता रहा क्या ख़बर है, ख़ैर से तो हमारा पिसर है
क्या पिसर है वह नूरे वसर है, ज़िन्दगी के चमन का समर है।

शहरयार अे मलका! नसीब अपना फूटा, गुम हुआ अपने गुलशन का बूटा
परियों ने आनकर उसको लूटा, कोह ग़म का यह अपने पै टूटा

माँ मर गयी तेरी माँ हाय बेटा, तू सिधारा कहाँ हाय बेटा।
बस गयी मेरी जाँ हाय बेटा, ओ मेरे नौजवाँ हाय बेटा।।

(बेताब हो ज़मीन पर गिरना माँ का)

पीलु—ठुमरी

"कौन ज़ंजीर में आन पड़ी रे"

शहरयार मुझे मार बेमौत अे मेरे प्यारे
परियों से तुम ऐश करने सिधारे—मुझे...
मेरी आँखों का नूर था अय बेटा ।
मैं जीता था करके तुम्हारे नज़ारे—मुझे...
मेरे औजे—इक़बाल के मेहरे ताबाँ
ज़माने में अँधेरे है बिन तुम्हारे—मुझे...
"सात वरसनी हूँ मैं राँडी"

माँ आह मेरी गोद का पाला कहाँ है, कित है ढूँढ़ूँ किधर जाके
बेनज़ीर मेरे प्यार रे! हाल तू माँ का देख ज़रा आके—आह...
लाओ उसे लेके आवो, बिन लिये जिसे मैं नहीं जाने की
मर जाऊँ पीट के सर मैं, उसको अगर जो मैं नहीं पीने की—आह...
बनके दीवानी जाऊँ ढूँढ़ने को अब उस मेरे प्यारे को,
आयी, आयी ओ बेटा! मांदर दुखिया तेरे नज़ारे को। आह...
(जाना माँ का दीवानों की तरह और घबराये तसमीने रवाना होना शहरयार का)

बाब पहला—परदा तीसरा

स्थल महल

(बेनज़ीर का आराम फ़रमाना और माहरुख़ का जगाना)

पीलु—कहरवा
"धोबन के नैना रसीले"

माहरुख़ मतवाले तोरे नैना रे करैं बेचैनां—मतवाले
हरवासा गरवा तोहे लगाये राखूँगी दिन रैना—करे बेचैना
भोर भई है सूरज मुख उठ, अँधेरे जग में अब है ना

(बेदार होना बेनज़ीर का)

बरहंस—ग़ज़ल
"यार का गुलज़ार था।"

बेनज़ीर जागता हूँ मैं के है आलम भला ये ख़्वाब का
जिस जगह सोया था मैं, था फ़र्श वाँ महताब का—जागता...
ग़ैर का है घर, नहीं हरगिज़ है मेरा यह मकाँ
एक बग़ीचा मेरे आगे था गुले शादाब का—जागता...

(माहरुख़ को देखकर)

कौन यह बैठा है सूरत तो है औरत-सी मगर,
है परिन्दों से तो पर, पर रंग है उन्नाव का
या इलाही ख़ैर करना, शायद है कोई बला
जुज़ तेरे क़िस्से कहुँ हाल, अब दिलेबेताब का।। जागता...

अबीयात

माहरुख़ अरे कौन है तू? तेरा नाम क्या?
मेरे घर में क्यूँ आया है, काम क्या?
मैं बिन ब्याही लड़की तू है नौजवान
मुझे घूरता है क्यूँ ओ बदगुमान?
बयाँ कर तू है क्या तेरी आरज़ू?
क्यों आँखें लड़ाता है मेरे से तू?
मैं वो हूँ कि माहरुख़ परी जिसका नाम
तेरे से हैं लाखों मेरे घर ग़ुलाम।

बेनज़ीर अरी बस परे हो यूँ नख़रे न कर
हुई तेरे ग़मज़ों से मुझको ख़बर
कि तू है उठा लायी मुझको यहाँ
ज़रा दिल पै रख हाथ है तू कहाँ?
गो मेरे से हैं लाखों तेरे ग़ुलाम
मगर शायद हों वो हो गये सब तमाम।

जो मेरे से अब काम तुझको पड़ा
अरी चुलबुली चल, न आँखें लड़ा।
(बेनज़ीर का ग़ज़बनाक होना और माहरुख़ का मनाना)

माहरुख़ ये मुँहजोरियाँ! वाह सनम! वाह वाह!!
हो रश्के मसीहा, और पै दम, वाह! वाह!
भला ख़ैर, हमने ही ले आये आव
हमारे चमन की हवा चलके खाव।

जुल्ला—ग़ज़ल

"मेरी जान जाती है।"

ग़नीमत समझ तू ये सोहबत अय जानी
कि है चार दिन की फ़कत ज़िन्दगानी—ग़नीमत...
करो ऐश हसरत रहे तो न बाक़ी
कि अल्लाह है बाक़ी बता कुल्ले फ़ानी—ग़नीमत...
न लाओ वतन का ख़्याल आप दिल में
मयस्सर है याँ भी तुम्हें हुक्मरानी। ग़नीमत...
अगर तबा को सैर की होवे आदत
तो घोड़ा मैं एक तुमको दूँगी अय जानी। ग़नीमत...
कहूँ क्या मैं उस अस्प के तुमसे औसाफ़
कि करता हवा से है वह लन्तरानी। ग़नीमत...
मगर ये भी कहिये क्या साहब का है नाम
और है क्या नसब बोलो राज़े निहानी।। ग़नीमत...

कल्याण

"राजा हूँ मैं क़ौम का"

बेनज़ीर शहज़ादा हूँ पूरब का, ऐश से नित है काम
परवरदा हूँ नाज़ का, बेनज़ीर है नाम।
विशो अक़ारब छुट गये, कौन हो दिल बेचैन
तनहा कब तक बैठ के रोता रहूँ दिन रैन।।

मज़कूर राह

माहरुख़ राज़ी रखूँगी मैं तुम्हें हरदम मेरी जान
आँखों से लाऊँगी बजा तेरा नित फ़रमान
रात रहो मेरे पास तुम दिन को करना सैर।
और को देना दिल नहीं जान की चाहो जो ख़ैर।

बेनज़ीर चाहनेवाली तू मेरी है अय गुले गुलज़ार
छोड़ के तुझको और पर हरगिज़ हूँ न निसार।
दे वो घोड़ा तू मुझे मानूँ तेरा अहसान
है हवाई सैर का दिल में मेरे अरमान।
(माहरुख़ का बेनज़ीर को अपने साथ ले जाना उल्फ़त और प्यार सहित)

●

5

इन्दर-सभा उर्फ़ गुलफ़ामी सब्ज़ परी

प्रथम बाब का पहला—परदा : (आराम फ़रमाये हुए नज़र आना शहज़ादे गुलफ़ाम का बाय पर, आना सब्ज़ परी का वरा सैर आदमज़ादों के मुल्क में और आशिक़ होना शहज़ादे गुलफ़ाम पर)

सब्ज़ परी मोरे बाँके साँवरीया ओ सैयाँ मोरा
तूने मेरी मन हर लीनो—मोरे...
चाँद-सा मुखड़ा, मृग जैसी अँखियाँ
लागी मोरी नज़रिया ओ सैयाँ मोरा
बलि-बलि जाऊँ, उठवा मँगवाऊँ
जानूँ तोरी क़दरिया, ओ सैयाँ मोरा—मोरे...
(सब्ज़ परी के वास्ते निशान का अपना छल्ला निकालकर गुलफ़ाम को पहनाना)

कल्यान—ठुमरी

छल्ला हमारा यह याद रखना
ये याद रखना, ये पास रखना—छल्ला...
चुन-चुन कलियाँ मैं सेज बिछाऊँ
ओ सोनेवाले, सो जानेवाले, मज़ा लेनेवाले
ये याद रखना...छल्ला...
(रवाना होना सब्ज़ परी का गुलफ़ाम के हाथों को चूमकर)

दूसरा परदा

(इन्दर का सैर के लिए आना)

इन्दर राजा हूँ...
...नहीं क़रार
(लाल और काले देव का आना)
...मुजरा करें वहाँ।[1]

(इन्दर का प्रस्थान)

1. ये समस्त पंक्तियाँ वही हैं जो मूल अमानत की इन्दर-सभा में हैं। पाठक उसे पूरा करें।

तीसरा परदा : दरबार

(चोबदारों व देव दरबारियों का हाथ जोड़ खड़े रहना सबका इन्दर की आमद गाना)

सब सभा में...
...फ़ितनए महशर की आमद आमद है।[1]
(इन्दर का प्रवेश; तख़्त पर रौनक़ अफ़रोज़ होना सबका बदस्तूर मामूल के पुखराज परी की आमद, गाना)

सब ...महफ़िलें...
करने उस वज़्म में अब राजपरी आती है।[2]
(आना पुखराज परी का सुरोदो रक़्स करते हुए)

पुखराज परी ...गाती हूँ मैं...
...मामूर मये हुस्न से क्या जाम है मेरा...[3]
(इन्दर का पुखराज परी को नज़दीक बुलाकर शाबाशी देना)
राजा इन्दर देस में...
...ख़ज़ाने की कब हूँ मैं मोहताज़[4]

ठुमरी

रुत आयी वसन्त अजब बहार, खिले ज़र्द फूल बरों के डार
चिटकी कुसुम्बा फूले लागी सरसों, फेंकत चलत यूँ के बहार—रुत...
हरके दवारे माली का छोडा, गरवा डारत गेंदन के हार।[5]

परज कालिंगड़ा—होरी

पा लागूँ कर जोरी...
...गोरी गोरी॥[6]
(पुखराज परी का रक़्स करके तख़्त के नज़दीक जाकर आदाब बजा लाना; राजा इन्दर का ख़ुश हो जाना)

ठुमरी

इन्दर खूब रिझाया...
...नीलम की परी बारी।[7]

ग़ज़ल

सब सभा में आमदे...
...उसमें भरी है।[8]
(आना नीलम परी का सुरोदी रक़्स करते)

पीलू-ग़ज़ल

नीलम हूरों के होश...
...जौहरियों की दुकान पर॥[9]

---

1. मूल के अनुसार। 2. वही। 3. वही। 4. वही। 5. वही। 6. वही। 7. वही। 8. वही। 9. वही।

पीलू

मैं चेरी सरकार की, और तुम राजों के राज
गाना मुझ माशूक का सुनो ग़ौर से आज।
सुनो ग़ौर से आज मेरा राजा जी गाना
नाच की छलबल देखकर देखो बतलाना।[1]

काफ़ी—होरी

कान्हा को समुझावत न कोई
...वदन माटी में मिलोई॥[2]

(नीलम परी का दस्तवस्ता खड़ा रहना; इन्दर का उसके नाच गाने पर मरहवा कहना)

इन्दर दिखा चुकी...
...लाल परी का काम[3]

देस—ग़ज़ल

सब सभा में लाल परी...
पोशाक मारी आती है।[4]

(सभा में लाल परी का आना)

पीलू—ग़ज़ल

लाल परी इंसा का...
माहे तमाम है।[5]

पीलू—ठुमरी

बैठी थी में काफ़ में...
बाद दिखाया॥[6]

देस—ठुमरी

मोरे जीवन में है लाल जुड़े, वहोत खो ओ महाराज !
काहू मूँगा काहू चूनी कहत है, परखन वारों पर गाज पड़े।[7]

काफ़ी—होरी

लाज रखले स्याम हमारी...
कहेंगे लोग मतवारी।

(धुन होरी कुसुन राजा इन्दर का खुशी से सराहना)[8]

पीलू—ठुमरी

इन्दर काटी रात...
सब्ज़ परी का ध्यान।

---

1. मूल के अनुसार। 2. वही। 3. वही। 4. वही। 5. वही। 6. वही। 7. वही। 8. वही।

बिहाग—ग़ज़ल।

सब आती नये अन्दाज़...

सब्ज़े को चरी है।[1]

(सब्ज़ परी का आना नाज़ो अन्दाज़ से)

ग़ज़ल

सब्ज़ परी मायूर हूँ... नसीमे सहरी हूँ॥[2]

(सब्ज़ परी के गाने की धुन से इन्दर का सोना)

पीलू

राजाजी...क्या काम[3]

(जाना कालेदेव को इशारे से बुलाना)

परदा चौथा

रास्ता

(कालेदेव के साथ सब्ज़ परी का आना)

सब्ज़ परी सुन रे काले देव रे ...तोरी वे तकरार॥[4]

कालादेव घर में राजा के ...लाऊँ अभी उठा॥[5]

सब्ज़ परी जा तू मंगल दीप से...उसको पेछान॥[6]

(आदाब बजाकर कालेदेव का जाना और शहज़ादे गुलफ़ाम को छपरखट के साथ सोता हुआ ले आना)

कालादेव लाया... सब्ज़ परी मेहछान।[7]

(कालादेव का जाना)

सब्ज़ परी ये ही शहज़ादा...नींद से हो होशियार[8]

(शहज़ादे को जगाकर छुप जाना। ग़ैर जगह पाकर शहज़ादे का हैरत में आना)

भैरवी—ग़ज़ल

गुलफ़ाम घर से यहाँ कौन...किस्मत ने सताया मुझको।[9]

(और भी घबराना)

विहाग—ठुमरी

मुझे कौन घर से...उस्ताद से कहियो हाँ।।[10]

(सब्ज़ परी का बाहर आना; गुलफ़ाम का और घबराना)

खम्माच

सब्ज़ परी देखो तुम मेरी तरफ़ घर का ले मत नाम

...हैगा कहाँ मुकाम॥[11]

1. मूल के अनुसार। 2. वही। 3. वही। 4. वही। 5. वही। 6. वही। 7. वही। 8. वही। 9. वही। 10. वही। 11. वही।

पीलू

गुलफ़ाम ख़िलवत में मैं...निकला है ये क्या?[1]

सब्ज़ परी कौम की दूँगी में परी...है मेरा काम।[2]

गुलफ़ाम जुल्मी ये...हुआ है तेरे पास?[3]

सब्ज़ परी तुझ पर...मेज़ के देव सियाह[4]

(देव का नाम सुनकर गुलफ़ाम का घबराना; सब्ज़ परी का मनाना)

भैरवो—मसनवी

सब्ज़ परी सरपै आँखों पै...आबाद करूँ।

गुलफ़ाम वस्ल की तेरी...फँसाया तूने।[5]

काफ़ी—पसनवी

सब्ज़ परी ज़िन्दगी का है...परी का कभी होगा।[6]

गुलफ़ाम घर के छुटने का...बजा लाऊँ मैं॥[7]

पीलू

सब्ज़ परी ऐसी बातों का... झुकायेगा तुझे॥[8]

गुलफ़ाम मैं न मानूँगा... वहाँ आती है।[9]

सब्ज़ परी बात हरग़िज़...कुरवान करूँ॥[10]

गुलफ़ाम दिल हर एक...मर जाऊँगा[11]

सब्ज़ परी मुफ़त की यार...दिखा लाऊ मैं।[12]

गुलफ़ाम किस तरह चलन में...नोच के लादे मुझको।[13]

सब्ज़ परी वहकी बातों...उडावो आनी॥[14]

(सब्ज़ परी का एक ताली बजाने से महल का जंगल हो जाना और एक हवाई तख़्त का नज़र आना।)

थाम लो पाया...न जाना आनी।।[15]

(सब्ज़ परी का तख़्ते पर बैठना, गुलफ़ाम का तख़्ता पर पकड़कर लटकना, तख़्ते का आसमान पर उड़ना)

●

---

1. मूल के अनुसार। 2. वही। 3. वही। 4. वही। 5. वही। 6. वही। 7. वही। 8. वही। 9. वही। 10. वही। 11. वही। 12. वही। 13. वही। 14. वही। 15. वही।

6

परियों की हवाई मजलिस उर्फ़ क़मरुज़्ज़माँ माहलक़ा

लेखक : मोहम्मद मियाँ 'मनजूर'

पात्र :		
	जहाँदारशाह	मुल्के हलक का बादशाह
	शाहजीन	काफ़ का बादशाह
	क़मरुज़्ज़माँ	जहाँदारशाह का बेटा
	अलफ़खाँ	जहाँदारशाह का वज़ीर
	आवेद	एक राहवर
	फ़ज़लेदीन	जहाँदारशाह के दरबार का नजूमी
	माहलक़ा	शाहजीन की दुख़्तर
	मुक़ाम	तातार और क़ाफ़

बाब पहला—परदा पहला

क़मरुज़्ज़माँ का सोते हुए अपने दीवानख़ाने में नज़र आना; नौकर का उसे जगाना; शहज़ादे का उस पर गुस्सा होकर तलवार से मारने की कोशिश करना मगर रुक जाना; नौकर का वज़ीर के आने की ख़बर देना; शहज़ादे का वज़ीर को मारने की कोशिश पर वज़ीर का उसे मनाना; अपने ख़्वाब का बयान वज़ीर से करना; वज़ीर का उस परी को ढूँढ़ लाने का वायदा करके बाहर जाना और शहज़ादे का भी वहाँ से रवाना हो जाना।

दूसरा परदा

शाह का तख़्त पर बैठे दिखायी देना और वेश्याओं का उसकी प्रशंसा में झंझोटी राग में एक ग़ज़ल गाना; एकदम शहज़ादे की बेक़रारी का स्वर सुनायी देना और उसकी खोज में अधिकारियों का पर्दे के अन्दर जाना; क़मरुज़्ज़माँ का प्रवेश और वियोग भरी अवीयात कहना; वज़ीर का शाह से ज्योतिषी को बुलवाकर उस परी का नाम और मुक़ाम मालूम करने की प्रार्थना करना; ज्योतिषी का आना और कहना कि कोह क़ाफ़ में दिलकुशा बाग़ में रहनेवाली माहरुख़ परी है और शहज़ादा उसी के प्रेम में व्याकुल है; पर वहाँ पहुँचना बड़ा मुश्किल है; बीच में मैदान फिर आग की वर्षा, बाद में चौड़ा दरिया, फिर लोहे के काँटे और चौथे में राख़स का ग़म, फिर जीन का मैदान गरजे कि सब-कुछ जादुई प्रभाव से युक्त है; यह सब सुनकर शहज़ादा और अधिक घबराता है फिर अपनी व्याकुलता प्रकट करता है। जहाँदारशाह बेटे को दिलासा देने का प्रयत्न करता है। प्रतिज्ञा करता है कि परी को ढुँढ़वाकर उसे मिलवायेगा। फिर अपने नौकरों को शहज़ादा की रक्षा करने की आज्ञा देता है।

तीसरा परदा

दीवानख़ाने में शहज़ादा का वियोग वर्णन; शहज़ादा वियोग में बाहर निकल जाता है और नौकर उसके पीछे भागते हैं।

चौथा परदा—दालान में शाह का अपने लड़के की खोज करते हुए आना।

पाँचवाँ परदा—जंगल में क़मरुज़्ज़माँ का वियोग गीत गाना; एक पेड़ में आश्चर्यमय स्वर के साथ आवेद का निकलना शहज़ादे से कहना कि ईश्वर ने दया करके मुझे तेरी मदद को भेजा है। यह कहकर उसे एक ऐसा असा (डण्डा) देना जिसके छूते ही सारा जादू, राखस, जिन और देव सब टल जायेंगे और पहाड़ मैदान बन जायगा। यह देकर वह फिर पेड़ में समा जाता है।

बाब दूसरा—परदा पहला

परियों की हवाई मजलिस; परियाँ शहज़ादी के लिए कलिंगड़ा के ग़ज़ल गाती हैं; शहज़ादी हवा में से प्रकट होती है और गाती है—

क्यों बुलाती हो जिगर है मेरा पारा पारा
ख़्वाब में देखा है एक माहरु प्यारा प्यारा।
शहज़ादा था वह गुलफ़ाम गुलदाम हसीन
जिसकी जुल्फ़ों का फँसा फिरता है मारा मारा।
आदमी ज़ाद मेरा लूट गया सब्रोक़रार
ज़िन्दगी करने का अब क्या है सहारा यारा।
चितवन में वह शरारत थी कि अल्लाह अल्लाह
फ़ीमने दिल को जलाया जो नज़ारा मारा।

इस पर दाया उसे कहती है कि शहज़ादा सारे जादू को दूर कर यहाँ आ गया है और समझ ले कि तेरी शादी उससे हो गयी।

बाब तीसरा—परदा पहला

दीवानख़ाने में माहलक़ा का सहेलियों सहित शहज़ादे के लिए वियोग प्रदर्शन

अब उसके सिवा जीना भी मंजूर नहीं है
वो दूर है तो मौत यहाँ दूर नहीं है।...

हम तड़पें तेरी चाह में आराम तुझे हो
उल्फ़त का सितमगर यह तो दस्तूर नहीं है।

इस पर दाया उसे तसल्ली देती है।

परदा दूसरा

तिलस्मानी क़िला, एक देव द्वारा क़िले की रक्षा; शहज़ादा आता है और देव कहता है कि तुझे अभी खा जाऊँगा। शहज़ादा असा देव को दिखाता है और देव फ़िन्नार हो जाता है। फिर वह असा क़िले को दिखाता है क़िला भी टूटकर हवा में उड़ जाता है; परि-

स्तान दिखायी देता है और एक देव उसकी रक्षा करता है मगर असा को देखकर वह भी पीछे हट जाता है; वहाँ तक पहुँचने पर देव आश्चर्य प्रकट करता है। क़मरुज़्ज़माँ शहज़ादा कहता है—

आशिके महलक़ा हूँ मैं रानी पै मुबतिला हूँ मैं
जामे मोहब्बत उसका अब मैंने पिया जो हो सो हो
देवो परी से मिला, मौला तेरा करे भला
हाले ग़मो अलम बयाँ मैंने किया जो हो सो हो।।

इस पर जिन ताली बजाकर माहलक़ा को बुलाता है जो सात सहेलियों के साथ आती है; दोनों एक-दूसरे को देखकर आश्चर्य करते हैं। माहलक़ा शाहज़ादे से उसके वहाँ पहुँचने का कारण पूछती है और अपने प्रेम को प्रकट करती है। शहज़ादा भी अपना प्रेम बताता है। इसी बीच जीन का शाह अपने अधिकारियों सहित वहाँ पहुँचकर शहज़ादे को देखकर आश्चर्य से सब हाल पूछता है। शहज़ादा कहता है—

जो शहज़ादी है आपकी माहे पैकर
सदा जिसको हशमत से मेरी रहेगी
हुआ मैं उसे ख़्वाब में देख आशिक
सदा दिल पै उस ग़म की देरी रहेगी
इसपे मैं इसके लिए आया मेहनत उठाकर
हर एक हूर बन इसकी चेरी रहेगी
न उनसे अगर ब्याह कर दोगे मेरा
तो हरगिज़ न फिर जान मेरी रहेगी।।

इसी आसम्बरी में माहलक़ा भी कहती है—

जो शादी की बात इससे मेरी रहेगी
तो फिर क़ौल की बात तेरी रहेगी।
जो शहज़ादा सपने में देखा था मैंने
यही है ये यहाँ इसकी देरी रहेगी।
कहा हाल ये तब दिया क़ौल तुमने
कि निस्बत उसी से ही तेरी रहेगी।।
सो अब ब्याह कर दो कि दिलशाद होवे
नहीं तो मुसीबत ये घेरे रहेगी।
करोगे यह एहसान गर मुझ पै शाह
तो ममनून दायम यह चेरी रहेगी।

शाहजीन माहलक़ा का हाथ क़मरुज़्ज़मा के हाथ में देता है; नाचो-गाना शुरू हो जाता है।

●

7

ख़ूने नाहक़

(रचना-काल लगभग 1902 ई.)

बाब पहला—परदा दूसरा

महल

(मेहरबानू का मय ख़वासों के गाते हुए आना)

गाना

अलबेले सों कहना संदेसा मेरा।
काहे बिसारे अय प्यारे! मोहे आरे, आरे तोरी आस निहारे।
करो कुछ ध्यान लगे विरहवान है जान पै आन बनी रे।
दिन रतियाँ, हाँ, दिन रतियाँ रकत बहे अँखियाँ
आग है छतियाँ लगतियाँ न भावत कोऊ की बतियाँ।
अब तो सजन दिखला दे दरशन हाँ रे।
सुलगत तन मन तजे हम अन धन।।

गाना

ख़वासें मान वचन राजदुलारी मोरी
जीया न खो री! थोरी मत हो री।

मेहरबानू जाओ जाओ मन न दुखाओ जाओ

ख़वासें दिल न दुखाओ नित तुम उठाओ मन की मुरादें पाओ।

मेहरबानू जाओ जाओ कुढ़ाओ न मन मोरा समझाओ।

रिहाना अफ़सोस, प्यारी इश्क़ की बेक़रारी हुस्न को ख़ाक में मिलाती है दिल में सोज़िश उस्तो ख़्वाने में आग लगाती है।

अबियात

न रखो शोला ज़न नालये बेबाक सीने में
न जल जाये कहीं प्यारी दिले ग़मनाक सीने में।

मेहरबानू जला याँ तक नये ग़म से दिले ग़मनाक सीने में
अगर ढूँढ़े कोइ दिल को तो पाये ख़ाक सीने में।।

गाना

सखी कैसे सहा दुख जाये, बिन पिया जिया कल नहिं पाये,
जाये सिसक सिसक जिया हाय,
जियरा अजान को विद्रोह से पिछान पड़ी
दुख सों मिलाप भयो सुख बन गयो वैरी।

ख़वासें होय दरस तोहे प्रान का काहे सुन्दरी अधीर भई

मेहरबानू सखी कैसे धरे मन धीर दरस बिन जहाँगीर के।

ख़वासें धीर धीर अधीरी धीर।

मेहरबानू पीर दे गयो जहाँगीर संग ले गयो मोरी धीर
करूँ कहा हाय कहाँ बसूँ जाय; कैसे कल आम चैन जिया पाये? हाय क्या करूँ?

शेर

दिले नाशाद को आराम पहलू में नहीं आता
करूँ मैं क्या वो ज़ालिम मेरे काबू में नहीं आता।।

फ़रज़ाना प्यारी बानू! अब तो आपने ख़्याल किया है कि शहज़ादे जहाँगीर का मिज़ाज कुछ और है, दीवानों-सा तौर है;

पहले तो आपही के नाम पर मरते थे, वफ़ा का दम भरते थे। अब तो कुछ आपकी परवाह है नहीं।

मेहरबानू अय हमदम, ख़ुदा की क़सम, इसी बात का तो है मुझे भी ग़म कि उस दग़ाबाज़, बेमुरव्वत ने तोते की तरह, आँख फेरी, इसमें क्या ख़ता है मेरी।

रिहाना मगर मैं समझती हूँ कि बादशाह की मौत से यह पेच पड़ गया है कि शहज़ादे साहब का मिज़ाज बिलकुल बिगड़ गया है। लीजिये वहीं आते हैं।

गाना

आज तोरा सैंया मन्दरवा में आय हे प्यारी!
भाग जगे हैं सोहाग राग गैहे।

मेहरबानू बार बार हूँ निसार जान दूँगी बार-बार,

फ़रज़ाना फिर हमको तुम जाओगी भूल, तुम बन के गुल जाओ फल,
वाह वाह वाह; वाह ये उ लाग फाग ले है।

(जहाँगीर का आना)

मेहरबानू क्यों मेरी जान! मिज़ाज कैसा है?

जहाँगीर जैसा तुम देखती हो वैसा है।

अशार

मेहरबानू इस इन्तेशार का कुछ माजरा कहो तो सही
मिज़ाज कैसा है अय दिलरुबा! कहो तो सही।

जहाँगीर यह लोग हो गये क्यूँ बेवफ़ा कहो तो सही
यह क्यों ज़माने की बदली हवा कहो तो सही।

मेहरबानू यह तो मैं ख़ुद पूछती हूँ कि इस बेवफ़ाई, बेमुरव्वती का सबब क्या है?

जहाँगीर यह तो मुझको मालूम नहीं कि दगाबाज़ औरतों का मतलब क्या है?
औरतें दग़ाबाज़?

जहाँगीर दग़ाबाज़, जालसाज़, मक्कार, जफ़ाकार।

मेहरबानू फिर फ़रमाइये।

जहाँगीर ज्यादा न शरमाइये।

मेहरबानू क्या मैं ऐसी?

जहाँगीर कोई होगी ऐसी।

मेहरबानू आप बड़ी बेमुरव्वती से ज़बान खोलते हैं।

जहाँगीर देग में एक ही चावल टटोलते हैं।

मेहरबानू प्यारे जहाँगीर यह कैसी बातें?

जहाँगीर जहाँगीर के बदले मेरा नाम दिलगीर रखो।

मेहरबानू नहीं नहीं।

जहाँगीर मुहब्बत का एक असीर रखो या फ़क़ीर रखो।

मेहरबानू आपके दुश्मन ऐसे हों।

जहाँगीर मेरे दुश्मन तो तख़्तोताज के मालिक हुए।

मेहरबानू ओहो यह किनाया अब मेरी समझ में आया, मगर मेरा क़सूर!

जहाँगीर ख़िलाफ़ दस्तूर!

मेहरबानू क्या ऐसा इरादा?

जहाँगीर कुछ इससे भी ज़्यादा।

अबीयात

मेहरबानू कौन वादा करके था मुझसे वफ़ा का फिर गया।

जहाँगीर किसके दिल पर ख़ंजरे बुर्रां जफ़ाका फिर गया।

मेहरबानू जुल्म यह जिसने किया वह कौन था?
दाग़ यह जिसने दिया वह कौन था?
अफ़सोस सरकार की तबीयत इस क़दर फिर गयी जो मैं नज़रों से गिर गयी।

अशार

क्या करे चाहनेवालों का भरोसा कोई
सच है दुनिया में किसी का नहीं होता कोई;
अय जफ़ाकार नहीं मेरी वफ़ाओं का ख़ियाल
यूँ भी कर लेता है पत्थर का कलेजा कोई।

जहाँगीर दिल हसीनों को न दे चाहनेवाला कोई
कि ज़माने में नहीं होता किसी का कोई;
बेवफ़ाई से अज़ीज़ों के खुला यह उक़दा,
हम हैं दुनिया में किसी के न हमारा कोई।।

मेहरबानू यह कैसी-कैसी उखड़ी तक़रीर है, हयरत दामनगीर है क्या आप पर भी तलउरन का साया पड़ गया जो मिज़ाज ऐसा बिगड़ गया।

शेर

क्यों हँसी चेहरे पै नहीं आती।
क्यों वह हालत नज़र नहीं आती।।

जहाँगीर सच है मैं तलऊने मिज़ाज हो गया, औरतों का यह रिवाज़ हो गया कुछ-न-कुछ इन्क़लाब ज़रूर हुआ जो इसमत का नाम ख़राब हुआ।

रुबाई

शकले राहत नज़र नहीं आती
मौत भी बेख़बर नहीं आती
आगे आती थी हालते दिल पै हँसी
अब किसी बात पर नहीं आती।

मुखम्मसात

मेहरबानू मैंने क्या आप से बुराई की
जान भी अपनी जाँ फ़िदा की
इन्तहा करती बावफ़ाई की
आपने ख़ूब दिल रुबाई की
आबरू खोयी आशनाई की।

जहाँगीर शर्त की जिसने बावफ़ाई की
उसने अंजाम में बुराई की
हमने ख़ुद इस्मत आज़माई की
अब न कोशिश करो सफ़ाई की
देख ली शान पारसाई की।

मेहरबानू ओ बेदर्द नाक़दरदान।

शेर

मरूँ मैं तुझ पै तू कोशिश करे मेरे सताने में
बताओ तो कहीं ऐसा भी होता है ज़माने में;

जहाँगीर मुख़म्मसात

तिलस्मी सूरतें हैं औरतें इस सरहख़ाने में
नजिस रूहें पड़ी फिरती हैं यह सारे ज़माने में।
ज़रर होता है इन नामहेरमों से दिल लगाने में
नहीं ग़ैरत पलीदों को ज़रा इस्मत बचाने में
जला दूँ आग में उनको जो हो क़ाबू जलाने में।।

मेहरबानू बताइये वह कौन-सी औरत सियाहकार हुई जो ज़लीलो ख़्वार हुई, क़ाबिलेनार हुई, क़हरे ख़ुदा गिरफ़्तार हुई।

जहाँगीर अफ़सोस हक़दार तरसें अंगारे बरसें।

शेर

खुलेगा हाल मेरा आप पर रोज़ेक़यामत में
करेगा फ़ैसला वो दाबरे महशर क़यामत में।

मेहरबानू मेरी इस्मत में कोई इल्ज़ाम है?

जहाँगीर मुझे इन बातों से क्या काम है? (जाना जहाँगीर का)

गाना

मेहरबानू *अफ़सोस गया हमदम छलियाँ*
न रहा चमन जल जल गयीं कलियाँ;
ख़ाक बदन कर मन मुरझाये
जान को मेरी रोग लगाये,
पीत के ग़म से मैं जलियाँ।।

(जाना मेहरबानू का, आना सलमान का)

गाना

सलमान मानो मानो मानो रे प्यारी बतियाँ

रिहाना जा जा नाहीं दिखावे तू जतियाँ यह बतियाँ सुरतियाँ

सलमान बोसा दे एक गोरे गाल का प्यारी जान, बोसा दे एक गोरे गाल का।

रिहाना चल मुवे, हट मुवे, घुस तू मनहूस मुवे।

सलमान मैं जो जाऊँ तो पछतायेगी, दूल्हा कहाँ मुझ-सा पायेगी?

रिहाना निकल निकल उधर को, चल, अब न मचल यहाँ,

यह लीजिये ई दीगर गुले शिगुफ़्; बीवी साहिबा को समझाते समझाते फिर सत पायी तो दूसरी बला सामने आयी;

शेर

क्या गिज़ा मेरी हुई .ख़ूने जिगर का पीना
अपना सर फोड़ के इस मूजी का पीटूँ सीना।

मुवे बदजात, बद सिफ़ात, तुझको अपनी जूतियों पै निसार करूँ, सदक़े हर बार करूँ।

सलमान अगर मुझे जूतियों पर से निसार करोगी तो फिर ज़िन्दगी किसके सर बसर करोगी?

रिहाना चल बे उल्लू! हौसला तेरा। एक तो दीवाना दूसरे भूतों ने घेरा।

सलमान वाह रे चुट्टूँ, नख़रा तेरा, गंजी कबूतरी महल में डेरा।

रिहाना चल रिज़ाला मतवाला, तुझे डसे साँप काला, कौड़ियाला, तू मर जाय कबूतरी बनानेवाला।

सलमान हत् तेरे नख़रे में गरम मसाला; हट न मुण्डी, हड़बड़ा के उट्ठी अय जान! देख तो मैं कैसा रँगीला छबीला, सजीला शानोशौकतवाला तरहदार तेरा यार।

रिहाना चल बदकार मेरे यार पर से तुझे करूँ निसार, कहाँ तू गली का कुत्ता मुरदार और कहाँ मेरा यार अनवर नामदार।

सलमान हैं, हैं क्या कहाँ? अनवर, वह अख़्तर का बिरादर, रास्ते का पत्थर, मेरे बराबर। अरे मेरे हुस्न पर हूर अश अश करे, परी देख पाये तो गश खाकर गिर पड़े।

रिहाना भला यह तो माना मगर मैं मेहरबानू की सहेली अलबेली और तू मुवा तेली, मेरा नाज़ क्यों कर उठायगा? तेरे घर में है क्या? मेरा .ख़र्च कैसे उठायेगा?

सलमान अरे दीवानी तेरे लिये मेरे घर में क्या है कमी; सुन, चूल्हा, चक्की, तवा, डोई हण्डी, चपनी, दसपनी, फुकनी, कावे की पियाली, फिरकीं, भँवरा, लट्टू, चट्टू, वजर बट्टू, गिल्ली-डण्डा, फिर मैं सण्डा मुस्तण्डा .ख़ुदा का दिया हुआ सब-कुछ मौजूद है और जो कुछ नहीं है, वे छोटी-सी दो-चार चीज़ें नहीं हैं सो क्या हुआ?

रिहाना क्या क्या है और क्या क्या नहीं है?

सलमान खाना, कपड़ा, दौलत, इज़्ज़त, बस यही नहीं और इसके नहीं होने का हरज नहीं। न आये की शादी न गये का ग़म।

रिहाना अब बदलगाम अपनी जुबान थाम।

सलमान अय अक़्ले ख़ाम तेरी माँग मुण्डे हज्जाम, जानती है कि बत्ती भी कोई चीज़ है। अरे मैं गुलाम हूँ तो तू कनीज़ है। दोनों की बनी जोड़ी, एक अन्धा एक कोढ़ी। तेरी मेरी जोड़ी बनी प्यारी जान अल्लाह सलामत रखेगा।

रिहाना अय बदतमीज़! बेशक मैं कनीज़, नाचीज़, मगर आदमी आदमी में अन्तर है कोई हीरा कोई कंकर।

सलमान अरे एक का है दूसरा हम सर जैसे कंकर वैसे पत्थर।

रिहाना मुवे की आँख के आगे नाक, सूझे क्या ख़ाक।

सलमान शुक्र है कि मेरे आगे नाक है, भूल जाओ शिकवये ग़म्माजी। जल्द हो जाओ वस्ल में राजी। जब मियाँ बीबी राज़ी तो क्या करेगा क़ाज़ी।

रिहाना चाहे मुल्ला बुलाओ या क़ाजी पर यह तेरे हाथ न आयेगी बाज़ी। किसी और से करना हीलासाजी, ज़वाँ दराज़ी।

सलमान अच्छा, अच्छा बीवी जान! जब ही मैं अपने नाव का सलमान कि मेहरबानूँ से लूँ तेरी शादी का पयग़ान।

गाना

रिहाना दूर दूर परे हो दूरबे ई ऊर, तू मुँह को तेरे झुलसूँ, मसानी मज़दूर तू।

सलमान दो चार छातें, ले मार लातें, बातें मीठी कर जान

रिहाना जा जा रे मूरख नादान।

सलमान सुन प्यारी तू मान जारी न कर तूफ़ान

रिहाना जारे मूज़ी, शयतान अरे जा जा जा

सलमान अरे आ आ आ हट न ला खट न ला, बोसा झटपट दिला।

रिहाना जा जा रे काले लंगूर तू।

(जाना दोनों का)

नोट : पात्रों में जहाँगीर हैमलेट है, मेहरबानू अफ़ीलिया है, सलमान जहाँगीर का नौकर और रिहाना मेहरबानू की सहेली है।

8

हरिश्चन्द्र

(रचना-काल लगभग 1895 ई.)

बाब तीसरा दिखाव पाँचवाँ

काशी—मसानघाट—रात का वक़्त।

(घाट किनारे हरिश्चन्द्र, डोम के लिबास में कम्बल ओढ़े झाड़ू देकर अपनी हालत पर शुक्र करता है)

हरिश्चन्द्र संसार सपने की सम्पत है; उस कर्तार ने मुझे यह प्रत्यक्ष दिखा दिया, नामुराद नसीब ने मान के आसमान से गिरा, नीच मलिक्ष बना साफ़ बता दिया कि इस झूठी दुनिया की बड़ाई छुटाई, हेच और हवाई है। धन्य है उस परमानन्द परमेश्वर को, जिसने ईमान की सलामती के साथ इस मसान में पहुँचा, जहान की बेबुनियाद हस्ती का बोध करा दिया। हा !!

सवैया छन्द

एक चले हाथी पर चढ़के, हाथ मले दुखिया एक रोवे।
एक सजन को मान मिले, तो एक हज़ारों में पन खोवे।।
एक फ़कीरी हाल करे, तो एक धनी धनवन्तर होवे।
मौत करे धावा, तब दोनों एक सान चिता पर सोवे।।

(तारामती रोहित की लाश उठाकर लाती है और ज़मीन पै रखकर सोग करती है)

तारामती
हा बेटा! हा प्यारा! किस नींद में तू सोया?
अब प्यारा! महपारा! आँखें तो खोल,
अय नाज़ों के पाले! आँखों के उजियारे।
अय हारे, दुखियारे! ओ प्यारे! ओ प्यारे!!
जागो तो अय बेटा! उट्ठो तो अय बेटा!
कुछ माँ को अय बेटा! मुँह से तो बोल!

(तारामती रोती है, हरिश्चन्द्र दिल कड़ा करके लथरती आवाज़ से पूछता है)

हरिश्चन्द्र अरे तू कौन है जो ऐसी अँधेरी रात में बेवक़्त यहाँ आयी है?

(जवाब न देने से हरिश्चन्द्र जोर से पूछता है) अरे! बोलती क्यों नहीं? ऐसे बेवक़्त मुर्दा लाने, चोरी-चोरी आने का कारण क्या?

मुसद्दस

तारामती *माँ, बच्चे के लाश को सर पीटती लाई है*
हय हय मेरी बेकस की यह एक कमाई है।
दुखिया हूँ, मुसीबत नयी मैंने यही पाई है।
सर पर न तो अम्माँ है, न बाबा है, न भाई है।
जिस शख़्स को था हासिल आराम ज़माने का,
मक़दूर नहीं उसको अब लाश उठाने का।।

हरिश्चन्द्र दुखिया, सुखिया, मक़दूर, बेमक़दूर यह चाण्डाल अब एक नहीं समझता। दिन को आती तो थोड़े में काम निकल जाता मगर इस समय वे पूरा दाम दिये मुर्दा जलाने न पायेगी।

(तारामती दिवानों की तरह लाश से बातें करती और रोती है।)

तारामती हाय बेटा! मैं क्या सुनती हूँ! मैं तुझे जलाने आयी हूँ? नहीं, नहीं; मैं तुझे न छोड़ूँगी; तेरे साथ चलूँगी, तेरे साथ जलूँगी। बेटा! बेटा! एक बार तो बोलो। क्या अब माता कहके न पुकारोगे?

हरिश्चन्द्र अरे दीवानी!

तारामती मैं दीवानी नहीं हूँ, स्यानी हूँ। यह मेरा फूलों की सेज पर सोनेवाला बेटा है जो ख़ाक पर लेटा है। यह इसके फूल से गाल जो काल खाने से काले हो गये हैं, सदा गुलाब से लाल थे, और मैंने इसे हज़ार बार चूमा है।

हरिश्चन्द्र (ख़ुद से) हा! परमेश्वर!! यह कैसा काम मुझे मिला। ऐसी अधीन पर कैसे न आये दया। (तारामती से) अय नारी! मुसीबत की मारी!! क्या तेरा एक भी अपना नहीं, जो तू इस भयानक रात अकेली आयी और आप मुर्दा उठा लायी?

(तारामती रोती है, हरिश्चन्द्र मना करता है)।

मुसद्दस

अब रोने से क्या फ़ायदा, क्यों मारे हैं नारे?
जी उठते हैं रोने से कहीं मौत के मारे?
सोते हैं जो सोने के छपरघट पै बिचारे,
एक रोज़ ज़मीं पर वही जाते हैं उतारे।
"जो आये हैं दुनिया में वह सब कूच करेंगे,
इस जीने का अंजाम यही है कि मरेंगे।"

तारामती हाय! पर मुझे कृपा कर कुछ तो उपाय बता दो।

हरिश्चन्द्र कर चुकाकर जला दो, नहीं तो नदी में कच्चा ही बहा दो।

तारामती कर क्यों कर चुकाऊँ एक कौड़ी भी कहीं नहीं मिलती कि लाऊँ।

(हरिश्चन्द्र तारा के गले में मंगल डोरा देखके कहता है)

हरिश्चन्द्र अय मक्कार औरत! इस तेरे गले में मंगल डोरा है, वह बेचकर क्यों नहीं कर चुकाती है?

तारामती ओ नीच मसानी! जो डोरा त्रिशंकु के कुल के सिवा किसी को नज़र नहीं आ सकता, वह तेरी आँख में कैसे समाया? क्या त्रिशंकु के प्रताप का ऐसा अन्त आया?

(हरिश्चन्द्र 'त्रिशंकु' का नाम सुनके तारामती पर शक लाता है)

हरिश्चन्द्र हाँ, कौन? (फ़ानूस से देखकर तारामती को पहचानता है) तारा!!

(तारामती हरिश्चन्द्र को पहचानती है, दोनों एक-एक से मिलते हैं)

तारामती हाय! ओ प्राणनाथ!! ऐसे कठिन कष्ट में तुम कहाँ हो? तुम्हारी अभागिनी तारा! (रोहित को बताकर) तुम्हारा प्यारा रोहित

(हरिश्चन्द्र रोहित की लाश को जानूँ पर लेकर रोता है)

हरिश्चन्द्र हा! बेटा रोहित!! यह क्या प्यारी तारामती!

तारामती अफ़सोस प्राणपति!! यह क्या आपकी गति?

हरिश्चन्द्र प्रिया, तुम्हारे बिक जाने के बाद मैं इस घाट के डोम के हाथ बिका; पर तुम्हारी यह क्या दशा? अरे रोहित को क्या हुआ?

तारामती फूल चुनते इसे साँप ने डसा, रोहित दग़ा दे चल बसा। प्राणनाथ! लो जिसे तुमने पैदा किया उसे अब अपने हाथ से आग दो।

हरिश्चन्द्र (रोता है) अरे इसे क्यों तू यहाँ लायी! क्यों इसकी सूरत मुझे दिखायी? अगर ख़बर न पाता, यह मेरे अनजानपने में मर जाता, तो मैं सदा इसकी कुशल मनाता! अफ़सोस!! इसने भी दग़ा दिया, माता-पिता से किनारा किया। हा प्रिया!

वयत

यह आस मुझे थी कि कफ़न मुझको यह देगा
क्या जाने थे कि हाथ से मेरे ही जलेगा।

तारामती प्राणनाथ! मैंने जो आपका दर्शन पाया, तो सब शोक भुलाया। ईश्वर की गति के अधीन हो इसकी क्रिया करो।

हरिश्चन्द्र प्रिया! जो अपने मालिक से दग़ा करता है, वह दोनों जहान में बुरी मौत मरता है। अग्नि संस्कार तो बे कर दिये कठिन है। दुश्वार है।

तारामती प्राणपति! आपको दग़ा कभी न करने दूँगी। जो उचित हो सो करो, जो मर्ज़ी हो, मुझे कहो।

हरिश्चन्द्र प्यारी! एक बार फिर अपने मालिक के पास जाओ, जैसे वह माने, उसे समझा मनाकर कम-से-कम एक पैसा, थोड़ा कपड़ा, थोड़ा घी लाओ।

तारामती उस निर्दयी ब्राह्मण से कुछ आस तो नहीं है परन्तु आपकी आज्ञा शीश चढ़ा जाती हूँ, जो मिल गया तो लाती हूँ।

हरिश्चन्द्र जाओ! ईश्वर दया करेगा।

(तारामती जाती है, हरिश्चन्द्र लाश को देखकर रोता है)

नोट : इस नाटक की हिन्दी भाषा ध्यान देने योग्य है।

9

महाभारत

रचना-काल : सन् 1913 ई.

अंक 1—प्रवेश 1

अद्भुत भवन

(मय दानव का बनाया हुआ भवन जिसमें जल की जगह स्थल और स्थल की जगह जल, इसी तरह दीवार का दरवाज़ा और दरवाज़े की दीवार नज़र आती है। युधिष्ठिर के राजसूय यज्ञ में देश-देश के राजा-महाराजा और रानी-महारानियाँ जमा हैं। मेहमान रानियाँ यज्ञशाला और भवन को देखकर आनन्द का गीत गा रही हैं।)

गाना

आली छायी आज जगत खुशहाली।
उमड़-घुमड़ आयी घटा पीतवर्ण लिये लाली।। आली...
उत्सव की छवि माँहि सबके हैं नैन लगे
पक्षिन के सब जोड़े शुभ आशिष देन लगे।
निज-निज बोली में, मनहर हैं सुरंग सुमन,
विघ्न हरत हरियाली।। आली...

गाना

सत्यभामा कोई प्रीत को रीत बता दो नई
करके जतन मैं तो हार गई
छल छन्द है छैल की नस-नस में
नित खात हैं झूठी मेरी क़समें;
मन डालके सौतिन के बस में
सुधि श्याम ने मोरी बिसार दई।
तज मान गुमान वो आन मिले।

रुक्मणी बोहतान हैं यह इनकी बतिया
रस रंग में काटत हैं रतियाँ
नित श्याम लगावत हैं छतियाँ

यों ही रात गुज़ारत कई कई;
सच बात है जो यह गिला मैं करूँ।

द्रौपदी जो चाहो कि प्रीतम हो अपना
पति नाम की माला सदा जपना
नहिं ग़ैर का देखो कभी सपना,
तब जानो यह देह पवित्र भई।
इसी मोहिनी मन्त्र का जाप करो।।

सत्यभामा नहिं लाभ समय कुसमय से कभी
ढिग आत न इनके भय से कभी,
सर बाँह पै डाल के ऐसे कभी
न निगाह निगाह में डाल दई
मुख चुम्बन की नहीं चाट चखी।।

रुक्मणी भला छोड़ के मिसरी भली से भली
कभी खायगा क्या कोई गुड़ की डली
यह है कामलता की सुरंग गली
मैं कँटेली हूँ कण्टकी सूलमयी
मोहे काहे लगायेंगे श्याम गले।।

द्रौपदी जिसकी है पति प्रति प्रीति घनी
वही साजन की है खरी सजनी
उसी का दिन है उसी की रजनी
जिन जान बलमुवा पै वार दई
बही भाग्यवती वही सुहागवती

(श्रीकृष्ण महाराज आते हैं; उन्हें देखकर द्रौपदी चल देती है।)

गीतिका

कृष्ण हो रहे हैं आज तो आपस में झगड़े प्यार के
कौन समझाता है देखें अर्थ इस तकरार के
प्रेम के मन्दिर में आना है जिसे झेंपे नहीं
जल्द आ जाये ये दोनों पट खुले हैं द्वार के।।

सत्यभामा दख़्ल देना पराई बातों में
हो न जाये लड़ाई बातों में।

कृष्ण अजी लड़ लो, झगड़ लो परन्तु वह प्रीत की रीति तो सीख लो।

रुक्मणी इन्हीं को सिखाइये। इसकी ज़रूरत इन्हीं को हर घड़ी रहती है।

सत्यभामा सच है क्योंकि तुम्हारी सेवा में तो प्रीत प्रीतम को लिये हर वक़्त खड़ी रहती है।

रुक्मणी और तुम्हारे पास तक नहीं झाँकती, ग़ज़ब की बात है।

गिला तक़दीर का है बेसबब तक़दीरवालों को
यह किसका इत्र है? सूँघो जरा इनके दुशालों को
रुपट्टा पोंछता रहता है हरदम किस के गालों को
किसे सौ बार दिन में बाँधना पड़ता है बालों को?
उड़ा करता है अक्सर धज्जियाँ किसके दुकूलों की?
उतरती हैं कहाँ मसली हुई मालाएँ फूलों की?

सत्यभामा यह सब बातों की सफ़ाई है वर्ना मेरे दिल से पूछो मैं ऐसी पटरानी होने से बाज़ आयी। बहन! अब तो तुम मुझे अपनी दासी बना लो।

क्योंकि हिस्से में तुम्हारे आ चुके हैं सात दिन,
कुछ न होगा स्याम के दर्शन तो होंगे रात दिन।

कृष्ण यह तुम्हारा जो कुछ वाद-विवाद है वो सब बेहद प्रेम का प्रसाद है—

पल भी जुदाई में हमसर हैं साल के,
लेकिन पलों से कम हैं महीने विसाल के।।

गाना तोटक

कृष्ण *सुख में सब आयु गुज़ार सकें दुख एक घड़ी जब पावत हैं।*
अकुलावत हैं, घबरावत हैं, पल को फिर कल्प बतावत हैं।
मन पीत ने जीत लियो जिनको अनरीत के गीत वो गावत हैं।
कुछ प्रेम के जोश में होश नहीं बस और को दोष लगावत हैं।

सत्यभामा और रुक्मणी वाह जी! ये बतियाँ तेहारी हैं घतियाँ विहारी। दोनों का मन समझाना पूरे नटखट को कान्हा, ऐसी होशियारी।

कृष्ण मानो जी मोरी मानो
दोनों बातें ये कोरी मानो
कृष्ण दोनों की दोनों भोली हैं
दोनों ज़ाहिर बातें अनमोली हैं
लेकिन अन्दर से पोली हैं
जायें बलिहारी यह बतियाँ।।

(सब चले जाते हैं। भीमसेन दुर्योधन को अपने नये मकान की सैर कराता इस मुक़ाम पर भी लाता है, शकुनि साथ है।)

भीम यह भवन भी मयदानव की दस्तकारी है।

शकुनि (बहकाने के तौर पर दुर्योधन से) यह दिखाना भलाना आपके जलाने के लिए चिनगारी है।

दुर्योधन (जवाब में शकुनि से) मैं समझता हूँ यह दरपरदा दिलाज़ारी है, सैर कराना छुपी कटारी है। (भीम से) वाह, वाह! यहाँ जो चीज़ है बड़ी ही प्यारी है। हर एक वस्तु शोभायमान है। (पोशीदा तौर पर) यह भवन नहीं पाण्डवों की ख़्वारी का सामान है, (द्रौपदी वग़ैरह शहनशीं से देख रही हैं)

भीम वह रास्ता उधर से घूमकर यज्ञशाला को जाता है।

शकुनि (भड़काकर) देखा! किस घमण्ड से रास्ता दिखाता है?

दुर्योधन हाँ, मेरे सामने शख़ी जताता है। (ज़ाहिर) ईश्वर जाने इसका नक़शा, इसका काम मुझे बहुत ही भाता है।

द्रौपदी (अपनी हमजोलियों से) यह जो कुछ तारीफ़ें इस मकान की हैं, दिल की नहीं ज़बान की हैं—

छुपते नहीं छुपाये कभी नेको-बद के तौर।
आँखों से आश्कार है, देखो हसद के तौर।।

भीम देखिये यह चबूतरा देखने में बिलकुल हक़ीर है मगर इसके काम पर ग़ौर कीजियेगा तो मालूम होगा कि बेनज़ीर है।

शकुनि (दुर्योधन से) गोया इनके दिल से आपने ये चीज़ें कभी नहीं देखीं। दुर्योधन कोई राजा नहीं कंगाल फ़क़ीर है।

दुर्योधन (हौज़नुमा चबूतरे को देखकर) अहा यह जल कैसा निर्मल बह रहा है।

शकुनि जो ज़बाने हाल से कह रहा है कि देखें पहले कौन मेरी स्वच्छता की बहार लूटे।

दुर्योधन (अपने दिल से) हे भगवान! इस सम्पत्ति पर बिजली टूटे।
(दामन सँभालकर पानी में उतरना चाहता है।)

भीम (हँसकर) है, यह आप दामन क्यों सँभालते हैं? (शकुनि से) शकुनि जी! आप जूता और जुर्राब क्यों निकालते हैं?

दुर्योधन अजी ज़रा इस कुण्ड की सैर करेंगे।

द्रौपदी (ऊपर बैठी हुई) नहीं तो चुल्लू भर पानी में डूब मरेंगे।

भीम (हँसकर) वाह भाई साहब! क्या आज आँखों में सुरमा नहीं लगाया जो पत्थर के फ़र्श को पानी का कुण्ड बताया?

पानी की लहर कब है यह पत्थर की चीन है।
समझे हो इसको हौज ये सूखी ज़मीन है।

दुर्योधन (खिसियाना होकर) कमाल है।

शकुनि वाक़ई कमाल है।

दुर्योधन (बखुद) इस मकान की सैर भी एक बवाल है।

भीम चलिये अब ज़रा उधर की भी सैर करें।

दुर्योधन आइये।

(दुर्योधन आगे बढ़ते ही धम से पानी में गिरता है; भीम क़हक़हा लगाता है, द्रौपदी वग़ैरह भी हँसी उड़ाती हैं)

भीम क्यूँ साहब क्या आज गोते खाने की ही ठानी है। यह तो साफ़ नज़र आ रहा है कि पानी है।

द्रौपदी *चकाचौंध से भवन की बिगड़ गया सब तौर।*
अन्धे की औलाद है सूझे क्योंकर ठौर।।

दुर्योधन मुझे कहत है द्रौपदी अन्धे की औलाद।

शकुनि हाँ राजन इस यज्ञ में है अपमान प्रसाद।
हँसी उड़ाय आपकी यह ग़रूर का काम।।

दुर्योधन बदला लूँ इस हँसी का तो दुर्योधन नाम।।

भीम अब ख़ामख़ाह ख़फ़ीफ़ होने से क्या फ़ायदा है। तबीयत को सँभालिये, चलिये कपड़े बदल डालिये—

(दीवार को दरवाज़ा समझकर दुर्योधन आगे बढ़ता है और टक्कर लगती है, फिर हँसी होती है।)

दुर्योधन या मेरे कर्तार यह दरवाज़ा है या दीवार?

भीम अजी इधर से निकल आइये।

दुर्योधन उधर कहाँ से आऊँ दरवाज़ा तो है ही नहीं, क्या दीवार में घुस जाऊँ?

भीम अजी भाई साहब कहते हुए तो शरमाइये। खुले हुए दरवाज़ों को दीवार न बताइये। लीजिये मैं आगे चलता हूँ अब तो आइये।

(सब का जाना)

नोट : इस दृश्य में लेखक ने दुर्योधन को 'अन्धे की औलाद' कहलवाकर उसे अपने असम्मान का बदला लेने के लिए प्रेरित कर द्यूत-दृश्य का अस्तित्व दिखाया है।

10

वीर अभिमन्यु

प्रथम अंक

सातवाँ दृश्य

चक्रव्यूह

(मुख्य द्वार पर जयद्रथ खड़ा हुआ है)

जयद्रथ (स्वगत) मुझे भगवान् शंकर का वरदान है कि अर्जुन को छोड़कर शेष चारों पाण्डवों को परास्त कर सकता हूँ। आज अर्जुन बहुत दूर है। अब मुझे किसी का डर नहीं है। युधिष्ठिर, भीम, नकुल, सहदेव! आज तुमने सर उठाया तो समझ लेना सर नहीं है—

बाण चलाऊँ जिधर, उधर हो जाय सफ़ाई।
धनुष उठाऊँ जिधर, उधर मच जाय दुहाई।।
उड़े व्योम पर धूल, न दे रवि-बिम्ब दिखाई।
इस प्रकार मैं करूँ आज, घनघोर लड़ाई।।
इसी जगह आजायें, यदि वह पाण्डव चारों।
तो मेरे बाणों पर नाचें, ताण्डव चारों।।

(अभिमन्यु का प्रवेश)

अभिमन्यु भूल जा, भूल जा, अपने इस अभिमान को भूल जा। मृग के पीछे दौड़नेवाले शिकारी! सिंह को देख, धनुष-बाण को भूल जा।

जयद्रथ जा, जा दुधमुँहे बच्चे! जा मेरी क्रोध की तुर्शी से तेरा दूध फट न जाये।

अभिमन्यु मेरे मुँह में वह दूध नहीं जो तुरशी से विलगा जाये।
डरता हूँ तेरी अग्नि से, कहीं और उबाल न आ जाये।।

जयद्रथ उबाल? अरे, ज़रा मुँह को सँभाल। मैं तो तुझे एक सँपोलिया समझ रहा था। तू तो काले की तरह फुफकारने लगा। बड़ी-बड़ी बातें मारने लगा।

अभिमन्यु बड़ों का अस्तित्व छोटों से ही है। प्रत्येक छोटी वस्तु आगे चलकर बढ़ती है और बढ़ी हुई वस्तु अपने उच्च स्थान तक पहुँचकर फिर नीचे गिरती है। इसलिए अपनी अधेड़ अवस्था को देखकर पतन की दशा ध्यान में ला।.ज्यादे बातें न बना, बाज़ आ।

जयद्रथ बाज़ आ! एक चिड़िया का बच्चा, बाज़ के सामने चहचहाये और बाज़ बाज़ आये? बोल क्या चाहता है? लड़ाई लड़कर शीश का बलिदान या प्राणदान?

अभिमन्यु प्राणदान? चक्रव्यूह के दरबान, इस प्रकार बोलते हुए तुझे लज़्जा नहीं आती? दुष्ट कौरवों के पक्षपाती, प्रतिघाती, सँभल—

मैं तेरी आन तोड़ दूँ, अभिमान तोड़ दूँ।
तेरा यह धनुष तोड़ दूँ, और बान तोड़ दूँ।।
जिस व्यूह के मुखद्वार का तू नागराज है।
उस व्यूह और व्यूह की सब शान तोड़ दूँ।

जयद्रथ यह अहंकार! अच्छा, आजा राजकुमार।

(दोनों का बाणयुद्व, फिर असियुद्ध, फिर गदा युद्ध; अन्त में कुश्ती का होना और अभिमन्यु का जयद्रथ को पृथ्वी पर पटक देना, जयद्रथ का मूर्च्छित होना।)

अभिमन्यु (स्वगत) अहंकारी मूर्च्छित हो गया। पृथ्वी माता की गोद में सो गया। अब मारना पाप है। मूर्च्छित पड़े हुए योद्धा का शीश काटना वीरों के लिए पश्चात्ताप है। इस कारण इसको यहीं इसी अवस्था में छोड़ना चाहिए और चलकर द्रोणाचार्य के बनाये हुए चक्रव्यूह को तोड़ना चाहिए।

दूर यह काँटा हुआ, खुटका निकल बिलकुल गया
व्यूह है अब सामने और मार्ग अपना खुल गया।

(अभिमन्यु व्यूह में प्रवेश करता है और जयद्रथ मूर्च्छा से जागता है।)

जयद्रथ (स्वगत) हैं, मैं मूर्च्छित हो गया? एक नादान बालक मुझे मूर्च्छित करके व्यूह में चला गया? यदि वह चाहता तो इस मूर्च्छित अवस्था, में मेरा सिर काट लेता। परन्तु नहीं; आख़िर अर्जुन का पुत्र है पाण्डु का पवित्र रक्त है, आर्यजाति का गौरव है। धन्य है उस कोख को जिसने ऐसा लाल जाया। धन्य है उस पिता को जिसने ऐसा पुत्र पाया। धन्य है उस जाति को जिसमें ऐसा रत्न जगमगाया। धन्य है उस देश को जहाँ ऐसा कर्मवीर जन्म लेकर आया। हा, मैं सिन्धुराज होकर, महान वीर होकर, एक बालक से पराजित हो गया, पाषाण पानी में गलित हुआ।

हस्ती के दन्त उखाड़े जो, जो सिंह से रण में पोच न हो।
वह बालक द्वारा मूर्च्छित हो, तो कैसे उसको सोच न हो।।

(थोड़ी देर बाद) परन्तु क्या मैं उसे जीता छोड़ दूँगा? नहीं।

वह मूर्ख था जो उसने मुझे छोड़ दिया। मैं उसको नहीं छोड़ सकता। प्रथम तो वह व्यूह ही में मारा जायगा और यदि वहाँ से बच गया तो मेरे बाणों से कब बचने पायेगा।

कहाँ छिप के जायगा, सब ओर भय है।
यहाँ भी प्रलय है, वहाँ भी प्रलय है।
वह क्या है? पिता पर भी उसके विजय है,
जयद्रथ के शुभ नाम में पहले 'जय' है।

अभी टूटे हुए स्थान को बनाये देता हूँ। अभिमन्यु आ गया सो आ गया, अब और कोई नहीं आ सकता। बोलो, सुयोधन महाराज की जय।

(जयद्रथ एक ओर को चला जाता है, अभिमन्यु व्यूह तोड़ता हुआ दिखायी देता है।)

अभिमन्यु विजय, विजय, व्यूह के इस भाग पर भी विजय। (सामने द्रोणाचार्य को देख कर) यह कौन! आचार्य!! (द्रोण के चरणों में बाण मारकर) प्रणाम है।

द्रोणाचार्य धन्य, प्रणाम करने के लिए पहले बाण का लक्ष्य मेरे चरणों पर करना यह अर्जुन जैसे धनुषधारी के पुत्र वीर अभिमन्यु का ही काम है।

अभिमन्यु आचार्य! सँभल जाइये। अब दादा से नाती का संग्राम है।

द्रोणाचार्य पुत्र अभिमन्यु; मैं तुम्हें परामर्श देता हूँ कि तुम व्यूह में से निकल जाओ व्यर्थ प्राण न गँवाओ।

(स्वगत) बनाया व्यूह था दुर्योधनादिक के चिढ़ाने पर।
किसी की क्रोध में बुद्धि नहीं रहती ठिकाने पर।
उठे थे पाण्डवों में से किसी को हम मिटाने पर,
नहीं मालूम था आ जायगा बालक निशाने पर।
प्रतिज्ञा और दया में अब लड़ाई होनेवाली है
भलाई में न जाने क्या बुराई होनेवाली है।।

अभिमन्यु दादा, दादा, आप क्या कह रहे हैं?

द्रोणाचार्य यही कि तुम लौट जाओ।

अभिमन्यु क्या लौट जाऊँ? अर्जुनकुमार होकर उल्टा चला जाऊँ? नहीं आचार्य! नहीं; यदि तुम्हें मेरी अवस्था पर कुछ विचार हो तो तुम्हीं मेरे आगे से हट जाओ। मेरे निर्दोषी धनुष को गुरुहत्या, ब्रह्महत्या, वृद्धहत्या का दोष न लगाओ। यह हाथ अन्यायी कौरवों के लिए है, आचार्य के लिए नहीं। अधर्मियों के लिए है आर्य के लिए नहीं।

द्रोणाचार्य देखों मैं फिर कहता हूँ मान जाओ।

अभिमन्यु मैं भी फिर कहता हूँ मेरे आगे से हट जाओ। तुम मेरे पितृ गुरु हो। तुम्हारा लक्ष्य करने के लिए मैं तैयार नहीं। मेरे बाणों को तुम्हारे पवित्र रक्त के चाटने का अधिकार नहीं। (कुछ ठहरकर) हैं! तुम खड़े हो? कुछ सोच रहे हो? आचार्य, आचार्य!! क्या चिन्ता कर रहे हो?

द्रोणाचार्य बेटा! मुझे अपनी चिन्ता नहीं। चिन्ता है तो तेरी, ममता है तो तेरी।

अभिमन्यु हैं! चिन्ता!! ममता!!! मेरे लिये। किसको? आपको? एक शत्रु के पक्षपाती को?

द्रोणाचार्य पुत्र! मैं युद्ध में पाण्डवों का शत्रु हूँ परन्तु और सब समय पाण्डु का हितू हूँ।

अभिमन्यु ऐसा है तो आप हमारी सेना का संहार क्यों कर रहे हैं? कौरवों की ओर से क्यों लड़ रहे हैं?

द्रोणाचार्य केवल अपना धर्म समझकर, वचनबद्ध होकर।

अभिमन्यु अच्छा, आज अर्जुन की अनुपस्थिति में आपने चक्रव्यूह क्यों निर्माण किया है? क्या आपने जान-बूझकर यह अनर्थ और यह अपराध अपने पवित्र उद्‌देश्य में नहीं लिया है? मुझे क्षमा करें। मैं आज प्रतिज्ञा कर चुका हूँ कि मेरे द्वारा चक्रव्यूह भेदन होगा।

द्रोणाचार्य तो मैं भी प्रण कर चुका हूँ कि उस चक्रव्यूह में पाण्डवों के किसी वीर का मरण होगा।

अभिमन्यु चिन्ता नहीं कर्मवीर के लिए मरने की परवाह नहीं। बस, दादा गुरु। नहीं मानते तो सँभलो। यह भेंट अंगीकार करो। अपने शिष्य की सन्तान का यह पत्र-पुष्प स्वीकार करो।
(बाण मारता है)

द्रोणाचार्य (स्वगत) मुझे आज क्या हो गया है? मैं जब धनुष उठाता हूँ तो हाथ फिसलते हैं। बाण प्रत्यंचा से बाहर नहीं निकलते हैं। और उधर उसके तीर बराबर तीखी मार कर रहे हैं, वार पर वार कर रहे हैं—

हैं! यह क्या है कान पै गाता कोई यह गीत है?
युद्ध यह जो हो रहा है, धर्म से विपरीत है।

अभिमन्यु क्यों नहीं लड़ते, हृदय क्या आपका भयभीत है?

द्रोणाचार्य युद्ध बालक से करे आचार्य, यह अनरीत है।
इसलिए इस युद्ध में, अभिमन्यु! तेरी जीत है।
(आचार्य का एक ओर को चले जाना)।

अभिमन्यु (व्यूह तोड़ते हुए) कहाँ है? कहाँ है? वह दुराचारी दुर्योधन कहाँ है? हमारी बड़ी माता महारानी द्रौपदी की साड़ी उतारनेवाला दुष्ट दुःशासन कहाँ है?

आ पहुँचा है शीश पर व्यूह फाड़ता सिंह
भृगो तुम्हारे कान पै, अब दहाड़ता सिंह।।

(दुःशासन का सन्मुख होना)

दुःशासन नन्हें नादान, यह ज़रा सी जान और इतनी लम्बी जुबान? जी में आता है, अभी तुझे पृथ्वी पर सुला दिया जाय, यमपुरी पहुँचा दिया जाय; परन्तु तेरी अवस्था को देखकर दया आती है। तुझ पर हाथ डालते हुए इन हाथों को लज्जा आती है।

अभिमन्यु लज्जा? और उन हाथों को जो एक पतिव्रता सती नारी की साड़ी भरी सभा में उतारते हुए भी न लजाये थे? शर्म? और उन शर्मदार हाथों को शर्म जो अपनी भाभी के बाल खींचते हुए, उसे घसीटते हुए राजसभा में लाये और फिर भी नहीं शरमाये थे। उन्हीं बड़े-बड़े घुँघराले केशों का बदला, आज तेरे इन काले-काले बालों से लिया जायगा। पत्थर का जवाब पत्थर से दिया जायगा।

(दुःशासन को पछाड़कर उसकी छाती पर बैठकर)

बाल के बदले में यह सोलह बरस का बाल है।
देख, छाती पै तेरी अब द्रौपदी का लाल है।।

बोल, अब बोल, बाल तोड़ दूँ। यह आँखें, जो द्रौपदी को दासी की दृष्टि से देखती थीं, फोड़ दूँ? यह हाथ, जो अबला पर पड़े थे, मरोड़ दूँ? (कुछ सोचकर) मगर नहीं, नहीं, याद आया, तू मेरा भोजन नहीं है महात्मा भीम का शिकार है। तेरी मृत्यु का, उन्हीं के हाथों को अधिकार है। उन्होंने तेरे रक्त से द्रौपदी के बाल सींचने की आन की है। इसलिए तू उनकी प्रतिज्ञापूर्ति का सामान है। जा, दुष्ट, जा, अपनी रानियों के आँसुओं में डूबकर मर जा, मेरे बाणों की धारा में प्राण न गँवा।

(छोड़ देता है। दुःशासन परास्त होकर एक ओर को जाता है।)

फँसा तो हूँ अकेला मैं, मगर इसकी नहीं चिन्ता।
बहादुर लोग प्राणों की, कभी करते नहीं चिन्ता।।

(दुर्योधन का सम्मुख होना)

दुर्योधन अभिमन्यु! तुझे अपने प्राणों का लोभ नहीं?

अभिमन्यु योद्धाओं के प्राण हमेशा बाण की नोक पर रहते हैं, उन्हें युद्ध करते समय किसी की माया और किसी का मोंह नहीं। आ जाओ, चाचा साहब! आ जाओ। तुमने समझ रखा होगा कि आज अर्जुन दूर है, चक्रव्यूह रचायें और पाण्डवों पर विजय पायें। परन्तु तुम्हें यह ख़बर नहीं—

आनन्द उसी के राग में है जिसके सर में सच्ची धुन है।
पाण्डव का सारा दल का दल, और बच्चा-बच्चा अर्जुन है।।

दुर्योधन इतना अहंकार?

अभिमन्यु तुम्हारे कानों का पर्दा हिलाने के लिए।

दुर्योधन यह विचार?

अभिमन्यु तुम्हारी तलवारें म्यान से बाहर निकलवाने के लिए।

दुर्योधन इन नन्हें-नन्हें हाथों में यह लोहा और यह हथियार।

अभिमन्यु हाँ, अन्यायियों को यमपुरी पहुँचाने के लिए आज अकेला अभिमन्यु इस चक्रव्यूह के वन में दहाड़ रहा है। बनैले जीवों के समान तुम्हारे योद्धाओं

को चुन-चुन कर मार रहा है। और तुम लजाते नहीं? शरमाते नहीं? शोक है तुम्हारे इस ढीठपन पर। धिक्कार है तुम्हारे इस कपट भरे रन पर।

जो जीना चाहतो हो तो न जाओ नाग के मुँह में।
नहीं तो तुम भी भुन जाओगे गिरकर आग के मुँह में।।

दुर्योधन अब नहीं सहा जाता।

अभिमन्यु तो आओ।

(दोनों को लड़ते हुए अन्दर चले जाना)

भीम (रंगस्थल में आकर) भाग गया। मुरदार भाग गया। घाव खाकर, दाँव बचाकर, शिकार भाग गया। अधर्मी, आचार्य की सेना की ओर चला गया नहीं तो इसी समय सारा भुगतान हो जाता। कल्यान हो जाता। (सामने देखकर) अच्छा पिता नहीं तो पुत्र ही को यमपुरी पहुँचाया जायगा। उसका बदला इससे चुकाया जायगा। खड़ा रह दुर्योधन के लाल, खड़ा रह। शृगाल खड़ा रह—

न्याय इस समय ही हो जायगा यौद्धापन का।
रक्त अर्जुन का प्रबल है या प्रबल दुर्योधन का।।

(अभिमन्यु का दुर्योधन के पुत्र को मारने के लिए एक ओर जाना, दूसरी ओर से बहुत से राजाओं का आना।)

राजा नं. 1 क्यों क्या समाचार है?

राना नं. 2 अब कौरव सेना का पूर्ण संहार है।

राजा नं. 3 क्योंकि समस्त कौरव दल, अभिमन्यु के हाथों से लाचार है।

राजा नं. 4 मार है, पुकार है।

राजा नं. 5 धुन्धकार है, धुन्धकार है।

राजा नं. 6 चीत्कार है, हाहाकार है।

राजा नं. 7 सुनो, सुनो, फिर उसी सिंह की दहाड़ है।

(अभिमन्यु का प्रवेश)

अभिमन्यु *अबाबीलो! फ़ँसे हो तुम भी अब शिकरे के चँगुल में।*
तुम्हें भी यमपुरी जाना हो तो आ जाओ दंगल में।।

(एक ही समय में अकेला अभिमन्यु इन सबों को परास्त करता है। पूर्ण हुआ। यह अनुष्ठान भी पूर्ण हुआ। व्यूह तोड़ा, कौरव सेना को विध्वंस किया। सप्त अक्षौहणी दल को परास्त कर लिया। अब इस मायाजाल से सुलझने का प्रयत्न करना चाहिए व्यूह के उस भाग पर भी विजय प्राप्त करके बाहर निकलना चाहिए। उधर ही चलना चाहिए)—

अगर रस्ता निकल आये, उधर ही से निकलने में।
तो भय मुझको नहीं है आज, तलवारों के चलने में।।

(अभिमन्यु का फिर एक ओर को जाना और आचार्य, दुर्योधन, कर्ण, शल्य का घबराये हुए आना।)

दुर्योधन आचार्य! अभिमन्यु तो बड़ा अनर्थ कर रहा है। सारथी नहीं रहा, रथ नहीं रहा, शस्त्रों का समूह नहीं रहा, फिर भी एक धनुष और एक खड्ग पर हज़ारों में लड़ रहा है।

कर्ण सर्प की अपेक्षा सर्प का बच्चा बड़ा भयंकर है।

द्रोणाचार्य उसे बच्चा न कहो। वह अर्जुन से भी बढ़कर है। उठती हुई आँधी में, उमड़ते हुए मेघ में, बढ़ती हुई ज्वाला में जितना वेग है, उससे भी अधिक उस राजकुमार का तेज है। क्या तुमने रामायण में लवकुश की कथा नहीं पढ़ी है? अर्जुन बली अवश्य है परन्तु वह अब ढलते हुए दिन के समान है और अभिमन्यु प्रातःकाल का अरुणोदय है। इसीलिए वह उससे बढ़कर है।

कर्ण इस समय वह किधर है?

शल्य इधर-उधर, चारों ओर वह ही एक नाहर है।

दुःशासन भाई साहब! इस समय मैं जो समाचार लाया हूँ वह बड़ा कष्टकर है।

दुर्योधन क्या ख़बर है?

दुःशासन कहते हुए देह काँपती है, जिह्वा काँपती है। अभी-अभी अभिमन्यु ने महाराज शल्य के कनिष्ठ भ्राता को...

शल्य मेरे सुखदाता को... (घबराना)

दुःशासन हाँ, उसी योद्धा को सहारा। बुरे समय में बुरी जगह, बुरी तरह मारा।

शल्य हाय मेरा प्यारा (गिरना चाहता है कर्ण सँभालता है)

दुःशासन (दुर्योधन से) और आपके पुत्र लक्ष्मण को भी मौत के घाट उतारा। देखिये वह पड़ा है बेचारा।

आज अभिमन्यु के हाथों सब का सत्यानाश है।
देखिये वह आपके प्रिय पुत्र की भी लाश है।।

दुर्योधन हैं, यह क्या हुआ? मेरा नन्हा, फूल सा बच्चा पृथ्वी पर!! अभिमन्यु! अभिमन्यु!

अब तक तो मैं शान्त था, अब चढ़ गया जनून।
अब तू जाता है कहाँ, करूँ खून का खून।।

(अश्वत्थामा का प्रवेश)

अश्वत्थामा महाराज! महाराज!!

दुर्योधन भाई अश्वत्थामा! कहो, कहो। क्या संवाद है?

अश्वत्थामा इस समय सारी सेना में विषाद है। अभिमन्यु के हाथ से आज कोशलराज वृहद्वल, मगधराज नन्दन, श्वेतकेतु, अश्वकेतु, चन्द्रकेतु, कुंजरकेतु, महामेघ, सुवर्चा, सूर्मभानु, शत्रुञ्जय आदि अनेकों और अनगिनती राजा मारे जा चुके हैं।

दुःशासन मैंने तो पहले ही कहा था, हज़ारों योद्धा संहारे जा चुके हैं।

(शकुनि का प्रवेश)

शकुनि दुःशासन!

दुःशासन मातुल शकुनि क्या समाचार है?

शकुनि अन्धकार है। अभिमन्यु ने अभी-अभी तुम्हारे पुत्र उलूक को भी यमलोक पहुँचाया, उस टिमटिमाते हुए दीपक को भी बुझाया।

दुःशासन हाय! यह तुमने क्या सुनाया। (गिरना चाहता है शल्य सँभालता है)

कर्ण क्षत्रियों की सन्तान, यह समय रोने-रुलाने का नहीं है। वीरता दिखाने का है।

शल्य और बदला चुकाने का है।

शकुनि बेशक हमें सब यही राय करनी चाहिए।

दुर्योधन अभिमन्यु को मारने का उपाय करना चाहिए।

दुःशासन उपाय? उपाय सबसे उचित यही है कि हम सब सात वीर यहाँ उपस्थित हैं, चौदह हाथों से बचकर निकलना उसके लिए असम्भव है। इसलिए सब मिलकर उसे घेरघार लो और मार लो। इसी में अपना हित है—

फँसी हो बीच में नौका तो सब बल को लगाते हैं।
कि चौदह हाथ मिलकर एक छप्पर भी उठाते हैं।।

द्रोणाचार्य परन्तु यह धर्म नहीं अधर्म है। एक सोलह बरस के बालक को सात वीर मिलकर एक समय में मारें तो शर्म है।

दुर्योधन शर्म? इसमें क्या शर्म है? शत्रु को जिस प्रकार हो सके मार डालें यह हमारा धर्म है। तुम हमारे सेनापति हो। सेनापति को धर्मोपदेश देने का अधिकार नहीं है। युद्ध की भूमि पर धर्म-अधर्म का विचार नहीं है।

द्रोणाचार्य (स्वगत) सच है बाबा! जो खटकता था वह सब आगे आ रहा है। इन अधर्मियों का संग मुझे भी खोटे मार्ग पर ले जा रहा है।
परतन्त्रता की ज़ंजीरों से जकड़ा हुआ यह शरीर अनर्थ करने के लिए लाचार किया जा रहा है। किसी ने ठीक कहा है—

कुसंग उच्च को पैरों तले गिराता है।
कुसंग स्वर्ग का जल कीच में मिलाता है।।
कुसंग जीव को पशु तुल्य कर दिखाता है।
कुसंग देवता को भी असुर बनाता है।।
कुसंगवाला कहे धर्म तो कहना धिक्कार
और परतन्त्र का, संसार में रहना धिक्कार।।

दुःशासन बस सँभल जाइये। वह देखिये, अभिमन्यु इसी ओर आ रहा है।

दुर्योधन हाँ, यही समय है, जिस प्रकार हो सके घेरो, मारो तुम्हें अधिकार है।

द्रोणाचार्य हो, कैसा नीच विचार है।

दुर्योधन अब क्या देरदार है?

दुःशासन तैयार है। पक्षी को फाँसने के लिए हाथों का जाल तैयार है।

(अभिमन्यु का व्यूह तोड़ते हुए आना)

अभिमन्यु विजय! विजय!! यह दूसरी बार विजय है।

दुःशासन नहीं यह विजय नहीं, तेरा अन्तिम समय है।

अभिमन्यु हारे हुए कायरो, मेरे बाणों की मार खाते-खाते तुम्हारी रणलालसा अभी पूरी नहीं हुई? जाओ, जाओ। अपनी माताओं की गोदियों में जाकर सो जाओ। मेरे धन्वा के सामने न आओ—

अब फिर सम्मुख तुम आते हो, धिक्कार है इस मरदानी में।
यदि क्षत्रीपन की लाज हो तो डूबो चुल्लू भर पानी में।।

दुःशासन पानी? अभी प्रकट हुआ जाता है कि दूध किधर है और पानी किधर है।

अभिमन्यु और बेईमानी किधर है? अरे तुम बार-बार पाण्डवों के पराक्रम से पराजित होकर मुँह छिपाते हो और बार-बार बेशर्मी के साथ सिर उठाते हो। यह वीरों का कर्म है? निशाचरों, तुम कुरुकुल के प्रकाशमान सूर्य नहीं हो, स्याहीवाले मयंक हो। वीर नहीं हो, वीर कलंक हो।

दुर्योधन तुम बड़े सुपूत हो जो अपने बड़ों को इस प्रकार गालियाँ सुनाते हो बार-बार जफ़बान चलाते हो।

अभिमन्यु जब बड़े अपनी बड़ाई पर न जायें, अपने ही हाथों अपना बड़प्पन गँवायें तो इसमें छोटों का क्या दोष है?

दुर्योधन नहीं, हम आज भी तुम्हारे साहस से प्रसन्न हैं और हमें तुम्हारी वीरता पर सन्तोष है।

अभिमन्यु ऐसा है तो भतीजे की रग-रग में भी चाचा की मुहब्बत का जोश है।

दुर्योधन सच्चा सत्कार है?

अभिमन्यु अगर आपको बालक पर सच्चा प्यार है तो बालक का शीश भी आपको प्रणाम करने के लिए तैयार है।

दुर्योधन यह बात है?

अभिमन्यु यही।

दुर्योधन तो अपनी खड्ग को फेंक और अपने इस धनुषबाण को फेंक और हमारी गोद में बैठकर वैर की पीड़ा को प्रेमाग्नि से सेंक।

अभिमन्यु तथास्तु। जा, मेरी तलवार। तू बहुत रक्त पी चुकी अब विश्राम कर। (तलवार फेंक देता है) बाणों से भरे हुए निषंग, तू भी विश्राम कर। (तरकस उतारता है) धनुष! तू भी पयान कर (धनुष डाल देता है)। आज कौरव और पाण्डव में सन्धि हुई। वैर-वाटिका में प्रेम-पुष्पों की सुगन्धि हुई। (मिलने को आगे बढ़ता है)

दुर्योधन हाँ, लेना, पकड़ना, घेरना जाने न पावे।

(सब मिलकर अभिमन्यु को पकड़ लेते हैं।)

अभिमन्यु अरे तुम सब पर धिक्कार है।

दुर्योधन ऊँह, हमारी ज़रा-सी युक्ति पर तूने यह विश्वास कर लिया कि बरसों की भभकती हुई आग ठण्डी हो जायगी; कौरव-पाण्डवों में सन्धि हो जायगी। इस भोलेपन पर बलिहार हैं।

अभिमन्यु अरे जो बहादुर होते हैं, वह भोले ही होते हैं, भोलापन तो शूरवीरों का शृंगार है। (द्रोणाचार्य से) क्यों दादागुरु। तुम्हारे होते यह अत्याचार है?

यह वीर! वीर-कलंक है, गुरुदेव!! तुम बलवान हो।
आचार्य हो, धर्मज्ञ हो, बूढ़े हो और सुजान हो।
तुम जान के रणरीति करते कर्म आज अज्ञान का।
बोलो गुरु! बोलो, यही क्या धर्म है बलवान का।।

द्रोणाचार्य मैं जानता हूँ पुत्र तुझ पर घोर अत्याचार है।
पर क्या करूँ अपने वचन का आज मुझ पर भार है।
जकड़ा खड़ा हूँ इस समय परतन्त्रता की डोर में
मेरे लिये मेरी प्रतिज्ञा आज कारागार है।।

दुर्योधन अब हमारी दया पर तेरे जीवन और मरण का आधार है। बोल साँप के बच्चे? नदी किनारे के बिरवे। अब क्या चाहता है? मौत या प्राणों की भीख?

अभिमन्यु भीख और तुम जैसे नर-पिशाच से? भीख माँगना भिखारियों का काम है? क्षत्रिय, सच्चे क्षत्रिय ऐसी भ्रष्ट भीख कभी नहीं ले सकते हैं।

दुर्योधन नहीं, तू जो माँगे वह अब भी हम तुझे दे सकते हैं।

अभिमन्यु (कुछ ठहरकर) दे सकते हैं?

दुर्योधन हाँ, दे सकते हैं।

अभिमन्यु तो वह उस तरफ़ पड़ी हुई मेरी तलवार मुझे दे दो। यदि मैं सुभद्रा का लाल हूँ तो उस तलवार से तुम सबको मारता हुआ, तुम्हारी सेना को चीरता-फाड़ता हुआ तुम्हारे व्यूह को विदारता हुआ, पूर्ण विजय पाऊँगा और निर्भय होकर अपनी सेना की ओर जाऊँगा।

द्रोणाचार्य धन्य! मरते-मरते भी यह दान माँगना वीर अभिमन्यु की ही शान है। देखो सच्चे बहादुरों की यह आन-बान है।

शकुनि (दुर्योधन से) ऐसा न कीजियेगा नहीं तो लाभ के स्थान में महान् हानि है।

दुःशासन तलवार उन हाथों में पहुँची और बस मैदान-ही-मैदान है।

दुर्योधन नहीं, सुयोधन क्या ऐसा अज्ञान है।

अभिमन्यु क्यों दान देनेवाले दानियो! अब क्या देरदार है?

दुर्योधन ऐसा कठिन दान देने के लिए सुयोधन लाचार है।

●

- कैखुसरो नवरोज जी कावराजी
- सोहराब मोदी 'हैमलेट' की भूमिका में
- रोम्यो और जूलियट, न्यू हाई स्कूल, बम्बई
- शेक्सपियर के नाटकों में प्रयोग की गयी वेषभूषा
- विक्टोरिया थियेटर – बम्बई
- एक धार्मिक नाटक का ड्राप सीन
- न्यू पैराडाइज विक्टोरिया थियेटर कम्पनी
- बेंजेमिन 'हैमलेट' की भूमिका में
- बम्बई ऐमेच्योर थियेटर – 1776 में
- 27 जुलाई, 1793 के 'बम्बई कोरियर' में 'बम्बई थियेटर' का एक विज्ञापन
- 'बम्बई कोरियर' में प्रकाशित एक विज्ञापन
- ग्राण्ट रोड स्थित 'रायल थियेटर' का एक विज्ञापन
- थियेटर डायरी का एक पृष्ठ
- कावसजी पालनजी खटाऊ की 'अल्फ्रेड नाटक मण्डली' का एक विज्ञापन

कैखुसरो नवरोज जी कावराजी

सोहराब मोदी 'हैमलेट' की भूमिका में

रोम्यो और जूलियट, न्यू हाई स्कूल, बम्बई

शेक्सपियर के नाटकों में प्रयोग की गयी वेषभूषा

विक्टोरिया थियेटर - बम्बई

एक धार्मिक नाटक का ड्राप सीन

न्यू पैराडाइज विक्टोरिया थियेटर कम्पनी

बेंजेमिन 'हैमलेट' की भूमिका में

बम्बई ऐमेच्योर थियेटर - 1776 में

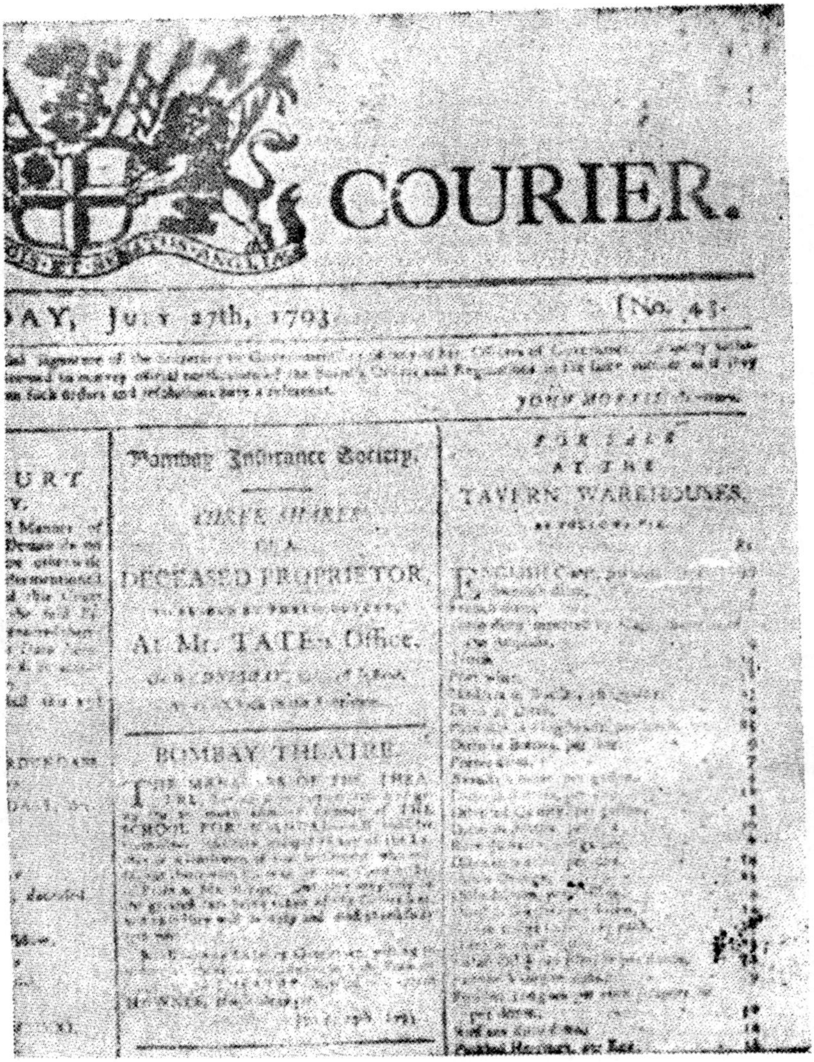

COURIER.

DAY, JULY 27th, 1793. [No. 43.

Bombay Insurance Society.

DECEASED PROPRIETOR,

At Mr. TATE's Office.

BOMBAY THEATRE.

AT THE

TAVERN WAREHOUSE

27 जुलाई, 1793 के 'बम्बई कोरियर' में 'बम्बई थियेटर' का एक विज्ञापन

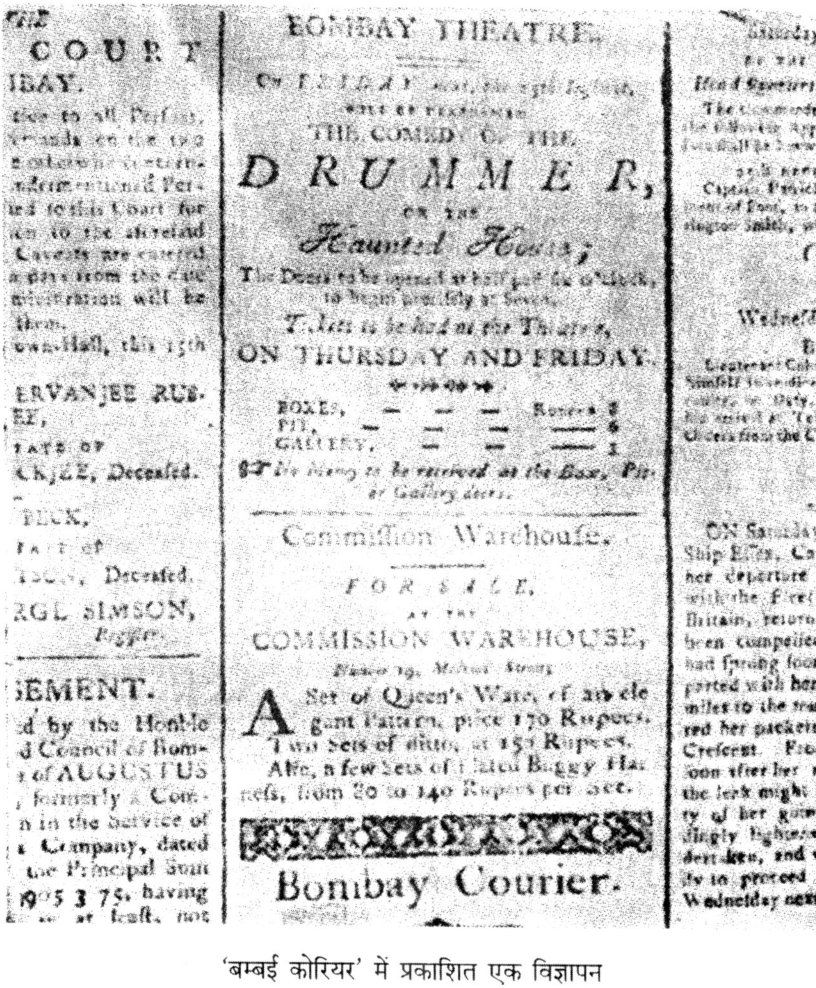

BOMBAY THEATRE.

THE COMEDY OF THE

DRUMMER,

OR THE

Haunted House;

ON THURSDAY AND FRIDAY.

BOXES,
PIT,
GALLERY,

Commission Warehouse.

FOR SALE,

AT THE

COMMISSION WAREHOUSE,

A Set of Queen's Ware, of an ele gant Pattern, price 170 Rupees.

Two Sets of ditto, at 15[illegible] Rupees.

Also, a few Sets of [illegible] Buggy Har nefs, from 20 to 140 Rupees per Set.

Bombay Courier.

'बम्बई कोरियर' में प्रकाशित एक विज्ञापन

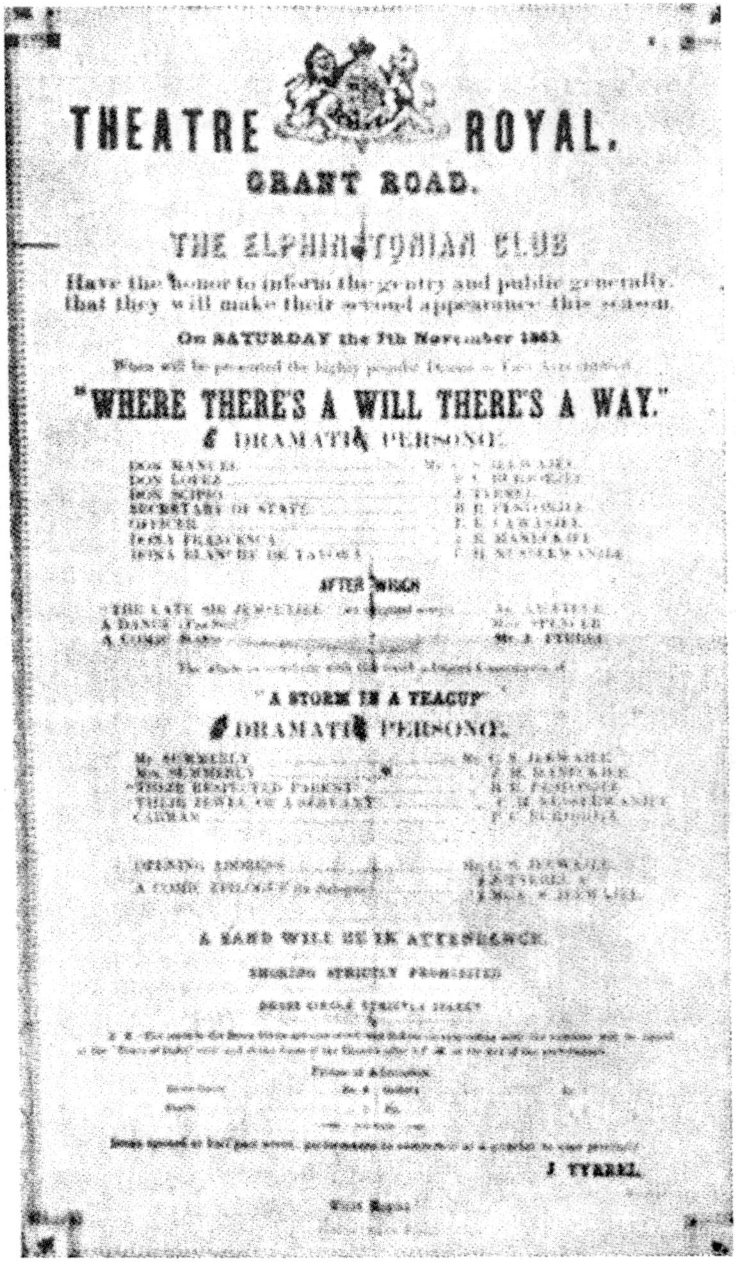

THEATRE ROYAL.

GRANT ROAD.

THE ELPHINSTONIAN CLUB

Have the honor to inform the gentry and public generally that they will make their second appearance this season

On SATURDAY the 7th November 1863

"WHERE THERE'S A WILL THERE'S A WAY."

DRAMATIS PERSONÆ.

AFTER WHICH

"A STORM IN A TEACUP"

DRAMATIS PERSONÆ.

A BAND WILL BE IN ATTENDANCE.

SMOKING STRICTLY PROHIBITED

J. TYRREL.

ग्राण्ट रोड स्थित 'रायल थियेटर' का एक विज्ञापन

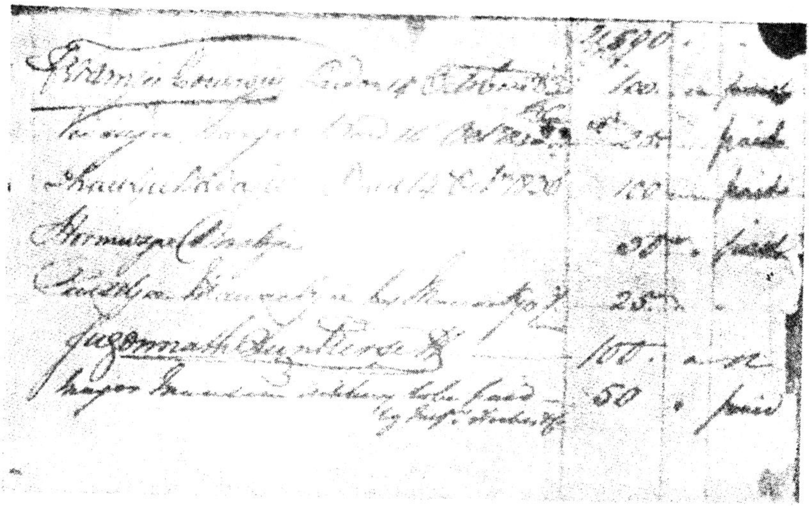

थियेटर डायरी का एक पृष्ठ

कावसजी पालनजी खटाऊ की 'अल्फ्रेड नाटक मण्डली' का एक विज्ञापन